Carl Christian Jacob Gerhardt

Lehrbuch der Auscultation und Percussion

Carl Christian Jacob Gerhardt

Lehrbuch der Auscultation und Percussion

ISBN/EAN: 9783743616530

Hergestellt in Europa, USA, Kanada, Australien, Japan

Cover: Foto ©ninafisch / pixelio.de

Weitere Bücher finden Sie auf **www.hansebooks.com**

Lehrbuch

der

Auskultation und Percussion.

Lehrbuch

der

Auscultation und Percussion

mit besonderer Berücksichtigung

der

Besichtigung, Betastung und Messung der Brust und des Unterleibes zu diagnostischen Zwecken

von

Dr. C. Gerhardt.

Fünfte, vermehrte und verbesserte Auflage.

Mit 40 in den Text gedruckten Holzschnitten.

Tübingen, 1890.
Verlag der H. Laupp'schen Buchhandlung.

Vorwort zur fünften Auflage.

Das Emporblühen anderer, namentlich vervollkommneter mikroskopischer Untersuchungsmethoden könnte geeignet erscheinen, die Percussion und Auscultation zu verdrängen und in den Schatten zu stellen.

Wozu percutiren? Wir werden Sputa färben und aus der Anzahl der Tuberkelbacillen nicht allein die Phthise, sondern auch ihre Verlaufsweise erkennen.

Denen, die nur in dem Neuen und Neuesten schwelgen wollen, mag dieser Standpunkt Befriedigung gewähren. Wer allseitige gründliche Beurteilung krankhafter Zustände, eingehende Genauigkeit der Diagnose anstrebt, wird die Untersuchungsweisen Laennec's und Skoda's nicht missen können, sondern in ihnen die gediegensten Grundlagen unserer Diagnostik von ausgedehntester Brauchbarkeit mehr und mehr schätzen lernen.

Die Erfolge des Bruststiches und Brustschnittes beruhen auf dieser Grundlage, nicht minder die Aussichten der mühsam sich entwickelnden Lungenchirurgie. Selbst für die grossen Erfolge der chirurgischen Behandlung der Knochen- und Gelenkleiden hat genaue Kenntnis des Zustandes der Lunge eine gewisse warnende Bedeutung bekommen.

Nur wo brauchbare Ergebnisse zu erwarten stehen, drängen sich zahlreiche Kräfte zur Arbeit. So dürfte es als ein schöner Beweis ungeschmälerter Bedeutung der physikalischen Diagnostik zu betrachten sein, dass auch in den letzten Jahren viele wertvolle Arbeiten auf diesem Gebiete geliefert wurden.

Das Kardiogramm wurde entziffert, die Streitfrage über die Ursache des Herzstosses entschieden. Das ist die wichtigste Errungenschaft, der die neue Auflage dieses Buches gerecht zu werden sucht. Die Curve des Herzstosses wurde von der Klinik aus entziffert, die

Herzstossursache ergab sich in dem Sinne der experimentierenden Physiologen, nicht der Kliniker, die aus Erscheinungen am Krankenbette Schlüsse zogen. — Auch sonst wird Sichtung und Bereicherung des Inhaltes und sorgfältige Durcharbeitung an mancher Stelle der neuen Auflage bemerklich werden.

Möchte das Buch die seither bewährte Brauchbarkeit in erhöhtem Masse wieder gewonnen haben und immer mehr geeignet geworden sein, das Studium der physikalischen Diagnostik zu fördern und zu erleichtern, wie dies schon beim Erscheinen der ersten Auflage sein Zweck war.

Berlin, März 1890.

C. Gerhardt.

Inhalts-Uebersicht.

	Seite
Einleitung	1
A. Besichtigung (Inspection, Adspection).	
I. Hautfärbung	8
II. Formen des Brustkorbes	15
III. Von der Atmung abhängige Bewegung	29
IV. Pulsationen	44
V. Besichtigung des Unterleibes	66
B. Betastung (Palpation).	
I. Betastung des Brustkorbes	75
II. Betastung der Gefässe	83
III. Betastung des Unterleibes	92
C. Messung (Mensuration)	100
D. Percussion.	
I. Methode	101
II. Eigenschaften des Schalles	113
III. Klanghältiger Percussionsschall	116
IV. Die Höhe des Percussionsschalles	125
V. Dumpfer Schall	127
VI. Voller Schall	128
VII. Metallklang	129
VIII. Geräusch des gesprungenen Topfes	132
IX. Gefühl des Widerstandes	133
X. Grenzen der Schallgebiete	134
XI. Grenzen der Lunge	136
XII. Grenzbestimmungen des Herzens	142
XIII. Lebergrenzen	
a. bei Gesunden 148. b. Grössenwechsel bei Gesunden 149.	
c. Leberleerheit 151. d. Grössenabweichung bei Kranken 151.	
XIV. Percussion der Milz	153
XV. Percussion der Nieren	157
XVI. Percussion des Magens	159
XVII. Kehlkopf	162
E. Auscultation.	
I. Allgemeines	163
II. Instrumente	166

		Seite
III.	Auscultation aus der Entfernung	170
IV.	Auscultation der Stimme	175
V.	Atmungsgeräusche.	
	1. Röhrenatmen 178. 2. Zellenatmen 182. 3. Rasselgeräusche 189. 4. Metallklang 195. 5. Pleuritisches Reiben 199.	
VI.	Auscultation des Herzens	
	A. Töne 202. B. Geräusche 212. C. Töne und Geräusche an den Blutgefässen 222.	
VII.	Auscultation der Unterleibsorgane	231

F. **Physikalisch-diagnostische Symptomengruppen.**

I.	Fieberwirkungen	236
II.	Verengerung der oberen Luftwege	238
III.	Stand des Zwerchfelles	243
IV.	Flüssigkeitserguss im Pleurasack	247
V.	Luft im Pleurasack	259
VI.	Verdichtung der Lunge	267
VII.	Höhlen der Lunge	284
VIII.	Emphysem	290
IX.	Flüssigkeit im Herzbeutel	296
	Anhang: Verwachsung des Herzbeutels	299
X.	Luft im Herzbeutel	301
XI.	Herzhypertrophie	303
XII.	Klappenfehler	310
XIII.	Lageveränderung des Herzens	329
XIV.	Krankheiten der grossen Gefässe	330
XV.	Luft im Bauchfellsacke	333
XVI.	Flüssigkeit im Bauchfellsacke	336
XVII.	Gasauftreibung des Darmes (Meteorismus intestinorum)	339
XVIII.	Unterleibsgeschwülste	341
XIX.	Magenerweiterung	345
XX.	Verkleinerung der Leber	347
XXI.	Vergrösserung der Leber	348
XXII.	Geschwülste der Milz	352
XXIII.	Ausdehnung der Harnblase	354
XXIV.	Nierengeschwülste	355

EINLEITUNG.

Wenn wir eine Krankheitsgeschichte erfahren und die Beschwerden eines Kranken vernommen haben, sind die meisten übrigen Krankheitszeichen, welche wir noch aufzunehmen im stande sind, physikalischer Art im weitesten Sinne des Wortes. Alle Ergebnisse, welche durch Befühlen, Betrachten verschiedener Teile, durch Einführen des Fingers oder der Sonde in Höhlen, durch mikroskopische Untersuchung krankhafter Teile, durch Thermometer, Specula und Explorativnadeln erhalten werden, sind zusammengesetzt aus einer grösseren oder geringeren Anzahl physikalischer Wahrnehmungen, welche wir nicht als solche einzeln, sondern in Form eines Urteils auszusprechen gewohnt sind. Diese Wahrnehmungen beziehen sich grossenteils auf die Form, die Härte, die Dehnbarkeit, Durchsichtigkeit, die Farbe, die Temperatur der Organe. Zusammenhängende Reihen einfacher, bedeutungsvoller, physikalischer Eigenschaften der Teile des Körpers hat man aus der schwer zu ordnenden Menge der übrigen hervorgehoben und als **physikalische Untersuchung** die Methoden bezeichnet, durch welche die erwähnten Zeichen zur Wahrnehmung gelangen. Eine erste Reihe dieser **physikalischen Untersuchungsmethoden im engeren Sinne**, die namentlich wichtige Stützen der Erkenntnis von Brust- und Unterleibskrankheiten bilden, soll eingehende Besprechung in den nachfolgenden Blättern finden. Man unterscheidet sie als: 1) **Besichtigung der äusseren Formen mit Berücksichtigung ihres Zusammenhanges mit Zuständen innerer Teile: Inspection**, 2) **Befühlen: Palpation**, 3) **Messung: Mensuration**, 4) **Beklopfen: Percussion**, 5) **Behorchen: Auscultation**.

Diese Methoden waren der klaren lichtvollen Naturanschauung des Altertums, vorzüglich der hippokratischen Schule, keineswegs völlig fremd. Wenn sie auch nirgends als Methoden erwähnt, kapitelweise beschrieben und an kunstreiche Instrumente gebunden werden, so sind doch mehrfach wertvolle physikalisch-diagnostische Beobachtungsergebnisse in den hippokratischen Schriften, nicht minder bei einigen Späteren aufgeführt, so das Einsinken des Brustkorbes nach Pleuraexsudaten, das pleuritische Reibegeräusch, die Atmungsform bei Laryngostenose, der verschiedene Schall des Unterleibes bei Ascites und Meteorismus. Diese und viele andere Beobachtungen sind missachtet, vergessen, von überklugen Kritikern missdeutet worden — neue Erfindung musste diese Zeichen auf's neue begründen, sie mussten durchdacht und verarbeitet als gegliederte Methode in die Welt treten, um die Gleichgültigkeit und Trägheit zu überwinden, um die Grübeleien und die philosophischen und mystischen Systeme der Medizin zu durchkrenzen und die Blicke des Arztes auf den Menschen als Gegenstand naturwissenschaftlicher Forschung zu lenken. Das geschah. Der erste Anstoss erfolgte von Wien aus.

Nach siebenjährigen Studien inter taedia et labores liess Auenbrugger sein *inventum novum*, ein kleines Büchlein, erscheinen, das nach einer bewundernswert einfachen Methode damals bereits ohne Hammer, ohne Plessimeter die Grenzbestimmungen und viele Zeichen erkrankter Brustorgane durch die Perkussion richtig darlegte. Obwohl Rozière de la Chassagne eine Uebersetzung in's Französische veranstaltete, fehlte doch wenig daran, dass auch Auenbrugger's mühsam erworbene Erfahrungen der Vergessenheit anheimgefallen wären, hätte nicht J. N. Corvisart, Napoleons Leibarzt, zu seinen Studien über die Krankheiten des Herzens ihrer bedurft und dabei das Verdienst des bejahrten vergessenen Mannes aus Licht gezogen. Die Perkussion Auenbrugger's wurde, früher nur unmittelbar auf der Brust geübt, zur mittelbaren durch Piorry, den Erfinder des Plessimeters, zur instrumentellen durch Wintrich, den Entdecker des Perkussionshammers.

Mehr noch als Auenbrugger durch die Entdeckung der Perkussion hat Laennec durch jene der Auskultation geleistet, er hat fast den ganzen Schatz unserer haltbaren und brauchbaren Erfahrungen hierüber zusammengetragen und klaren Blickes für viele der gefundenen Zeichen eine physikalische Begründung gegeben, gegen die selbst seine scharfsinnigsten Kritiker vergebens ankämpften. Er hat in dem kurzen zeitlichen Spielraume, den eine der von ihm bestergründeten Brustkrankheiten seiner Thätigkeit liess, jene ungeahnte und vielgerühmte Sicherheit in der Erkenntnis der Brustkrankheiten geschaffen, die noch heute für so viel andere Krankheitsprovinzen vergebens erstrebt wird.

Was Laennec für die Erkenntnis und Deutung vieler Krankheitszeichen gethan, das hat hinwieder Skoda, alle die seit Laennec geschrieben an Scharfsinn, Klarheit und Selbstständigkeit des Denkens überbietend, für die physikalische Begründung geleistet. Er schuf den reichlichen thatsächlichen Schatz zu einem strenggegliederten, gesetzmässigen Baue um, und lehrte zuerst physikalische Zustände der Organe, nicht Krankheitsnamen aus physikalischen Zeichen erkennen. Wohl hat die nachfolgende Zeit so manchen seiner Lehrsätze erschüttert, in manchem einzelnen Punkte Laennec, den so hart von Skoda kritisierten Laennec, in sein volles Recht wieder eingesetzt, die bessere die richtige Methode aber verdanken wir ihm allein. Und was an seinem Riesenbaue durch die nachfolgenden Arbeiten von Wintrich, Traube, Hoppe, Wachsmuth, Schweigger, Seitz, Geigel u. A. gebessert oder geändert wurde, das bezieht sich auf die Zinnen und Ausläufer, aber nur zum kleinsten Teile auf die Grundsteine.

Diese Seite der physikalischen Diagnostik hat sich längst eine bleibende und gesicherte Stellung erworben unter den medizinischen Lehrfächern. Sie hat den Reiz des Neuen, des Besonderen verloren, aber sie hat nicht aufgehört, die wichtigste Methode zu sein, welche uns ebenso sichere, untrügliche und genaue Krankheitszeichen liefert, wie sie der Chirurgie für die äusseren Gebrechen zu Gebote stehen, Zeichen, die nicht auf dem Wechsel der Stimmungen und Launen der Menschen beruhen, nicht abhängen von dem Bestreben, zu täuschen oder zu verschweigen, sondern die einzig und allein beruhen auf unabänderlichen Naturgesetzen. Wir müssen die Deutung dieser Zeichen stets auf dem Wege anstreben, dass wir physikalische Zustände der Organe, aus diesen erst und aus ihrem Zusammentreffen und Aufeinanderfolgen Krankheits-Vorgänge erschliessen.

An der neuen Strasse, die für die Bahn ärztlicher Erkenntnis durch diese Lehren eröffnet wurde, reiht sich schon manch neueres Gebäude an den Giebel dieses ältesten an. Sie bilden eine übereinstimmende Reihe, deren Glieder gegenseitig ihren Wert erhöhen und sich ergänzen. Zeitlich zunächst gelangte die Thermometrie, die Messung der Körperwärme, zu allgemeiner Aufnahme. Ihr enormer Wert zur Erkennung des gesetzmässigen Ablaufes fieberhafter Allgemein-Krankheiten, wie örtlicher Entzündungen, ist tausendfach geprüft und fest in Gesetze gefasst worden, die von der wunderbaren Erscheinung gleichhoher Körperwärme aller gesunden Menschen ausgehen. Man hat auch begonnen, den physikalischen Versuch, die chemische Mischung auf diese gleichhohe Mittelwärme des Menschen, der Säugetiere, einwirken zu lassen und so die nächsten Bedingungen einzelner Körperwärmeschwankungen erkannt. Die Arbeiten von Liebermeister, von Weikart, Billroth, Weber, Senator haben in den letzten Jahren mehr als einen Lichtstrahl der Erkenntnis auf dies Gebiet geworfen. Schon jetzt ist durch die Körperwärmebeobachtung jener alles aufs örtliche beziehenden Richtung, die hereinzubrechen drohte, ein Damm gesetzt, der Wert vieler akustischen Zeichen weit überboten, die Erkenntnis und noch häufiger die ganze Beurteilung, die Prognostik vieler Brustkrankheiten erleichtert, verbessert und vervollständigt worden.

Sehr rasch hat sich die Alleinherrschaft auf ihrem Gebiete, freilich einem kleinen Gebiete, die Laryngoskopie erworben. Sie hat dies leicht vermocht, da sie bereits bei ihren ersten Schritten ins ärztliche Leben ausser der diagnostischen Befähigung die Macht der therapeutischen Leistung mit sich brachte. Für die Krankheiten der Atmungsorgane hat sie sich als genau ausfüllende Ergänzung gerade da bewährt, wo eine bisher unzugängliche Lücke für die Diagnostik vorlag. Sie besteht in der Anwendung eines einfachen Gesetzes der Optik auf einige wenig umfangreiche Organe (Kehlkopf, Rachen, Luftröhre), und alles, was sich über die Methode selbst sagen lässt, kann nur die Form, Anpassung und Beleuchtung des Spiegels zum Gegenstande haben. Eine andere Frage ist, wie weit sich noch die Endoskopie (Desormeaux) Bahnen in die Höhlen des Körpers brechen, in wieweit die Durchleuchtung der Organe, welche bei einzelnen chirurgischen Fragen benützt und auch bei der Laryngoskopie verwendet werden kann, noch nach innen zu dringen vermag, wenn sie Hilfsmittel, wie z. B. die Rumkorff'schen Röhren, herbeizieht. Harnröhre und Blase sind ersterer bereits völlig zugängig geworden. Oesophagus und Magen sind wenigstens in Angriff genommen.

Die Akidopeirastik Middeldorpf's, die Untersuchung der Härte des Gefüges und Zusammenhanges tiefergelegener Teile mittelst eingestochener Nadeln, liefert zur Beantwortung schwieriger diagnostischer Fragen oft entscheidende Aufschlüsse. Allein man wird stets zögern, die diagnostische Nadel in die Tiefe lebenswichtiger Organe zu senken und sie wird ebenso wenig, wie eine bei den Kranken beliebte, je eine in der täglichen Praxis geläufige oder notwendige Methode werden.

Die aseptische Methode gestattet den Muskelschnitt, den

Einschnitt auf Geschwülste unter der Haut u. dgl. völlig unbedenklich anzuwenden. So wird Material für die mikroskopische Untersuchung vom Lebenden gewonnen. Die Pravaz'sche Spritze fördert Proben tiefliegender Flüssigkeits-Ansammlungen ans Licht und hat für die Erkennung von Pleuraexsudaten, Ecchinokokken u. dgl. sehr allgemeine Verbreitung gefunden. Die so gewonnenen Proben können mittelst der Färbemethoden von Koch, Ehrlich u. A. auf ihren Gehalt an Gewebetrümmern und krankheitserregenden Spaltpilzen untersucht werden und Aufschlüsse liefern, die die Wurzeln des Uebels erkennen lassen.

Kaum sind es zwanzig Jahre, dass man schüchtern nicht ohne abmahnende Warnungen, an die Entnahme von Stichproben und Probestückchen aus der Tiefe des Körpers herantrat. Heute steht in Frage wieweit die Berechtigung breiter Eröffnung menschlicher Körperhöhlen zu diagnostischen Zwecken sich erstreckt. Voraussichtlich wird lange Zeit und viel Erfahrung die Grenze zwischen Möglichem, Nötigem und Zweckmässigem ziehen lehren. Wird der diagnostische Einschnitt — die teilweise Sektion am Lebenden — leichter und gefahrloser, so liegt für die medizinische Diagnostik nur ein Sporn darin, ihn durch sichere und genaue Erkenntnis recht oft unnötig zu machen.

Wenn in neuester Zeit das Studium und die Diagnostik der Nervenkrankheiten sehr in den Vordergrund getreten ist, so wirkte gleichmässig fördernd anatomische Forschung, physiologischer Versuch und klinische Beobachtung, von physikalischen Untersuchungsmethoden die elektrische und ophthalmoskopische. Die Elektrodiagnostik hat durch das Remak'sche und Brenner'sche Zuckungsgesetz, durch die Auffindung der Entartungsreaktion bestimmtere Grundlagen erlangt. Für viele Gehirnerkrankungen und manche Allgemeinerkrankung liefert die ophthalmoskopische Untersuchung beweisende Stützen der Diagnose, man kann weniger sagen physikalische Zeichen, als ein Stück pathologischer Anatomie an Lebenden.

Rechnen wir hiezu noch, was die mikroskopische Untersuchung der Ausscheidungen des Körpers, krankhafter Gebilde, die die Oberfläche liefert, oder die der Tiefe durch chirurgische Eingriffe entrissen wurden, ergibt, so überblicken wir die Summe desjenigen Materials, das wir heutzutage zu liefern vermöchten zur Verwirklichung der Idee, die einst Corvisart als entferntes Ziel seines Strebens vorschwebte, Morgagni's Werke ein anderes folgen zu lassen mit der Aufschrift: *De sedibus et causis morborum per signa diagnostica in vestigatis et per anatomen confirmatis.*

Die Stellung dieser Methoden zu einander ist klar. Jede greift ergänzend in die Grenzen der anderen ein. Der Arzt wird die eine, der zweite eine andere mit Vorliebe benützen oder als Spezialist betreiben, aber nur der Arzt, der alle beherrscht, wird ein einzelnes Fach mit vollem Erfolge betreiben können. Was insbesondere die Auskultation und Perkussion betrifft, so bedarf sie der hilfweisen Beiziehung aller physikalischen Methoden, oft selbst da wo es sich um die Unterscheidung von Krankheiten handelt, die anatomisch die geringste Aehnlichkeit mit einander haben. Dafür liefert sie weit einfacher zu erkennende und weit mannichfachere Zeichen, als die meisten dieser Untersuchungsweisen, z. B. die Wärmemessung, die so oft die Ergebnisse der Auskultation und Perkussion vervollständigen, ihre Deutung berichtigen muss, freilich ihre Anwendung nie überflüssig machen kann. Den Studierenden, der aus den anatomischen und physiologischen Hörsälen in die Klinik hinüberwandert, wird sie stets durch die Klarheit ihrer Resultate in freudige Spannung versetzen, dem beschäftigten Praktiker wird sich immer wieder aufdrängen, wie gerade diese Untersuchungsweise unermüdlich nach richtiger Methode geübt sein will. Alle Untersuchungsmethoden müssen geübt werden, müssen dem Arzte geläufig sein, aber keine verlangt fleissigere Uebung, erweist sich aber auch dankbarer durch die vielseitigen Aufschlüsse, die sie auf fast allen Gebieten liefert, als diese. Aber nicht allein die Praktiker bedürfen ihrer, die Auskultation und Perkussion selbst bedarf auch noch der praktischen Ausbildung ebenso wie der theoretischen Forschung; der praktischen Ausbildung, insoferne die Zwecke, zu welchen sie ferner benützt werden kann, noch beständig sich vervielfachen und durch Beibringung von Thatsachen erreichbar gemacht werden müssen, noch weit mehr aber der theoretischen Forschung. Denn ihrer physikalischen Begründung fehlen noch an zu vielen Stellen die wahren Grundlagen, die Zurückbeziehungen auf die einfachsten Gesetze der Physik. Hier fehlen teilweise den Aerzten Angaben der Physiker in der Form in der sie gerade ihnen mundgerecht sein würden, teilweise widerstreben die zusammengesetzten Bedingungen, aus welchen die betreffenden akustischen Symptome hervorgehen, auch in der Hand der geübten Physiker einer experimentellen Nachahmung oder Zerlegung in einfachere Gruppen, aus welchen sie wieder zusammengestellt werden könnten. Wohl werden auch von der Physik noch manche Vorarbeiten auf ihrem eigenen Gebiete gefordert werden müssen, ehe sie alle von hier aus zu stellende Fragen einfach wird beantworten können. — Der Bau wird erst vollendet, erhält erst die

Krone, die wissenschaftliche Weihe, wenn alle diese Ergebnisse der ärztlichen Beobachtung anstatt auf bekannte physikalische Thatsachen, auf die Grundgesetze der Lehre vom Schalle zurückgeführt sein werden.

A. **Besichtigung** (Inspection, Adspection).

Man hat oft gestaunt über die Erfahrung alter Praktiker, die ohne einen Kranken zu berühren, eine Krankheit erkannten, die ein Jüngerer noch nach Anwendung einer Anzahl von Instrumenten, nach öfterem Betasten, Behorchen, Beklopfen des Kranken übersah oder verkannte. Das sind die Männer, die das Leiden der Kranken »in ihren Augen lesen«, die aus der Hautfarbe auf den Zustand der Herzklappen, aus den Gesichtsfalten auf ein Magencarcinom, aus der Physiognomie auf eine Gehirnkrankheit schliessen. Ihr Thun ist nicht so wunderbar, wie es oft scheint, es ist nicht regellos, nicht gesetzlos, nicht auf besondere Fähigkeiten des Einzelnen gegründet. Ihr Erfolg beruht auf sicherer Schätzung der allgemeinen Folgen krankhafter Vorgänge, Wachstum, Ernährung, Blutlauf, Muskelinnervation des ganzen Körpers oder grösserer Abschnitte und auf rascher Auffassung einer Anzahl kleiner durch ganz örtliche Vorgänge der Körperoberfläche aufgeprägter Krankheitszeichen, die wie Marken im Spiel ihren bestimmten Wert besitzen. Zu den ersteren gehören die Grösse, der Umfang des Körpers und seiner einzelnen Teile, die Hautfärbung, Glätte, Dicke, Faltung etc. der Haut, der Gesichtsausdruck, der Gang der Kranken, die Stärke der Muskulatur, der Knochenbau und Unzähliges andere. Zu den Marken der zweiten Art liefert die ganze Pathologie ihre Beiträge. Der eine trägt einige Schuppen-Flecke an der Hohlhand, der andere weisse Flecken an der Hornhaut und Narben am Halse, der dritte zeigt einige Herpes-Bläschen an der Oberlippe, der vierte pulsierende Jugularvenen, wieder einer Variola-Narben. Alles das will gekannt, beobachtet und verwertet sein. Nur können wir nicht der Inspection zu liebe die ganze spezielle Pathologie hier durchmustern, sondern müssen uns auf das beschränken, was in andern Abschnitten derselben nicht besonders beschrieben, zu der Erkenntnis der Brust- und Unterleibskrankheiten in naher Beziehung steht. Dieselbe hohe Bedeutung, die der erfahrenen und sorgfältigen Betrachtung der Kranken im allgemeinen beigemessen werden muss, kommt auch besonders der Besichtigung für die Erkenntnis dieser Krankheiten zu. Sie liefert dafür weit mehr Kennzeichen, als man gemeinhin ahnt, sie liefert häufig die entscheidenden und wichtigsten Zeichen. Immerhin aber werden ihr diejenigen Befunde entnommen, welche dem ganzen weiteren Gange der Untersuchung eine bestimmte Richtung geben. Deshalb ist stets, und man wird dadurch bedeutende Umwege vermeiden können, die Aufnahme der physikalischen Zeichen mit sorgfältiger Besichtigung zu eröffnen.

I. Hautfärbung.

Man beachte zunächst die Hautfarbe der Kranken. Wo diese krankhaft abweicht, findet man sie blass, rot, blau, gelb oder gelbbraun, selten anderweitig gefärbt. Den Verschiedenheiten der angeborenen Grundfarbe, den Einflüssen des Alters, der Sonnenstrahlen, der Lebensweise gegenüber lässt sich keine besondere Farbenabstufung als normal bezeichnen. Man muss wo möglich von dem Aussehen, das Jemand zuletzt in gesunden Tagen geboten hatte, beim Vergleiche ausgehen.

Blässe der Hautfarbe entsteht vorübergehend durch Ohnmacht, Schreck, Schmerz, Fieberfrost, Kälte und eine Reihe von Vorgängen, welche auf dem Wege des nervösen Einflusses, nämlich der Herzlähmung oder des Arterienkrampfes, den Blutgehalt der Hautgefässe vermindern. Dauernd entsteht sie durch Blutverluste, Säfteverluste oder tiefgehende Ernährungsstörungen. Je tiefer eingreifend solche Ernährungsstörungen, desto mehr verknüpft sich mit der Blutarmut Abmagerung der Haut und Schwund des Unterhautfettgewebes, daher Faltung der Haut, Abschuppung der Epidermis und starkes Durchscheinen der Hautvenen. In Fällen von Blutarmut mit raschem Schwunde der Gewebe erlangt die Haut leicht ein fahles, in's gelbliche oder graue gehendes Aussehen, doch bleibt die Bindehaut dabei bläulichweiss. — Verarmung des Blutes an Farbstoff und Eiweisskörpern kann zugleich Blässe der Haut und wassersüchtige Schwellung veranlassen. Wassersucht kann schon von sich aus die Gefässe drücken und von ihrem Verlaufe ablenken, dadurch die Haut blass machen. In diesen beiden Fällen ist die blasse Haut zugleich gespannt, glatt und von einem wachsartig durchscheinenden Aussehen. — Auch die Schleimhäute nehmen an der Blässe der Haut Anteil bis zum völligen Entfärbtwerden: sie sind wie diese zum Erkalten geneigt, häufig in ihren Absonderungsverhältnissen geändert, wie denn auch die Haut trocken und fast nie schwitzend getroffen zu werden pflegt. — Infolge von Verengerung oder Verstopfung von Arterien oder Hochlagerung eines Teiles kann örtliche Blässe, infolge von Venenverstopfung, Tieflagerung oder Schnürung durch Binden kann örtliche Wassersucht eines Teiles hervorgerufen oder begünstigt werden, und diese kann ihres Teiles die sonst mit diesem Zustande verbundene bläuliche Färbung durch Druck zum Erblassen bringen.

Röte der Haut entsteht durch neuroparalytische Arterienerweiterung vorübergehend infolge von Aufregung, Zorn, Schamgefühl, Beunruhigung; manche sonst blasse Kranke bieten ein solches täuschendes Aussehen bei jeder ärztlichen Untersuchung, dabei sind die Gliedmassen heiss, verschiedene Stellen zu Schweissen geneigt, am meisten Gesicht und Hände, die Herzschläge beschleunigt, die Halsadern stark klopfend. Alle stärkeren Muskelanstrengungen, alle erhitzenden Einflüsse, besonders geistige Getränke, können ähnlichen Erfolg haben, nicht minder verbreitet wirkende Hautreize, wie Sonnenbestrahlung oder heisses Bad. Alle Krankheiten mit Steigerung der Körperwärme können unter sonst günstigen Umständen solche gleichmässig erhöhte, vorzugsweise an Wangen, Lippen und Ohren stärker hervortretende Röte veranlassen durch die mit dem Fieberprozesse verbundene Erschlaffung der Gefässwandungen. Das Hitzestadium jedes Fieberanfalles, der Beginn jeder fieberhaften Erkrankung bringt dies zur Anschauung. Nicht selten mischen sich andere Farben bei: leicht gelblicher Schimmer bei Pneumonischen, düsteres ins Blaue gehendes Rot bei Arthritikern, Emphysematikern, Herzkranken und allen jenen, die mit Ueberfüllung der Hautvenen behaftet sind. Infolge gleichzeitiger Verlangsamung des Blutstromes und veränderter Innervation der oberflächlichen Gefässe vermag oft leichterer Druck als zuvor umschriebene Hautpartieen noch auffallender als die übrigen zu röten. Dahin gehört die auffällige Röte einer Wange bei Fiebernden. Tritt mit einseitiger Wangenröte gleichseitige Pupillenverengerung oder einseitiges Schwitzen ein, so handelt es sich um Lähmungszustände des Halssympathicus. Die roten Flecke nach Druck auf die Haut von Meningitiskranken betrachten wir als noch auffälligere Folge vasomotorischer Lähmung.

Blaue Färbung der Haut, Cyanose, wird vorwiegend verursacht durch Blutanhäufung in den Körpervenen. Venöse Beschaffenheit des Gesamtblutes, Gehalt der Arterien an venösem Blute ist von geringerer Bedeutung. Sie entsteht infolge von schweren Atmungsbehinderungen, Verschluss der oberen Luftwege, Verstopfung oder Verengerung zahlreicher Luftröhrenäste, Lähmung der Atmungsmuskeln, indem das Blut mit Kohlensäure überladen und dadurch das Herz gelähmt wird. Weil der rechte Ventrikel und Vorhof kein

Blut weiter befördern, die Arterien aber mit der Abnahme des Blutdruckes sich zusammenziehen, muss Blutanhäufung in den Körpervenen stattfinden. In diesen Fällen ist die Cyanose hochgradig, kurzdauernd, das Leben nahe bedrohend. Sie entsteht ferner vorübergehend bei jedem tüchtigen Hustenanfalle, beim Pressen, Niederbücken, bei erlahmender Herzthätigkeit. Dauernde Blaufärbung (Blausucht) findet sich bei Verschliessung oder Verengerung der Lungenarterie selbst, ihrer Aeste oder eines grossen Gebietes ihrer Kapillarbahn, ferner bei allen mechanischen Behinderungen der Herzthätigkeit: Herzbeutelerguss, Herzmuskelentartung, bei allen unausgeglichenen Klappenfehlern mit Rückstauung, sei es, dass diese vom linken oder rechten Ventrikel ausgeht, den die Vorhofsklappe unvollständig schliesst, oder von einem der Vorhöfe, dem das verengte Ostium nur unvollständige Entleerung in die Kammer gestattet; in der Regel aber auch in einem späten Zeitraume der anfangs nicht zur Rückstauung führenden Aortenklappenfehler.

Oertliche Blaufärbung kann durch Verschluss, Druck- oder sonstige Verengerung einer Hauptvene erzeugt werden, vorzüglich für die obere oder untere Körperhälfte durch Verschluss der Vena cava descendens oder adscendens, für die Gliedmassen durch Verschluss einer Subclavia oder Femoralis oder einer Anzahl Hautvenen.

Die blaue Färbung der Haut kann von dem dunkelsten Schwarzblau, von einem wirklich mohrenähnlichen Ansehen bis zu einem ganz leichten, kaum bemerkbaren bläulichen Schimmer wechseln. In den ausgesprocheneren Fällen sind zugleich die Schleimhäute blaurot bis schwarzrot gefärbt, selbst die Conjunctiva zeigt im Ganzen einen Stich ins blaurote, während bei genauerer Betrachtung eine Menge erweiterter Gefässe als Ursache dieser Färbung erkannt wird. An den Lippen und der äusseren Haut lässt sich durch Fingerdruck völlige Blässe auf einen Moment herstellen, was bei der Argyrose, Silbergraufärbung der Haut, natürlich nicht gelingt. Insoferne solche Kranke oft täuschend das Bild der Cyanose beim ersten Anblicke zu bieten scheinen, ist dieses Merkmal wichtig. Man findet bei Blausüchtigen die Halsvenen und die Hautvenen der Hand und des Vorderarmes infolge stärkerer Füllung deutlicher als sonst, sichtbar, die ersteren mit jeder Atmung, oft auch mit jeder Herzbewegung an- und abschwellend. Auch an den Vorderarmvenen sieht man manchmal bei mässiger Erhebung des Armes, so dass sie eben sich zu entleeren beginnen, deutliche Bewegung des Inhaltes jeder Atmung oder Herzthätigkeit kurz nachfolgen. Die Haut fühlt sich im ganzen kühl, an Händen, Füssen, Nase und Stirne oft völlig kalt an. Bei längerer Dauer werden die feinen venösen Gefässe der Wange, der Nase, der Lippen, des Rachens gleichmässig oder sackartig erweitert, und bilden ein feines Netz blauroter, gewundener, hie und da punktförmig verdickter Linien. Die grossen Hautvenen der Unterschenkel, die Mastdarmvenen werden seltener infolge allgemeiner als örtlicher Kreislaufs-Hindernisse in sackartige Erweiterung versetzt. Zu starker andauernder Blausucht tritt meist wassersüchtige Schwellung hinzu: bei stärkerer Spannung ihres Inhaltes saugen die Lymphgefässe und Venen weniger Gewebsflüssigkeit auf, scheiden selbst Serum ab.

Die Haut erleidet nur infolge sehr langdauernder Venenüberfüllung und wassersüchtiger Anschwellung einige Veränderung ihres Gefüges. Dahin gehören Einrisse des Unterhautbindegewebes, die anfangs als bläuliche, später als weissliche narbige Striemen durchscheinen, derbe, verdickte, starre Beschaffenheit der Haut und des Unterhautbindegewebes, unvollständige Pustelbildung (Acne hydropicorum). Bedenklicher gestalten sich die Folgen allgemeiner Venenüberfüllung für viele innere Organe. Die Blutstauung der serösen Häute führt zu Ergüssen in deren Höhlen, die Raum und Bewegung wichtiger Organe beeinträchtigen; an den Schleimhäuten liefert sie den Boden, auf dem Catarrhe leicht gedeihen und fest wurzeln, und die Flüssigkeit zu jenen raschesten Ausschwitzungen, die als Lungen- und Glottisödem so verderblich werden. Die blutüberfüllten Lebervenen vergrössern das Organ, drücken seine Gallenwege und bringen schliesslich sein Drüsengewebe zum Schwunde. Die Nieren werden durch dauernden Druck ihrer Venen in ihrer Ernährung beeinträchtigt, verkleinert, dagegen nimmt die Milz nur geringen Anteil an den Folgen der Blutüberfüllung, da ihre Venen erst durch die Pfortaderkapillaren hindurch von der Rückstauung getroffen werden, deren Wirkung sich teilweise an der Leber erschöpft. Für die Lunge ist Pigmentinduration die anatomisch nachweisbare Folge. Die Störungen, welche die Lebensthätigkeit dieser Organe erleidet, lässt sich weit schwerer erweisen. Nur für die Niere giebt die Menge des Harnes und seiner Bestandteile leicht zu erhebende Aufschlüsse. Mit dem Sinken des Blutdruckes wird die Harnmenge vermindert und der Durchtritt von Eiweiss erleichtert.

Es ist eine auffallende, ebenso leicht zu bestätigende wie schwer zu erklärende Wahrnehmung, dass manche angeborene und auch sonstige recht starke Formen von Blausucht, die die kleinen Venen der Haut aufs äusserste ausdehnen, auf die grossen Venen fast gar keinen erweiternden, spannenden Einfluss ausüben. Gerade diese Kranken,

z. B. mit Pulmonalstenose, verfallen auch weniger leicht in Wassersucht und weisen geringere Benachteiligung ihrer inneren Organe auf.

Gelbe bis bräunliche Färbung erhält die Haut am häufigsten — abgesehen von dem manchen Individuen und Stämmen eigenen Pigmentreichtume — infolge von Sonneneinwirkung. Die gegen die Sonne durch die Kleidung geschützten Teile stechen ab durch ihre hellere Farbe, und die Conjunctiva bulbi zeigt ihr unverändertes Weiss. Wird Gallenfarbstoff in das Blut aufgenommen und in die Haut geführt, so gewinnt sie eine ganz blassgelbe, strohgelbe bis dunkelgrün- oder dunkelbraungelbe, olivengrüne Farbe, die Conjunctiva nimmt vollständig Teil an der Gelbfärbung der Haut, Schleimhäute wie die Lippen erscheinen an einer durch Fingerdruck ihres Rotes beraubten Stelle ebenso gelb, der weiche Gaumen bei weit geöffnetem Munde durch Spannung blass werdend, lässt gleichfalls schön das Gelb hervortreten (de Longon), der Harn enthält Gallenfarbstoff, und wo dieser durch Verschluss der Gallenwege zur Aufsaugung kam, sind die Stühle entfärbt, der Puls wird langsam, die Ernährung leidet. Der Harn zeigt mit Essigsäure oder Jodtinktur grüne Färbung, mit rauchender Salpetersäure einen Wechsel von grün, violett, rot und gelben Oxydationsprodukten des Gallenfarbstoffes (Gmelin).

Pulsverlangsamung wird beobachtet selbst in Fällen, wo vor dem Eintritte des Icterus Digitalis wirkungslos war. — Die gallensauren Salze wirken direkt auf die Herzganglien (A. Röhrig) und auf den Herzmuskel (Traube) lähmend.

Der Farbstoff ikterischen Harnes ist ungemein leicht oxydierbar, er färbt sich grün mit Eisenchlorid, Brom, altem Terpentinöl; mit frischem Terpentinöl erst nach Zusatz eines Tropfens Blut. Ikterischer Harn enthält in jedem Falle hyaline Cylinder (Nothnagel), was ich nach zahlreichen Untersuchungen bestätigen kann. Die Sputa ikterischer Pneumoniker enthalten Biliprasin, somit findet hier in der Lunge eine Oxydation des Bilifulvins statt. Dieses lässt sich nicht wie Bilifulvin durch Chloroform ausziehen, wohl aber durch Alkohol und färbt sich durch Alkalien braun.

Während die meisten und immer mehr Formen der Gelbsucht als hepatogene, durch Aufsaugung in der Leber ausgeschiedener Gallenstoffe entstandene nachgewiesen werden können, möchte ich doch das Vorkommen hämatogener Entstehung entschieden aufrecht erhalten. Die Identität von Haematoidin und Bilifulvin ist chemisch erwiesen, auch die Praxis liefert Beweise. So sah ich bei akuter Fettentartung der Leber, des Herzens und der Niere zwölf Stunden, nachdem reichliches, zuletzt rein galliges Erbrechen stattfand, starke

Gelbsucht auftreten. Dies stimmt nicht mit der bekannten Thatsache, dass vom Verschlusse des Ductus choledochus drei Tage bis zur Entstehung gelber Hautfärbung verfliessen. Wenige Stunden darauf machte der Ikterus stark roter Färbung der Haut Platz, bei der Sektion waren alle Organe stark mit Blutrot durchtränkt. Man wird ihn dann sicher annehmen dürfen, wenn weder der Stuhl entfärbt ist, noch auch der Harn nach der Pettenkofer-Neukomm'-schen Probe mit Zucker und Schwefelsäure geprüft, Gallensäuren enthält.

Von dem gewöhnlichen Bilifulvin-Ikterus wird neuerdings der Urobilin-Ikterus (oder Hydrobilirubin-Ikterus) unterschieden. Die Haut ist mehr schmutzig oder bräunlich gelb, der Harn hat keine starke Färbekraft, schäumt nicht gelb, giebt die Gmelin'sche Reaktion nicht, dagegen mit Ammoniak und Chlorzink oder Jodjodkaliumlösung und Kali grüne Fluorescenz. Urobilin-Ikterus bringt keine Pulsverlangsamung, keine Cylinder im Harn, keine Entfärbung der Fäces. Er findet sich hauptsächlich bei Herzkranken, Fiebernden, Pneumonikern, Bleikranken, Lebercirrhose, Lungeninfarkt. Er findet sich namentlich nach parenchymatösen Blutergüssen und ist daher in diesen Fällen ganz wörtlich hämatogener Abstammung.

Die grösste Aehnlichkeit mit Gelbsucht hat die Färbung der Gewebe des Körpers nach dem Einnehmen von Kalium picronitricum. Die Farbe der Haut geht etwas mehr ins braune, ist nicht so lebhaft gelb, der Harn gibt keine Reaktion auf Gallenfarbstoff; dieser Pikrinikterus kann zu den seltsamsten Täuschungen Veranlassung geben.

Bei Zerstörung der Nebennieren durch Neubildung wurde von Addison und vielen Anderen nach ihm Broncefarbe der Haut beobachtet, ein düsteres Graubraungelb, das sich an den dem Lichte ausgesetzten Stellen zuerst entwickelt, später oft an den Geschlechtsteilen, den Achselhöhlen, der Brustwarzengegend am ausgesprochensten ist. Auch finden sich an der Mundhöhle oder am Körper zerstreut einzelne schwarze Flecken, an Lippen und Lidern graue oder schwärzliche Säume, die Bindehaut ist stets weiss; Blutarmut und Abmagerung gehen damit einher. Der Urin enthält Spuren von Taurocholsäure und fettsaure Salze. Beginnende Fälle können leicht mit einfacher Bräunung der Haut durch die Sonne verwechselt werden. Auch die wirkliche Broncefärbung bei Nebennierenerkrankung wird durch Sonneneinwirkung der Haut gesteigert und kann sich bei längerer Beschattung, im Winter vermindern.

Von sonstigen Färbungen der Haut sind vorzugsweise diejenigen durch langsame Silber- und Kupferaufnahme zu erwähnen. Die erstere entsteht bisweilen nachtverschieden grossen Dosen Silbersalpeter und bietet im Beginne ein ganz blassgraues Aussehen, als ob die Haut mit Bleistift leise überfahren wäre; ihre Verbreitung über die Körperoberfläche ist eine ziemlich gleichmässige, doch die Farbe meist an Gesicht und Händen etwas mehr hervortretend. Bei fortdauernder Silberaufnahme wandelt sich die Farbe der Haut in dunkelblaugrau, später in schwarzgrau um, bei diesen höheren Graden färbt sich zugleich die Conjunctiva blaugrau, und an der Schleimhaut der Lippen, des Mundes bilden sich inmitten der ohnehin ins Graue stechenden Fläche verwaschene, dunklere, blaugraue Flecken. Die Silberfärbung der Haut weicht dem Fingerdrucke nicht im mindesten, wenn auch die Haut an sich durch den Fingerdruck blasser wird.

Kleine blaugraue Flecken an verschiedenen Stellen des Körpers besonders an Händen und Vorderarmen finden sich bei Silberarbeitern (Lewin) bei sonst unveränderter Hautfarbe. Bei Arbeitern die glühendes Eisen hämmern, zeigen die Vorderarme zahlreiche kleine weisse, meist etwas strahlige Verbrennungsnarben.

Die allgemeine Kupfervergiftung kommt überhaupt selten vor und erreicht noch weit seltener einen solchen Grad, dass sie der Haut des Gesichtes gelbgrünliches Aussehen verleiht. Dabei sollen dunkelblaue Flecken an einzelnen Stellen der Mundschleimhaut, ein grauer Saum an der Basis der Zähne beobachtet werden. Oft sieht man bei sonst gesunden Kupferarbeitern einen grasgrünen Saum längs der Basis der Schneidezähne.

Unter den Mischformen, welche diese Färbungen eingehen, heben wir zwei hervor, als von diagnostischer Bedeutung: die Vermengung von Ikterus und Cyanose mit Ueberwiegen der letzteren bei den zahlreichen Kranken, die wie an Ueberfüllung der übrigen Körpervenen, so auch an stärkerer Ausdehnung der Lebervenen leiden und zwar in dem Masse, dass die Gallengänge gedrückt werden und die Gallenbewegung eine Behinderung erleidet. Herzkranke vorzugsweise, aber auch Emphysematiker, an chronischer Pneumonie Erkrankte bieten diese Hautfarbe. Ihre Cyanose ist ausgesprochen und verleiht ohnehin der Haut und selbst der Conjunctiva einen Stich ins Schmutzigblaue, der durch das Hinzutreten des Gelben ins Braune hinüberspielt. Fast stets ist Wassersucht der unteren Körperhälfte zugleich vorhanden. Wird durch Druck auf die Haut das Blut aus den Gefässen verdrängt, so tritt die gelbe Farbe stärker hervor. Die Leber ist angeschwollen, hart, glatt, der Harn gallenfarbstoffhaltig, die Conjunktiva ikterisch. Wenn dunkelfarbige Blausucht unter manchen Bedingungen z. B. bei angeborener Pulmonalstenose Jahre lang besteht ohne starke Leberschwellung, ohne Gelbsucht herbeizuführen, möchte man versucht sein, die Blausucht mehr auf Rechnung der Blutfärbung als der Venenüberfüllung zu setzen.

Die andere Mischfarbe, die zu erwähnen war, ist die von Blässe und Bläue der Haut, auch als Livor öfter bezeichnet. Sie findet sich bei Ohnmacht Blausüchtiger, bei manchen Zuständen von Herzschwäche, bei Erstickungsnot Blutarmer, bei Krankheiten, die Anhäufung des Blutes in den Körpervenen und Blutleere der Arterien bedingen: so löst sich z. B. die alte Frage, ob die Croupkranken blass oder blau aussehen, in sehr einfacher Weise, sie sind eben beides zugleich. Alles Rot ist dabei aus der Farbe der Haut geschwunden, ein düsterer blaugrauer Schimmer lagert darauf, eine wahre Bleifarbe; an Wangen, Lippen und Ohr ist sie stärker ausgesprochen, auch an den Nagelgliedern tritt sie hervor.

Von den Schleimhäuten, deren Besichtigung sich an die der äusseren Haut anschliessen kann, verdient besonders die der Mundhöhle Beachtung. Das Zahnfleisch schwillt bei Skorbut, Stomacace, Mercurialismus blaurot, steht ab und zerfällt vom Rande her. Sein Saum kann bei Schwindsüchtigen purpurot gefärbt sein, bei Bleikranken schiefergrau durch eingelagerte Körnchen von Schwefelblei. Der Zungenbelag ist weder bedeutungslos noch hochbedeutend. Rote, weisse, braune Zunge, Vförmiger Belag, schwarze Flecken, Landkartenzunge. Graue Flecken der Wange, des Gaumens finden sich bei Negern, bei Addison-Kranken, blaue bei Kupfervergiftung. Kräftiger Druck mit dem Löffelstiel auf die Zungenwurzel bringt bei guter Beleuchtung die Gaumengebilde zu Gesichte, günstigen Falles auch noch die Kehldeckelspitze. Hier ist eine erste bevorzugte Brütestätte einiger bacillärer Infektionskrankheiten: Tuberkulose, Syphilis, Lepra, Diphtheritis. Erstere bilden Knoten, Knötchen und Geschwüre, Diphtherie Membranen und Geschwüre, alle hinterlassen Narben. Die Besichtigung des Gaumens gehört zu jeder vollständigen Krankenuntersuchung. Entzündungen finden sich überraschend oft. Der Rachen nimmt an vielen Erkrankungen des Kehlkopfes teil, so an Diphtherie, Tuberkulose, Neubildungen, Entzündungen, Lähmungen. —

II. Formen des Brustkorbes.

Trotz ungleicher Masse der Hälften bietet der Brustkorb dem beschauenden Blicke ein vollendetes Bild des Ebenmasses. Beständiger Formwechsel gibt mehr als an irgend anderer Stelle des Körpers den inneren Lebensvorgängen Ausdruck. Ungleiche Verteilung der Organe und Funktionen auf die Körperhälften, die für andere Organe mühsam erschlossen mindestens äusserlich nicht merklich wird, tritt hier tastbar an der Oberfläche in Erscheinung. Welcher Unterschied zwischen der starren schweigsamen Schädelkapsel und dem wogenden, hörbar brausenden und tönenden Brustkorbe!

Sein knöchernes Gerüste besitzt die Form eines von vorne nach hinten abgeplatteten, mit der abgestumpften Spitze nach oben gekehrten Kegels; durch das Hinzutreten des Gürtels der oberen Gliedmassen und ihrer Muskulatur entsteht eine ebenso abgeplattete, mehr nach unten sich verjüngende Kegelgestalt. Die Länge seiner vorderen, hinteren und Seitenwand verhält sich wie 12,5 : 27,5 : 30 Ctm, sein grösster Umfang fällt in die Mitte seiner Höhe. Von diesem Umfange kommt in allen Höhen bei Rechtshändigen etwas mehr auf die rechte als die linke ($1/2$—$2^1/2$ Ctm.), er erscheint aber dem Auge beiderseits gleich. Bei Linkshändigen ist er beiderseits gleich oder links um ein Geringes grösser als rechts: er erscheint aber dem Auge in beiden Fällen links etwas grösser als rechts. — Man betrachtet den entblössten und gleichmässig in Muskelruhe gehaltenen und gleichmässig beleuchteten Brustkorb von vorne und von der Rückseite, um seine Länge und seine Breite (Costaldurchmesser), von seitlich und oben, um seine Tiefe (Sternovertebral-Durchmesser) zu erfahren. Der Costaldurchmesser beträgt nach Wintrich bei gesunden jungen Männern oben 25,8, mitten 26,1, unten 25,8 Cm, der Sternovertebral-Durchmesser 16,5, 19,2, 19,2 Cm.

Bei dieser Betrachtung wird man zugleich erfahren, ob der Brustkorb regelmässig gebaut sei oder nicht. Auch bei Gesunden findet sich eine Reihe von Form-Abweichungen, welche von Woillez unter dem Namen der physiologischen Heteromorphieen zusammengefasst wurden. Dahin gehören: Vorsprünge, Eindrücke einzelner Teile oder seitliches Abweichen des Brustbeines, besonders Vorspringen der Verbindungsstelle zwischen Brustbeingriff und Körper in Form eines kleinen Querwulstes, dann infolge von Arbeit mit vorne übergebeugtem Oberkörper, infolge des Anstemmens von Werkzeugen bei manchen Gewerbsleuten, Eingedrücktsein des untersten Teiles des Brustbeines in Form einer Grube, ferner gleichmässiges Vorspringen beider Brusthälften vorne über die Ebene, in der das Brustbein liegt, Vorstehen einzelner Rippenknorpelpaare, umschriebene Eindrücke oder Vorwölbungen einzelner Stellen der Brustwand, Stand der Brustwarzen in ungleicher Höhe. — Bei jener Minderzahl von gesunden Leuten (ein Fünftel nach Woillez), bei welchen diese Unregelmässigkeiten des Brustbaues nicht getroffen werden, erscheinen beide Brusthälften aufs vollständigste symmetrisch gebaut, die Seitenflächen gleichmässig abfallend, die einzelnen Durchmesser etwa in den oben angegebenen Verhältnissen entwickelt.

Von **Ebstein** ist eine tiefe kegelförmige Einziehung, deren Spitze am unteren **Teile** des Brustbeines liegt, mit dem bezeichnenden Namen **Trichterbrust** belegt worden. Sie kommt angeboren, bisweilen ererbt vor.

Unter den einzelnen Teilen, welche den Brustkorb zusammensetzen, ist am wichtigsten die **Wirbelsäule**, indem sie als Strebepfeiler, an dem das ganze Gerüste aufgebaut ist, bei allen aus ihren Erkrankungen hervorgehenden Form- und Richtungsabweichungen auch die ganze Brustform verändern muss, zugleich an den meisten anderweitig bedingten Gestaltveränderungen des Brustkorbes Anteil nimmt. Es ist deshalb zweckmässig, die auf die einzelnen Teile des Brustkorbes gerichtete Betrachtung mit der Vornahme der Wirbelsäule zu beginnen. Sie bietet — bei Säuglingen noch gerade — beim Erwachsenen vier in der Median-Ebene des Körpers gelegene beträchtliche Krümmungen dar, von denen diejenige der Hals- und die der Lendenwirbelsäule nach vorne, die der Brustwirbelsäule und des Kreuzbeines nach rückwärts konvex sind. In seitlicher Richtung findet sich normaler Weise nur eine schwächere Krümmung in der Gegend der oberen und mittleren Brustwirbel, die der vorzugsweise gebrauchten Hand, also gewöhnlich der rechten, zugewendet ist.

Am gesunden Brustkorbe wird vorn die Mittellinie ziemlich genau durch das **Brustbein** bezeichnet, das durchschnittlich bei Erwachsenen eine Länge von 16—20 cm darbietet, in seiner Mitte am weitesten, an Griff und Fortsatz am wenigsten weit vorsteht, und von den beiderseits unter gleich grossen Winkeln sich ansetzenden Rippenknorpeln und von den Schlüsselbeinen getragen wird. So nimmt es eine sowohl physiologisch als auch bei Krankheiten einiger Veränderungen fähige Lage ein. Die Verschiebung bei Beugung nach einer Seite bei der Seitenlage kann man leicht an sich selbst erfahren. Bei Schrumpfung einer Lunge, bei stärkeren Missstaltungen des Brustkorbes treten seitliche Lageabweichungen des unteren Brustbeinteiles, auch winkelige Knickungen nach der Seite zu ein. Während der Schwertfortsatz bei Schustern und andern Handwerkern, die Instrumente gegenstemmen, leicht eingebogen wird und der ganze untere Teil des Brustbeines infolge von Entwickelungshemmung eine tiefe Grube bilden kann, nimmt der Brustbeingriff nur an verbreiteter Verengerung des obersten Teiles der Brusthöhle

Anteil. Er stellt sich dabei in mehr weniger vorspringendem Winkel gegen das Corpus sterni (**Angulus Ludovici**).

Die **Schlüsselbeine** verlaufen beiderseits fast wagrecht nach aussen, wobei sie mit ihren inneren Hälften noch die vordere Wand der Brusthöhle bilden und werden nach oben von der beiderseits gleichmässig stark ausgehöhlten Oberschlüsselbeingrube (**Fossa supraclavicularis**), nach unten von der ganz flachen Unterschlüsselbeingrube (**Fossa infraclavicularis**) begrenzt. Da auch gerade über dem Ausschnitte das Manubrium, seitlich durch die Sternalportion des Kopfnickers, nach hinten durch die Kehlkopfbrustbeinmuskeln und die Luftröhre begrenzt, eine mittlere Grube, die **Fossa jugularis** liegt, so finden sich zuoberst an der vorderen Brustfläche **fünf Gruben**, zu welchen bei sehr magern Leuten mit infolge von Atemnot vorspringenden Halsmuskeln noch zwei weitere hinzutreten, die zwischen den beiden Köpfen des Sternocleidomastoideus gelegen sind. In jeder derselben können unter Umständen Pulsationen wahrgenommen werden.

Weiter abwärts bietet noch die **Brustwarze**, wenigstens beim Kinde und beim Manne, einen wichtigen Richtpunkt für die Betrachtung der Teile. Sie findet sich in der Höhe der fünften Rippe gelegen, jederseits 9—11 cm von der Mitte des Brustbeines entfernt. Unter normalen Verhältnissen der Brustorgane kann linkerseits ein etwas tieferer Stand, sowie ein etwa höchstens um $\frac{1}{2}$ cm geringerer **Abstand vom Sternum** vorkommen. Beim Weibe ist sie durch die Brustdrüse verschoben, oder wegen **Schlaffheit der** umgebenden Gewebe verschiebbar, und deshalb **als** Richtpunkt nicht brauchbar, sondern durch die obigen Massangaben zu ersetzen. —

Einen weiteren Anhaltspunkt für die Betrachtung der vorderen **Thoraxfläche** finden wir in dem Rippenbogen gegeben, dessen Grenze von dem Ansatze des Schwertfortsatzes bis zur zehnten Rippe, durch die sich aneinander anschliessenden Knorpel der siebenten bis zehnten Rippe gebildet wird. Auch hier ist hauptsächlich die Gleichmässigkeit des Baues beider Seiten zu prüfen, ferner etwaige Erweiterung der ganzen unteren Brustöffnung oder Aufwärtskehrung des Rippenbogenrandes (bei Kyphotischen). — Diese Reihen von Knorpelleisten, zu zwei von beiden Seiten her zusammenstrebenden Bogen verbunden, ragen um so stärker vor, je weiter das Brustbein von der Wirbelsäule entfernt und je eingesunkener der Unterleib ist. Andererseits können sie durch den Druck der Schnürbrust nach innen gedrängt oder durch den aufgetriebenen Unterleib noch überragt werden. Engel hat mit Recht auf die wechselnde Abstandsweite zwischen Rippenbogen und Darmbeinkamm, die beim paralytischen Thorax sehr verkleinert werden kann, als ein diagnostisch wichtiges Zeichen aufmerksam gemacht. In der Höhe des Schwertfortsatzes findet sich meistens an der vorderen Brustfläche eine seichte, wagrechte Furche, die dem normalen Stande des Zwerchfells ziemlich entspricht und wohl auch durch die Zusammenziehungen desselben im Laufe der Zeit entstanden ist (Harrison'sche Furche). Nach H. Sahli kommt in der Nähe der unteren Lungengrenze, namentlich bei Leuten, die an Husten leiden, öfter eine Zone erweiterter femster Hautgefässe vor.

Am Rücken sind noch von besonderer Bedeutung die Schulterblätter, die für gewöhnlich die zweite bis siebente oder dritte bis achte Rippe decken, jedoch der beträchtlichsten Verschiebungen fähig sind, je nachdem z. B. die Arme auf der Brust, über dem Kopfe oder auf dem Rücken gekreuzt werden. Man hat zu Percussionszwecken diese Stellungen der Arme einzuteilen, zu benennen und besonders zu verwerten gesucht (Corson), indess geht damit der Vorteil völliger Muskelerschlaffung verloren. Man kann durch solche Stellungen bei Gesunden den Raum zwischen den Schulterblättern breiter machen, wie er auch bei Kontrakturen und Lähmungen gewisser Schultermuskeln wird. Innerhalb desselben kommen zu beiden Seiten der Wirbelsäule wichtige physikalische Erscheinungen seitens der Luftröhre, Luftröhrenäste und Bronchialdrüsen, sowie der Aorta und der Speiseröhre zur Wahrnehmung, die wir in späteren Abschnitten besprechen werden.

Ortsbezeichnung (Topographie).

Um für Krankengeschichten oder -Berichte den Sitz einzelner krankhafter Erscheinungen zu bezeichnen, um, was wichtiger ist, sich selbst über denselben klar zu werden, bedarf man der Ortsbezeichnungen. Zu diesem Zwecke kann man durch Kreuz- und Querstriche die Brust in eine Reihe von benannten Gegenden teilen, wie dies z. B. von Piorry und Anderen geschehen ist, allein die Organe, welchen die Namen jener Abteilungen entnommen sind, werden bei Krankheiten in andere Gegenden verschoben, und am gründlich missstalteten Brustkorbe hört jede Möglichkeit der künstlichen Einteilung auf. Es ist daher das System der natürlichen Grenzen hier möglichst zur Geltung zu bringen, und jede willkürliche Einteilung als überflüssig und lästig zu vermeiden. Als allgemeinste Bezeichnungen für die Stelle, wo krankhafte Zeichen wahrgenommen wurden, genügen bisweilen Angaben wie: »rechts, vorn, oben; hinten links in der Mitte«, in der Regel jedoch bedarf es näherer Bestimmungen. Diese beziehen sich auf die Höhe und die Breite, welche zu bezeichnen ist.

Der Gebrauch, Erkrankungsstellen der Brustorgane auf Bilder des Oberkörpers mit eingezeichnetem Knochengerüste, angedeuteten Grenzen der gesunden Organe einzuzeichnen ist bereits weit über die Grenzen der Kliniken hinaus in Aufnahme gekommen.

Die Höhe wird für die meisten Stellen nach der betreffenden Rippe oder dem nächsten Zwischenrippenraume bestimmbar sein. An anderen Stellen gibt die Berücksichtigung der Ober- und Unterschlüsselbeingrube, der drei Stücke des Brustbeines, der beiden Gruben über und unter der Gräte des Schulterblattes, des unteren Schulterblattwinkels, eines Wirbels den Anhaltspunkt zur Bezeichnung ab, wobei zu berücksichtigen ist, dass das Schulterblatt bei auf der Brust gekreuzten Armen von der zweiten bis siebenten Rippe herabreicht. Um zu zählen, in der Höhe der wievielten Rippe ein bestimmter Punkt gelegen sei, geht man am besten vom Knorpel der zweiten Rippe an der Verbindungsstelle von Griff und Körper des Brustbeines aus, weniger sicher vom siebenten Rippenknorpel, als dem letzten der das Brustbein erreicht, hinten unten von der eilften oder zwölften Rippe.

Die Breite wird nach Brustbein, Wirbelsäule, deren Rändern, sodann einer Anzahl senkrechter, allerdings künstlicher, aber durch natürliche Richtpunkte gezogener Linien bestimmt; diese sind: Parasternallinie, in der Mitte zwischen Brustbeinrand und Brustwarze. Papillarlinie durch letztere, vordere und hintere Axillarlinie durch vordere und hintere Grenze der Achselhöhle, Skapularlinie durch den unteren Winkel des Schulterblattes senkrecht gezogen und Paravertebrallinie. Mit besonderer Beziehung zur vorderen Grenze der Milz stellt man sodann noch eine Linea costoarticularis auf von dem Schlüsselbeingelenke schief nach aussen und unten verlaufend bis zu der Spitze der eilften Rippe.

Lungengrenzen.

Wir werden uns bei Besprechung der Percussionsergebnisse zu erinnern haben, dass der von Lunge eingenommene Brustraum nach vorne oben bis 3½ cm über den oberen Schlüsselbeinrand, hinten oben bis zu einer durch die Spitze des Dornfortsatzes des siebenten Halswirbels gelegten Ebene, unten in der Parasternallinie bis zum unteren Rande der sechsten, in der **Papillarlinie** bis zum oberen der siebenten, in der **Axillarlinie** bis zum unteren der siebenten, neben der **Wirbelsäule** bis zur eilften, in der **Scapularlinie** bis zur neunten Rippe reicht (Strempel jun.). Sticht man auf der rechten Seite an diesen Stellen Nadeln ein, so treffen sie den Lungenrand, etwas unterhalb derselben die Leber. Auf die Ortsbeziehungen der Herzgegend werden wir Gelegenheit finden, bei Besprechung der Auscultation und Percussion einzugehen.

Krankhafte Brustformen.

Man unterscheidet zunächst **Vorwölbungen** und **Vertiefungen**, soferne nur kleine Stellen der Brust befallen sind, **Ausdehnung** und **Einsenkung**, soferne eine Seite oder doch etwa die Hälfte einer solchen Sitz der betreffenden Veränderung ist. Umschriebene Vorwölbung durch Geschwülste der Brustdrüse, durch Fettgeschwülste der Brustwand, durch Knochenwucherung oder periostitische Eiterung der Rippen wird beim Zufühlen leicht erkannt. Geschwülste aus dem Innern des Brustraumes können an allen beliebigen Stellen der Brustwand zur Vorwölbung kommen; welcher Art sind sie und woran erkennt man sie? Zu denselben gehören Carcinome, Cancroide, Sarcome, Cystosarcome, Abscesse, Echinococcen der Lunge, der Pleura, des Mediastinums, der mediastinalen und bronchialen Lymphdrüsen u. s. w., dann Aneurysmen der grossen Gefässe und Lungenhernien. Diese Geschwülste dringen teils durch die Zwischenrippenräume hervor — wie namentlich die eiterhältigen, teils vermögen sie, wie namentlich die Gefässgeschwülste und Neubildungen, die Rippen zu durchbrechen und mit grösserer Fläche hervorzutreten. Alle sind anfangs, manche, wie die Lungenhernien, stets von unveränderter, verschiebbarer Haut bedeckt. Die übrigen, ausser den Lungenhernien, löten sich später an die Haut an und kommen bei genügend langer Dauer, indem sie Entzündung oder Absterben hervorrufen, zum Durchbruche der Haut. Manche lassen sich anfangs teils mit, teils ohne gleichzeitig entstehende Atemnot in den Brustraum zurückdrängen, und das Befühlen der Ränder des Spaltes, durch den sie hervorgetreten waren, sichert die Erkennung ihrer Herkunft. Die Lungenhernie lässt bei Druck emphysematöses Knistern erkennen. Unvollständige Lungen-Pleurafisteln, lufthältige, mit dem Pleurasacke (Pneumothorax) in Zusammenhang stehende Eitersäcke geben bei gewaltsamer Zurückdrängung in den Brustraum plätscherndes, quatschendes Geräusch, das gefühlt, in die Entfernung als Rasseln, mit dem aufgelegten Ohre als Metallklingen gehört wird. Nur ausnahmsweise erlangen durch eingetretene Verwachsungen die Brustmuskeln einigen Einfluss auf die Lage jener Geschwülste, deren Beweglichkeit ohnehin eine äusserst geringe zu sein pflegt, indem sie mit ihrer breiteren Grundfläche an ihrer Austrittsöffnung befestigt sind. **Ihr wesentlicher Charakter liegt darin, dass sie natürliche Bewegungen, welche innerhalb der Brusthöhle erfolgen, nach aussen fortleiten und dass sie Einwirkungen künstlichen Druckes von aussen auf Organe der Brusthöhle fortpflanzen.** Fortgeleitete Pulsationen finden sich nicht allein dann, wenn sie Abschnitten des arteriellen Gefässsystemes angehören, sondern auch wenn sie auf solchen aufliegen, daher fast mit gleicher Deutlichkeit bei manchen Eitersäcken, Cysten und Carcinomen, wie bei Aortenaneurysmen. Fortgeleitete Atmungsbewegung dieser Geschwülste äussert sich durch Verkleinerung, selbst bei flüssigem Inhalte unter Umständen durch Verschwinden der Geschwulst bei tiefem Einatmen oder Schluchzen, dagegen durch Zunahme der Spannung und des Umfanges beim Ausatmen oder Husten. Bezeichnende Druckwirkungen innerhalb der Brusthöhle kommen keineswegs allen solchen Geschwülsten zu, so der Lungenhernie niemals, den Eitersäcken häufig nicht; ihre Art und Begründung ergibt sich leicht aus der Berücksichtigung der anatomischen Beziehungen und physiologischen Verrichtungen der N. vagi, recurrentes und phrenici, der grossen Gefässe, der Luft- und Speiseröhre.

Besondere Bedeutung ist der Vorwölbung der Gegend zwischen drittem und siebentem Rippenknorpel, Brustwarze und Brustbeinrand linkerseits und der **Vorwölbung der Herzgegend** (*„Voussure"*) beizumessen, soferne sie an einem sonst regelmässig gebauten Brustkorbe beobachtet wird. Bei Ausbeugung des unteren Teiles der Brustwirbelsäule nach links konvex ist sie einfach als deren Folge aufzufassen. Sie stellt sich gewöhnlich als wenig und gleichmässig erhöhte Wölbung der Herzgegend, oft nur ihrer unteren Hälfte dar, und ist nicht selten ungenügend, den Umfang der linken Thoraxhälfte messbar zu vergrössern. Ihre häufigste pathologische Veranlassung ist in bedeutender Vergrösserung des Herzens gelegen, ausserdem findet sich jedoch auch bei Flüssigkeitsergüssen in den Herzbeutel, Andrängung des Herzens an die Brustwand, Geschwülsten der Umgebung des Herzens und abgesackten Pleuraexsudaten. Starke Vorwölbung der eigentlichen Herzgegend (zwischen vierter und sechster Rippe, linker Brustwarze und Brustbein) deutet an sich, besonders aber bei hebendem Herzstosse mehr auf Massenzunahme der linken Kammer, Vorwölbung im ganzen Bereiche zwischen beiden Brustwarzen deutet entweder auf ein grösseres Perikardialexsudat, oder bei verbreiteter auffälliger Pulsation auf vorwiegende Vergrösserung der rechten Kammer.

Beachtenswert sind auch die Vorwölbungen des 1ten bis 3ten rechten und des 2ten linken Intercostalraumes zunächst dem Brustbeine. Dieselben zeigen zumeist Pulsation, sie rühren von den verschiedensten mediastinalen Geschwülsten her, am häufigsten von Erweiterung der beiden grossen Arterienstämme des Herzens.

Umschriebene Vorwölbungen können ferner durch Geschwülste der Lunge, durch umschriebenes Emphysem der Lunge bedingt werden, wie man dies öfter gerade an den Lungenspitzen zu beobachten Gelegenheit hat, und nach der sehr wahrscheinlichen Angabe von Walshe, können auch bis zur Pulmonalpleura vorgedrungene Cavernen eine Vorwölbung der betreffenden Stellen eines oder einiger Zwischenrippenräume bedingen. Für den letzteren Fall, sowie für die erweiternde Wirkung des örtlich beschränkten Emphysemes, liegt die Erklärung darin, dass die mittlere Ruhestellung der Brustwand bedingt ist durch die Einwirkung des vollen äusseren Luftdruckes einer-, desselben vermindert um den Betrag des elastischen Zuges der Lunge anderseits, dass daher, wenn der elastische Zug der Lunge für eine Stelle der Brustwand ausser Wirksamkeit tritt, diese stärker gewölbt werden muss, wie dies in den beiden angeführten Fällen stattfindet.

Ausgedehntere Vorwölbungen des untersten Teiles des Brustkorbes finden sich infolge von Erguss in den Pleurasack, Vergrösserung der Leber oder Milz. Ueberhaupt aber finden sich Erweiterungen der unteren Brustkorböffnung infolge aller jener Zustände, welche eine dauernde Massenzunahme des Inhaltes der Unterleibshöhle bedingen, von Luftauftreibung und Bauchwassersucht bis zu den Geschwülsten, der Eierstöcke, Retroperitonealdrüsen, Leber, Milz etc.

Vertiefungen am Brustkorbe, soferne sie nicht durch Substanzverluste, oder Narbeneinziehungen der Brustwand, oder durch physiologische Heteromorphismen bedingt sind, weisen darauf hin, dass unter der betreffenden Stelle eine Verdichtung und Einziehung der Lunge erfolgte, oder dass pleuritische Auflagerungen nach Art der Narbenzusammenziehung in Schrumpfung eingingen. Unter besonders günstigen Umständen bei sehr nachgiebigen Brustwandungen oder sehr abgemagerten Weichteilen der Brustwand kann auch das einfache Luftleerwerden (Collapsus) einer grösseren Lungenpartie eine leichte Vertiefung der betreffenden Stelle bedingen. Am häufigsten finden sich Vertiefungen der Brustwand sowohl, als ausgedehntere Einsenkungen bei jenen langsam verlaufenden Brustkrankheiten vor, welche zur Schwindsucht führen, also bei Tuberkulose, chronischer Pneumonie und Bronchiektasie. Bei der ersteren finden sich diese Veränderungen durch den Sitz des anatomischen Prozesses fast immer auf die obere Hälfte des Brustkorbes beschränkt, bei chronischer Pneumonie finden sie sich wenigstens häufig in gleicher Gegend, bei Bronchiektasie dagegen über beliebige Stellen der Brust zerstreut, oft auch einer Seite, einem Lappen angehörig.

Wiewohl die häufigste dieser drei Erkrankungen, die Tuberkulose, durch ihren eigenen Sitz jenen der einschlägigen Veränderungen am Brustkorbe bestimmt, ruft sie doch nur zum kleinsten Teile selbst und unmittelbar solche hervor, sondern hiezu wirken weit mehr mit Atelektase, chronisch-pneumonische Verdichtung in dem den Tuberkelheerd umgebenden Lungengewebe und pleuritische Auflagerungen. Diese Veränderungen, beide Lungenspitzen befallend, bewirken allseitige Verkleinerung des Umfanges der oberen Brusthälfte, wie sie mittelst des Bandmasses durch M. Hirtz in einer genügenden Anzahl von Fällen nachgewiesen wurde, ausserdem aber auch dem geübten Blicke nicht leicht entgeht. Am meisten wirkt der Zug der schrumpfenden Lungenspitzen in der Richtung von vorne nach hinten. Daher rührt es, dass der obere Teil des Brustbeingriffes der Wirbelsäule sich nähert und infolge davon dieser Teil mit dem Körper einen stärker vorspringenden Winkel bildet. Bei seitlicher Ansicht des Brustkorbes wird sowohl der Sternovertebraldurchmesser, als dieser Winkel am deutlichsten bemessen. Ferner werden durch den gleichen Zug der schrumpfenden Lunge und Pleura die fünf oder sieben Gruben, welche vorne die obere Oeffnung des Brustkorbes umsäumen, bedeutend vertieft und sie scheinen dies in erhöhtem Grade, weil unter der abgemagerten Haut die durch fortwährende angestrengte Arbeitsleistung angespannten Halsmuskeln ihre Ränder stärker hervortreten lassen. In der Tiefe der stark ausgehöhlten Oberschlüsselbeingrube gewahrt man die Umrisse der grossen Halsgefässe, der Skaleni, des Omohyoideus. Das Schlüsselbein tritt bei dieser Vertiefung der Gruben mehr hervor, seine Mitte scheint oft nur mehr durch eine Hautfalte mit der Brustwand zusammen zu hängen. Die Schultern sinken weiter nach vorne, die inneren Ränder und Winkel der Schulterblätter stehen daher »flügelförmig« ab, die Schlüsselbeine kommen mit ihren Schulterenden weiter nach vorne zu stehen, als mit den inneren dem Brustbeine zugewendeten. Das stärkere Eingesunkensein der Schlüsselbeingruben einer Seite weist fast mit voller Sicherheit auf vorgeschrittene Lungenverdichtung, besonders wenn die am stärksten in der Richtung nach vorne, weniger nach oben verminderte Beweglichkeit der Brustwand auf der gleichen Seite noch geringer ist als auf der anderen. Die Verkleinerung des queren Durchmessers der oberen Brustöffnung kann hauptsächlich nur erzielt werden durch eine von der wagrechten mehr abweichende Stellung, durch Spitzerwerden der Ansatzwinkel der oberen Rippen. Indem dieses Verhältnis sich mehr und mehr steigert, zugleich die Zwischenrippenmuskeln durch Teilnahme an der allgemeinen Muskelabmagerung entkräftet werden, nehmen auch die Rippen bis zur unteren Brustöffnung eine entsprechende Stellung ein, der Brustkorb wird dadurch lang, die Zwischenrippenräume weit, die Seitenflächen geradeabfallend, der Querdurchmesser auch nach abwärts zu verkleinert — es entsteht die paralytische Thoraxform Engel's. — Bei den höchsten Graden dieser Schrumpfung verliert sich vorne beiderseits (selten nur einseitig) zwischen Brustbein, Schulter, Schlüsselbein und vierter Rippe sämtliche Wölbung der Brustwand und macht wohl auch einer seichten Vertiefung Platz, die Form der Rippen selbst wird somit geändert, ihre Konvexität vermindert sich, die Abmagerung der Weichteile trägt noch mit zu dieser Form bei. — Am häufigsten finden sich flache, verhältnismässig breite Brustformen bei Tuberkulösen, seltener cylindrische, noch seltener kurze weite Formen oder durch Kombination mit Rachitismus gleichzeitiges Pectus carinatum.

Die hier besprochenen Zeichen gehören sämtlich dem **erworbenen phthisischen Habitus** an, d. h. sie entstehen durch den Einfluss der erkrankten Lunge auf die Formen des Brustkorbes. Sie finden sich oft zusammen vor mit schwacher Muskulatur, blasser zarter Hautfarbe, umschriebener Röte der Wangen, sehr regelmässig gebildeten durchscheinenden Zähnen, intelligentem sanftem Gesichtsausdrucke, vorgebeugtem Halse und Kopfe. — Einige dieser Zeichen werden zugleich unter denjenigen aufgeführt, welche den **angeborenen phthisischen Habitus** darstellen. Man rechnet dahin ferner hohe magere Statur, zarten Knochenbau, langen, engen, flachen, wenig erweiterungsfähigen Brustkorb mit weiten Zwischenrippenräumen, und von Anfang an engere obere Brustkorböffnung, kolbig verdickte Nagelglieder und klauenförmig gebogene Nägel. Es steht fest, dass ein solcher Körperbau in schwindsüchtigen Familien am häufigsten getroffen wird, dass die meisten Träger desselben der genannten Krankheit verfallen; aber das Urteil hierüber wird getrübt durch die Schwierigkeit, festzustellen, wie lange jemand schon schwindsüchtig sei (oft genug findet sich ja bei anderweitigen Sektionen unerwartet Lungentuberkulose), ob also wirklich der Habitus phthisicus sich schon vor der Schwindsucht selbst entwickelt habe; das Gesetz wird zu einer an Ausnahmen reichen Regel herabgedrückt durch die Erfahrung', dass Mancher mit dem ausgesprochensten Schwindsucht-Habitus ausgestattet zum Erstaunen seiner teilnehmenden und klatschenden Mitmenschen sein 6tes und 7tes Dezennium glücklich erreicht. Man wird richtiger annehmen, dass häufig zugleich mit einem gewissen Körper- und namentlich Brustbaue von schwindsüchtigen Eltern die Neigung zu dieser Erkrankung, ererbt wurde. Mit wichtigen Gründen ist vor Jahren W. A. Freund für die Annahme eines angeborenen Schwindsucht-Habitus aufgetreten. Er gab der ganzen Sache eine weit bestimmtere Wendung, indem er regelwidrige Kürze oder scheidenförmige Verknöcherung des ersten Rippenknorpels und dadurch bedingte Feststellung und Funktionshemmung des oberen Brustkastens für die Ursache der hereditären, idiopathischen, chronisch verlaufenden Lungentuberkulose erklärte. Er ging dabei von der Ansicht aus, dass die Form des Brustkorbes für die Entwickelung seines Inhaltes und für dessen pathologischen Schicksale bestimmend sei. Unbefangene Prüfung der Thatsachen liess jedoch diesem Grundsatze schon damals nur äusserst beschränkte Geltung. Die seitherige Umgestaltung der Tuberkuloselehre durch die Entdeckung Koch's lässt nur noch die Annahme zu, dass durch solche Brustform die Einpflanzung des Tuberkel-Bacillus durch Ansteckung begünstigt werde. Nur sehr bedeutende (z. B. rachitische) Verunstaltungen des Brustkorbes üben Einfluss auf Lagerung und Beschaffenheit der Brustorgane. Umgekehrt üben aber viele Erkrankungen der Brusteingeweide einen sehr hochgradigen, leicht erkennbaren Einfluss auf die Brustform aus. — Kolbig verdickte Nagelglieder sog. Trommelschlägelfinger finde ich bei Bronchiektasieen oft viel stärker als bei Tuberkulösen entwickelt. Nur bei ersterer Krankheit, wenn sie nach Atelektasen, Pneumonieen sich unter meinen Augen entwickelte, sah ich eine sozusagen akute, d. h. binnen wenigen Wochen erfolgende Verdickung der Nagelglieder. Nach Walshe soll sie auch halbseitig und zwar der Seite der Lungenerkrankung entsprechend vorkommen. Auch als Begleiter angeborener Herzkrankheiten wird sie getroffen. Sie ist als eine Folge venöser Stauung aufzufassen. Seltener finden sich die Nagelglieder der Zehen in ähnlicher Weise verdickt.

Andere weniger verbreitete einseitige und mehr der unteren Brusthälfte angehörige Einziehungen der Brustwand entstehen infolge der Resorption pleuritischer Ergüsse. War die Lunge längere Zeit durch im Pleurasacke angesammelte Flüssigkeit zusammengedrückt, so dehnt sie sich nicht der Aufsaugung der Flüssigkeit entsprechend alsbald wieder aus; der bedeutend überwiegende äussere Luftdruck verkleinert, entsprechend der fortschreitenden Flüs-

sigkeitsaufsaugung, die Seite, während Bindegewebswucherungen an
der Pleura sich entwickeln, schrumpfen und gleichfalls verengend
wirken. So entsteht eine Missstaltung, welche zum wesentlichen
Merkmal allseitige Verkleinerung der leidenden Seite bekommt. Verminderter Umfang der Brusthälfte wird leicht durch das Augenmass
wahrgenommen, durch das Bandmass festgestellt. Annäherung der
Brustwarze an das Brustbein, Verengerung der Zwischenrippenräume,
tieferer Stand des Schlüsselbeins, des Schulterblattes und der ganzen
Schulter sind die Einzelzüge des Bildes. Jede Wölbung dieser Seite
erscheint abgeflacht und vermindert, sowohl an der vorderen Brustfläche als an der Rückseite, das Schulterblatt der leidenden Seite
steht tiefer und der Wirbelsäule näher, die Zwischenrippenräume
sind tiefer und enger. Mit der Weite ist auch die Erweiterungsfähigkeit der ganzen Seite sowohl als der Zwischenrippenräume vermindert worden. Die Wirbelsäule allein scheint der beengten Seite
mehr Raum zu gewähren, indem sie gegen die gesunde konvex sich
ausbeugt. Allein gerade durch dieses Verhältnis wird die Verengerung der leidenden Seite und ihrer Zwischenrippen, ihre geringere
Weite vermittelt und notwendig Erweiterung der andern bedingt.
Nur sehr ausnahmsweise findet sich die von Walshe bezeichnete
Besonderheit höheren Standes der Schulter der leidenden, übrigens
verengten Seite. Mediastinum und Zwerchfell werden samt den angrenzenden Organen in die kranke Seite hereingezogen. Aus diesen
dauernd der Brustform aufgeprägten Zeichen kann oft noch nach
Jahren, nach Jahrzehnten ehedem überstandene Pleuritis erkannt
werden. Ein Teil der Verengerung gleicht sich mit der Zeit immer
wieder aus bald viel, bald wenig. Die starr eingezogene durch
Schwarten gestreifte Hälfte des Brustkorbes steht der Wiederentfaltung der Lunge hindernd entgegen. Mehr noch hemmt Schrumpfung der Lunge die Wiederausdehnung der Brusthälfte. Auch
langandauernde trockene Pleuritis mit nur teilweiser
Verwachsung kann beschränkte, aber recht auffällige Vertiefungen,
Abflachungen der Brustwand bewirken. In diagnostischer Beziehung
ist zu berücksichtigen, dass nicht allein Pleuritis, Pneumopyothorax,
sondern nicht minder chronisch gewordene entzündliche Verdichtungen, zur Heilung gekommene Vereiterungen des Lungengewebes
ganz gleiche Bilder einseitiger Verengerung des Brustkorbes bedingen können.

Erweiterungen grösserer Abschnitte des Brustkorbes finden sich, wo immer der elastische Zug der Lunge vermindert oder der Druck innerhalb der Brust dauernd positiv wird.

Sie werden am häufigsten durch Pleura-Exsudat bedingt und beginnen, freie Ausbreitung des Exsudates vorausgesetzt, an dem untersten und hindersten Teile der Brusthälfte, indem die Zwischenrippenräume weniger konkav, mehr verstrichen im Vergleiche zu jenen der gesunden Seite sich gestalten. Von hier dehnt sich die anfangs nur wenig merkliche Wölbungszunahme der leidenden Seite, neben der Wirbelsäule stets höher hinaufreichend als vorne, in die Brustwarzen- und Brustbeingegend nach vorne und später nach aufwärts aus, bis sie jeden Halbmesser im Vergleiche zur andern Seite erweitert hat. Die Wirbelsäule beugt sich etwas nach dieser Seite konvex aus, die betreffende Brustwarze scheint sich vom Brustbein entfernt zu haben, der Abstand vom Schlüsselbeine zum Rippenbogen und der Abstand vom Brustbeine zur Wirbelsäule wird vergrössert. (Dabei verminderte, aufgehobene Beweglichkeit der ganzen Seite oder doch der minder konkaven Zwischenrippenräume). Selten kommt es bei massigem Ergusse und schwacher Muskulatur dahin, dass die Zwischenrippenräume nach aussen konvex werden. Man trifft derartige Kranke zumeist im Beginn ihres Leidens (weil sonst Schmerz entsteht) auf der gesunden, später (um Atemnot zu vermeiden) auf der kranken Seite oder halb auf dieser gelagert. Sehr grosser Erguss muss ausser der kranken auch die gesunde Brusthälfte, wenn auch nur in geringerem Masse erweitern. Eine noch stärkere Wölbung der leidenden Seite, oft mit Vorwölbung der Zwischenrippenräume, wird durch freien Pneumothorax gesetzt.

Elastizitätsverlust oder Verminderung beider ganzen Lungen hat allseitige Erweiterung des Brustkorbes zur Folge. Doch erreicht das viskuläre Emphysem der Lunge nicht häufig solch hohen Grad von Ausdehnung. Alle Durchmesser des Brustkorbes sind erweitert, am wenigsten der quere, am meisten der sternovertebrale. Brustbein und Brustwirbelsäule sind beide stärker konvex geworden, die Rippen verlaufen nahebei wagrecht, die Zwischenrippenräume sind erweitert, flach, oder selbst verstrichen, sehr selten vorgewölbt, die Gruben ober- und unterhalb des Schlüsselbeines sind verschwunden und stark konvexe Wölbungen an ihre Stelle getreten. Der ganze Brustkorb bietet eine cylindrische und im wörtlichen Sinne eine »Fassform« dar und überragt mit seinen vorstehenden Zwischenrippen erheblich den Unterleib. Die hypertropischen Halsmuskeln bilden scharfe Vorsprünge an ihren Ansätzen; auch die Umrisse der Brustmuskeln sind unter der abgemagerten Haut deutlich zu erkennen.

Die Haltung solcher Emphysematiker, namentlich beim Sitzen, hat oft etwas äusserst Bezeichnendes. Die Brust wird vorgestreckt, der Kopf etwas zurückgelehnt, die Arme stemmen sich auf die Schenkel auf. Ist dabei noch die gewöhnliche Blässe des Gesichtes, Abmagerung des übrigen Körpers, die gegen den Umfang des Brustkorbes sehr absticht, die beschleunigte, angestrengte, aber äusserst unergiebige Atmungsweise, die starke, aber fruchtlose Anstrengung vieler Atmungsmuskeln vorhanden, pulsiert das Herz mit seiner Spitze schwach an tiefgelegener Stelle, aber dafür stark mit seiner rechten Kammer in der Magengrube, findet sich hier eine seichte mit der Atmung sich verschiebende Querfurche, eine kleinere (pulsierende) obere und eine grössere untere Hälfte abteilend vor — so ist die Diagnose durch die blosse Inspection bis zur Unmöglichkeit jeder Verwechslung gesichert. In den Hospitälern bilden diese Emphysematiker oft blaurot und keuchend, mit den Armen auf die Ränder zweier Betten gestützt, mit dem Oberkörper vorgebeugt, auffällige Erscheinungen.

Teilweises Emphysem kann sich sowohl an beiden oberen, als an beiden unteren Brusthälften, als auch einseitig finden und für die Besichtigung nur durch geringere Beweglichkeit und stärkere Wölbung der betreffenden Gegend bemerklich machen.

III. Von der Atmung abhängige Bewegungen.

Schlaf und Ohnmacht lassen kaum sichtbare Atembewegungen übrig, rascher Lauf, aufglühender Zorn macht das Atmen jagend und keuchend, einer reichlichen Mahlzeit folgt eine behagliche Schweratmigkeit, Verblutende atmen krampfhaft, festanliegende Kleider beengen die Brust, eine Brotkrumme einen Luftröhrenast verstopfend erzeugt die heftigste Atemnot. So hängt das Atmungsgeschäft seinem Betriebe, der Zahl der aufgebotenen Werkzeuge, der Häufigkeit der Züge nach ab von der Innervation, der Beweglichkeit der Brustwandungen, dem Freisein der Luftwege, der Anfüllung der Unterleibsorgane, der Fähigkeit des Blutes, den eingeatmeten Sauerstoff aufzunehmen. Als Ort, von dem aus die Atembewegungen angeregt werden, hat Flourens den „*Noeud vital*" im verlängerten Marke nachgewiesen, als Ursache der automatischen Erregung desselben ist Mangel an Sauerstoff im Blute zu betrachten (Rosenthal), oder Anhäufung von Kohlensäure im Blute (Traube), als Ursache reflektorischer Erregung Reizung äusserer Nerven, welche auf jenes Zentrum übertragen von da aus Atmungsbewegungen auslöst. Besonders kommt der Einfluss der Lungenäste des N. vagus in Betracht, von deren Erregung die Selbststeuerung der Atmung ausgeht. Ueberdies ist von Einfluss der Wille. Bleibt letzterer unthätig, finden keine aussergewöhnlichen äusseren Reize statt, so erfolgt bei gesunden Erwachsenen die Atmung 16—20 mal in der Minute (Vierordt), bei Neugeborenen im Mittel 44 mal (Quetelet).

Der alte Lebensknoten hat seine Alleinherrschaft, aber nicht seine hohe Bedeutung eingebüsst. Im Grosshirn sind von Christiani Ein- und Ausatmungscentra entdeckt worden. Auch vom Halsmarke aus können in beschränkter Weise Atembewegungen ausgelöst werden.

Einatmung (Inspiration).

Die Erweiterung des Brustkorbes, als erster Akt jeder Atmung, die Einatmung wird vollzogen durch die Zusammenziehung des Zwerchfelles, der Scaleni, der M. intercostales externi und nach dem jetzigen Stande der Frage auch der interni. Durch die Zusammenziehung der Scaleni wird die erste und zweite Rippe und damit jede folgende gehoben, und zugleich mit ihrem Brustbein von der Wirbelsäule entfernt. Die Rippen und noch mehr ihre Knorpel werden in gewissem Grade gedreht und in Spannung versetzt, das Brustbein wird gehoben und von der Wirbelsäule entfernt, der gerade sowohl als der quere Durchmesser vergrössert. Was ohnehin schon durch die Zusammenziehung der Scaleni bewirkt wird, die Hebung der unterhalb der ersten und zweiten gelegenen Rippen, das wird in gesteigertem Masse bewirkt durch die Mitwirkung der Musculi intercostales, die jede folgende Rippe der vorausgehenden nähern.

Während auf diese Weise für den oberen und mittleren Teil der Brust die Erweiterung im geraden und queren Durchmesser erreicht wird, wirkt zum Zwecke der allseitigen Erweiterung des unteren Teiles des Brustkorbes das Zwerchfell mit. Indem sich sämtliche Bündel dieses Muskels verkürzen, wird er abgeflacht und drückt die zunächst unterhalb gelegenen Unterleibsorgane abwärts, wodurch die Spannung des gesamten Inhaltes der Unterleibshöhle steigt. Dabei wird die vordere Bauchwand gewölbter und die Magengrube, an der diese Einwirkung am lebhaftesten hervortritt, verstrichen oder vorgewölbt. Auch die Rippenbogen als Teile der vorderen und seitlichen Begrenzung der Unterleibshöhle bilden günstige Angriffspunkte für diesen gesteigerten Druck in der Unterleibshöhle. Sie werden nach aussen und wie die eigentümlichen Befestigungsverhältnisse der Rippen mit sich bringen, zugleich nach vorne bewegt und teilen notwendig diese Bewegung den nächst oberhalb gelegenen Rippen mit und tragen somit zur Erweiterung des unteren Teiles der Brusthöhle bei (Duchenne), solange dem Zwerchfelle durch die Unterleibsorgane bei gewisser Spannung der Bauchmuskeln die nötige Stütze zu diesem Zwecke verliehen wird. Zur Feststellung der Rippen so dass sie dem Zuge des Zwerchfells widerstehen, sogar sich aufwärts bewegen, dienen ausser den Zwischenrippenmuskeln vorzüglich der M. serratus posticus inferior (Henle) und die Levatores costarum (Luschka). Durch diese Muskeln werden gleichzeitig mit der Zusammenziehung des Zwerchfells dessen Ursprungspunkte auseinandergerückt. Dieses trägt selbst zu dieser Erweiterung des geraden und queren Durchmessers des Brustraumes bei, indem es die Unterleibsorgane gegen die vordere Bauchwand und gegen die Rippenbogen hindrängt. Der Hauptsache nach bewirkt seine Zusammenziehung Verlängerung des Brustraumes an allen Punkten seiner Grundfläche, so gut in der Gegend des Centrum tendineum, als nächst den Rippen, wo die Abgangslinie des Zwerchfells herabdrückt und die Komplementärräume sich öffnen.

Ausatmung (Exspiration).

Unmittelbar nach der Einatmung, notwendig sofort mit dem Aufhören des Muskelzuges beginnend, folgt die Ausatmung, die bei völliger Gesundheit und Körperruhe ohne jede Muskelhilfe vollzogen wird. Die um ihre Axe gedrehten Rippen und Rippenknorpel streben in ihre Gleichgewichtslage zurückzukehren, der Zug der elastischen, durch die Inspiration stärker ausgedehnten Lunge, sowie die Schwere der Brustwand selbst unterstützen sie; der elastische Zug der Lunge unterstützt auch die Rückkehr des Zwerchfelles in seine frühere Lage, welche ausserdem durch die Wiederausdehnung der zuvor zusammengedrückten elastischen Unterleibsorgane bewirkt wird. Die Durchmesser des Brustraumes werden somit sämtlich wieder verkleinert, die vordere Bauchwand verliert an Wölbung und die Magengrube vertieft sich wieder.

Als dritten Akt jedes Atemzuges pflegt man die Ruhezeit (Pause) zu unterscheiden, das Verharren der Brust in Ausatmungs-Stellung bis zum Beginne der nächsten Einatmung, etwa $1/3$—$1/5$ der ganzen Atmungsdauer umfassend. — Graphische Darstellungen der Atembewegungen, wie die hier beigefügte, zeigen das zeitliche Verhältnis der beiden Abschnitte des Atemzuges zu einander sehr klar, lassen jedoch auch erkennen, dass die Ruhezeit gewöhnlich unrein, d. h. noch zum Teile von einer leichten Ausatmungsbewegung, zum Teile von der langsam beginnenden Einatmung eingenommen ist,

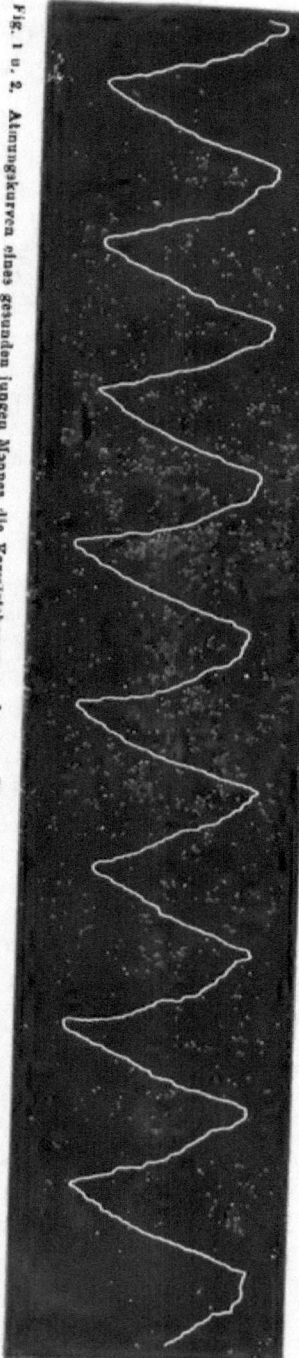

Fig. 2.

Fig. 1 u. 2. Atmungskurven eines gesunden jungen Mannes, die Vorwärtsbewegung des 7ten Rippenknorpels bei ruhigem und angestrengtem Atmen darstellend.

wenn man sie annehmen wollte. Einen Schritt weiter als ich ist bald nachher F. Riegel in Verwertung der Atmungskurven gegangen, indem er eine Ruhezeit zwischen zwei Atemzügen ganz in Abrede stellte. Damit scheint mir das Richtige getroffen zu sein.

Atemnot (Dyspnoe).

Bei angestrengtem Atmen treten zu den genannten, dann kräftiger wirkenden Einatmungsmuskeln noch eine Reihe von weiteren hinzu. Auch die Ausatmung wird durch Muskelhilfe unterstützt. Zu den Einatmungszwecken wirken bei angestrengter Atmung mit die M. levatores costarum, serrati postici superiores, sternocleidomastoidei, pectorales minores, serrati antici majores, ferner, indem sie für die übrigen genannten Muskeln eine grössere Erweiterungsfähigkeit des Brustkorbes vorbereiten, die Strecker der Wirbelsäule, ferner, als an der Erweiterung des Brustkorbes nicht beteiligte Mitarbeiter, die Erweiterer der Nasenlöcher, der Stimmritze und die den Kehlkopf herabziehenden Muskeln, welche von diesem zum Brustbeingriffe gehen. Bei den äussersten Graden der Atemnot treten zugleich noch die Rumpfschulterblatt- und Rumpfarmmuskeln in Wirksamkeit, ebenso einige Unterkiefer- und Zungenmuskeln. Als Ausatmungsmuskeln treten in solchen Fällen in Wirksamkeit: die sämtlichen Muskeln der Bauchpresse, unter welchen namentlich der M. transversus als reinster Antagonist des Diaphragma's von Luschka hervorgehoben worden ist, die M. serrati postici inferiores, sternocostales, quadrati lumborum, und die Beuger der Wirbelsäule.

Für Kaninchen hat Traube die regelmässige Beteiligung des M. obliquus abd. externus an der Exspiration erwiesen, ferner, dass bei denselben zum Einatmen mit dem Steigen des Atmungshindernisses nur folgende Muskeln in folgender Reihenfolge verwendet werden: Diaphragma, intercostales interni (nach Tr. nur z. T.) und externi, levatores costarum, scaleni, serrati postici superiores, dann die Brustbein-Kehlkopfmuskeln. Für die Erscheinungen behinderten Atmens beim Menschen lässt sich eine solche Reihe nicht einhalten, Geschlecht, Gewohnheit, Art des Atmungshindernisses u. dergl. wirken zu bedeutend ein; andere Muskeln ausser den hier genannten helfen noch mit.

Für den Beobachter bietet bei diesem Vorgange zweierlei sich dar: die sichtbare Zusammenziehung, welche an vielen oberflächlichen Muskeln deutlich als Hervortreten ihrer Ränder und Zunahme des Umfanges wahrgenommen werden kann, und die Bewegung der Ansatzpunkte, die Wirkung ihrer Zusammenziehung. Erstere hängt ausser von der Grösse des Sauerstoffmangels im Blute noch ab von der Leistungsfähigkeit der Muskeln und Nerven, letztere von dem Grade der Beweglichkeit der Teile. Bei angestrengter Einatmung sieht man die Wirbelsäule sich strecken, die Halsmuskeln sich spannen und mit scharfer Umrandung hervortreten, besonders die Sternocleidomastoidei, Scaleni, Sternothyreoidei, die Brust- und Schultermuskeln; bei der Ausatmung dagegen die Wirbelsäule vorwärts gebeugt und die Bauchmuskeln gespannt, so dass einzelne Faserzüge der Obliqui und die ganzen Formen der Recti hervortreten. Man sieht ferner bei angestrengter Einatmung die Nasenflügel sich erweitern, den Kehlkopf und die Luftröhre (mit ihr die Schilddrüse) herabtreten, Schultern, Schlüsselbein und Brustbein sich heben, so dass ein sonst sichtbarer Teil der Luftröhre hinter dem Brustbein sich birgt, jeden leicht merklichen Punkt der vorderen Brustwand, so die Rippenknorpel und die Brustwarzen in der Bewegung nach vorne und aufwärts begriffen. Ich habe mittelst des Kehlkopfspiegels gezeigt, dass bei angestrengtem Atmen nicht allein die Stimmbänder jedesmal auseinanderweichen, sondern auch der Kehldeckel sich hebt, was durch Herabsteigen des Kehlkopfes und gleichzeitige Streckbewegung der Zungenwurzel möglich wird. Daher hat man bei Kranken mit starker Atemnot den besten Einblick in den Kehlkopf.

Die Zwischenrippenräume gewinnen beim Einatmen infolge gesteigerten elastischen Zuges der Lunge und des im Vergleiche mit der anfangs raschen Einatmungsbewegung langsamen Einströmens der Luft an konkaver Form, sie ziehen sich ein und zwar, abgesehen von örtlichen Hindernissen, in völlig gleichförmiger Weise auf beiden Seiten. Aehnliches Verhalten zeigen die Ober- und Unterschlüsselbeingruben.

Die Bewegung des Zwerchfelles wird meistens nur durch die stärkere Vorwölbung der Magengrube äusserlich bemerklich. In manchen Fällen jedoch kann durch bedeutende von den Zwischenrippenmuskeln her bedingte Erweiterung der unteren Brustöffnung so viel Raum für wenig umfangreiche, schwach gefüllte Unterleibsorgane unter den Rippenbogen sich ergeben, dass die Magengegend einsinkt, anstatt sich zu heben. In wenigen Fällen steht das Zwerchfell so tief (bei Emphysematikern), dass man die Abgangslinie als Querfurche zwischen beiden Rippenbogen sich mit der Einatmung abwärts verschieben sieht (Stockes). Auch bei Pleuritis kommt dies vor. Ich sah einigemale bei derartigen Kranken, dass sich im Beginne sehr kurzer und tiefer Einatmungen diese Furche erst wenig nach aufwärts und dann erst nach abwärts bewegte (anfängliche Adspiration des schwach zusammengezogenen Zwerchfelles). Sehr selten kann die Bewegung des höher stehenden Zwerchfelles bei sehr abgemagerten Personen an den Zwischenrippenräumen gesehen werden; eine seichte wagrechte Furche scheidet in dem Falle den oberen concaveren Teil des Zwischenrippenraumes von dem unteren flacheren und steigt auf und ab. Künstlich aufgefütterte Säuglinge liefern am ersten die traurigen Beispiele solcher Abmagerung.

Auch eine andere Bewegung, welche häufig, besonders bei schweren Atmungshindernissen zu beobachten ist, wird oft dem Einflusse des Zwerchfelles zugeschrieben, nämlich **die beim Einatmen erfolgende Einsenkung des unteren Teiles des Brustbeines und der benachbarten Stellen der Rippenknorpel längs der Abgangslinie des Zwerchfells.** Es war irrig, wenn man behauptete, dass dieselbe jedesmal bei heftiger Atemnot sich fände, oder wenn man sie unmittelbar von dem Zuge des Zwerchfelles ableitete. Man wird sie nicht leicht bei Pneumonie oder Pleuritis, bei Pneumothorax oder rein nervöser Atemnot finden, wohl aber und zwar so ausgesprochen, dass der Schwertfortsatz bis zu 6 cm. der Wirbelsäule sich nähern kann, bei Kehlkopfs- oder Luftröhrenverengerung, bei Atelektase, bei den asthmatischen Anfällen der Emphysematiker, und zwar um so stärker, je weicher die Rippen und Rippenknorpel, daher namentlich sehr ausgesprochen bei rachitischen Kindern. Sie entstehen demnach bei einer Reihe von Zuständen, welche behinderten Luftzutritt zu den Bronchien oder Alveolen als Begründungsweise mit einander gemein haben. Der Brustkorb wird jedesmal eher bedeutend erweitert als entsprechend mit Luft gefüllt und deshalb durch den überwiegenden äusseren Luftdruck an dieser nachgiebigen Stelle eingebogen. Würde das Zwerchfell einen so starken Zug auf die Brustwand ausüben sollen, dass er dieselbe einzubiegen vermöchte, so würde es eher seine (dem Ursprunge nächstliegende) senkrecht aufsteigende Portion von der Brustwand abziehen müssen; aber gerade bei manchen dieser Zustände lässt sich völliger Mangel der Abwärtsbewegung des Zwerchfelles nachweisen (v. Niemeyer), so dass dann um so sicherer das Diaphragma nicht die Brustwände einwärts ziehen kann. Der Einfluss zeitweise erfolgender derartiger Einziehungen mag auch Schuld daran sein, dass sich oft schon in der Jugend eine seichte, bleibende Querfurche, entsprechend der Abgangslinie des Zwerchfelles bildet (Harrison), welche zwar später als Marke des früheren, vielleicht auch des jetzigen Zwerchfellstandes angesehen werden kann, aber dessen Veränderungen nicht folgt.

Ist das Zwerchfell gelähmt, so erweitert sich die untere Brustwand weniger bei der Einatmung, aber sie erweitert sich noch. Die obere Partie der vorderen Bauchwand jedoch sinkt ein, weil bei dem Auseinanderrücken der Rippenbogen auch noch das Zwerchfell nach oben adspiriert, somit während der Einatmung für die Unterleibsorgane viel Raum frei wird. Anderseits kann freilich auch dadurch Abflachung der vorderen Bauchwand bei der Einatmung bewirkt werden, dass während recht kräftiger Zusammenziehung des Zwerchfells die Bauchmuskeln stark sich spannen und dadurch die Unterleibsorgane noch mehr zusammendrücken, so dass sie gegen die Rippenbogen gedrängt werden und somit eine stärkere Erweiterung dieser letzteren und überhaupt der ganzen unteren Oeffnung des Brustkorbes erzielt wird. Schon bei ruhigem Einatmen, noch mehr bei angestrengtem, ist ein gewisser Grad von natürlicher Spannung der Bauchmuskeln nötig, damit das Zwerchfell von seiten der Unterleibsorgane eine Unterstützung finden und so auf die Erweiterung des unteren Brustumfanges mit einwirken könne; unter besonderen Umständen können die Bauchmuskeln zur Unterstützung sowohl der Ein- wie Ausatmung verwendet werden. Ich habe mich durch fast direkte Betastung des Centrum tendineum diaphragmatis, die ich bei einem sonst gesunden Mädchen von einer Kotfistel in der Nabelgegend aus vornahm, überzeugt, dass dasselbe selbst bei ruhiger Einatmung, noch mehr bei angestrengter, herabsteigt, und nicht, wie Hyrtl wollte, unbeweglich bleibt. Tier- und Leichen-Versuche (Nasse) kommen zu dem gleichen Ergebnisse. Bei angestrengtem Atmen finden noch weniger als bei ruhigem Pausen zwischen der vollendeten Aus- und der wieder beginnenden Einatmung statt.

Die Einatmungsweise Gesunder lässt mannigfache Abweichungen erkennen. Schon beim Weinen oder Schluchzen, beim aufgeregten Atmen kleiner Kinder folgen ruckweise Einatmungen und langgezogene Ausatmungen fast ohne Pause aufeinander. Ein wichtiger und ziemlich durchgreifender Unterschied, den Boerhave schon kannte, findet sich etwa vom 10ten Jahre ab zwischen beiden Geschlechtern: **Männer und Knaben atmen fast ausschliesslich mit dem Zwerchfell und setzen Scaleni und Intercostales kaum merklich in Gebrauch, während bei Weibern und Mädchen Scaleni und Intercostales fast ausschliesslich unter sehr geringer Mitbeteiligung des Zwerchfelles das ruhige**

Einatmen besorgen. Messungen erweisen, dass jeder untere Rippenknorpel des Mannes und jeder obere des Weibes sich stärker bewegt als der nächstfolgende. Bei einzelnen Männern wird allerdings durch die Gewohnheit, Schnürbrust zu tragen, das Atmen mittelst des Zwerchfelles äusserst beschränkt und treten die Scaleni und Intercostales in überwiegende Wirksamkeit: Annäherung an die Atmungsweise des Weibes. Der letzte Grund der verschiedenen Atmungsweise beider Geschlechter kann doch nicht wohl in dem Tragen dieses Verbesserungsmittels der Körperform gelegen sein, da auch Mädchen, ehe man ihre Brust einzuengen beginnt, und Frauen vom Lande, die nie daran dachten, den Schnürleib zu tragen, ausgesprochene Atmungsweise ihres Geschlechtes darbieten.

Durch diese Betrachtungsweise der Wirksamkeit einzelner Muskeln wird die von Beau und Maissiat vertretene Aufstellung dreier Respirationstypen entbehrlich. Dieselben nehmen eine abdominale Atmung, ausgeführt von dem mittleren Teile der Bauchwand, angeblich normal bei Kindern bis zum 3ten Lebensjahre, eine untere costale (das diaphragmale Atmen des Mannes) und eine obere costale (das costale Atmen des Weibes) an. Die erstere Atmungsweise scheint eine pathologische zu sein: diaphragmales Atmen mit Einziehung längs der Abgangslinie des Zwerchfells.

Die Zahl der Atemzüge (Atmungsfrequenz) kann unter krankhaften Bedingungen weit von den Mittelzahlen abweichen. Beschleunigung der Atmung ist zumeist ebenso wie angestrengtes Atmen Ausdruck der Atemnot, so bei Verkleinerung der atmenden Oberfläche der Lunge, behindertem Luftzutritte, veränderter Blutbeschaffenheit (Leukaemie, Anaemie). Der Fieberzustand ist an und für sich Ursache beschleunigter Atmung, da erhöhte Wärmeerzeugung reichlichere Sauerstoffaufnahme und Kohlensäure-Ausscheidung notwendig macht. Mechanische oder schmerzhafte reflectorische Hemmung der einzelnen Atemzüge, wie bei Pleuritis und Peritonitis, bewirkt ebenfalls, dass, was an Tiefe den einzelnen Zügen abgeht, durch beschleunigte Folge ersetzt wird. Die Vermehrung der Atemzüge kann 100 in der Minute übersteigen, doch erhebt sie sich für gewöhnlich nicht weit über 40. Sehr wichtig in diagnostischer Beziehung ist die Betrachtung des Verhältnisses der Zahl der Atemzüge zu jener der Pulsschläge, die vom normalen (1:4—1:3,5) schwanken kann von 1:7—1:1. Mit die bedeutendste relative Steigerung der Atmungszahl wird bei Lungenentzündung beobachtet, die bedeutendsten Verminderungen trifft man bei Gehirnerkrankungen an. — Verlangsamend auf die Häufigkeit der Atemzüge wirken zahlreiche

Krankheiten ein, die als Gemeinsames Massenzunahme des Inhaltes der Schädelhöhle haben. So Blutungen, Geschwülste, Abscesse. Von Krankheiten der Medulla oblongata, die die Gegend des Atmungszentrums betreffen, kennt man verlangsamenden Einfluss auf das Atmen.

Anderseits ist die reflectorische vom Grosshirn aus erfolgende Beschleunigung der Atemzüge wohl bekannt, welche z. B. Gemütserregungen der verschiedensten Art auslösen. Bei manchen Zuständen erhöhter Reflexthätigkeit, z. B. bei Hysterie, kommt solche Beschleunigung der Atemzüge leichter, selbst gewohnheitsgemäss zustande. Schmerzenserregung, Hautreize und manche Erregungen von innern Teilen aus erhöhen reflectorisch das Atembedürfnis. Ein besonderes Verhältnis in dieser Richtung nehmen Pleura und Atmungs-Schleimhaut ein. Nicht allein, dass pleuritischer Schmerz durch die Hemmung der Tiefe des einzelnen Atemzuges die Zahl der Atembewegungen erhöht, so lässt sich auch bei minder schmerzhaften Reizungen der Pleura eine Einwirkung auf Form und Zahl der Atmungen nicht verkennen. Von der Atmungsschleimhaut steht in einem besonderen Verhältnisse derjenige Teil, der vom Nervus laryngeus superior versorgt wird. Was Rosenthal's schöne Entdeckung für den Stamm lehrte, muss natürlich auch auf alle verbreiteten Reizungen seiner Aeste Anwendung finden. Bernard hat aufmerksam gemacht, dass die Atmung bei strangulierten Tieren stille steht, auch wenn man sie tracheotomiert. Aehnlich erklärt sich die Verlangsamung der Atmung bei Entzündungen der Kehlkopfschleimhaut noch ehe Verengerung vorhanden ist. Weiterhin ist es freilich die Stenose des Kehlkopfs oder der Luftröhre an und für sich, die verhältnismässige Verlangsamung der Atmung bedingt.

Atmungsgrösse. Die Nutzwirkung der Atmungsbewegungen kann auf dreierlei Weise bemessen werden, 1) nach der Massenzunahme der Lungen, erkennbar durch **Messung des Brustumfanges** und durch **Perkussion der Lungen** — davon in den beiden nächstfolgenden Abschnitten; 2) nach der Menge der in der Lunge enthaltenen, der aus- und der eingeatmeten Luft, hierüber gibt die **Spirometrie** Aufschluss; und 3) nach den **Spannungsverhältnissen der Atmungsluft**.

Nach tiefstmöglichem Ausatmen bleibt eine gewisse Menge von »rückständiger« Luft im Brustraume zurück. Während die Menge der rückständigen Luft gewöhnlich etwa gleich der halben vitaler Kapazität gerechnet wird, ergeben Messungen E. Pflüger's mit dem eigens hiezu ersonnenen Apparate Pneumonometer an Gesunden angestellt nur Werte von 400—800 ccm. Nach gewöhnlichem Ausatmen kann man durch angestrengte Respiration noch ca. 1280—1800 Cc. »Reserveluft« ausstossen, bei einem gewöhnlichen Atemzuge werden etwa 500 Cc. »Atmungsluft« aus- und eingeatmet, nach gewöhnlicher Einatmung kann man durch besondere Anstrengung noch eine gewisse Menge (»Complementär-«) Luft einatmen. Die ganze Luftmenge endlich, welche man vom Augenblicke einer möglichst tiefen Einatmung bis zur möglichst vollendeten Ausatmung auszuatmen vermag, wird als **vitale Capazität** bezeichnet, beträgt im Mittel bei erwachsenen kräftigen **Männern 3200 Cc.**

Die Druckverhältnisse gestalten sich nach **Donders** so, dass in der Luftröhre beim Ausatmen höchstens 2—3 Mm. Hg, beim Einatmen — 1 Mm. Hg Druck stattfindet, indes bei gewaltsamem Atmen der stärkste negative Einatmungsdruck auf 57 Mm., der stärkste Ausatmungsdruck auf 87 Mm. im Mittel sich beläuft.

Mit jeder Einatmung ändern beide Lungen ihre Form und zwar an der Spitze am wenigsten, an der Grundfläche am meisten, an dem hinteren Rande weniger als dem vorderen. Mit jeder Ausatmung kehren beide Lungen zu ihrer früheren Form zurück. Daraus ergibt sich eine inspiratorische Verschiebung jedes Punktes der Pleura pulmonalis der gegenüberliegenden Pleura costalis, resp. diaphragmatica oder dem Mittelfelle gegenüber, welche hauptsächlich in der Richtung von oben nach abwärts erfolgt, doch auch in der Richtung von hinten nach vorne, von aussen nach innen u. s. w. Jede Ausatmung bringt eine Verschiebung in entgegengesetzter Richtung. Diese Verschiebungen erfolgen nicht ganz in gleicher Weise bei Rückenlage, aufrechter Stellung, linker und rechter Seitenlage; die topographische Percussion, welcher man die näheren Aufschlüsse hierüber verdankt, weist nach, dass diese Verschiebung für den unteren Lungenrand bis zu 3 ctm., ja darüber betragen kann, ferner, dass sie für den Lungenrand bedeutender ist, wie für die mittleren Teile der Superficies diaphragmatica, wie dies nach den eigentümlichen anatomischen Verhältnissen des Zwerchfelles erwartet werden muss.

Normal von statten gehende Atmung beweist, dass die Beweglichkeit der Brustwand, die Innervation und die Zusammenziehung der bewegenden Muskeln, hauptsächlich aber die Erweiterungsfähigkeit der Lungen die normale ist. Mängel einer jeden dieser Vorbedingungen können der Atmungsweise krankhafte Formen verleihen, wie dies auch durch zu starke Ausdehnung der

Unterleibsorgane und krankhafte Blutbeschaffenheit geschehen kann. So sieht man den rachitisch verkrümmten Brustkorb sich ungleichförmig bei der Atmung bewegen, die gelähmte Seite bei Apoplektischen schwächere Atmungsbewegungen machen, ebenso die verkümmerte Seite bei Agenesie des Gehirns, so wird ferner bei progressiver Muskelatrophie bisweilen eine Seite weniger erweiterungsfähig. Am häufigsten jedoch sind es Krankheiten der Organe im Inneren der Brust, welche veränderte Atmungsweisen herbeiführen. Hier gilt der Grundsatz, dass die Bewegungsfähigkeit jedes einzelnen Teiles der Brustwand abhängig ist von der Ausdehnungsfähigkeit der zunächst darunter gelegenen Lungenteile. So behindert entzündlich, tuberkulös verdichtetes, luftleeres, geschrumpftes, bluterfülltes Lungengewebe die Atmungsbewegung einzelner Teile oder einer ganzen Seite der Brustwand, nicht minder pleuritisches Exsudat oder Lufterguss im Pleurasacke, welche die Lunge von der Brustwand wegdrängen, in gleicher Weise Geschwülste der Brustorgane. Pleuritische Exsudate und Pneumothorax mindern zugleich die Formveränderungen der Zwischenrippenräume, was die Erkrankungen des Lungengewebes nicht im gleichen Masse zu leisten imstande sind.

Krankhafte Atmungsweisen. Mit der Aufstellung pathologischer Atmungstypen ist es auch jetzt noch eine ziemlich missliche Sache. Muss das gewöhnliche Atmen schon an und für sich als ein sehr zusammengesetzter Vorgang angesehen werden, so ist dies noch weit mehr mit jenen gestörten Atmungsformen der Fall, welche von Krankheiten der Atmungswerkzeuge oder anderer Organe abhängen. Man muss in jedem Falle beobachten, welche Bewegungen des Brustkorbes und der anderen in Frage kommenden Teile, namentlich des Kehlkopfes und der Bauchwand vermehrt, welche vermindert oder welche von ihrer Richtung abgelenkt oder verkehrt erfolgen. Dieses nächste Beobachtungsergebnis muss aus der gesteigerten oder verminderten Thätigkeit der normalen Atmungsmuskeln, aus dem Eingreifen der Hilfsmuskeln und aus den veränderten Druck-Verhältnissen, die auf die Brustwand einwirken, erklärt werden. Immerhin lassen sich auch bei einer solchen eingehenderen Betrachtungsweise der Einzelfälle wiederkehrende Typen ausfindig machen. Sie lassen sich in Beziehung bringen zu den einzelnen Abschnitten des Atmens und zu Atmungsformen unter bestimmten Umständen, die auch bei Gesunden vorkommen. Wir unterscheiden demnach:

1) **Ausschliesslich oder vorwiegend erschwerte Einatmung** (Inspiratorische Dyspnoe). Langgezogene Einatmungen

mit grösstem Aufwande an Muskelkraft vollzogen, oft mit Streckung der Wirbelsäule und Rückwärtsbeugung des Kopfes, meist unter starkem Herabsteigen des Kehlkopfes. Dabei Zeichen behinderten, verzögerten Lufteintrittes und ziehendes, schnurrendes, schlürfendes Geräusch im Kehlkopfe. Die Ausatmung dagegen leicht, kurz, geräuschlos, ein rasches Zurücksinken der zuvor mühsam gespannten Brustwandungen. Wie Vagusdurchschneidung diesen Zustand bei Tieren zur Folge hat, so kann er beim Menschen durch Lähmung des Erweiterers der Stimmritze (M. cricoarytaenoideus posticus) bewirkt werden. Annähernd wird diese merkwürdige Störung auch durch entzündliche oder wassersüchtige Anschwellung der ary-epiglottischen Falten bewirkt, die wie Klappen durch den Zug des Einatmungsstromes geschlossen, beim Ausatmen wieder auseinandergetrieben werden, endlich durch gestielte Geschwülste des Kehlkopfseinganges, die durch die Einatmung in die Stimmritze hineingezogen, durch das Ausatmen wieder herausgeworfen werden, bisweilen auch durch locker bewegliche häutige Gebilde entzündlicher Abstammung. Endlich kann Krampf der Schliessmuskeln der Stimmritze, durch Fremdkörper erregt oder allgemeinen Krämpfen entstammend dies Bild bewirken.

2) **Vorwiegend erschwerte Ausatmung.** Lange, angestrengte, keuchende, namentlich durch starke Zusammenziehung der Bauchpresse und Beugung der Wirbelsäule kenntliche Ausatmung bei freier kurzer Einatmung. Am leichtesten verständlich ist deren Auftreten bei langgestielten Geschwülsten der Luftröhre, halblosgerissenen, leichtbeweglichen faserstoffigen Häuten, Fremdkörpern im Luftrohre als Ventilwirkung. Aber sie findet sich auch als Wirkung des Zwerchfellkrampfes (Wintrich, v. Bamberger) und bei Stickanfällen verschiedener Art, so bei Schrumpfniere. Die längere Dauer der Ausatmung bei vesikulärem Lungenemphysem hat F. Riegel graphisch nachgewiesen. Bei asthmatischen Anfällen handelt es sich ganz überwiegend um durch Lungenblähung erschwerte Ausatmung (Biermer), die wenigstens teilweise aus den Bedingungen der Selbststeuerung der Lunge zu erklären ist. Exspiratorische Dyspnoe hinterlässt als anatomische Zeichen tiefe scharfe parallele Eindrücke an der konvexen Leberfläche »Exspirationsfurchen« (Liebermeister), die von Einwärtsdrehung des unteren Rippenrandes durch den M. transversus abdominis herrühren.

3) **Unteres Brustatmen.** Vergrössertes und zum Teil entstelltes Bild der männlichen Atmungsweise. Geringe Bewegung oder doch geringe Vorwölbung der oberen Brusthälften

bei starker Spannung ihrer Muskeln, die bei geschrumpften Lungenspitzen die Brustwand höchstens nach oben zu ziehen vermögen. Um so stärkere Wölbung der unteren Brusthälften bei starkem Spiele der Zwischenrippenräume, bei starker Vordrängung der Bauchwand durch das mächtig arbeitende Zwerchfell. Mässig angestrengte Ausatmung, sehr beschleunigte Folge der Atemzüge. Die meisten Schwindsüchtigen bieten dieses Bild.

4) Oberes Brustatmen. Gesteigert weiblicher, etwa den Verhältnissen am Schlusse der Schwangerschaft entsprechender Atmungstypus. Angestrengte Einatmung mit starker Anspannung der Rippenhalter, Kopfnicker und Zwischenrippenmuskeln, beträchtliche Hebung der oberen Rippen, Erweiterung des oberen Brustumfanges bei geringer oder mangelnder Zwerchfellbewegung. Demnach bleiben die unteren Rippen; die vordere Bauchwand fast in Ruhe oder ihre Bewegung ist vermindert. Diese Atmungsform findet sich vorzüglich bei Lähmung oder bei Hinaufdrängung, oder bei gespannter Abflachung des Zwerchfells. Die gewöhnlichen Beispiele werden durch grosse Geschwülste oder flüssige Ergüsse des Unterleibs geliefert, und sind durch gleichzeitige dauernde Erweiterung der unteren Oeffnung des Brustkorbes und durch Hochstand des Herzens leicht kenntlich.

5) Typus der Seitenlage. Verminderte Atembewegung einer Seite, gesteigerte der andern. Alle wesentlichen Spannungsveränderungen der Brustwand, mögen die wirkenden Kräfte an der Aussen- oder Innenseite ihren Angriffspunkt finden, beschränken die Atembewegung. Stellt man durch eine klaffende Wunde beide Seiten der Brustwand unter gleichen Luftdruck (frei nach aussen offener Pneumothorax), so wird die Bewegung der Brustwand fast aufgehoben. Durch Flüssigkeitserguss in den Pleurasack, Schrumpfung der Lunge, durch Druck von aussen auf die Brustwand, wie er bei der Seitenlage vorkommt, wird die Arbeitsleistung der Einatmungsmuskeln für eine Seite vermindert, infolge dessen öfter in Anspruch genommen, an Nachhaltigkeit gesteigert und somit die andere Seite, an der die volle Wirksamkeit der Atmungsmuskeln sich entfalten kann, stärker erweitert.

Experimentelle Verletzungen des Atmungszentrums können so angelegt werden, dass sie die Bewegung der Brusthälften zeitlich oder an Umfang ungleich machen. Erkrankungen des verlängerten Markes scheinen sehr selten derartiges zu bewirken. Künstliche Verminderung der Atembewegung einer Seite durch Einklemmung ist von Schreiber zu Zwecken der Krankenbehandlung empfohlen worden.

6) **Unvollständiger Lufteintritt.** Typus der Neugeborenen, deren Atmungsmuskeln wohl in volle Thätigkeit treten, deren atelektatische Lunge jedoch nur unvollständig Luft aufnimmt. Alle Zustände, die den Zutritt der Atmungsluft in irgend einem Teil des Atmungsrohrs mit Ausnahme der Bronchien und der Alveolen behindern, bewirken verstärkte aber wenig erfolgreiche Anstrengungen der Atemmuskeln. Schlüsselbein und Brustbein und obere Rippen werden gehoben, der Kehlkopf tritt herab, die Stimmritze wird erweitert, aber die Atmungsräume werden nicht genügend von Luft erfüllt, der Druck auf der Innenfläche der Brustwand mindert sich, der überwiegende äussere Luftdruck drängt die nachgiebigen Teile der Brustwand nach innen. So die Schlüsselbeingruben, die Zwischenrippenräume und vor allem den Schwertfortsatz und die Rippenknorpel. Dabei ist die Zahl der Atemzüge, nur wenn die Bronchien verstopft oder verengt sind, vermehrt, bei höherem Sitze der Verengerung verlangsamt, und in diesem Falle oft das Ein- und Ausatmen von schnarchendem oder tönendem Geräusch begleitet, je nach dem Sitz im Rachen oder Kehlkopf. Das Zwerchfell, weit entfernt durch seine Zusammenziehung die Einziehung eines Teiles der Brustwand zu bewirken, wird selbst durch jede Einatmung überwunden und nach oben gezogen. Die vordere Bauchwand sinkt beim Einatmen ein, anstatt sich zu wölben, der untere Leberrand rückt nach oben. Bei langer Dauer solchen Missverhältnisses leidet das Wachstum des Brustkorbes, er bleibt oder wird eng. Die Haupterscheinung bei dieser Atmungsform ist die oft zolltiefe Einschnürung längs der Harrison'schen Furche. Sie wird halbseitig oder

Fig. 3. Fig. 4.

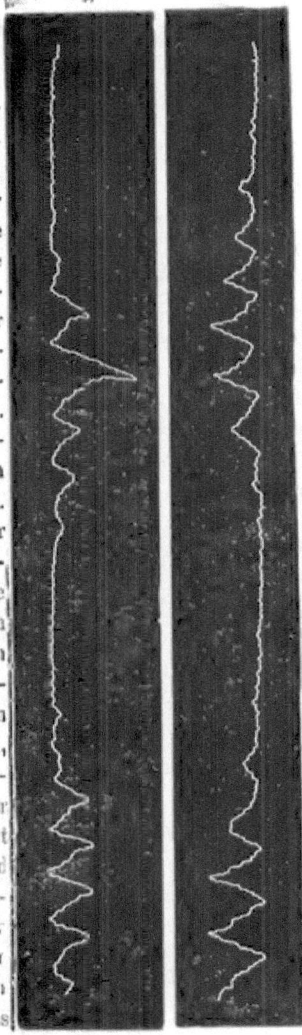

Fig. 3 u. 4. Cheyne-Stokes'sches Atmen, Atmungs-Kurven.

überwiegend halbseitig beobachtet bei Broncho-Stenose, bei Tracheobroncho-Stenose und bei Atelektase einer Seite. Sie findet sich bei allen Verengungen des Rachens, des Kehlkopfes und der Luftröhre, bei starken Catarrhen und asthmatischen Anfällen Emphysemkranker.

7) Eine besondere Form gestörter Atmung stellt das von Traube näher gewürdigte Cheyne-Stokes'sche Phänomen dar. Völliger Stillstand der Atmung wechselt mit Atemnot. Nach längerer Ruhe beginnen flache Atemzüge, die sich mehr und mehr vertiefen bis zum angestrengtesten Atmen. Bald werden die Einatmungen wieder seichtre, bald unmerklich bis zum völligen Aufhören. Kurz vor oder mit dem Eintritte der Atmung erweitert sich die Pupille, in manchen Fällen wird eine Steigerung der Arterienspannung fühlbar während der Atemlosigkeit, bei kleinen Kindern zeigt die Fontanelle vor Eintritt und während des Anschwellens der Atmung deutliche Spannungsabnahme. Nach den Auseinandersetzungen von Filehne tritt das Cheyne-Stokes'sche Phänomen dann ein, wenn die Erregbarkeit des Atmungszentrums unter jene des vasomotorischen Zentrums gesunken ist.

Während der Zeit des Atmungsstillstandes können krampfhafte Zuckungen auftreten. Diese auffällige Atmungsstörung tritt ein bei manchen Herz- und Hirnkrankheiten, so bei Fettherz, Perikarditis, nicht kompensierten Klappenfehlern, bei akuten Blut- oder Wasserergüssen, heranwachsenden Geschwülsten oder Eitersäcken in der Schädelhöhle. Gebrauch von Digitalis und Morphin begünstigt die Erscheinung. Prognostisch ist sie ungünstig, wenn auch nicht in jedem Falle. —

8) **Ueberschnelles Atmen** (Tachyphoe) Stunden- und tagelange Beschleunigung der Atmung auf 60—100 Züge in der Minute. Hohe Beschleunigung, die keine genügende Erklärung findet in Atmungshindernissen, Körperwärme u. dgl. Ich habe diesen Zustand vereinzelt bei Lungenentzündung, bei Gelbsucht, öfter bei Hysterie beobachtet.

IV. Pulsationen.

Alle durch die Herzzusammenziehung oder Erschlaffung des Herzens erregten, mit der einen oder andern in der Zeitfolge übereinstimmenden Bewegungen werden mit diesem Namen bezeichnet. Die wichtigste dieser Bewegungen ist die von der Herzspitze erregte, der Herzstoss, richtiger der **Spitzenstoss des Herzens** genannte. Mit dieser hängen oft räumlich Pulsationen weiter aufwärts oder weiter nach rechts gelegener Teile des Herzens zusammen, die man als sichtbare Herzbewegung bezeichnen kann. Ferner werden zu besprechen sein die Pulsation zwischen Nabel, Schwertfortsatz und beiden Rippenbogen: **epigastrische Pulsation**, vorne zwischen dem zweiten und vierten Rippenknorpelpaare: **Puls der grossen Arterienstämme**, ferner die Jugular-, Carotiden-, Subclavia-Pulsation und der **Venenpuls** am Halse.

Herzstoss.

A. **Der Spitzenstoss des Herzens wird bei Gesunden im fünften linken Zwischenrippenraum zwischen Brustwarzen- und Parasternallinie wahrgenommen** als eine mit 2—3 Fingerspitzen leicht zu überdeckende systolische, leichte Vorwölbung der Haut. So wenigstens bei völliger Körperruhe und wagrechter Rückenlage oder sitzender oder aufrechter Stellung. Allein er **wechselt** auch bei völlig **Gesunden seine Lage**. Ob jemand steht oder liegt, hat kaum Einfluss. Bei tiefem Einatmen dagegen tritt der Spitzenstoss in den sechsten Zwischenrippenraum herab und wird schwächer, bei möglichst tiefem Ausatmen bewegt er sich um einen Zwischenrippenraum nach oben und wird verbreiteter. Bei linker Seitenlage rückt er sogleich in die Brustwarzenlinie und noch etwas über diese hinaus, ja bei manchen Menschen mit besonders beweglicher Lage des Herzens bis zur Mitte zwischen Brustwarzen- und Axillarlinie vor. Er rückt dagegen bei rechter Seitenlage um etwas weniges nach rechts, ohne jedoch auch nur mit einiger Häufigkeit die Parasternallinie nach innen zu überschreiten.

Nur selten beobachtet man Emphysematiker, deren im Stehen stark verbreiteter Herzstoss im Liegen fast unfühlbar wird, indes gleichzeitig die Herzdämpfung sich auf sehr geringen Umfang verkleinert. Uebergrosse **seitliche** Beweglichkeit des Herzens ist von Rumpf unter dem Namen **Wanderherz** beschrieben und namentlich nach übertriebenen Entfettungscuren beobachtet worden.

Der Herzstoss nimmt unter folgenden Verhältnissen eine ungewöhnliche, aber nicht krankhafte Lage ein bei **Verkehrtlagerung** der Brustorgane (**Heterotaxie**, Situs inversus viscerum, Dexiocardie) schlägt er an der entsprechenden Stelle rechts. Bisweilen bei sehr kurzem Brustkorbe findet er sich einen Zwischenrippenraum höher, **bisweilen bei sehr** langem Brustbaue um einen tiefer. Bei Kindern zwischen zwei und zehn Jahren findet er sich in der Brustwarzenlinie, häufig auch noch etwas jenseits derselben verbreitet.

Die Frage, warum von allen muskulösen Teilen des Herzens, die doch sämtlich mit der Zusammenziehung oder Erschlaffung Formveränderungen erleiden, nur einer, gerade der an der Stelle des Herzstosses gelegene, seine Bewegung den Weichteilen der Brustwand mitteile, hat zahlreiche Untersuchungen sowohl von seiten der Physiologen als von jener der Pathologen hervorgerufen, aus welchen eine Anzahl von **Erklärungen des Herzstosses** hervorgegangen sind. Das Herz liegt innerhalb des Brustkorbes in der Richtung von rechts hinten und oben nach links und unten, etwa einen Winkel von 60° mit der Längsachse des Brustkorbes bildend so, dass es sowohl durch das Zwerchfell, auf dem es aufliegt, als auch durch die grossen Gefässe, an welchen es aufgehängt ist, getragen, ausserdem durch den Herzbeutel mit seinen Bändern und Fettfalten, sowie die begrenzte Dehnbarkeit der Lunge in seiner seitlichen Beweglichkeit beschränkt wird. Aus diesen Verhältnissen erklärt sich die Verschiebung des Herzens, somit auch des Herzstosses nach auf- und abwärts beim Atmen, sofern das Zwerchfell seine Lage ändert und die grossen Gefässe dehnbar sind, ferner die seitliche Verschiebbarkeit des Herzens. Auch geht hieraus hervor, dass die Herzspitze am weitesten nach unten und links und nach vorne gelagert sein muss. Deshalb bezeichnet man, wo verbreitete Pulsation vorhanden ist, **die am weitesten nach unten und links gelegene pulsierend Stelle als jene des Spitzenstosses.** Trotz der entgegenstehenden Ansicht Hamernik's kann man sich leicht davon überzeugen, dass die Herzspitze oder ein derselben sehr nahe gelegener Abschnitt der linken Kammer den Herzstoss liefert, wenn man bei einem in den letzten Zügen Liegenden die Stelle des Spitzenstosses bezeichnet und vor der Leichenuntersuchung eine Nadel einsticht [1]). Man kann sich oft durch die Percussion überzeugen, dass die Herzspitze durch eine nicht unbeträchtliche Schicht von Lungengewebe hindurch ihren Stoss sichtbar macht. Bei Emphysematikern ist dies sogar die Regel. Die vordere Fläche des Herzens, überwiegend der rechten und nur mit einem daumenbreiten Streif der linken Kammer angehörig, wird, so weit sie nicht mit der gegenüberliegenden Innenseite der Brustwand gleichgestaltig ist und dicht in Berührung steht, von Lunge überlagert, aber sie kann, so weit sie einmal anliegt, nicht im mindesten durch Zusam-

---

[1]) Es gibt seltene Fälle von Achsendrehung des Herzens infolge verwickelter Lungen- oder Pleuraerkrankungen und eigentümlicher diese begleitender Druckverhältnisse, bei welchen z. B. die Herzspitze nur nach links und unten, nicht nach vorne gekehrt ist. Hier mangelt der Spitzenstoss, und können auch alle übrigen Zeichen vor einer Unterschätzung der Grösse des Herzens nicht schützen.

menziehung oder Wiederausdehnung von der Brustwand entfernt werden (Kiwisch). Der Herzstoss kann daher nicht durch Anschlagen der vorher zurückgewichenen, sondern nur durch stärkeres Andrängen der zuvor lose — ohne Druck auszuüben — anliegenden Herzspitze bewirkt werden. Das Herz verkürzt sich während und wegen der Zusammenziehung seiner Kammern. Würden die grossen Gefässe sich nicht gleichzeitig strecken, so würde die Herzspitze während der Austreibungsperiode nach oben und hinten gezogen werden. Die Vorwölbung wird dadurch ermöglicht, dass die Herzspitze durch die Zusammenziehung ihrer der linken Kammer angehörigen starken Muskulatur, wie jeder in Thätigkeit begriffene Muskel erhärtet. Hiedurch dazu geschickt gemacht, wölbt sie den Punkt der Weichteile vor, dem sie anliegt, weil allein der von vorne nach hinten gerichtete Durchmesser des Herzens während der Zusammenziehung zunimmt (Ludwig).

Der Herzstoss lässt sich aufzeichnen, sowohl mittelst des Hebels eines Sphygmographen wie mittelst jener Apparate, die sich der Luftübertragung bedienen. Das Cardiogramm wurde zum erstenmale überzeugend und befriedigend gedeutet von F. Martius (1888). Mittelst der von ihm ersonnenen und geprüften Markiermethode hat M. den Zeitpunkt des ersten und zweiten Herztones auf dem Cardiogramm eingezeichnet. Darnach lassen sich folgende Zeiträume und Zeitpunkte der Herzthätigkeit unterscheiden und an dem Cardiogramm feststellen. Den ersten Teil der Zusammenziehung (Systole) bildet

Fig. 5.

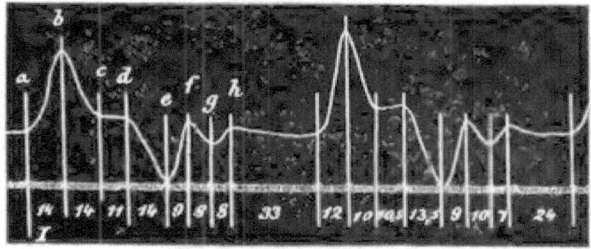

Nach Martius.

a Beginn der Systole „Verschlusszeit". b Oeffnung der halbmondförmigen Klappen „Austreibungsperiode". c Maximum der Zusammenziehung und Verkleinerung, Schluss der Semilunarklappen. d Beginn der Diastole. e Erschlaffung der Ventrikel vollendet.

die »Verschlusszeit« a b. Die Vorhofs- und Arterien-Klappen sind geschlossen, der Ventrikel zieht sich zusammen, verändert entsprechend seine Form, die Herzspitze wölbt den Zwischenrippenraum vor. Bei b öffnen sich die halbmondförmigen Klappen der Arterien, von b bis c dauert die Austreibungszeit. Das Herz verkleinert sich, der Hebel sinkt ab. Bei c findet der Schluss der halbmondförmigen Klappen statt. Wenn der Ventrikel noch ein Kurzes über diesen Zeitpunkt hinaus in Zusammenziehung verharrt (Verharrungszeit), so endet dieser Zustand bereits zwischen c und d. Von d bis a dauert die Diastole. Von den verschiedenen Zacken, die die Curve der Diastole aufweist, lässt sich keine durch die Vorhofszusammenziehung erklären, eine f ist sehr regelmässig in allen verschieden gestalteten Curven vertreten.

Sie wird mit Wahrscheinlichkeit auf den Rückstoss am Schlusse der Arterienzusammenziehung gegen die Unterklappen bezogen. Durch diese Untersuchung, welche inzwischen durch v. Ziemssen wertvolle Bestätigung erhielt, ist festgestellt, dass der Herzstoss der Verschlusszeit entspricht. Damit ist die von Skoda und Traube dereinst angenommene, von Gutbrod ausgegangene Erklärung des Herzstosses durch Rückstoss beim Ausströmen des Blutes (welche auch in den früheren Auflagen dieses Buches verteidigt wurde) unhaltbar geworden und als **Hauptgrund des Herzstosses die systolische Formveränderung des Herzens erwiesen**.

Unter **krankhaften Verhältnissen** kann der Herzstoss seine Lage in so staunenswerter Ausdehnung ändern, dass zwischen zweiter und neunter linker, vierter und achter rechter Rippe, zwischen linker Axillarlinie und rechter Brustwarzenlinie kein Punkt eines Zwischenrippenraumes gelegen ist, an welchem nicht zeitweise der Herzstoss schon beobachtet worden wäre. Die **Höhe**, in welcher er beobachtet wird, ist wesentlich abhängig von dem Stande des Zwerchfelles. Bedingen verminderter elastischer Zug der Lunge oder Zwerchfellskrampf allgemeinen, Flüssigkeit oder Luft im Herzbeutel oder in einem Pleurasacke, Gewichtszunahme des Herzens selbst oder nahegelegener Geschwülste teilweisen Tiefstand jener Scheidewand zwischen Brust- und Bauchraum, so nimmt der Herzstoss jedesmal Teil daran, entsprechend der veränderten Lage der Herzspitze. Zieht die schrumpfende Lunge das Zwerchfell in die Höhe, vermag es wegen Lähmung seiner Muskulatur dem Zuge der Lunge keinen Widerstand mehr entgegenzusetzen, oder wird es durch erhöhte Spannung der Unterleibsorgane, gleichgültig ob bedingt durch feste Geschwülste, Gas oder Flüssigkeitsansammlung, hinauf gedrängt, so erfolgt auch Hochstand des Herzstosses.

Die **seitlichen Verschiebungen** des Herzstosses sind

abhängig von Vergrösserung des Herzens, krankhaftem Inhalte des Herzbeutels oder veränderter Lage des Mittelfelles. Jede bedeutende Vergrösserung des Herzens, die ohne sonstige erhebliche Lageveränderung des Brustorgane sich entwickelt, gibt nicht allein zum tieferen Stande des Zwerchfelles und des Herzstosses, sondern auch zum Vorrücken der Herzspitze nach links hin Veranlassung, wobei allerdings diese Lageveränderung des Herzstosses um so bedeutender ausfällt, je mehr gerade die linke Kammer überwiegend oder ausschliesslich von der Vergrösserung betroffen wird. Wird der Herzbeutel beträchtlich durch Flüssigkeit oder Gas ausgedehnt, so nimmt auch hier entsprechend der im Verhältnisse zu jenen Ergüssen beträchtlicheren Schwere des Herzens und der Dehnbarkeit der grossen Gefässe das Herz stets den untersten und mit seiner Spitze zugleich einen weit nach links hin gelegenen Teil des Raumes im Herzbeutel ein, und es findet somit, während jener Erguss entsteht, eine Verrückung des Herzstosses nach links und abwärts statt. Die Lage der Blätter des Mittelfelles und des dazwischen gelegenen Herzens ist hauptsächlich veränderlich durch einseitige Grössenab- oder Zunahme der Lunge oder durch krankhaften Inhalt der Pleurasäcke. Schrumpft eine Lunge, so wird weit eher noch, als die Brustwand eingebogen wird, das nachgiebigere Mittelfell nach der kranken Seite herübergezogen. Ergiesst sich Flüssigkeit in solcher Menge in einen Pleurasack, dass die Pleura diaphragmatica ganz davon bedeckt wird, so macht sich eine Verschiebung des Herzstosses nach der gesunden Seite hin bemerklich, die von links nach rechts hinüber leichter und ausgiebiger zustandekommt als in der entgegengesetzten Richtung. Das Herz kann an der neuerlangten Lagerungsstelle festhaften und dauernd befestigt bleiben, oder es rückt mit der Aufsaugung des Ergusses nach seiner früheren Lagerungsstelle herüber, oder es wird durch nachfolgende Schrumpfung der vom Ergusse zusammengedrückten Lunge noch weiter in die erkrankte Seite hereingezogen. Sowohl nach der gesunden Seite hereingedrängt, als in die kranke herübergezogen, kann das Herz einen ungewöhnlichen Grad von Beweglichkeit sowohl, als von Unbeweglichkeit zeigen, welche sich mit bezug auf die oben erwähnten Erscheinungen der normalen Verrückung des Herzstosses beim Atmen und bei der Seitenlage bemerklich machen. Ich habe mehrmals Kranke gesehen, die über dumpfe Schmerzen noch Jahre lang, nachdem sie pleuritische Ergüsse überstanden hatten, klagten, als deren einzigen Grund die Untersuchung bleibende Verlagerung des Herzens auswies.

Die Stärke des Herzstosses wechselt gleichfalls in der

auffälligsten Weise. Er kann abgeschwächt werden bis zum Verschwinden der sichtbaren, ja auch der fühlbaren Bewegung. Dies geschieht sowohl durch Schwäche der Innervation, als auch durch Entartung, seltener Schwund des Herzmuskels und durch Zwischenlagerung von Flüssigkeit oder lufthältigem Lungengewebe zwischen Herz und Brustwand. Der Herzmuskel könnte sich kräftig zusammenziehen, aber er wird nicht genügend dazu angeregt und sein Stoss erscheint schwach: während der Ohnmacht, bei schweren Entkräftungszuständen, manchen Typhusformen, bei Sauerstoffmangel und Kohlensäure-Anhäufung im Blute; er ist fettig oder schwielig entartet und untüchtig zu energischen Contractionen bei Alkoholismus chronicus, bei Phosphorvergiftung, mitunter nach Typhus, acutem Gelenkrheumatismus, nach Perikarditis, bei hochfieberhaften Krankheiten. Tropfbare oder gasförmige Flüssigkeit lagert sich bisweilen bei linksseitigem Empyem oder Pneumothorax zwischen Herzspitze und Brustwand ein, stets aber bei bedeutendem Wasser-, Eiter-, Blut-, Luftergusse in den Herzbeutel. Luft oder Flüssigkeit lagert im ersten Falle zwischen die Herzspitze bedeckendem Herzbeutel und Mittelfell einerseits und Pleura costalis anderseits, im letzteren unmittelbar zwischen beiden Blättern des Herzbeutels. Lufthältiges Lungengewebe endlich findet sich vor die Herzspitze, eigentlich die entsprechende Stelle der linken Lamina mediastini, gelagert beim Emphysem und bei seltenen und eigentümlichen Zuständen von Drehung des Herzens. Am seltensten ist es wirkliche Atrophie oder angeborene Kleinheit des gesamten Herzens, die auffällige Schwäche des Herzstosses bedingt; öfter findet sich eine im Verhältnis zu der Gesamtgrösse des Organs bemerkenswerte relative Schwäche des Herzstosses bei durch Klappenkrankheit bedingter Kleinheit des linken Ventrikels vor. Der Herzstoss kann trotz bestehender Hypertrophie des Herzmuskels abgeschwächt sein bei Verengerung der Aorta.

Verstärkung des Herzstosses wird sowohl durch verstärkte Innervation des normal entwickelten Muskels, als auch durch Herzhypertrophie bedingt. Erstere kann Folge sein entzündlicher Reizung des Herzbeutels oder Herzfleisches und gibt sich, wie ich auf zwei sichere Beobachtungen gestützt behaupten kann, bisweilen durch Schmerz bei jeder Herzzusammenziehung als solche zu erkennen, oder sie ist von den Nervencentralorganen abhängig. In dieser letzteren Beziehung stützt sich die Pathologie auf sichere physiologische Thatsachen. Die schönen Untersuchungen v. Bezold's, Ludwig's und seiner Schüler haben solche geliefert. — Die Sache stellt sich so: das Herz hat sein selbstthätiges Bewegungsnervensystem in sich, das regelmässige aber nur schwache Zusammenziehungen zu erzeugen vermag. Lässt man auf die Herzwände und deren Ganglien wärmeres Blut oder Plasma einwirken, so steigt die Anzahl der Schläge. Hierin liegt der Grund der Pulsbeschleunigung in fieberhaften Krankheiten. Steigt der Widerstand in den Arterien (Aortenstenose), so vermindert sich entsprechend die Zahl der Herzbewegungen. Der Reiz der erhöhten Spannung der Herzwände scheint Ursache. Verminderte Füllung der Arterien geht (bei Herzkranken) mit beschleunigter Schlagfolge einher. Auffällige Unregelmässigkeit und Schwäche der Pulse ist das wichtigste Zeichen der Herzmuskelentzündung und -Entartung. Ein zweites, fortwährend ohne besondere Erregung thätiges, motorisches Centrum für das Herz liegt im verlängerten Marke, es beschleunigt die Bewegung, welche von den im Herzen selbst gelegenen Ganglien aus erregt wird. Die von diesem Centrum abstammenden Fasern durchlaufen am reichlichsten das Halsmark, doch auch noch das Lendenmark, sie treten allmählich in dem ganzen Grenzstrange des Sympathicus aus und verlaufen von dem Brustteile abwärts, von dem Bauch- und Lendenteile aufwärts zum Herzen. Dieses selbstthätige Centrum im verlängerten Marke kann vom Sensorium aus infolge starker Erregung sensibler Nerven tetanisiert werden. So ist das bei Angst, Schreck, Erregung, starken Sinneseindrücken, Schmerz entstehende Herzklopfen zu verstehen. Ein kleiner Teil erregender Fasern unbekannten Ursprunges verläuft im Halssympathicus. Diesen erregenden Systemen steht das Hemmende des Vagus entgegen, dessen Einfluss die Zusammenziehungen verlangsamt und verstärkt und den Blutdruck steigert. Wirkung von Vagusreizung kommt in der Krankenbeobachtung bei manchen Halsgeschwülsten zur Wahrnehmung. Man kann durch Druck auf solche Geschwulst den Puls verlangsamen und unregelmässig machen. Viel häufiger kommt Pulsverlangsamung durch reflectorische Vagusreizung zustande. So bei neuralgischen Anfällen, Gallensteinkolik, Nierensteinkolik etc. Die meisten Formen von Schmerzerregung verlangsamen vom Vagus aus reflectorisch die Herzthätigkeit, die meisten anderweiten sensibeln Reize erhöhen mittelbar vom Grosshirn und Sympathicus aus die Schlagfolge des Herzens.

Hypertrophie des Herzens oder einzelner Abschnitte ist meist Folge von Hindernissen, die seiner Thätigkeit entgegenstehen und durch verstärkte Zusammenziehungen überwunden werden müssen. Sie wird verursacht durch Dehnung der Wand, erhöhte Thätigkeit und die daran sich knüpfende Ernährungsstörung. Solche Hindernisse können gegeben sein durch Faserstoff- oder Bindegewebsumhüllung des Herzens, durch zerstörende oder zur Verdickung und zum Starrwerden führende Klappenkrankheiten, oder durch Verengerung oder Erweiterung der aus dem Herzen hervortretenden grossen Arterienstämme oder eines grösseren Teiles ihrer weiteren Bahnen.

Man unterscheidet dem Grade nach die einfach verstärkte, erschütternde und hebende Beschaffenheit des Herzstosses. Die letztere erreicht bisweilen solches Mass, dass eine umfangreiche Gegend der Brustwand, welche der Höhe nach 3—4 Rippen umfasst, bei jeder Zusammenziehung gehoben wird, sie kann aber auch auf einen geringen Teil eines Zwischenrippenraumes beschränkt sein, und sich hier doch dem aufgelegten Finger in recht ersichtlicher Weise mitteilen. Man beobachtet sie vorzüglich bei bedeutenden Hypertrophien der linken Kammer.

Mit der Stärke geht weder die Ausdehnung noch die Häufigkeit des Herzstosses stets gleichen Schritt. Man kann wohl annehmen, dass der verstärkte Herzstoss häufiger verbreitet, der schwache häufiger weniger ausgedehnt wahrgenommen werden wird, allein es finden hiefür auch zahlreiche Ausnahmen statt, wie die soeben erwähnte Beobachtung eines umschriebenen hebenden Herzstosses, und anderseits das Vorkommen eines verbreiteten schwachen Herzstosses in dem Falle beweist, wo eine in grosser Ausdehnung vor der Herzspitze an der Brustwand anliegende feste Masse oder Flüssigkeitsschicht die Herzbewegung gleichmässig, aber schwach fortleitet. Nächst der Stärke der Herzzusammenziehungen ist daher als Bedingung für ausgebreitete Wahrnehmbarkeit des Herzstosses ausgedehntes Entblösstsein des Herzens von Ueberlagerung der Lungenränder, oder Verbindung der vorderen Fläche des Herzens mit der Innenseite der Brustwand durch gutleitende Körper zu verlangen. Vergrössert sich das Herz, ohne gleichzeitig erheblich tiefer gelagert zu werden, so drängt es von der Brustwand die Lungenränder hinweg, aber es wird auch bei Hochstand des Zwerchfells an die Brust angedrängt, ebenso durch dahinter gelegene Geschwülste; seine Bewegung leitet sich gut fort, wenn die benachbarten Lungenränder einfach luftleer geworden oder durch entzündliche Einlagerung oder Neubildung verdichtet wird.

Auf Häufigkeit und Schlagfolge des Herzstosses werden wir ausführlich bei Besprechung der Betastung des Herzstosses und der Arterien zurückkommen. Schliesslich wollen wir noch zweier besonderer krankhafter Formen des Spitzenstosses gedenken:

1) **Systolisches Einsinken der Herzspitzengegend** bezeichnet Verwachsung der beiden Blätter des Herzbeutels (Skoda), selbst dann oft, wenn nur eine sehr kleine Stelle Sitz der Verklebung ist (Traube). Die systolische Annäherung der Herzspitze an die Herzbasis wird teils durch die Streckung der grossen Gefässe, teils durch die Bewegung des Herzens nach links und abwärts so ausgeglichen, dass dennoch eine systolische Vorwölbung als Spitzenstoss möglich und sichtbar wird. Wenn durch Verwachsung beider Blätter des Herzbeutels unter sich und des Mittelfelles, das dem Herzbeutel anhaftet, mit der benachbarten Pleura costalis und pulmonalis die Bewegung des Herzens nach links und abwärts unmöglich wird, zieht sich mit der Herzspitze der angrenzende Teil der Brustwand nach der Herzbasis nach hinten zurück. Zunächst sind es die Weichteile des betreffenden Zwischenrippenraumes, die diese Bewegung erkennen lassen. Ist aber der Herzbeutel nach rückwärts gegen die Wirbelsäule derb angeheftet, so werden auch die nächsten Rippen eingezogen, selbst der untere Teil des Brustbeins kann mit in diese Bewegung eingehen.

2) **Doppelter Herzstoss** ist scheinbar vorhanden, wo die Zusammenziehung und Erschlaffung so stossweise und rasch erfolgt, dass jede dieser Bewegungen dem Auge, besonders aber der aufgelegten Hand die Wahrnehmung einer gesonderten Erschütterung abgibt. Das Zurücksinken der Brustwand mit der zweiten Erschütterung gestattet ungemein leicht die Unterscheidung. Mit dem Radialpulse verglichen ist der Herzstoss anscheinend doppelt, wo jeder stärkeren eine schwächere, für den Radialpuls wirkungslose Zusammenziehung folgt, die zumeist ihre zwei Töne liefert bisweilen nur einen (Bigeminie des Herzens). Man findet dies Verhalten bei Klappenfehlern, Schrumpfniere, bisweilen in schweren akuten Krankheiten, besonders bei Anwesenheit ausgesprochener functioneller Hirnstörung. Wahre Verdoppelung des Herzstosses ist dort gegeben, wo die Zusammenziehung der Kammern in zwei Absätzen erfolgt. Dabei findet sich ein von dem bei Gesunden und bei Fiebernden vorkommenden ganz verschiedener Doppelschlag des Pulses und Verdoppelung des ersten Herztones vor.

Pulsation anderer Herzteile.

B. **Sichtbare Herzbewegung** (ausserhalb des Herzstosses) kann sich zwischen beiden Axillarlinien und den zweiten Rippenknorpeln an jeder Stelle vorfinden. Zumeist auf die Weichteile der Zwischenrippenräume beschränkt, erlangt sie doch bisweilen eine solche Stärke, dass die Rippenknorpel, die Rippen und selbst ein Teil des Brustbeines mitserschüttert werden. Fast in allen Fällen ist diese Bewegung als Krankheitserscheinung aufzufassen. Nur in dem einen Falle sehr starker Aufregung, sei sie gemütlicher Art oder durch den Genuss von Reizmitteln, oder durch Körperanstrengung bewirkt, entsteht eine Ausdehnung der sichtbaren Herzbewegung, die sich vom Herzstosse um einen Zwischenrippenraum auf- oder abwärts und um die Breite desselben nach innen erstrecken kann. Dieser noch unter den Breiten ziemlicher Gesundheit vorfindlichen Erscheinung stehen unter den krankhaft begründeten jene Fälle am nächsten, wo Vergiftungen oder fieberhafte Aufregung als Ursache betrachtet werden müssen. Begünstigend wirkt dabei verhältnismässige Grösse und Muskelstärke der linken Kammer, dünne Beschaffenheit der Brustdecken und nervöse Erregbarkeit. Auch Lageveränderungen des Herzens, die mit Anpressung an die Brustwand verbunden sind, so namentlich alle Formen von Hochstand des Herzens, üben den gleichen Einfluss aus. Die meisten und bedeutendsten Formen verbreiteter sichtbarer Herzbewegung beruhen auf Herzvergrösserung, so namentlich alle, die bei richtig gelagertem oder nach unten und aussen verrücktem Herzstosse jenseits des Brustbeines auf der rechten Seite wahrgenommen werden [1]). Auch bei vergrössertem Herzen steigert sich die Stärke und Ausdehnung jener Bewegung mit der Andrängung des Herzens gegen die Brustwand und jeder Verstärkung seiner Innervation. Am häufigsten sieht man links, etwa vom dritten bis fünften oder sechsten Zwischenrippenraum mit nach abwärts und aussen zunehmender Breite die Vorwölbung der Weichteile erfolgen. Sie beginnt stets an der höchst pulsierenden Stelle und verbreitet sich mit kaum messbarer Schnelligkeit nach dem Ort des Spitzenstosses hin.

Ihrer **anatomischen Begründung** nach ist diese Bewegung wohl stets zum kleineren Teile der linken, zum grösseren der rechten vergrösserten Herzkammer zuzuschreiben. Auch die nach rechts vom Brustbein sich ausdehnende systolische Vorwölbung der Zwischenrippenräume, namentlich des vierten, fünften und sechsten, gehört zumeist der rechten Kammer an. Nur wenn sie weit nach aussen und oben sich erstreckt, kann sie unter Umständen auf den

---

[1]) Nur bei ungewöhnlich grosser Beweglichkeit des Herzens findet man hie und da während rechter Seitenlage schwache Pulsation neben dem rechten Brustbeinrande, indes der Herzstoss noch auf der linken Seite, aber abgeschwächt und dem Brustbeine genähert gefühlt werden kann.

rechten Vorhof bezogen werden. Pulsationen oberhalb der dritten Rippe gehören mit der einzigen Ausnahme besonderen Hochstandes des Herzens den grossen Arterienstämmen an und zwar gewöhnlich die rechtsseitigen der Aorta, die linksseitigen der Lungenarterie. Sie setzen als Ursache Erweiterung dieser Gefässe oder luftleere, verdichtete, Bewegungen gut fortleitende Beschaffenheit jener Lungenränder voraus, welche zwischen den grossen Arterienstämmen und der Brustwand liegen, bei deren Erweiterung jedoch zurückgeschoben oder zusammengedrückt werden. Steht das Herz tief, so kann natürlich auch eine Pulsation im dritten Zwischenrippenraum dem betreffenden Arterienstamme angehören; ist es verschoben, so kann auch bisweilen der Puls der Lungenarterie rechts neben dem Brustbein, oder anstatt unmittelbar neben demselben bis 5 cm von ihm nach links getroffen werden. Aehnlich verhält es sich mit dem Aortenpulse, nur dass dieser bei eigentlich aneurysmatischer Erkrankung der Arterie, wie wir später sehen werden, noch innerhalb viel weiterer Grenzen ich bewegt.

Von der gewöhnlichen R i c h t u n g dieser sichtbaren Herzbewegung, die die Zwischenrippenräume vorwölbt, erfolgen in zwei Fällen Ausnahmen. 1) Bei Verwachsung des Herzbeutels, wo sie ebenso, wie wir dies vom Spitzenstoss des Herzens beschrieben haben, sich in eine systolische Einziehung verwandelt. 2) Bei bedeutender Hypertrophie, sehr starker Zusammenziehung des Herzens, vorzüglich aber dort, wo beide Umstände zusammenwirken. So sieht man während des Wechselfieberanfalles, bei Lungenentzündung, aber auch bei einfacher Hypertrophie und Klappenfehlern häufig im gleichen Augenblicke, in dem die Herzspitze eine Vorwölbung der Brustwand bedingt, die weiter nach innen und oben gelegenen Zwischenrippenräume einsinken. Genaue Betrachtung zeigt, dass unmittelbar vor dieser Einsenkung eine kurze, leichte Vorwölbung vorausging. Wo diese beiden Unterscheidungsmerkmale, die gleichzeitige Vorwölbung an der Stelle des Spitzenstosses und die unmittelbar vorausgehende, eigentlich systolische Vorwölbung der betreffenden Stelle selbst übersehen werden, kann dieser geringe Beobachtungsfehler fälschliche Annahme der Verwachsung beider Blätter des Herzbeutels verursachen. Die mit der Zusammenziehung verbundene Bewegung des Herzens nach links und abwärts, bei der, wie es scheint, wenn sie im verstärkten Masse erfolgt, die Herzbasis etwas Weniges nach rückwärts tritt, verursacht allein diese Erscheinung. Oft wird man überrascht von dem schnellen Verschwinden einer vorher weit über die Grenzen des Spitzenstosses ausgebreiteten Herzbewegung, das den

Fieberabfall in akuten Krankheiten begleitet, und fast ebenso sicher als die veränderte Puls- und Temperaturbeschaffenheit die Krise zu bezeichnen geeignet ist. Auch wo die bedeutendsten Herzhypertrophien zu Grunde liegen, kann allmählich durch Herabtreten des Herzens (Lungenemphysem), wobei die vordere Fläche desselben von Lunge überlagert wird — vorübergehend durch Flüssigkeitsergüsse in den Herzbeutel, die sichtbare Herzbewegung teilweise, bis auf den Herzstoss, oder mit diesem zusammen zum Verschwinden gebracht werden. Mit der ungünstigsten Vorbedeutung tritt sie dort zurück, wo bedeutende mechanische Hindernisse, z. B. Blutgerinnung in den Herzhöhlen, Unvollständigkeit der Zusammenziehung (Asystolie) bedingen, oder wo Entartung des Herzmuskels der gleichen Erscheinung zu Grunde liegt.

Pulsatio epigastrica.

C. Als epigastrische Pulsation wird jede in nächster Nähe des Schwertfortsatzes zwischen beiden Rippenbogen, kurz in der epigastrischen Grube stattfindende Bewegung bezeichnet, die vom Herzen selbst ausgeht oder mittelbar bewirkt wird.

Die häufigste und auffälligste Begründung dieses Zeichens liefert Tiefstand der rechten Herzkammer. Dies ist der einzige Fall, in welchem epigastrische Pulsation vom Herzen selbst abhängig ist. Man sieht sie gerade unter dem Schwertfortsatze in geringer Höhenausdehnung, in grösserer gegen den linken Rippenbogen zu, gar nicht oder sehr wenig zwischen Schwertfortsatz und rechtem Rippenbogen. An einer fingerbreiten, nach links vielleicht etwas breiteren Stelle erfolgt genau gleichzeitig mit dem Herzstosse Vorwölbung der Weichteile, die sich undeutlich begrenzt mehr weniger weit nach abwärts, selbst bis zum Nabel hin fortpflanzt. Diese Verbreitung nach abwärts findet sich besonders bei verstärkter Herzbewegung und bei festerer Beschaffenheit der Leber. Man hört an der pulsierenden Stelle zwei Herztöne. Es ist von besonderer Bedeutung, sich von der vollständigen Gleichzeitigkeit dieser Pulsation mit dem Spitzenstosse zu überzeugen. Sowohl allgemeiner Tiefstand des Zwerchfelles (Lungenemphysem), als auch örtliche Herabdrängung dieser Scheidewand durch das vergrösserte Herz kann die notwendige Vorbedingung liefern. Die übrige Untersuchung lässt leicht zwischen diesen beiden Zuständen unterscheiden. Wo bei beträchtlichem Emphysem ein grösserer Teil der rechten Kammer nur durch die Pars sternalis und einige Bündel der Pars costalis getrennt an den Bauchdecken anliegt, sieht man bei dünner Beschaffenheit dieser letzteren eine quere, leicht vertiefte Linie als Grenze der pulsierenden Stelle auf- und absteigen. Sie bezeichnet in sichtbarer Weise den Stand des Zwerchfelles. Es ist leicht erklärlich, dass in den meisten Fällen die Ausdehnung der pulsierenden Stelle mit der Einatmung sich nach abwärts vergrössert, mit der Ausatmung sich verkleinert.

Die frühere Annahme, dass bei Lungenemphysem das Herz senkrecht stehe und mit seiner Spitze am Schwertfortsatze pulsiere, wie sie z. B. von Skoda vertreten wird, ist durch Bamberger genügend widerlegt worden. Wenn später Klob und Friedreich für dieselbe in die Schranken getreten sind, so kann ich nur versichern, dass ich diese sogenannte **verticale Lagerung des Herzens** niemals durch Lungenemphysem bedingt an der Leiche habe vorfinden können. Selbst bei linksseitigem Pneumothorax zeigte das Herz nach Eröffnung eines Pleurasackes und des Herzbeutels noch eine Neigung des Längendurchmessers gegen jenen des Brustraumes von circa 40 Graden. Ferner gelang es mir noch in jedem Falle von Lungenemphysem den Spitzenstoss des Herzens, wenn auch schwach und tiefstehend, wenn auch nachweislich durch eine Schicht von Lungengewebe hindurch fortgepflanzt, aufzufinden und mit der epigastrischen Pulsation zu vergleichen. Die gewöhnliche Annahme senkrechter Lagerung bei Emphysem und linksseitigem Pneumothorax oder Pleuraexsudat muss ich daher für irrig halten. Die einzige Bedingung, durch die ich einmal wirklich senkrechte Stellung des Herzens zustandekommen sah, war gegeben in dem Zusammentreffen von Schrumpfung des linken Ober- und rechten Unterlappens. Der Fall betraf einen Bronchiektatiker, an dem ausgebreitetere Pulsation und grössere Dämpfung rechterseits als linkerseits beobachtet worden war.

Eine andere Art dieser Pulsation, **von der Aorta abhängig**, findet sich nur links von der Mittellinie und erstreckt sich zwischen Nabel und Schwertfortsatz verschieden weit nach abwärts, bisweilen selbst bis gegen die Schaamfuge hin. Sie erfolgt senkrecht in der Richtung von hinten nach vorn, hat eine verhältnismässig geringe Breitenausdehnung und kommt, mit dem Herzstosse verglichen, etwas später als dieser zur Beobachtung. Bei der Auskultation lässt sie nur einen Ton oder bisweilen ein systolisches Geräusch erkennen. Sie rührt von der Aorta abdominalis her. Man sieht sie bei sehr eingesunkenen Bauchdecken und sehr leerer Beschaffenheit des Magens und Darmkanals. Man fühlt, ja sieht bisweilen auch rechts neben ihr die vorspringende Wirbelsäule. Sie wird wohl bei verstärkter Herzbewegung gleichfalls verstärkt; allein die wichtigste Bedingung ihrer Wahrnehmbarkeit liegt nicht in der Stärke der Aortenpulsation, sondern in der Annäherung der Bauchdecken an die Aorta. We-

niger leicht als solche erkennbar ist die nach aussen fortgeleitete
Aortenpulsation, wo ihre Leitung durch Geschwülste, Bindegewebsstränge oder irgend welche andere feste Körper vermittelt wird.
Sie wird in diesem Falle nur dort gesehen und gefühlt, wo diese
Geschwülste die Bauchwand berühren oder ihr sehr nahe liegen, und
so kann sie selbst ausschliesslich nach der rechten Seite hin fortgeleitet werden. Ich habe mehr als einmal gesehen, wie ein vermutetes Aneurysma aortae in Kottumoren, Magen- oder Retroperitonealcarcinom oder sonst irgend eine Geschwulst der epigastrischen
Gegend sich auflöste, obwohl vielleicht diese Geschwulst, der Aorta
fest aufliegend, ein Geräusch in ihr erzeugt oder selbst systolisches
Schwirren dargeboten hatte. Möglicherweise können Aneurysmen der
grossen Unterleibsarterien ähnliche Pulsationen verursachen. Ausser
diesen mechanischen Verhältnissen kommt für diese Pulsation auch
noch der Gefässnerven-Einfluss wesentlich in Betracht. Namentlich
bei Bleichsucht und Hysterie, oder auch bei anderen Nervenleiden
findet sich zeitweise epigastrische Pulsation, die so stark ist, dass
sie als Beschwerde hervortritt und doch nur auf Nerveneinfluss beruht.

Bei Tricuspidalinsufficienz können untere Hohlvene und Lebervenen das Epigastrium in Pulsation versetzen.
Es ist dies eine sehr auffallende, der Leber und vorzüglich ihrem
rechten Lappen angehörige Bewegung. Sie findet sich gewöhnlich
in der vollen Ausdehnung vor, in welcher die harte, blutreiche, geschwollene Leber die Bauchwand berührt, erfolgt hauptsächlich in
der Richtung von hinten nach vorn, schiebt jedoch auch den Leberrand etwas nach abwärts. Sie ist von keinem Tone begleitet. In
einem Falle der Art, dem auffälligsten, der zu meiner Beobachtung
kam, konnte nachgewiesen werden, wie diese Pulsation um einen
Augenblick später als die Herzspitze erfolgte. Man hörte weder Geräusch noch Ton an der Leber. Die Section zeigte die untere Hohlvene hochgradig erweitert. Es war jedoch nicht möglich, durch Einspritzen
von Wasser in die Pulmonal-Arterie (obwohl die Tricuspidalklappe
völlig schlussunfähig war) diesen Puls an der Leiche nachzunahmen.

Pulsation der Gefässe.

D. Die mancherlei andern an der Brustwand
vorkommenden Pulsationen grosser und kleiner
Gefässe können fast nur in einzelnen Fällen Berücksichtigung
und Erklärung finden. Wir erwähnen hier aus deren grosser Reihe
1) die nach allen Richtungen hin sich verbreitenden, mitunter auf
eine handgrosse Stelle ausgedehnten Pulsationen und pulsierenden

Geschwülste der Aortenaneurysmen. Zumeist erstrecken sie sich von der Aorta adscendens nach vorn, rechts und abwärts; doch so mannigfach ist ihre Ausbreitung, dass sie auch über dem Brustbeingriffe und nach links und aussen von der Lungenarterie zum Vorschein kommen können. An diese reihen sich die mehr auf der rechten Seite der Brust und des Halses erscheinenden pulsierenden Flächen und pulsierenden Geschwülste an, die von der Arteria anonyma oder subclavia dextra ausgehen, dann die an der Rückenwand klopfenden oder sich vorwölbenden Aneurysmen des arcus aortae und der Aorta thoracica descendens. 2) Während hie und da einzelne der Haut nahe liegende Arterien aus unbekannten Gründen erweitert sind und bei geschlängeltem Verlaufe sichtbar pulsieren, bietet das sichtbare Pulsieren und fühlbare Schwirren zahlreicher hochgradig erweiterter Arterien der Brustwand eines der wichtigsten Zeichen von Verengerung des Arcus aortae dar. 3) Regelwidriger Verlauf der Arteria mammaria interna über die vordere Fläche eines oder mehrerer Rippenknorpel hinweg, verursacht eine oberflächliche sehr schmale Pulsation, die ihre diagnostische Bedeutung höchstens darin findet, dass sie am zweiten oder dritten Rippenknorpel mit dem mehrfach erwähnten Pulsieren grosser Arterien verwechselt werden könnte. 4) Die bei bedeutender Abmagerung auch unterhalb des äusseren Teiles des Schlüsselbeins sichtbare Pulsation der Arteria subclavia weist auf den Ort hin, wo diese dem Hörrohre zugänglich wird.

E. Ausserdem finden sich noch **an der obern Oeffnung des Brustkorbs** einige mit dem Herzschlag gleichzeitige Bewegungsformen, die für die Erkenntnis krankhafter Zustände von Brustorganen nicht bedeutungslos sind. Sehen wir ab von dem verschieden starken, mitunter den ganzen Kopf erschütternden Carotidenpuls, der längs des Kopfnickers gefühlt wird und sich von da aus leicht benachbarten Organen, der Jugularvene, der Schilddrüse und Geschwülsten mitteilt. Sehen wir ab vom Puls der Arteria subclavia und einzelnen hie und da erweiterten kleineren Arterien, so bleiben uns vorzüglich zur Besprechung übrig 1) die Pulsation in der Fossa jugularis, 2) diejenige der Vena jugularis.

ad 1. Die Wahrnehmung systolischen, in der Richtung von unten nach oben erfolgenden Klopfens in der Grube am oberen Rande des Brustbeines weist auf hohen Stand und einige **Erweiterung des Arcus aortae** hin und findet sich daher vorzüglich bei Vergrösserung der linken Kammer, Schlussunfähigkeit der Aortenklappen und Atherom des Aortenbogens. Der zufühlende Finger stösst auf ein grosses in der Tiefe pulsierendes Gefäss. Dadurch ist leicht die

Unterscheidung gegeben von der Pulsation einer Arteria thyreoidea ima, die klein und schwach pulsierend schief durch die Jugulargrube zur Schilddrüse emporsteigt.

ad 2. Die Vena jugularis communis steigt am hintern Rande des Kopfnickers, später zwischen seinen beiden Ursprüngen gelegen bis zum Brustbein-Schlüsselbeingelenke herab, an das sie durch straffes Bindegewebe geheftet ist und hinter der ihre Klappen gelagert sind, gewöhnlich 2 an der Zahl. Zahl und Lage dieser Klappen wechselt bisweilen, so dass sich 3 vorfinden, oder so, dass die Klappen 1—4 cm höher gelagert sind. Für gewöhnlich ist diese Vene überhaupt nicht sichtbar, während die den Kopfnicker kreuzende Vena jugularis externa bald als seichte Furche, bald als bläulicher Strang durchschimmert. Wo immer Stauung des Blutes in den Körpervenen und Erweiterung des rechten Vorhofes gegeben ist, wird die Vena jugularis umfangreicher bis zur Dicke eines Fingers, die Vena jugularis interna als schlaffer, weicher, bei der Berührung schlotternder Wulst sichtbar. Jede Ausatmung schliesst ihre Klappen und macht sie anschwellen. Während des Hustens recht ausgeprägter Emphysematiker ist oft die mehr als zolldicke Geschwulst, welche die seit lange ausgeweitete Jugularis interna bildet, beim ersten Blicke kaum mehr als Vene zu erkennen, doch wird dies leicht, wenn man hinter den Klappen die Sinus als halbmondförmige Geschwülste an der grösseren Geschwulst der Vene hervortreten sieht. Wo immer die Vene so stark gefüllt ist, dass sie äusserlich leicht gesehen werden kann, lässt auch ihr Inhalt Bewegung erkennen. Jede Einatmung erleichtert den Abfluss des Blutes und vermindert den Umfang der Vene, jede Ausatmung wirkt entgegengesetzt. Die nahe liegende Carotis setzt ihren Inhalt in wogende Bewegung, die aber beim Zudrücken oder Verschieben der Carotis von der Vene weg sofort endet. Auch vom Herzen werden ihr verschiedene Bewegungen mitgeteilt. Im Anschlusse an Versuche von Mosso fand F. Riegel, dass bei vielen gesunden Menschen eine Art von Venenpuls vorkommt. Die Herzzusammenziehung bewirkt nach R. eine Raumverminderung in der Brusthöhle und Ansaugung des Blutes aus der Jugularvene, die sich durch beschleunigte Entleerung bemerkbar macht, indes mit der Herzausdehnung die Vene langsam anschwillt. Der Anadikrotismus in dem ansteigenden diastolischen Schenkel der Kurve wird der Zusammenziehung des Vorhofes zugeschrieben. Soll dieser gewissermassen normale negative Venenpuls von dem pathologischen positiven unterschieden werden, so wird Zusammendrücken der Vene in der Mitte ihres Verlaufes ersteren aufheben müssen, letzteren nicht. —

Anders gestalten sich die Erscheinungen, wo die Venen-Klappen wirklich schlussunfähig geworden sind, so dass sie von der Anonyma her andrängendes Blut nach der Jugularvene hin entweichen lassen. Man beobachtet dann ein diagnostisch hochwichtiges, seit Jahren vielfach erörtertes Zeichen, den Venenpuls. Die wichtigste anatomische Vorbedingung ist die Schlussunfähigkeit der besprochenen Venenklappen, sei es, dass sie auf angeborener Kleinheit oder auf allmählicher Durchbrechung ihres Gewebes durch den andrängenden rückläufigen Blutstrom beruht, oder dass bedingungsweise Schlussunfähigkeit (relative Insufficienz), nur durch die Erweiterung der Vene, die Auseinanderdrängung ihrer Wände ohne Beschädigung des Baues zustande kommt. Da die anatomische Untersuchung nicht selten Kleinheit und unvollständige Bildung dieser Klappen nachweist, wo bei Lebzeiten keineswegs Venenpuls beobachtet worden war, so muss als zweite Bedingung Blutstauung im Gebiete der oberen Hohlvene, dauerndes mit den Herzzusammenziehungen sich steigerndes Andrängen des Blutes gegen diese Klappen aufgestellt werden. So kommt es, dass der Venenpuls gemeinhin als Zeichen und zwar als wichtigstes Zeichen der Schlussunfähigkeit der Tricuspidalklappe betrachtet werden kann. Ist diese Klappe durchlöchert, so wirft jede Zusammenziehung der rechten Kammer einen Teil ihres Blutgehaltes durch den rechten Vorhof, die Hohlvene, die Vena anonyma bis zu den beiderseitigen Klappen der Jugularvene zurück. Wenn und so lange diese schlussfähig sind, grenzt sich die Bewegung hier ab. Sobald sie auseinandergedrängt und an verdünnten Stellen durchlöchert sind, füllt bei jeder Zusammenziehung ein rückläufiger Blutstrom, der erst in diesem Falle ein sichtbares, der Beobachtung zugängliches Gebiet betritt, diese Venen an. Es ist darnach klar, dass bei vorhandener Schlussunfähigkeit der Tricuspidalklappe der Venenpuls fehlen kann, es ist auch leicht begreiflich, dass bei schlussfähiger Tricuspidalklappe, aber ungenügend schliessenden Venenklappen mitunter ein solches Zusammentreffen von Verhältnissen stattfindet, dass dennoch Venenpuls zur Beobachtung kommt. Schlussunfähigkeit der Mitralklappe macht bei weit offenem Foramen ovale Venenpuls. Wenn ferner die stark vergrösserte rechte Kammer sich sehr kräftig zusammenzieht, kann der auf die Klappe erfolgende Stoss die angrenzende Blutsäule im Vorhofe etc. in rückläufige, durch die schlussunfähigen Venenklappen nicht gehemmte Bewegung versetzen [1]). Da die rechte Ju-

---

[1]) Man sieht besonders oft bei Bauchwassersucht und Eierstockgeschwülsten

gularvene in einer geraderen Richtung von dem Einfluss der Rückstauung getroffen werden, geben ihre Klappen, wo sie nicht von Haus aus ungenügend gebildet waren, stets zuerst dem Andrange nach. Man beobachtet den beginnenden Venenpuls längere Zeit allein auf dieser Seite, später doch auf dieser Seite ausgesprochener als auf der andern. Er ist im Anfange stets auf die Vena jugularis interna beschränkt.

Der echte Venenpuls stellt sich dar als systolische, oder richtiger um ein ganz kurzes Zeitteilchen der Zusammenziehung folgende Anschwellung der ohnehin erweiterten Jugularvene, so dass sie zum allermindesten die Dicke eines Fingers, oft die eines Hühnereies für einen Augenblick gewinnt. Ihre Wand wird dabei, wie sich beim Zufühlen leicht ergibt, in den Zustand praller Spannung versetzt, ohne jedoch je ähnlichen Widerstand wie eine pulsierende Arterie zu bieten. Nicht selten erreicht die Spannung solchen Grad, dass ein dumpfer Ton, oder ein von unten nach aufwärts sich fortpflanzendes Schwirren die Ausdehnung der Vene begleitet. Weder starkes Zudrücken der Vene in der Mitte ihres Verlaufes noch Verschiebung derselben aus der Nähe der Carotis vermag auch nur für einen Augenblick die Pulsation zu unterbrechen. Tiefe Einatmung kann sie vermindern. Zwischen die Hauptbewegungen sind oft präsystolische oder kleinere Wellen eingeschoben.

Unter den mannigfach vorherrschenden ungewöhnlichen Bildungen verdient besondere Beachtung Hochstand der Jugularvenenklappen, so dass ein Bulbus venae jugularis oberhalb des Schlüsselbeines beobachtet werden kann. Entsteht bei Jemandem mit so gearteten Venenklappen Schlussunfähigkeit der rechten Vorhofsklappe oder rücken infolge letzterer die Venenklappen nach und nach in die Höhe, ehe sie durchbrochen werden, so sieht man mit jeder Systole den Bulbus der Vene dick anschwellen, die Klappen sich wölben, die Sinus derselben sich ausprägen, ja den Bulbus nach oben gleiten, sich verlängern. Nach einiger Zeit führt die fortschreitende Erweiterung der Vene und das Andrängen des Blutes zur Schlussunfähigkeit der Venenklappen, und diese eigentümliche Form, diese Pulsation des Bulbus geht in die gewöhnliche Form des Venen-

---

Venenpuls entstehen, der nach der Entleerung der Flüssigkeit wieder verschwindet. Bei einem Knaben mit Lebercirrhose hatte ich Gelegenheit, nach anzweifelhaftem Venenpuls am Lebenden, bei der Section die Tricuspidalklappe unversehrt zu sehen. Einen ähnlichen Fall beschreibt auch Rovida.

pulses über. Bei längerer Dauer pflanzt sich diese Bewegung oft auf einzelne oberflächlich verlaufende **kleine Venen** fort, namentlich auf solche, die über das Schlüsselbein nach abwärts oder nach rückwärts gegen den Oberarm hinziehen. Im Widerspruche mit manchen andern Angaben muss ich behaupten, neben der innern bisweilen auch die äussere Jugularvene pulsierend gesehen, ja alleinigen Puls der äusseren Jugularis beobachtet zu haben. Sie stellte dann, gewunden wie eine atheromatöse Arterie, einen Kleinfinger dicken, dunkelblauen Strang dar, dessen Windungen mit jeder Zusammenziehung der Herzkammern sich verdickten und krümmten, dessen Wände dabei hie und da in Schwirren gerieten. An einer früheren Stelle wurde bereits die Anschauung zu begründen gesucht, dass auch die untere Hohlvene pulsiere und ihre Bewegung der Leber mitteilen könne. A. Geigel, der gleichfalls Beobachtungen über Pulsation der unteren Hohlvene gesammelt hat, fand, dass man in solchen Fällen durch Druck auf die Leber und Hohlvene den Puls der Halsvenen verstärken kann. — Im Gebiete der oberen Hohlvene waren die weitesten Strecken, bis zu welchen der Puls kleiner Venen verfolgt werden konnte, die Gegend des Ohres und das obere Drittel des Oberarmes.

Bamberger hat den glücklichen Gedanken gehabt, Pulscurven von den Halsvenen aufzunehmen. Dieselben zeigen eine eigentümliche präsystolische Schwellung der Vene und lassen sich so deuten, dass beim Venenpulse jede Zusammenziehung des Vorhofs eine Welle erzeugt, die der stärkeren des Ventrikels unmittelbar voraus läuft. Wir werden später auf die Curve zurückkommen.

Der Venenpuls kann, wo er vorhanden war, wieder verschwinden. Hochgradige Mitralerkrankungen, die unter dem Einfluss der Digitalis-Behandlung bedeutende Besserung erfahren, liefern mitunter den Beweis hierfür. Weit überzeugender sind die freilich noch seltenen Beobachtungen eines periodisch mit Anfällen von Schwäche der Herzbewegung zusammen vorkommenden Venenpulses. Man sieht ihn dann halbe Tage oder Tage lang fehlen, ja man sieht während dieser Zeit überhaupt nichts von der Jugularvene, und stundenweise wird sie mit Blut überfüllt und pulsiert aufs Deutlichste. Dabei ist der Herzstoss enorm schwach, der Radialpuls klein, die Herztöne werden undeutlich und verworren. Diese Beobachtungen beweisen die Möglichkeit einer Begründung des Venenpulses durch **relative Tricuspidal-Insufficienz**. Die einfache Anschauung der anatomischen Verhältnisse zeigt eine solche Grösse der gesunden Tricuspidalklappenzipfel, dass man sie für fähig halten muss, auch bei äusserster Erweiterung des Ostiums noch vollständigen Abschluss zu liefern. So kann ich in der vielfach erörterten Frage über die Möglichkeit relativer

Tricuspidalklappen-Insufficienz meine Ansicht nur dahin abgeben, dass wohl die leicht erkrankte, aber gewiss selten die völlig gesunde Tricuspidalklappe zeitweise schlussunfähig sein wird, je nachdem durch grössere oder geringere Blutstauung ihr Ansatzring mehr weniger auseinandergedrängt wird.

Der Venenpuls, von dem wir seither hier und zuvor (pag. 58) bezüglich der Lebervenen gesprochen haben, ist der **rückläufige unmittelbar vom Herzen abhängige Venenpuls**. Ausserdem lassen sich noch zwei andere Arten des Venenpulses unterscheiden: der des **Aneurysma arterio-venosum**, am häufigsten an den Armvenen durch fehlgeschlagenen Aderlass erzeugt, aber auch an den Halsvenen vorkommend, sowohl wo der Blutstrom einen Weg aus der Aorta in die obere Hohlvene, als auch wo er einen solchen aus der Carotis in die Jugularvene findet. Systolisches Schwirren und und Rauschen wird dabei an den Venen wahrgenommen. **Durch die Capillaren hindurch** kommt nach Quincke sowohl bei Gesunden hie und da als auch bei Kranken mit Aorteninsufficienz eine schwache centripetale Pulswelle an den Venen der Hand und des Unterschenkels zustande.

Wie an den Halsvenen häufig, so findet sich bisweilen auch noch bis in die Hautvenen des Vorderarmes eine von der Ausatmung abhängige Bewegung, die in Anschwellung bei der Ausatmung und Abschwellung bei der Einatmung besteht. Sie findet sich hauptsächlich, wo Cyanose, Herzschwäche und Atemnot bei abgemagerten Personen zusammentreffen Lässt man in solchen Fällen den Arm langsam erheben, bis die weiten Hautvenen des Armes sich zu entleeren beginnen, so tritt die Pulsation auf an der Grenze der schwachen und der starken Anfüllung der Venen. In einem besonders ausgeprägtem Falle meiner Beobachtung fand sich ausgebreitete Verwachsung der Pleurablätter in der Umgebung des Herzens bei der Section vor.

Die Beobachtung des sichtbaren Verhaltens der Halsvenen kann auch noch für ganz andere pathologische Fragen, als für diejenigen, welche auf das Herz sich beziehen, von Bedeutung werden. Wo die Quellen, aus welchen diese Venen ihr Blut beziehen, reichlich fliessen, werden auch diese Leitungscanäle von Inhalt strotzen. Wo denselben nach Verstopfung ihrer Hauptquellen nur spärlich auf Seitenwegen Blut zukommt, werden sie blass und zusammengefallen erscheinen. Freien Abfluss des Blutes nach dem Vorhofe vorausgesetzt, lässt sich, wo sie sich stark gefüllt erweisen, auf Blutreichtum der Organe innerhalb des Schädels, vorzüglich der Blutleiter, schliessen. Trotz gesundhafter Zustände am Herzen und bei ziemlich normalem Blutgehalte des Gehirnes und seiner Häute bedingen sehr häufig Krankheiten (Emphysem, Atelektase, chronischer Katarrh, Bronchiektasie, Pneumonie), die das Atmungsgeschäft oft und wesentlich erschweren, Stauungen des Blutes in den Halsvenen. Diese liefern dann ein sprechendes Zeugnis der sogenannten **relativen Lungeninsufficienz**, d. h. erschwerter Durchgängigkeit der Lungen für den Blutstrom des kleinen Kreislaufes. Cyanose, Verstärkung des zweiten Pulmonaltones, Erweiterung des rechten Herzens liefern weitere Beweise für die Anwesenheit dieses umfassenden Symptomenbildes. Die Jugularvenen zeigen sich dabei dauernd erweitert und dazu noch bei gewaltsamer Ausatmung, besonders beim Husten einer Anschwellung fähig, die dieselben in vorragende Säcke von dem Umfange einer Kinderfaust umwandelt. Auch hier werden die Klappen häufig schlussunfähig.

Eine mehr örtliche, vom Herzen unabhängige Begründung findet die andauernde Blutanhäufung in den Halsvenen bei Druckwirkung auf die obere Hohlvene durch Geschwülste des Mittelfelles. Am bekanntesten unter diesen sind die bei Kindern so oft vorfindlichen Bronchialdrüsengeschwülste, dann die in reiferem Alter sich bisweilen entwickelnden krebsigen oder sarkomatösen Geschwülste der Organe des Mittelfelles.

Einseitige schwächere Füllung der äusseren Jugularvene findet sich hauptsächlich infolge von Thrombose eines Sinus transversus und petrosus superior oder der Jugularvene selbst vor. Unterscheidet man davon die auf angeborener Kleinheit und auf ungewöhnlichen Verlaufsverhältnissen und Wurzelbeziehungen einer Jugularvene beruhende schwächere Entwicklung derselben, so ist durch jenen Zustand eines der wenigen derzeit bekannten wohlbegründeten Zeichen der Hirnsinusthrombose gegeben. Linksseitige Erweiterung der Vena jugularis externa kann unter Umständen als Zeichen von Aneurysma trunci anonymi auftreten (Duchek).

F. **Capillarpuls** findet sich allgemein verbreitet hie und da bei Hypertrophie der linken Kammer. So sah Lebert bei einem Aneurysma der Aorta mit jeder Systole die Wangen gerötet werden. Eine physiologische Form desselben am Nagelbette einzelner Menschen und zwar an der Grenze zwischen der weissen und der roten Gegend desselben hat Quincke kennen gelehrt. Bei Kranken mit Aorteninsufficienz zeigt jeder durch Nageldruck gezogene rote Streifen der Haut, z. B. an der Stirne, nach kurzer Zeit an seinen Rändern den schönsten Capillarpuls. Nicht minder pulsieren zufällige Hautentzündungen bei Aorteninsufficienzkranken sichtlich an ihren Rändern. Endlich gibt es noch eine andere örtliche, auf entzündlicher Arterienlähmung beruhende Form desselben, die man namentlich an dem roten Hofe von Panaritien bei blutarmen Leuten bei einer gewissen Biegung des Fingers sehen kann.

V. Besichtigung des Unterleibes.

A. Formen.

Im gewöhnlichen Leben gibt die Anschauung verschiedener physiologischer Zustände Beweis genug dafür ab, binnen wie bedeutender Breiten die Formen des beweglichen Teiles der Bauchwände wechseln können. Im Kindesalter bedingt die verhältnismässige Enge des Brustkorbes starke Ausdehnung des Unterleibsraumes, die in auffallender und widerlicher Weise durch rachitische sowohl als durch skrophulöse Krankheitszustände gesteigert wird. Die Abmagerung des Greisenalters dagegen bringt flache, ja eingesunkene Beschaffenheit der verdünnten, faltigen, sich abschilfernden Bauchdecken. Die höchsten physiologischen Grade der Ausdehnung werden gegen Ende der Schwangerschaft erreicht. Nahezu gleiche Umfangsverhältnisse wie bei der Schwangerschaft, erlangt der Unterleib bei manchen Zuständen von Fettanhäufung in den Bauchdecken und in und an den Unterleibsorganen, die freilich schon stark an das Krankhafte streifen. In ähnlicher Weise gehört die tiefe muldenförmige Einsenkung der vorderen Bauchwand, begrenzt von den scharf vorstehenden Rippenbogen und Hüftbeinkämmen, welche infolge von Hungerzuständen getroffen wird, schon teilweise zu den krankhaften Zuständen. Starke Anfüllung des Verdauungskanales, wie sie im Verlaufe eines reichlichen Mahles, eines Gelages hie und da erfolgt, vermag die Formen der Bauchdecken so wesentlich zu erweitern und die übrigen physikalischen Zeichen in dem Masse zu ändern, dass der Gedanke an Entwickelung völlig krankhafter Zustände nahe liegen kann.

1) **Krankhafte Vergrösserung des Unterleibes** kann in gleichmässiger oder ungleichmässiger Weise erfolgen.

Völlig gleichmässig sind die Erweiterungen, die infolge von Ueberfüllung des ganzen Magens und Darmkanals mit Speiseresten, Kot und Luft erfolgen, wie sie bei Gasauftreibung und infolge tiefsitzender Darmverengerung beobachtet werden. Alle sehr bedeutenden Ausdehnungen des Unterleibsraumes erfolgen ziemlich gleichmässig, namentlich dann, wenn krankhafte Anhäufungen an mehreren

Stellen sich entwickeln. Bedeutende **Flüssigkeitsansammlungen** im Bauchfellsacke bringen zwar allseitige, aber ungleichförmige Ausdehnung zustande. Der jedesmaligen Lage oder Stellung des Kranken entsprechend, werden die tiefst gelegenen Teile des Unterleibraumes am stärksten ausgedehnt. Bei Lageveränderungen wechselt die Form rasch, und falls die Bauchdecken noch nicht in den Zustand hochgradiger Spannung versetzt sind, an ihrer Oberfläche noch nicht glatt und glänzend geworden sind, unter sichtbarer Wellen-Bewegung.

Von den **ungleichförmigen Ausdehnungen** ist es wertvoll diejenigen zu unterscheiden, die in der Gegend der unteren Brustöffnung, die aus dem kleinen Becken aufsteigend, und die von einzelnen Organen aus mehr weniger halbseitig entstanden sind. Die ersteren sind es vorzüglich, die die allgemeine Eigenschaft starker Ausdehnungen des Unterleibes sehr deutlich zur Geltung bringen und zugleich den unteren Umfang des Brustkorbes sehr bedeutend erweitern. Wenn man auch bei Schwangern, Kranken mit Eierstocksgeschwülsten und ähnlichen grossen, aus dem Becken aufsteigenden Anschwellungen sich leicht von der erfolgten Formveränderung des Brustkorbes, Verbreiterung seiner unteren Oeffnung, Auswärtsdrängung der Rippenbogen, selbst Umstülpung der Spitze des Schwertfortsatzes nach aussen überzeugen kann, so kommen doch diese Wirkungen grossen Leber-, Milz-, Nieren- und Retroperitoneal-Geschwülsten in weit höherem Grade zu. Die Form des vergrösserten Unterleibes im ganzen ist häufig die eines längsgelagerten Ovals, eine sogenannte Fassform, wie sie z. B. bei der Rückenlage Schwangerer erscheint, oder die Verbreiterung wiegt vor, gewöhnlich mit Abflachung in der Mitte, bei freien Flüssigkeitsergüssen im Bauchfellsack, bei doppelseitigen Nierengeschwülsten, oder es findet sich eigentliche Kugelform (Meteorismus), oder Form eines schräg, z. B. mit der Spitze nach dem einen Darmbeine hin gelagerten, eiförmigen Körpers. Sorgfältige Berücksichtigung dieses Gesamteindruckes der Unterleibsform kann der Untersuchung schon im Beginne bestimmte und zutreffende Richtung verleihen, und in einzelnen Fällen, z. B. bei der Frage nach dem Sitz einer Darmverengerung, von völlig entscheidender Bedeutung werden.

Mit der Vergrösserung des Unterleibsraumes nach vorn geht stets eine solche nach oben Hand in Hand, die sich durch Beengung des Atmens, verbreitete hochstehende Herzbewegung, bei Percussion durch nachweisbaren Hochstand des Zwerchfelles zu erkennen gibt. Die gespannten und glatten, nur bei Verminderung des Druckes sich fein runzelnden Bauchdecken bekommen oft ein durchscheinendes ödematöses Aussehen, und werden bei jeder längeren Dauer solch' erhöhter Spannung von einem bläulich durchschimmernden Netze erweiterter Venen durchzogen (Umwege der venösen Blutbahn wegen Verengerung der unteren Hohlvene durch Druck). Der Nabel wird oft Sitz eines Bruches und ragt als 3—5 cm dicker Kegel, bisweilen mit Venenknoten besetzt, nach aussen vor. Die geraden Bauchmuskeln werden auseinandergedrängt, Haut und Fascie dazwischen gedehnt und verdünnt, und der elliptische, dünn bedeckte Streif zwischen den Muskelrändern wird bald auf der Höhe der Unterleibsanschwellung, bald später, nachdem diese längst vorübergegangen ist, der geeignete Schauplatz diagnostisch wichtiger, äusserlich sichtbarer Bewegungen der Unterleibsorgane (Diastase der Musculi recti). Beim Uebergange von liegender in sitzende Stellung drängen sich die lufthaltigen Unterleibsorgane bruchartig als Längswulst zwischen den Rändern der Recti vor. An der Seitengegend und an der Rückenfläche ist es gewöhnlich nur der Raum zwischen den letzten Rippen und dem Darmbein, der nachgiebig genug ist, um bei vermehrter Spannung des Inhaltes der Bauchhöhle etwas nach aussen hervorgewölbt zu werden. Doch kann bei sehr grossen Unterleibsgeschwülsten auch der untere Teil der Wirbelsäule nach dem Rücken convex ausgebeugt werden.

2) Einsenkung der Unterleibsdecken erfolgt gleichfalls mehr in allgemeiner oder in beschränkter Weise. Ersteres bei Hungernden, z. B. bei Zuständen von Unwegsamkeit des Rachens oder der Speiseröhre, bei manchen mit starker Abmagerung verbundenen Erkrankungen, bei vielen Gehirnkrankheiten. Die Erscheinungen dabei sind einfach die der Vertiefung der Bauchdecken, des Vorspringens der knöchernen Umrandung und bisweilen noch eines deutlich in der Mitte des Unterleibes hervortretenden, die stark concaven Bauchdecken in der Längsrichtung etwas vorwölbenden Wulstes, der durch die Wirbelsäule bedingt wird. Zur Linken von dieser erscheint die sichtbar pulsierende Aorta. Nur dann, wenn die Bauchdecken wenig gespannt und zugleich dünn sind, ist dieser Zustand besonders geeignet, noch die Formen einzelner Unterleibsorgane besonders hervortreten zu lassen. Gerade in solchen Fällen sieht man z. B. bisweilen einen birnförmigen Tumor der Harnblase über der Symphyse eine seichte Vorwölbung bedingen, die mit der Harnentleerung wieder verschwindet. Eine solche Geschwulst kann, wenn sie z. B. bei einem Meningitiskranken über Nacht entsteht, und wenn sie bei andauernder Seitenlagerung des Kranken nicht

ganz in der Mittellinie getroffen wird, Anfänger in nicht geringe Verlegenheit versetzen. Ich beobachtete einmal bei einem abgemagerten alten Mann eine derartige auf 1 cm starker gutartiger Verdickung der Blasenwände beruhende Geschwulst, die monatelang sichtbar und als sehr harter Körper tastbar war.

3) Die teilweisen Vorragungen der Bauchwand lassen nur dann eine annähernd richtige, übersichtliche Darstellung ihrer zahllosen Begründungsweisen zu, wenn man von den Organen ausgeht, die sie betreffen. Erweiterung und Stauung des Inhaltes des Magens, bei aller Verengerungen des Pförtners zu treffen, verursacht eine umfangreiche gerundete, am Schwertfortsatze und beiden Rippenbogen beginnende, mehr nach links hin sich ausdehnende Vorwölbung, die sich durch eine seichte Furche, der grossen Curvatur entsprechend, ober- oder unterhalb des Nabels schräg von rechts oben nach links unten abgrenzt. Die übrigen Teile des Unterleibes sind, je bedeutender sich diese Vorwölbung darstellt, destomehr eingesunken. Reichliches Aufstossen oder Erbrechen vermindert die Geschwulst. Laut hörbare metallische Rasselgeräusche bei Druck, voller heller Schall, sichtbare peristaltische Bewegungen bezeichnen sie als dem Tractus angehörig; ihre Lage und die Auscultationserscheinungen beim Trinken der Kranken, vielleicht auch die grosse Völle des Schalles bezeichnen sie als dem Magen zukommend. Künstliche Aufblähung des Magens und die Einführung der Schlundsonde sichern weiterhin die Erkennung der Magenerweiterung. Geschwülste des Pförtners, des Pankreaskopfes und der benachbarten Lymphdrüsen finden sich mehr weniger verschiebbar, mit der Körperbewegung ihre Lage wechselnd, höckerig, zwischen den eingesunkenen Bauchdecken vorragend, in der Gegend des rechten oberen Rectusabschnittes oder tiefer herabgesunken vor. Sie gehören zwar in der grossen Mehrzahl der Fälle den bösartigen Neubildungen an, doch kann auch gutartige Hypertrophie der Muskelschicht des Pförtners solche Vorragungen bedingen. Die Natur der Sache bringt es mit sich, dass sie oft von den Zeichen hochgradiger Magenerweiterung begleitet, bisweilen von ihr verdeckt werden.

Vom Darmcanal bilden hauptsächlich entzündlich verdickte, narbige, krebsige oder eingestülpte Strecken Geschwülste, die ab und zu einmal vorragend auf die Formverhältnisse des Unterleibes Einfluss gewinnen. Hervorzuheben sind drei dem Dickdarme angehörige Formen. Anfüllung des gesamten Dickdarmes mit Kotgeschwülsten bildet bei abgemagerten Bauchdecken rosenkranzförmige, dem Verlaufe des Darmes folgende, ihre Lage wechselnde, verschiebbare Vorragungen, die nach Darreichung von Abführmitteln oder Klysmen am Unterleibe verschwinden, in den Abgängen um so deutlicher zur Beobachtung kommen. Kotanhäufungen im Blinddarme, Verdickung seiner Häute durch Entzündung, entzündliche Ausschwitzungen, Luft und Kotergüsse dazwischen verursachen bald flache undeutlich begrenzte, oder im ersteren Falle längliche, wurstförmige Vorragungen in der rechten Unterbauchgegend, die in Verbindung mit den meist ausgesprochenen Schmerz-Erscheinungen beim Betasten und Percutieren Typhlitis und Perityphlitis kennzeichnen. Eine weniger gekannte Geschwulst ragt bisweilen bei stark eingesunkenen Bauchdecken in der linken Unterbauchgegend vor, schief von oben und links nach rechts und unten, wenig nach innen und hinten vom Darmbeinkamm verlaufend, langgestreckt, gleichmässig 2—4 cm breit. Nimmt man die Betastung zu Hilfe, so kann sie noch in vielen Fällen, wo sie bei abgemagerten Kranken nicht sichtbar ist, gefühlt werden. Sie entspricht dem stark gefüllten oder verdickten Anfangsstücke des S. romanum.

Geschwülste des Netzes ragen nur dann, wenn sie sehr umfangreich sind, ihrer Höhe nach dem Nabel mehr weniger nahestehend, hervor. Vorzüglich Blasenwürmer und Krebse liefern dieselben. Ihre überaus grosse Beweglichkeit gestattet, bereits wenn der Kranke sich auf die andere Seite legt, sichtbare auffällige Ortsveränderung, der entsprechend sie auch bei der weiteren Untersuchung verschiebbar getroffen werden.

Geschwülste der Leber dehnen zunächst im Vergleiche zum linken Rippenbogen die Gegend des rechten stärker aus, und kommen unterhalb des Rippenbogens in einer der Vergrösserung der Leber entsprechenden Breitenausdehnung zum Vorschein. Für die Besichtigung werden sie namentlich durch den sichtbaren Rand der Leber, durch das an diesem und an dessen etwaigen Höckern bemerkbare Auf- und Absteigen mit der Atmung ausgezeichnet. Die grössten derartigen Auftreibungen beruhen auf Blasenwurm und Krebs, seltener auf Eiteransammlung, wächserner oder fettiger Entartung des Organs. Eine eigentümliche, durch ihre Form ausgezeichnete, durch ihren Sitz überraschende Geschwulst bildet die von Cantani entdeckte wandernde Leber. Sie wurde von ihm sowohl als auch von Meissner und Piatelli zwischen Nabel und Becken getroffen und konnte leicht zurückgebracht werden. Alle 3 Fälle betrafen Frauen. Man glaubte teils in engem Schnüren, teils in vorausgegangener Schwangerschaft den Grund zu sehen. Mit grösserer Beachtung hat sich die Zahl der Beobachtungen gehäuft.

Während Geschwülste der Leber sehr oft infolge ihrer Entstehung durch Neubildungen Unebenheiten, sichtbare Hügel und Thäler unterhalb des rechten Rippenbogens bilden, und oft durch den sichtbaren Leberrand sich leicht abgrenzen, sind die Geschwülste, der Milz gerade in ihren umfangreichsten Formen (Leukämie, Intermittens, Speckkrankheit) meist glattrandig und eben, am Rande wenig vorragend und, wenn dieser gesehen werden kann, höchstens durch die normale Einkeilung in der Nähe der Spitze ausgezeichnet. Ihre mitgeteilte Atem-Bewegung ist gering. Da nur sehr grosse Geschwülste der Milz gesehen werden können, sind sie, wenn sichtbar, meist durch Einkeilung befestigt. Sie bewirken starke Vortreibung des linken Rippenbogens, in hochgradigen Fällen Vorwölbung der linken Hälfte des Unterleibes bis zur Mittellinie und Schamfuge bisweilen Verdrängung des Herzstosses nach innen und oben. Nur selten wird die wandernde Milz an ungewöhnlicher Stelle geschwulstartig vorragen.

Geschwülste der N i e r e bewirken, wo ihre Lagerung eine feste ist, neben der Wirbelsäule, zwischen den letzten Rippen und dem Darmbein zuerst Verstrichensein der dort bei Gesunden vorhandenen Aushöhlung. Sie ragen auch bisweilen hier in der Lendengegend höckerig nach hinten vor. Bei bedeutendem Wachstum dehnen sie sich mehr und mehr nach der Seite, dann nach vorn aus, so dass sie schliesslich den ganzen Raum von der Wirbelsäule bis unterhalb der Gallenblase rechts und bis unterhalb der Milzspitze links einnehmen und platt oder höckerig vorwölben können. Ja es sind von V i r c h o w angeborene Cystennieren beschrieben worden, die die gesamte untere Brustöffnung in hohem Grade erweiterten und den Brustraum beengten. Perinephritische Eiterung, Sackniere, Krebserkrankung der Niere und Echinococcen sind es hauptsächlich, die solche auffällige Geschwülste bilden. Ausserdem können von Retroperitonealdrüsen, Psoas, Bauchdecken, ja selbst dem Urether Unterleibsgeschwülste ausgehen.

Wenn wir auch, um das rein frauenärztliche Gebiet zu vermeiden, Eierstocksgeschwülste, gestielte Uterusfibroide und dergl. hier nur dem Namen nach erwähnen, so mag doch schliesslich die Bemerkung Platz finden, dass sicher die allerhäufigste Anschwellung des Unterleibs die durch Schwangerschaft bedingte ist, Verwechselungen derselben mit den verschiedensten krankhaften Unterleibsvergrösserungen keineswegs so ganz selten vorkommen, als man den so gründlich festgestellten und so genau beschriebenen Zeichen dieses Zustandes nach erwarten sollte. So wird denn die Warnung keine überflüssige sein, aus dem Becken aufsteigende Geschwülste oder sehr beträchtliche Vergrösserungen des Bauchraumes bei Frauen stets in dieser Richtung zuerst und aufs Genaueste zu untersuchen, völlig abgesehen von den **Angaben** der Kranken, nur nach den objektiven Zeichen zu beurteilen und **in dubio** erst längerer Beobachtung zu unterziehen.

B. Bewegungen.

Mitgeteilte Atmungsbewegungen zeigen vorzüglich die dem Zwerchfell anhaftenden, zuoberst in der Bauchhöhle gelegenen grossen drüsigen Organe. Wo irgend der **Rand** einer vergrösserten, härter gewordenen Leber den Rippenbogen überragt, gelingt es bei dünnen Bauchdecken und geringer Füllung des Magens und Darmcanals gewöhnlich die bekannte leicht gebogene Form des unteren Leberrandes an einer oder der anderen Stelle der Bauchwand durch eine seichte Furche wiedergegeben zu sehen. Im Widerspruch zu den gewöhnlichen Angaben kann ich behaupten, sie sicher bei einem Drittel der Kranken, die überhaupt in dieser Richtung untersucht wurden, gefunden und gezeigt zu haben. Sicher würde diese sehr oberflächliche Grenzlinie zwischen dem etwas höheren Gebiete der Leber und dem niedereren darunter gelegenen sehr oft der Beobachtung entgehen, wenn sie nicht bei jedem Atemzug auf- und abwärts schwankte. Sie wird besonders oft in der Mittellinie sichtbar, wenn die geraden Bauchmuskeln auch nur wenig auseinandergewichen sind. Vergrösserung anderer Organe hinter der Leber macht ihren Rand um so deutlicher hervortretend. Bei bedeutender Schwierigkeit genauer und richtiger Bestimmung der Lage des unteren Leberrandes durch Percussion bietet dies Zeichen einen besonders wichtigen diagnostischen Behelf. Dasselbe lässt sich freilich nicht als normale Erscheinung darstellen, aber doch als eines der allerhäufigsten, schon infolge sehr leichter Veränderungen vorhandenen Symptome am Unterleibe. Die Ausdehnung der Bewegung von oben nach unten, die dieser Linie vom Zwerchfell mitgeteilt wird, ist bei ruhigem Atmen eine geringe, auf 1—2 cm. beschränkte, nimmt jedoch entsprechend der Tiefe der Atemzüge zu. Wenn sich zwischen Leber und vorderer Bauchwand Verwachsungen bilden, wird diese Bewegung vermindert oder hört auf. Das Gleiche geschieht bei sehr bedeutender Vergrösserung der Leber, so dass sie mit dem linken Lappen den linken Rippenbogen erreicht und zwischen beiden Seitenwänden der Bauchhöhle sich feststellt, ferner wenn die Spannung des Inhaltes der Bauchhöhle sich sehr bedeutend steigert, so dass mechanischer Widerstand die Zwerchfellbewegung hemmt. Selbstverständlich hört diese Bewegung auch auf, wo das Zwerchfell gelähmt, durch pleuritische Ergüsse aus seiner Lage gebracht, oder durch Entzündung seines Bauchfellüberzuges in seinen Zusammenziehungen behindert wird. Unter der Leber befindliche, mit ihrem scharfen Rande oder ihrer concaven Fläche verwachsene Geschwülste teilen die Bewegung derselben, und es können in dieser Weise innig mit der Leber verbundene entartete Stränge des Netzes oder der Lymphdrüsen und Geschwülste des Magens und des Pankreas sich so unmittelbar an die vordere Fläche der Leber anreihen, dass die ihrem unteren Rande entsprechende Furche für den entarteten Leberrand selbst genommen wird.

Bisweilen sieht man unterhalb des Leberrandes eine zweite mit ihm parallel nur etwas gerader verlaufende Linie, die gleichfalls, jedoch in geringerem Masse als die Leber, auf- und absteigt. Sie entspricht dem **unteren Rande des Quer-Grimmdarmes**. Die Verminderung ihrer Bewegung im Vergleich zum Leberrand erklärt sich leicht dadurch, dass ein Teil der bewegenden Kraft durch Druck auf den Dickdarminhalt verloren geht.

Wo viele **Darmschlingen** an der vorderen Fläche des Unterleibes ihre Formen abgeprägt zeigen in Gestalt stark gewundener, 1—3 Finger dicker Wülste, sieht man stets die obersten am stärksten, die unteren weniger mit der Atmung sich herabbewegen. Dass die Einwirkung des Zwerchfelldruckes beim Einatmen trotzdem bis zu den Beckenorganen sich herab erstreckt, zeigt das Steigen und Fallen des Urinstrahles mit dem Ein- und Ausatmen, noch deutlicher ein mit dem Mastdarm in Verbindung gebrachtes Manometer. Geschwülste des Magens und aller übrigen Unterleibsorgane, mit Ausnahme der Milz und Leber, zeigen keine Teilnahme an den Atembewegungen, sofern sie nicht mit dem Zwerchfell, der Milz oder der Leber in innige Verwachsung eingetreten sind. Obwol solche Verwachsung für die Nierengeschwülste sehr leicht zustandekommt, verhindert doch deren straffe Befestigung an der hinteren Bauchwand jede ergiebige Bewegung.

Peristaltische Bewegung des Magens und Darmcanals ist beim Gesunden nicht sichtbar. Aber es gehören nur geringe Abweichungen dazu, sie der äusseren Beobachtung zugänglich zu machen: 1) sehr dünne Beschaffenheit der Bauchdecken, 2) ungewöhnlich starke Zusammenziehung der Muskelhaut dieser Organe. So kommt es, dass man sie an den papierdünnen Bauchdecken abgemagerter Säuglinge, an der welken Bauchwand hinsiechender Greise, bei vielen durch beliebige Krankheiten herbeigeführten Abmagerungszuständen, an muskellosen Stellen der Bauchwand, z. B. Brüchen oder Lücken zwischen den geraden Bauchmuskeln erkennen kann, ohne dass irgend eine Krankheit des Magens oder Darmcanals vorhanden sein müsste. Kälte, mechanische oder elektrische Reizung sind geeignet, die Bewegung zu verstärken oder erst sichtbar zu machen. Rasches Ueberfahren des Unterleibs mit der Rückenfläche eines Nagelgliedes lässt sie deutlicher hervortreten. Wo der Magen- oder Darmbewegung bedeutende Widerstände entgegenstehen, Verengerung des Pförtners oder des Darmes, wo durch Ansammlung reichlichen Inhaltes stärkere Arbeit der Muskulatur erforderlich wird, wo Erweiterung des Darmrohres oder Verdickung seiner Muskelschicht sich entwickelt, da werden stets, wenn irgend die Bauchdecken dünn und fettarm sind, peristaltische Bewegungen sichtbar werden.

Die Bewegungen des Magens, ungleich seltener als jene des Darmes zu beobachten, gehören stets dem erweiterten und hypertrophischen Magen an, gewöhnlich dem am Pförtner verengten. Sie finden sich zwischen Schwertfortsatz, Nabel und beiden Rippenbogen auf der linken Seite weiter herabreichend als rechts und durchziehen hier die vorgewölbten Bauchdecken hauptsächlich in querer Richtung. Es bildet sich langsam eine schmale Längsfurche, die zugleich die Vorwölbung verkürzt und mit verschiedener Schnelligkeit nach rechts oder links oder nach beiden Seiten sich fortpflanzt, stets an der früheren Stelle sich wieder ausgleichend. Auch schräg verlaufende Furchen kommen dazwischen vor, quer verlaufende, nach oben oder unten fortschreitende kann ich mich nicht erinnern, gesehen zu haben.

Peristaltische Darmbewegungen sieht man fast überall, wo ein muskelfreier Raum an den Bauchdecken sich findet, namentlich zwischen den auseinandergerückten geraden Bauchmuskeln, fast an jedem sehr abgemagerten Menschen, dessen Bauchdecken man einige Zeit entblösst oder rasch mit dem Finger durchfurcht. Auch wo zuvor keine Darmwülste sichtbar waren, prägen sie sich dann allmählich aus, beginnen langsam in wurmförmig fortschreitende Bewegung zu kommen, verschwinden beim Wiedererschlaffen der Darmwand und werden durch andere neu auftauchende Wülste ersetzt. Regelmässig sind sie in der mittleren Gegend des Unterleibs um den Nabel herum und von da bis zur Symphyse durch tiefere Furchen bezeichnet als gegen die Seitenwände zu, an welchen sie unter den dickeren Muskellagen unsichtbar bleiben. Am schönsten, schlangenähnlich sich windend, bald da bald dort in Form hoher Knäuel auftauchend, sieht man sie bei bedeutender Luftauftreibung und namentlich bei Darmverengerung. Auch Bleikolik und manche Zustände der Hysterischen liefern bisweilen dies Bild. Diese letzteren recht ausgeprägten Fälle liegen den gewöhnlichen Beschreibungen allein zu Grunde, nur bei guter Beleuchtung und genauer Betrachtung gelingt es, dann aber auch leicht, sich von dem überaus häufigen Vorkommen dieser Erscheinung zu überzeugen.

Andere Bewegungen an den Bauchdecken werden sichtbar 1) wenn Bauchdeckengeschwülste mit der Muskelzusammenziehung, z. B. beim Aufsitzen oder Niederliegen den Muskelverschiebungen folgen, 2) wenn bewegliche Geschwülste im Bauchraum ihrer Schwere oder stattgehabter Erschütterung zufolge ihre Lage wechseln, 3) wenn an schwangerem Uterus Wehenthätigkeit oder Kindsbewegungen erfolgen.

B. **Betastung** (Palpation).

I. Betastung des Brustkorbes.

Sie erstreckt sich auf die Erschütterung und das Zittern der Brustwand, hervorgerufen 1) durch die Stimme, 2) durch Reibung rauher Flächen, 3) durch Bewegung von Flüssigkeit, 4) durch den Herzschlag, 5) durch wirbelnde Schwingungen strömender Flüssigkeiten.

1. Stimmschwingungen (Pectoralfremitus).

Die Schwingungen der Luftsäule des Kehlkopfes pflanzen sich wie durch den Mund nach aussen, so durch die Luftröhre und ihre grossen Aeste nach abwärts fort. Indem die Luftröhrenäste sich nach aussen zu verengen, üben sie auf die an ihren glatten Wänden sich brechenden Schallstrahlen die umgekehrte Wirkung aus wie ein Sprachrohr. Während dieses den Strahlen eine seinem Längendurchmesser parallele Richtung verleiht, geben die Bronchien nach mehrmaliger Zurückwerfung den Schallstrahlen eine auf ihre Wand senkrechte Richtung, so dass sie diese und das umgebende Lungengewebe durchdringen und zur Brustwand gelangen. Legt man beim Sprechen die Hand an den Kehlkopf, so fühlt man, wie er beim Sprechen in zitternde Bewegung gerät (Laryngealfremitus). Diese fühlbare Stimmschwingung der Kehlkopfswände erleidet diagnostisch sehr wohl zu verwertende Abschwächung auf einer Seite, wenn Lähmung oder mechanische Hemmnisse die Schwingungsfähigkeit eines Stimmbandes aufheben oder mindern. Je geringer die Zahl der Schwingungen in der Zeiteinheit, also je tiefer der ausgesprochene Klang, je grösser die Amplitude der einzelnen Schwingungen, d. h. je lauter der Ton, um so stärker die mitgeteilte Bewegung der Kehlkopfwände.

Ebenso verhält sich das Zittern, das die aufgelegte Hand während des Sprechens an der Brustwand fühlt (**Pectoralfremitus**). Als weitere Bedingung, die bestimmend für die Stärke dieser Erscheinung wirkt, ist die überwiegend von der Dicke abhängige Schwingungsfähigkeit der Brustwand zu betrachten. So wird man die Stimmschwingung bei Flüsterstimme, bei schwacher hoher Stimme, bei sehr dicker Brustwand nicht selten vermissen, bei mageren Bassisten aber trefflich ausgesprochen finden. Sie ist bei Gesunden an jeder Stelle der rechten Brustwand um ein Geringes stärker als an der entsprechenden Stelle der linken Seite, hauptsächlich wegen der grösseren Weite des rechten Bronchus (Seitz). Im Uebrigen ist sie an jeder dünneren Stelle der Brustwand stärker als an jeder dickeren. Letztere Thatsache kommt nur selten, z. B. bei Verkrümmung des Brustkorbes, bei halbseitigem Oedem, Muskelatrophie, ernstlich in Erwägung. Man untersucht fast ausschliesslich in der Absicht die Stärke der Stimmschwingung an entsprechenden Stellen beider Brusthälften zu vergleichen. Darauf gründet sich die gewöhnlich angewendete Methode: beide Hohlhandflächen, oder wo es sich um kleinere Räume handelt, die Hohlhandflächen beider vorderen Glieder der drei mittleren Finger an genau entsprechende Stellen beider Brusthälften mässig fest aufzulegen, während der Kranke durch Fragen, oder durch den Auftrag zu zählen zum Sprechen veranlasst wird. Die Stimmschwingungen gelangen durch den vielfachen Uebergang aus der Luft der Alveolen in deren Wände (jedesmal an der Grenze eines anders leitenden Mediums durch Zurückwerfung geschwächt) nur vermindert zur Brustwand.

Von F. Penzoldt wurde aus Erfahrungen an einer Fissura sterni congenita gefolgert, dass für die Fortleitung der Stimmschwingungen der Weg durch die Wirbelsäule und das knöcherne Gerüste des Brustkorbes günstiger und wichtiger sei als der durch die Lunge. Ich finde die Stimmschwingungen am rechten Rippenbogen über der Leber auffallend schwächer als etwas darüber über der Lunge. Darnach wäre doch der Lunge die grössere Bedeutung für die Leitung der Stimmschwingungen zuzuschreiben.

Wird ein grösserer Teil des Lungengewebes durch irgend einen Krankheitsvorgang in eine gleichmässig festweiche Masse verwandelt, so fällt die vielfache Reflexion hinweg und damit ein wesentlicher Grund der Abschwächung der Schallstrahlung während ihres Verlaufes zur Brustwand. Man fühlt über entzündlich verdichteten Lungenteilen das Zittern der Brustwand stärker als an der gleichnamigen Stelle der andern Seite. Wirkt auf die Innenseite der Brustwand erheblicher Druck ein, so wird ihre Schwingungsfähigkeit vermindert. Deshalb fühlt man bei massenhafter entzündlicher Verdichtung und sehr fester Andrängung einer Lunge gegen die Brustwand, und bei deren Anspannung durch Gas im Pleurasack die Stimmschwingung schwächer als an der gesunden Seite. Wird der Hauptast einer Seite oder eine Anzahl grosser Luftröhrenäste durch völlig unelastische Körper, in welchen jede Schwingung untergeht, z. B. Schleim, verschlossen, so gehen die Stimmschwingungen nicht in das Lungengewebe über und gelangen nicht zur Brustwand. Wenn auch alle Ursachen zur Verstärkung der Stimmschwingungen gegeben wären, werden sie in diesem Fall unfühlbar werden. Ein Hustenstoss kann solche Schleimpfröpfe entfernen und rasche Wiederkehr der Stimmschwingung vermitteln für eine Stelle der Brustwand, an der sie zuvor aufgehoben war. Auch Fremdkörper, die einen Luftröhrenast verstopfen, heben die Stimmschwingung des betreffenden Brustbezirkes auf.

Wird die abschwächende Zurückwerfung der Schallstrahlen an einem Flüssigkeitsspiegel, der sich zwischen Lunge und Brustwand einlagert, noch wirksamer als zuvor schon in den Lungenzellen zustande gebracht, so wird auch an der betreffenden Stelle der Brustwand sehr wenig von Stimmschwingung zu fühlen sein. Wird die Brustwand eingebogen und auf einer Seite zusammengekrümmt, vielleicht noch auf ihrer Innenfläche mit derben Auflagerungen bedeckt, so vermindert sich ihre Schwingungsfähigkeit. Aus ersterem Grunde findet man während des Bestehens eines Pleuraexsudates, aus letzterem oft noch Jahre lang nachher die Stimmschwingung vermindert. Dagegen leiten straffgespannte pleuritische Verwachsungen die Stimmschwingungen gut zur Brustwand, so dass man innerhalb eines grösseren Pleuraexsudates oder pneumothoracischen Raumes an einer umschriebenen Ansatzstelle pleuritischer Verwachsungen die Stimmschwingungen verstärkt finden kann. Klare Flüssigkeit im Pleurasacke wirkt weniger abschwächend auf die Stimmschwingung als trübe, zellenreiche (G. Baccelli).

Wo der Kehlkopf keine Stimme liefert, deren Schwingungen an der Brustwand untersucht werden könnten, verwendet Sehrwald den Percussionsschall des Kehlkopfes in ähnlicher Weise wie die Töne seiner Stimme, um Schwingungen an der Brustwand fühlbar zu machen (Plegaphonie).

Die Stimmschwingungen lassen sich an dem Spiegelbilde einer empfindlichen Flamme sehr schön sichtbar machen. Man bringt die Brustwand durch Blechtrichter und Gummirohr mit der Flamme in luftdichte Verbindung. Das Lichtband auf dem rotierenden Spiegel erscheint nicht so stark gezähnt als wenn man den Trichter auf die Luftröhre oder gar vor den Mund hält. Schon geringe krankhafte Abschwächungen können an der Flamme gezeigt werden, sehr schön die bei Pleuritis, besonders wenn man zwei Flammen über einander anwendet (vergl. nebenstehende Abbildungen. Fig. 3). Auch die Stimmschwingungen des Kehlkopfes lassen sich mittelst eines kleinen Glastrichters, den man an die Seitenwand des Schildknorpels ansetzt, sichtbar machen und zu Forschungen über krankhafte Stimmformen verwenden.

Erklärung zu Fig. 6.

Fig. 1. Abbildung der Gasflamme.
Fig. 2. Bild der ruhenden Flamme auf dem rotierenden Spiegel.
Fig. 3, 4, 5. Spiegelbilder der Flamme, während mit tiefer und lauter Stimme U ausgesprochen wird. Der Trichter der durch ein Kautschuck-Rohr zur Flamme führt, wird bei Fig. 3 vor den Mund, bei Fig. 4 vor die Trachea am Halse, Fig. 5 an die vordere Brustwand gehalten.
Bei der Untersuchung eines Kranken mit grossem rechtsseitigem Pleuraexsudat entspricht Fig. 5 den Vibrationen der linken, Fig. 2 denen der kranken Seite.
Fig. 6. Geräusch eines Cruralarterienaneurysma's an dem Spiegelbilde der Flamme sichtbar gemacht.
Fig. 7. Tympanitischer Schall der Trachea bei halbgesenktem Kehldeckel (tiefer tympanitischer Schall) am Spiegelbilde der empfindlichen Flamme dargestellt.
Fig. 8. Tympanitischer Schall der Trachea bei erhobenem Kehldeckel (hoher tympanitischer Schall) ebenso.
Fig. 9. Eine der Formen des nichttympanitischen Schalles der Brustwand ebenso.

2) Reibegeräusch.

Reibung rauher Flächen kann am Rippenfell und Herzbeutel stattfinden. Man kennt ausserdem hörbare und fühlbare Erscheinungen, die durch Reibung sonst glatter Häute hervorgerufen sind: an den Gelenken, den Sehnenscheiden und an vielen vom Bauchfelle überkleideten Unterleibsorganen. Fassen wir diese für einen Augenblick mit in den Kreis der Betrachtung, so finden wir dreierlei Entstehungsweisen fühlbarer Reibung. 1) Durch willkürliche Verschiebung der Teile, durch Druck, den der Beobachter auf dieselben ausübt. In dieser Weise häufig an den

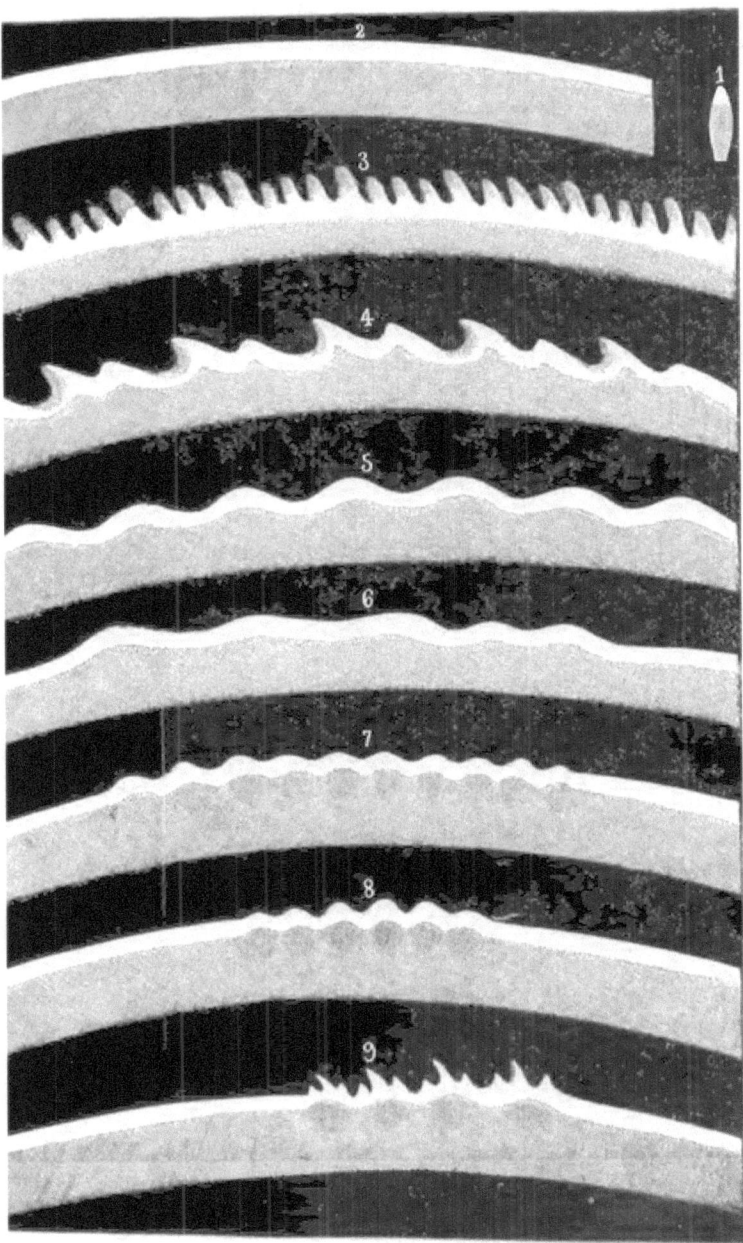

Fig. 6. Stammvibrationen am Spiegel.

Bauchdecken und an Bruchsäcken Erkrankter. 2) Durch willkürliche Bewegungen des Kranken, so an entzündeten Gelenk- oder Sehnenscheiden. 3) Durch Atmung und Herzschlag. Nur die letztere Art von Reibungserscheinungen findet sich am Brustkorbe vor. Durch Reibung erzeugte Geräusche werden, je tiefer und rauher sie sind, je gröber die einzelnen Absätze zwischen den Geräuschen, um so deutlicher der aufgelegten Hand fühlbar. Die Erfahrung zeigt, dass am menschlichen Körper alle durch willkürliche Verschiebung der Teile bedingten Reibungen deutlicher als Zittern mit der aufgelegten Hand zu fühlen, wie als Geräusch mittelst des aufgelegten Ohres zu hören sind. Für die an der Lunge und am Herzen stattfindenden Reibungen gilt das Umgekehrte. Jede derselben macht hörbares Geräusch, aber nur die stärksten und rauhesten können gefühlt werden.

a) Beide Pleurablätter liegen fortwährend mit spiegelglatten Flächen dicht aneinander. Sie verschieben sich mit jedem Atemzuge, mit der Einatmung abwärts, mit der Ausatmung in entgegengesetzter Richtung, am untersten Teile der Pleura costalis am meisten bis zu 3 cm weit, an der Lungenspitze sehr wenig oder gar nicht, an jedem der zwischengelegenen Punkte um so weniger, je näher er der Lungenspitze liegt. Sie verschieben sich aber auch beim Einatmen wagrecht, indem die vorderen Lungenränder vor den Organen des vorderen Mittelfelles eine Strecke weit einander sich nähern. Diese Bewegung wird an dem hinteren Lungenrande verschwindend klein. Je näher er diesem gelegen ist, in um so kleinerer Ausdehnung bewegt sich jeder dazwischen gelegene Punkt der Pleura pulmonalis in der Richtung von hinten nach vorne beim Einatmen und umgekehrt beim Ausatmen. Die Bewegung in der Längsrichtung des Körpers ist die vorherrschende, die andere die untergeordnete.

Wird die normale Glätte der Pleurablätter durch Entzündungsvorgänge getrübt, so entsteht fühlbares, gewöhnlich in Absätzen erfolgendes Erzittern der Brustwand. Verwachsen beide Pleurablätter mit einander, oder werden ihre rauhen Flächen dadurch, dass sie Flüssigkeit absondern, von einander getrennt, so hört die Möglichkeit dieser Erscheinung auf. Man fühlt das pleuritische Reiben bald als äusserst feines Anstreifen, bald als rauhes, in erkennbaren Absätzen erfolgendes Knattern, bald nur als undeutlich schwingende Bewegung der Brustwand. Es begleitet gewöhnlich beide Abschnitte der Atmung, verschwindet jedoch sofort, wenn der Atem angehalten wird. Hie und da ist es auch nur bei einem der beiden Abschnitte des Atmens vorhanden. Es erfolgt gewöhnlich in auf- und absteigender Richtung (Frottement ascendant et descendant), seltener herrscht die Richtung von vorne nach hinten oder eine dazwischen gelegene schräge vor. Dem Arzte wird die Auffindung dieses Zeichens manchmal dadurch erleichtert, dass die Kranken das Reiben hören oder das Kratzen zufällig mit der Hand fühlen und den Ort zu bezeichnen wissen. Verwechselungen kommen vor mit den sehr ähnlichen Tastempfindungen, die durch starke und oberflächlich entstehende Rasselgeräusche erzeugt werden. Bisweilen lassen sich diese durch Husten beseitigen, oft haben sie eine kürzere Dauer als Reibegeräusche, am häufigsten muss das Ergebnis der Auscultation entscheiden.

b) Die mit der Herzthätigkeit verbundene Form- und Lageveränderung des Herzens macht es notwendig, dass mit jeder Zusammenziehung und Ausdehnung jeder Punkt der glatten einander zugekehrten Flächen des Herzbeutels eine geringe Verschiebung erfährt. Ist der Herzbeutel durch frische, im Gange begriffene Entzündung, oder durch Sehnenflecken seiner Glätte verlustig, mit Auswüchsen und Auflagerungen von unregelmässiger Oberfläche bedeckt, so machen sich auch hier die Folgen der Reibung bemerklich. Ist sie heftig und erfolgt in grossen Absätzen an der vorderen Fläche des Herzens, ist die Brustwand dünn und zum Schwingen geeignet, so nimmt die aufgelegte Hand ein gröberes oder feineres Kratzen wahr, das bald an der ganzen vorderen Fläche des Herzens, bald nur an wenigen Stellen: der Spitze, den Rändern, der Basis seinen Sitz hat. Ist die Reibung gering, so tritt das Gefühl derselben oft nur in einzelnen unregelmässig verteilten Zeitpunkten der Herzbewegung hervor; ist sie stark, so zieht sich fühlbares Reiben durch die ganze Herzbewegung hindurch, und verliert sich nur kurz vor dem Beginne der Zusammenziehung. Auch hier wird durch Flüssigkeitserguss oder Verklebung zwischen beiden Blättern des Herzbeutels diese Erscheinung rasch beendet. Im ersteren Falle gelingt es bisweilen noch, sie bei Druck auf die vordere Brustwand, bei der Knie-Ellenbogenlage oder bei der einen oder anderen Seitenlage des Kranken wieder zu Gefühl zu bekommen. Auch blosse Trockenheit des Herzbeutels kann fühlbares Reiben verursachen, so bei Cholera-Kranken.

3) Rasselgeräusch.

Bei reichlicher Anhäufung von Flüssigkeit und Luft im Pleurasacke kann in günstigen Augenblicken das Plätschern der Flüssigkeit gefühlt werden, das rasche Erschütterungen des Körpers begleitet. Grössere Hohlräume, nahe der Oberfläche der

Lunge, von verdichteten, die Erschütterung gut leitenden Gewebsschichten bis zur Pleura bedeckt, lassen oft, wenn sie Flüssigkeit und Luft in geeigneter Menge enthalten, durch zerspringende Blasen der Flüssigkeit entstandene gurgelnde Erschütterung der Brustwand wahrnehmen — bei lange andauerndem Vorkommen ein fast sicheres Zeichen vorhandener grösserer Höhlen. Das Atmen verursacht die Blasenbildung der Flüssigkeit, und während des Atmens wird auch schon die Erschütterung gefühlt, die dem Springen der Blasen entspricht. Sehr oft fühlt man an der Brust schnurrende, den Schwingungen einer Basssaite ähnliche Erschütterungen. Sie entstehen während die Ein- oder Ausatmungsluft verengte, oder halb mit Schleim erfüllte Luftröhrenäste durchdringt. Zwischen diesen beiden letzterwähnten Formen liegen noch zahlreiche Arten von Rasselgeräuschen, namentlich die trockenen Formen in der Mitte, die bei genügender Stärke, und wenn sie recht nahe an der Brustwand entstehen, fühlbare Erschütterung mitteilen können.

4) Herzbewegung.

Alles, was die Besichtigung über den Herzstoss lehrt, kann auch für die Betastung wahrnehmbar werden. Der kaum sichtbare Herzstoss wird oft erst durch Betastung deutlich erkannt. Die Unterscheidung, ob die aufgelegte Hand mit ungewöhnlicher Stärke bewegt, erschüttert, oder eigentlich gehoben werde, ist leicht und klar und führt gewöhnlich erst zur Feststellung des Grades verstärkter Herzbewegung, der anzunehmen ist. Auch die pulsierenden Bewegungen in der Magen-Grube und am rechten Brustbeinrande werden durch die Betastung sicherer wahrgenommen. Ganz besondere Bedeutung hat diese Wahrnehmung dort, wo die Lungenarterie oder Aorta ihre verstärkten, oder durch Verdichtung des Lungengewebes besser geleiteten Pulsationen der Brustwand mitteilt. An der Lungenarterie fühlt man oft, ausser der systolischen Vorwölbung der Brustwand, die sie verursacht, einen diastolischen Stoss, der dem Klappenschlusse entspricht und beweist, dass dieser durch eine stärkere Blutsäule als gewöhnlich zu stande gebracht wird. So kann Blutstauung im kleinen Kreislaufe, noch ehe die Auscultation Verstärkung des zweiten Pulmonaltones nachgewiesen hat, erkannt werden. Fühlt man den verstärkten Pulmonalklappenschluss an einer ungewöhnlichen Stelle im dritten Zwischenrippenraum, oder auf Weite mehrerer Centimeter vom Brustbeinrande entfernt, so ist dies das einzige Zeichen am Lebenden, das von stattgehabter Lageveränderung der Lungenarterie Kenntnis gibt. Seltener wird auf der rechten Seite des Brustbeines im zweiten Zwischenrippenraume ausser der systolischen Vorwölbung der diastolische Klappenschluss der Aorta gefühlt, als wichtiges Zeichen der Erweiterung dieses Gefässes.

5) Fühlbares Schwirren.

Flüssigkeiten, die in einem Rohre von übrigens gleichmässiger Weite eine verengte Stelle durchströmen, geraten unmittelbar jenseits derselben in unregelmässige Schwingungen, die unter Umständen der Gefässwand sich mitteilen, an ihr gefühlt und von ihr noch weiter fortgeleitet werden können. Die gleichen Schwingungen entstehen an jeder ungleichmässig erweiterten Stelle eines sonst cylindrischen Rohres, ferner, wo zahlreiche feine Unebenheiten in die Lichtung des Gefässes vorragen. Diese Bedingungen finden sich am häufigsten an den Mündungen der Herzhöhlen gegeben. Sind diese verengt, oder mit starren Unebenheiten besetzt, so entstehen zitternde Schwingungen von unregelmässiger Zeitfolge (Geräuschen entsprechend) und leiten sich auf die benachbarten Stellen der Brustwand fort, wo sie gefühlt und als Zeichen bestimmter Klappenfehler des Herzens diagnostisch verwertet werden. Systolisches Schwirren an der Herzspitze deutet auf Schlussunfähigkeit der linken Vorhofsklappe, am fünften oder sechsten Rippenknorpel rechts neben dem Brustbein auf solche der rechten Vorhofsklappe, an der Aorta oder Lungenarterie auf Verengerung derselben hin. Diastolisches Schwirren an der Herzspitze, oder der erwähnten Lagerungsstelle der dreizipfeligen Klappe beweist mit grosser Sicherheit Verengerung der betreffenden Kammermündung. Diastolisches Schwirren der Aorta oder Pulmonalarterie zeigt Schlussunfähigkeit ihrer Klappen an.

II. Betastung der Gefässe.

1) Venen.

Bei völlig gesunden Leuten mit gewöhnlicher Haltung des Körpers geben die Venen keinerlei tastbare Erscheinungen zu erkennen. Die bei krankhaften Zuständen, vorzüglich bei Schlussunfähigkeit der rechten Vorhofsklappe an der Vena jugularis interna und einigen kleineren benachbarten Venen vorfindliche, oben besprochene Pulsation wird weit deutlicher durch den Gesichtssinn als durch das Tastvermögen erkannt. Wenn sie vorhanden ist, gelingt es bisweilen mit den leise aufgelegten Fingerspitzen einen dumpfen Stoss, oder ein feines von unten nach aufwärts erfolgendes Zittern der Venenwand zu erkennen. Gewisse pathologische Erfahrungen zeigen, dass jede Vene, wenn ein starker rückläufiger Blutstrom in sie eintritt, z. B. durch Eröffnung eines Aneurysmas in ihre Lumen, oder sonstige Verbindung mit einer Arterie die Erscheinung des mit dem Pulsieren verbundenen rückläufigen Schwirrens darbieten kann. Sind die Klappen der Schenkelvene schlussunfähig, so entsteht bei rascher Zusammenziehung der Bauchpresse rückläufiges Schwirren, das unterhalb des Poupart'schen Bandes an der Vene gefühlt werden kann (Friedreich).

Weit häufiger als vermehrte Füllung und rückläufige Strömung in der Vene ist es verminderter Blutgehalt des ganzen Gefässes oder einzelner Strecken und normal gerichtete, aber unregelmässige Strömung des Inhaltes, wodurch Venengeräusch erzeugt wird. Auch dieses hat seinen gewöhnlichsten Sitz in der Jugularvene und überwiegend in der rechten inneren Jugularvene. Es ist bekannt und vielbesprochen unter den Namen Venengeräusch, Venensausen, Nonnengeräusch, Kreiselgeräusch, Bruit de diable, Chant des artères. Man lernte es zuerst bei Blutleeren und vorzüglich bei Bleichsüchtigen kennen, aber vergleichsweise Untersuchung erwies, dass es den meisten, ja wenn man so sagen darf, den gesundesten Menschen auch zukommt, daher der Name anämisches Geräusch jetzt mit Recht ausser Brauch gekommen ist. Dieses Geräusch ruft, wenn es irgend stark ist, Schwingungen der Venenwand hervor, die durch die Haut gefühlt werden können, und zwar am besten an dem untersten Teile der rechten Jugularvene. Man fühlt ein andauerndes, äusserst feines, nur mit jeder Herzzusammenziehung und Einatmung sich verstärkendes, dem Rieseln oder Sausen entsprechendes Zittern der Venenwand, das in manchen Fällen noch, dem Verlaufe der Vena anonyma entsprechend, an dem obersten Teile der rechten Brustwand gefühlt werden kann. Seine Entstehung wird begünstigt, es wird bei vielen Gesunden erst hervorgerufen durch starke Drehung des Kopfes nach der linken Seite, wenn man es an der rechten und umgekehrt, wenn man es an der linken Jugularis interna fühlen will. Indem die Vene dabei durch Muskel- oder Fasciendruck platt gedrückt wird, kommt das Blut in die Lage, beim Einströmen in den stets durch seine Befestigungsverhältnisse gleich weit erhaltenen Venensack hinter dem Schlüsselbeine unregelmässige, wirbelnde Strömungen zu machen, die dem Geräusche und Schwirren zu Grunde liegen. Ist die Vene ohnehin schon infolge allgemeiner Blutarmut ziemlich leer, so bedarf es keines besonderen Druckes, um dieses Schwirren oder Rieseln hervorzurufen. Daher die Erscheinung bei Bleichsüchtigen auch ohne veränderte Stellung des Kopfes wahrgenommen wird. Ist die Vene durch reichlichen Blutgehalt stark ausgedehnt, ist sie infolge von Herzfehlern oder Lungenkrankheit von Blutstauung betroffen, so gelingt es schwerer, auch wenn beim Umdrehen des Kopfes der Omohyoideus sich fest über sie spannt, die Erscheinung wahrnehmbar zu machen.

2) Arterien.

Die Arterien bieten die Erscheinungen des Pulses und des Schwirrens dar. Wir wollen hier nicht die ganze alte Geschichte des Pulses durchgehen, nicht jener Verirrung gedenken, die zur Unterscheidung fast ebensoviele Pulsformen führte, als man Krankheiten kannte. Die Pulsdiagnosen haben das Schicksal der meisten spezifischen und ontologischen Anschauungen in der Medizin geteilt. Nur ganz wenige Krankheiten, namentlich einige Klappenfehler des Herzens, lassen sich mit Wahrscheinlichkeit aus dem Pulse erkennen. Man hat gelernt, den Verlauf der Blutwelle mittelst eines Hebelarmes anzuschreiben, der anfangs nach Vierordt Bestandteil einer umfangreichen Maschine war, jetzt von Marey vereinfacht, in der Tasche mitgetragen werden kann. Man wird ihn nicht in die Praxis mittragen, aber man gebraucht ihn, um durch Vergleich zahlreicher Pulscurven alle Eigenschaften der pulsierenden Arterie kennen zu lernen, und im zweifelhaften Falle eine rein sachliche Entscheidung ihres Verhaltens zu erlangen. Die Umgestaltung, welche die Lehre vom Pulse durch dieses Hilfsmittel erlitt, verdanken wir hauptsächlich den Arbeiten von Naumann, Wolff, Lancois, Riegel Grashey u. A.

Der Sphygmograph lehrt, dass der absteigende Schenkel jeder einzelnen Pulswelle mehrere kleinere Erhebungen zeigt. Die erste grösste darunter, die grosse Secundärascension, wird auch als Rückstosselevation bezeichnet. Sie findet sich an verschiedenen Arterien an verschiedener Stelle des absteigenden Curvenschenkels vor und zwar um so näher bei dem Gipfel der Primärascension, je näher dem Herzen die Arterie liegt, von der die Curve genommen wurde. Sie wird erklärt durch eine an den Aortenklappen durch Reflexion entstehende Pulswelle. Bisweilen kommt an den Arterien der oberen Körperhälfte noch eine zweite Rückstosselevation (tertiäre Ascension) vor. Die Secundärascension fällt deutlicher aus, je kürzer und kräftiger die primäre Pulswelle, je geringer die Spannung im Arterienrohr. Ausserdem zeigt der absteigende Schenkel der Pulscurve noch mehrere kleinere, durch Schwingung der Arterienwand erzeugte Elastizitätselevationen. Diese erscheinen an entfernteren Arterien höher an dem absteigenden Curvenschenkel gelegen. Jeder Puls eines Gesunden ist daher nach der üblichen Bezeichnungsweise mindestens katadikrot, meistens katapolykrot. Anadikrote Pulsformen mit sattelförmig geteiltem Curvengipfel finden sich bei Atherom, Hypertrophie der linken Kammer, schwacher Arterienfüllung.

Die Pulswelle kann für gewöhnlich an den grossen Gefässen und an den mittleren, namentlich an den Hauptarterien des Vorderarmes und Unterschenkels noch deutlich gefühlt werden. Eigentümlichkeiten des Einzelnen, augenblickliche Aufregung, vielleicht auch leichte Vergrösserungen der linken Kammer bringen es mit sich, dass bei vielen Gesunden auch noch der Puls der Hohlhandarterien, der Fingerarterien, der Arteria dorsalis pedis, temporalis, coronaria labii gefühlt wird. Weiterhin in den kleinen Gefässen erlischt die Pulswelle so weit, dass sie auch bei deren oberflächlichster Lagerung nicht mehr wahrgenommen wird. Schon unter gesundhaften Verhältnissen kommt die Pulswelle an jedem entfernteren Gefässe um ein sehr kleines Zeitteilchen später an als am Herzen, oder an einem dem Herzen näheren Abschnitte.

Bei der Betastung der Radialarterie, wie sie gewöhnlich zu ärztlichen Zwecken geübt wird, unterscheidet man

1) die Zahl der Pulsschläge (Frequenz des Pulses, Pulsus frequens — rarus); sie beträgt bei gesunden Erwachsenen 60—80 in der Minute, bei Neugeborenen 130—140, bei Kindern unter 4 Jahren 100 und darüber. Grosser Körperlänge entspricht geringe Pulszahl. Vagusreizung, Lähmung der Herzganglien oder des Halssympathikus verlangsamt den Puls und umgekehrt. Vermehrung der Widerstände im Gefässsystem, schwache Blutversorgung der Kranzarterien verlangsamt den Puls und umgekehrt. Höhere Blutwärme wirkt auf die Herzganglien so ein, dass die Zahl der Herzschläge steigt, daher die Pulsbeschleunigung im Fieber. Dauernde hohe Pulsbeschleunigung Fieberloser rührt meist von Herzfehlern oder Vaguslähmung; dauernde Pulsverlangsamung von Hirnkrankheiten (Vagusreizung), Aortenstenose, Fettherz, Myokarditis. Auch die pulsbeschleunigende (Atropin) und pulsverlangsamende Wirkung (Digitalis) mancher Gifte ist durch Vaguslähmung und -Reizung zu erklären. Andere, wie die Gallensäuren, wirken unmittelbar auf die Herzganglien.

2) die Ablaufszeit der Pulswelle (Celerität, Pulsus celer, tardus), steht naturgemäss in einiger Abhängigkeit von der Zahl der Herzschläge. Pulsus celer findet sich ganz besonders bei

Mitralinsufficienz und Insufficienz der Aortenklappen, Pulsus tardus bei Aortenstenose bei Greisen.

3) die **Grösse** des Pulses (P. magnus — parvus), nämlich die Höhe der Pulswelle. Auch hier besteht einige Beziehung zu der Zahl der Herzschläge, sofern sehr beschleunigter Puls nicht sehr gross sein kann. Aber auch sehr langsamer Puls kann flache, niedere Wellen zeigen. Alle Schwächezustände des Herzmuskels, alle Verengerungen der Mündungen der Herzhöhlen, hochgradiges Atherom bedingen Kleinheit des Pulses. Auch Arterienkrampf wie im Froststadium des Fiebers beschränkt die Bewegungen der Arterienwand. Gross ist der Puls bei Aorteninsufficienz, bei rasch entstandener Blutleere, bei Fieberhitze, bei gemütlicher Erregung, bei manchen Hirnkrankheiten.

4) die **Völle** des Pulses, den mittleren Füllungszustand der Arterie. Der grosse Puls der Aorteninsufficienz wie der kleine bei Aortenstenose sind beide nicht sehr voll. Voll (gespannt) ist der Puls bei Vergrösserung der linken Kammer (z. B. Schrumpfniere), bei allgemeiner Blutfülle, im Beginn fieberhafter Krankheiten, leer bei Herzschwäche, Herzfehlern, Blutarmut, Cholera, Beschränkung des Stromgebietes der Lungenarterie (Emphysem, massige Pneumonie).

5) die **Härte**, d. h. den Widerstand, welchen die Arterienwand bei ihrer Ausdehnung dem tastenden oder drückenden Finger entgegensetzt. Die Härte hängt wesentlich von der Druckkraft des Herzens und den Zuständen der Arterienwand ab. So ist der Puls hart bei Bleikolik, bei Verengerung der Aorta, bei Atherom, weich bei Verengerung der linken Vorhofsmündung, bei manchen Fiebern, Rheumatismen, Blutarmut.

Zum Zwecke der Messung des Blutdruckes in den Arterien sind mehrere Instrumente erfunden worden: Pulsuhr von Waldenburg, Tonometer von Talma, Sphygmomanometer von v. Basch. Letzterer verwendet einen mit Wasser gefüllten Kautschuksack (flüssige Pelotte) um die Arterie soweit zu drücken, dass ihr Puls verschwindet. Den angewandten Druck gibt ein Zeiger-Manometer an. Kleine Fehlerquellen werden zugestanden. Sie betreffen den Druck, den Haut und Arterienwand beanspruchen. An der Schläfenarterie wurden bei Gesunden Druckwerte von 90—120 mm Hg gefunden, an der Radialarterie zwischen 110 und 160 mm. Der Druck der Radialis betrug zumeist etwa 20 cm mehr als der der A. temporalis desselben Menschen. Namentlich Aenderungen des Blutdruckes bei derselben Person scheinen gut nachweisbar. —

Es ist klar, dass manche dieser Eigenschaften häufig zusammenfallen, dass z. B. der grosse Puls gewöhnlich auch voll und hart sein wird, aber bei Verblutenden kann der Puls auch gross und leer, bei Krankheiten mit Fieber kann er auch gross infolge von Erschlaffung der Arterienmuskelhaut und dennoch weich sein. Manche besondere Bezeichnungsweisen (myurus, cephalicus) werden hie und da noch gebraucht, obwohl sie genau genommen recht überflüssig sind.

Eine besondere Bezeichnung des Pulses verdient noch hervorgehoben zu werden: der **doppelschlägige Puls** (P. dicrotus). Er findet sich bei hoch fieberhaften Krankheiten, vor allem bei Typhus, und wird hauptsächlich durch Erschlaffung der Gefässwand bedingt. Eine andere seltene Begründungsweise findet sich in manchen Fällen von doppeltem Herzstosse vor und beruht darauf, dass die Zusammenziehung des linken Ventrikels in zwei Absätzen erfolgt. Der Sphygmograph hat gelehrt, dass der Puls Gesunder katatrikrot ist, aber die zweite und dritte, jeder Herzsystole entsprechende Welle ist zu klein, um mit dem Finger gefühlt zu werden. Der krankhaft doppelschlägige Puls beruht nur auf grösserer zeitlicher Entfernung und bedeutender Erhöhung der einen secundären Welle. Der normale katatrikrote Puls macht bei 40 ° C. dem katadikroten Platz. Bei noch höherer Körperwärme wird er erst überdikrot, mit abnorm tiefer Grossincisur, dann bei 42,5 monokrot. Bei dem unterdicroten Pulse schon, wie ihn der Sphygmograph zeichnet, wird der Doppelschlag für den tastenden Finger unfühlbar. (O. J. R. Wolff.)

Die Regelmässigkeit der Schlagfolge wird gestört, 1) sehr häufig im Greisenalter, ohne dass andere Veränderungen zu Grunde lägen, als die dieser Lebenszeit naturgemäss zukommenden Rückbildungsvorgänge. Unregelmässiger Puls findet sich auch hie und da bei Leuten in den mittleren Jahren aus unbekannten, für unsere Hilfsmittel der Untersuchung nicht nachweisbaren Ursachen vor. 2) Die verschiedensten Erkrankungszustände des Herzens, Entzündungen, Klappenfehler, Entartung der Muskelsubstanz können vorübergehend oder dauernd unregelmässigen Puls bedingen, besonders Myokarditis und beginnende Perikarditis haben oft diesen Einfluss. 3) Organische Gehirnkrankheiten mannigfacher Art, besonders die mit erhöhtem Drucke innerhalb der Schädelhöhle verbundenen, stören die Regelmässigkeit des Pulses. Insofern gewöhnlich dabei Pulsverlangsamung vorhanden, ist anzunehmen, dass dieser Einfluss in der Bahn des Vagus verlaufe. 4) Viele Gifte, vor allen Digitalis, wirken in ähnlicher Weise ein, und ähnlich wie bei ihrer Wirkung erklärt sich auch das Vorkommen unregelmässigen Pulses bei einzelnen Infectionskrankheiten. 5) Starke Grosshirneindrücke, z. B. Aufregung, Ueberraschung machen den Puls vorübergehend aussetzend. Der Sphygmograph weist dabei eine zu früh kommende, unvollständige, dikrote Pulswelle nach (Wolff). 6) Durch Druck auf entsprechend gelagerte Drüsengeschwülste am Halse kann der Vagus mechanisch erregt und der Puls verlangsamt und unregelmässig gemacht werden (Czermak). Kranke mit Leukämie, malignem Lymphom, Tuberculose, Mediastinalsarkom etc. bieten öfter Gelegenheit zu diesem Versuche.

Durch die Erfahrungen an der Pulscurve ist der tastende Finger in manchen Richtungen feinfühliger geworden. Wir finden häufiger doppelschlägigen Puls bei Fiebernden heraus. Aber die Fieberursachen haben

Fig. 7.

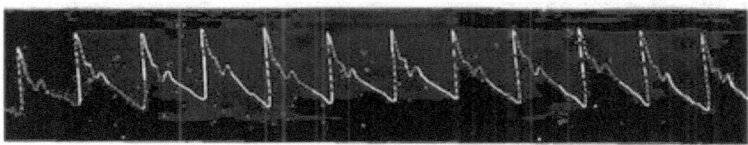

Fig. 8.

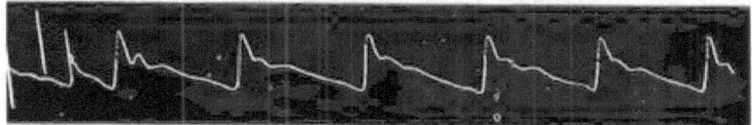

Fig. 9.

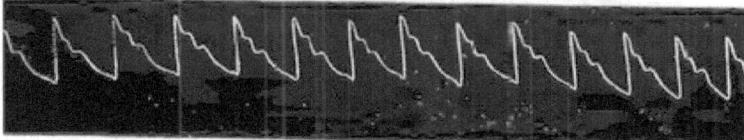

Fig. 7. 8. 9. Pulscurven Gesunder

Fig 10.

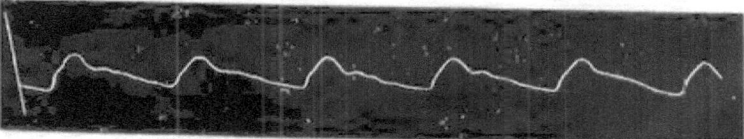

Greisenpulscurven.

doch ihren besonderen Einfluss auf den Puls. Wir finden den Doppelschlag häufiger ausgeprägter bei **Typhösen** als bei anderen ebensohoch Fiebernden.

Man kann unterscheiden, ob der Puls ungleich (inaequalis) sei, also nur durch verschieden lange Zwischenräume zwischen den einzelnen Herzschlägen unregelmässig werde, oder ob einzelne Herzschläge zwischen die normalen eingeschoben oder mitten aus den normalen herausgenommen sind (Pulsus intercurrens und intermittens). Dabei kann noch eine Art von Regelmässigkeit herrschen, so dass jeder 6. 8. 20ste Schlag fehlt oder doppelt erscheint. Der unregelmässige Puls kann, je nachdem die Bedingungen seiner Ursache erlauben, sich wieder mit der Ausgleichung von Krankheitseinflüssen in regelmässigen verwandeln. Oder man sieht auch bisweilen, dass er durch verschiedene äussere Einwirkungen, bei dem Einen durch Körperruhe, bei dem Andern durch Anstrengung, durch geistige Getränke, oder durch einzelne Arzneimittel auf einige Zeit wieder regelmässig gemacht wird.

Pulsus bigeminus. Von Traube wurde an curarisierten Tieren bei Nachlass der künstlichen Atmung eine Schlagfolge beobachtet, die auch beim Menschen sich öfter findet. Nach einer Pause folgen sich **zwei Pulsschläge** so rasch, dass der zweite noch in der Descensionscurve **des ersten** beginnt, dann wieder Pause, zwei Pulse u. s. w. Traube nahm an, dass dieser Puls von ungünstiger Vorbedeutung sei.

Es ist jedoch nicht gelungen eine andere pro- oder diagnostische Bedeutung des Bigeminus ausfindig zu machen, als dass er auf ein Missverhältnis zwischen der Kraft des Herzmuskels und der zu leistenden Arbeit hindeute (Riegel). In ähnlicher Weise lässt sich P. trigeminus, quadrigeminus unterscheiden. Folgt regelmässig eine grosse und eine kleine Pulswelle, so stellt dies Traube's Pulsus alternans dar.

Verspätung und Kleinheit des Pulses kann wie durch Compression von aussen, so auch durch krankhafte Verengerung oder Erweiterung der Arterien bewirkt werden; besonders die atheromatöse Entartung ihrer Häute bewirkt manchmal Pulslosigkeit einzelner Arterien. So kann der Puls beider Radialarterien ein ganz verschiedenes Verhalten darbieten. Ist die aufsteigende Aorta erweitert, so wird der Puls aller Arterien verspätet, bei Aneurysma der Brustaorta nur derjenige an den unteren Gliedmassen. Verengerung der Aorta an der Umbeugungsstelle des Ductus arteriosus Botalli macht Kleinheit des Pulses an den Arterien der unteren

Körperhälfte. Es ist denkbar, dass bei Verengerung einer Arteria subclavia, brachialis etc. durch Interferenzverhältnisse der Wellen der Puls der beiden Radialarterien verschiedene Zahl der Schläge zeige. Bei bedeutender Schnelligkeit, ungleicher Beschaffenheit und sehr geringer **Stärke** der Herzzusammenziehungen ist häufig die Zahl der Arterienpulse geringer als die der Herzschläge, indem viele Wellen der nötigen **Stärke** entbehren, um sich bis zu einer fernen Arterie fortzupflanzen. Besonders oft findet sich dies Verhältnis bei grossen Perikardialexsudaten, dann bei Fettentartung des Herzens.

Berechnungen der Geschwindigkeit der Pulswelle, wie sie von Landois, Grünmach, Martius angestellt wurden, ergeben als Mittel für die Brachialarterie 8 bis 9 m in der Secunde. Schlussunfähigkeit der Aortenklappen verlangsamt, Arteriensklerose beschleunigt die Fortpflanzung der Pulswelle. Auf diesem Wege lässt sich z. B. endokarditische von arteriosklerotischer Aorteninsufficienz unterscheiden.

Pulsus paradoxus. Eine Art regelmässiger Unregelmässigkeit des Pulses entsteht auch durch den Einfluss der Atmung. Tiefe Einatmung schwächt, längeres Anhalten des Atmens unterbricht den Puls. Wenn bei Krankheiten der Puls sehr schwach und schnell geworden ist, während der Kranke selten und in tiefen langen Zügen atmet (z. B. im dritten Stadium des Kroups), so wird die Arterie während jeder Einatmung pulslos. Griesinger fand in einem Falle von Mediastinitis, dass der Puls bei jeder Einatmung ausblieb, weil Exsudatstränge, die die Aorta wie Schlingen umgaben, dabei gespannt wurden. Auch verstärkte Ausatmung, Hustbewegungen erzeugen Pulswellen (Wintrich).

Die **Betastung der Körperarterien** gibt über ungewöhnliche Weite, regelwidrige Richtungs- und Verlaufsweisen, sowie über ungewöhnliche Härte der Wände Aufschluss. Sie lässt umschriebene Erweiterungen als cylindrische, spindel- oder sackförmige pulsierende Geschwülste erkennen, die bei einiger Grösse systolisches Schwirren und ausserdem, wenn sie dem Herzen sehr nahe liegen, diastolischen Stoss ergeben. Sie lässt verbreitete oder allgemeine Arterienerweiterung, z. B. infolge von Atherom oder Herzhypertrophie, teils an der bedeutenden Dicke, teils an dem geschlängelten Verlaufe erkennen, der mit jeder Diastole verstärkte Krümmung seiner Windungen erfährt. Dieses Verhalten zeigt sich namentlich an der Brachial- und Cubitalarterie deutlich. Sie kommen oberflächlicher zu liegen, ragen mit einzelnen ihrer Wölbungen hervor und können gewöhnlich schon durch die Besichtigung erkannt werden. Zahlreiche erweiterte, pulsierende und schwirrende Arterien an den Brustwänden führen bei Verschluss oder Verengerung des Aortenbogens der untern Körperhälfte Blut zu. Wo die Arterienwände in voller Ausdehnung verkalkt oder mit einzelnen härteren Platten oder Ringen besetzt sind (Atherom), werden sie als starre, kaum mehr pulsierende Röhren, oder als rosenkranzförmige, höckerige Stränge gefühlt. Doch erscheint in diesen Fällen die Härte der Arterie am Lebenden weit bedeutender, als man sie bei der anatomischen Untersuchung an der Leiche findet.

Seit die Lehre von Embolie und Thrombose so hohe Bedeutung gewonnen hat, findet sich auch öfter Gelegenheit, durch Betastung oberflächlich gelegener Arterien und Venen, deren Umwandlung in harte Stränge nachzuweisen und ihre Ausfüllung mit Blutgerinnseln zu erkennen. Für die Arterien ist dieser Nachweis leichter und sicherer, indem die Pulsation von der Verstopfungsstelle an vollständig aufhört, oder weit seltener sich sehr abgeschwächt erweist. An den Venen sind, wo es sich um kleine Hautvenen handelt, bei bedeutender Schwäche des Kreislaufs und hochgradigem Schwunde des Unterhaut-Bindegewebes Täuschungen möglich, besonders wenn etwas verdicktes Bindegewebe sie zunächst umgibt. Wo jedoch grössere Venen als derbe Stränge gefühlt werden, darf man die Anwesenheit der Thrombose als sicher gestellt betrachten.

III. Betastung des Unterleibes.

Der Erfolg der tastenden Hand ist wesentlich abhängig von den grösseren oder geringeren Hindernissen, die in Zuständen der Bauchdecken begründet sind. So wird man zugleich aufmerksam auf Fettreichtum, brettartige Härte, teigige Beschaffenheit, die den Fingereindruck lange behält (Oedem), Knistern der Bauchdecken bei Druck (Emphysem), während die verdünnte, manchmal papierdünne Beschaffenheit, die sich bei abmagernden Kranken darbietet, das diagnostische Ergebnis der Untersuchung wesentlich fördern hilft. Die einfachsten Wahrnehmungen können schon branchbare Anhaltspunkte liefern, so die elastische, luftkissenartige Beschaffenheit, die bei Gasauftreibung der Unterleibsorgane auffällig wird, und die Wellenbewegung, die ein leichter Stoss oder Schlag auf den flüssigkeitserfüllten Unterleib den Bauchdecken verleiht. Wo diese Wellenbewegung wegen geringer Menge der Flüssigkeit minder deutlich ist, oder wegen starker Spannung des Flüssigkeitsbehälters sehr kleinwellig wird, gelingt es am leichtesten nach kurzem, raschem Anschlag mit dem rechten Mittelfinger sie nahe dabei mit der flach aufgelegten Hand zu fühlen. Es kann nötig werden, den Kranken die Knie-Ellenbogenlage einnehmen zu lassen, damit sich die spärlich vorhandene Flüssigkeit in der Umgebung des Nabels genügend ansammelt, um tastbare Wellenbewegung abzugeben, oder bei stark geneigter Seitenlage sie an der gleichnamigen Seitengrenze des Abdomens aufzusuchen.

Eine besondere Art der Wellenbewegung wurde von Briançon als Hydatidenschwirren beschrieben. Sie sollte ausschliesslich den Echinococcensäcken zukommen, ja nur bei Anwesenheit mehrerer Tochterblasen entstehen; letzteres ist durch eine Beobachtung von Jobert genügend widerlegt, aber auch sonst zeigt sich, dass sehr kleinwellige und deutliche Fluctation an jedem stark gespannten elastischen Sacke, der dünne Flüssigkeit enthält, vorkommen kann, namentlich an Eierstockcysten. Eine solche Fluktuation, die die erwähnten Besonderheiten in sehr hohem Grade an sich trägt, ist nun gerade das Hydatidenschwirren. Während es nicht unbedingt, sondern nur gradweise von der Wellenbewegung anderer, dem Körper selbst entsprossener Blasen unterschieden werden kann, fehlt es auch wieder bei manchen Formen der Echinococcen vollständig, so bei den vielfächerigen Geschwülsten und bei jenen, die in Verkalkung begriffen sind.

Die Betastung gibt auch, und zwar oft in sehr störender Weise, Aufschluss über Schmerzhaftigkeit des ganzen Unterleibs oder einzelner Organe, die sich bald schon bei leisem Drucke, bald erst bei tiefem, durch abwehrende Bewegungen, Wegwenden der Kranken oder Spannung der Bauchdecken bemerklich macht. Um diese Hindernisse und die reflectorische Spannung der Bauchdecken zu vermeiden, sowie überhaupt zu brauchbaren Ergebnissen zu gelangen, ist es nötig, nach bestimmter und richtiger Methode zu verfahren. Stets ist die gesamte Untersuchung des Unterleibes in wagrechter Lage zu beginnen. Kopf und Nacken kann dabei mässig erhöht liegen, alle Muskeln müssen in möglichster Erschlaffung sich befinden, nur ist es nützlich, um die Spannung der Bauchdecken zu vermindern, die Beine im Knie aufstellen zu lassen. Die Aufmerksamkeit des Kranken ist durch Unterhaltung, oder sonst in passender Weise von der Untersuchung abzulenken. Nachdem man die bereits besprochenen Wahrnehmungen über Beschaffenheit der Bauchdecken und den Inhalt des Unterleibs im ganzen gemacht hat, geht man zur Erforschung der einzelnen Organe über, indem der Ulnarrand der Hand oberflächlich über dieselbe hingeführt, und dann an den Grenzen mit langsam, aber sicher gesteigertem Drucke eingesenkt wird. Wo nicht sofort bedeutende Geschwülste der Untersuchung eine besondere Richtung verleihen, ist es gut, mit den grossen drüsigen Organen zu beginnen.

Leber und Milz sind bei Gesunden infolge ihrer Lage grossenteils der Betastung nicht zugänglich. Auch der zwischen Rippenbogen und Schwertfortsatz herabreichende Teil der Leber, sowie die durch Pneumothorax oder dergleichen herabgedrängte sonst unveränderte Milz sind, obwohl zugängig, wegen ihrer weichen Beschaffenheit durch das Gefühl nicht von den übrigen Unterleibsorganen zu unterscheiden. Sie müssen härter geworden sein, wenn ihre Ränder tastbar werden sollen. Dies ist nun in der That sehr häufig der Fall. Schon bei anscheinend Gesunden finden sich Zustände von Blutanhäufung, Fetteinlagerung, oder von Härterwerden der Leber infolge des Druckes enger Kleidungsstücke (Schnürleber), die sie fühlbar machen. Für die Milz kommt dergleichen viel seltener vor.

Leber.

Kann die Leber gefühlt werden, so überzeugt man sich von der Ausdehnung ihrer zugänglichen Oberfläche, ihrer Glätte und Härte, von Beschaffenheit, Schärfe oder Abrundung ihrer Ränder. Nicht selten gelingt es auch, letztere zu umgehen und einen guten Teil der unteren Fläche zu betasten. Die Form des Organes, schon unter gesundhaften Verhältnissen manchem Wechsel unterworfen, kann bei Krankheiten eine völlig unregelmässige, kugelig lappige, oder sehr flach ausgedehnte, die Grösse kann so gering geworden sein, dass überhaupt bei der Betastung nichts von der Leber mehr aufzufinden ist, sondern das ganze Organ hinter dem Zwerchfell verborgen, oder sonst von der vorderen Bauchwand abgewichen ist. Sie kann aber auch bis unter den Nabel herab, ja bis zur Schamfuge sich erstrecken. Die nach abwärts gesunkene, um ihre wagrechte Achse gedrehte oder in beiden Richtungen zugleich verlagerte Leber (Wanderleber) besitzt zumeist solchen Grad von Härte, dass sie getastet werden kann. Die Ränder, halb abgerundet und stumpf, bald sehnig verdünnt und schneidend zugeschärft, können wie das ganze Organ mit Höckern und Vorsprüngen der verschiedensten Grösse und Härte besetzt erscheinen. Es wäre unstatthaft bei mässigen Schwankungen in der Grösse desjenigen Teiles der Leber, der gefühlt werden kann, hieraus unmittelbar auf die wahre Grösse des Organes zu schliessen, denn ausser von dieser ist die Grösse des zugängigen Teiles auch noch abhängig von dem höheren oder tieferen Stand des Zwerchfelles. Nur wo der Stand des Herzstosses, die Form und Bewegungsverhältnisse des Brustkorbes und Unterleibs regelrechte Lagerung der Scheidewand zwischen beiden erwarten lassen, kann man einfach aus tiefem oder hohem Stande des fühlbaren unteren Leberrandes auf Vergrösserung oder Verkleinerung des Organes schliessen. Schon der Umstand ist beweisend hiefür, dass mit jeder Zusammenziehung des Zwerchfelles der fühlbare Leberrand nach abwärts rückt. Diese regelmässige Bewegung des Randes, die nur bei inniger Verwachsung der Leber mit der Bauchwand, bei solcher Vergrösserung der Leber, dass sie sich an beide Rippenbogen anstemmt, oder bei bedeutender Spannung des gesamten Unterleibes fehlt, ist sehr geeignet, die untere Grenze des Organes zu kennzeichnen. Nur muss man sich hüten, mit dem Rande oder der unteren Fläche der Leber in feste Verbindung getretene Geschwülste mit zu ihr zu rechnen. Selten gelingt es, Gallensteine in der Gallenblase zu fühlen, bisweilen aber nimmt man bei dieser Untersuchung das hörbare und fühlbare Klirren der Steine wahr. Die vergrösserte Gallenblase kann bisweilen gesehen, öfter gefühlt werden.

Milz.

Die Milz ist in gesundem Zustande der Betastung nicht zugängig. Wo sie durch Entzündung oder bei acuten oder langwierigen Blutkrankheiten vergrössert ist (Wechselfieber, Typhus, Leukämie, Syphilis, Speckkrankheit), oder wo sie bei Behinderung des Pfortaderkreislaufes (Lebercirrhose, Pfortaderverschluss) durch Blutstauung anschwillt, ist stets zugleich ihr Gewebe in dem Grade härter geworden, dass sie gefühlt werden kann, wenn ihre Spitze jener der elften Rippe sich nähert oder sie überschreitet. Bei geringer Anschwellung ist es nötig, die Fingerspitzen unter den Rippenbogen zu drängen, um das stumpfspitzige Ende der Milz zu erreichen. Tritt sie unter dem Rippenbogen hervor, so bildet der vorragende Anteil einen glatten, gegen den Nabel hin gerichteten, abgerundeten Keil, der gleichfalls etwas mit dem Atmen auf- und absteigt. Bei noch bedeutenderer Vergrösserung wird die annähernd elliptische Form des Organs kenntlich, wenn auch ein bedeutender Anteil hinter dem linken Rippenbogen, ein kleinerer hinter dem Darmbein und der benachbarten dicken Muskulatur verborgen bleibt. Nun erweist sich der Längendurchmesser mehr gegen die Schaamfuge gerichtet, und nun tritt auch grössere Beweglichkeit des Organes hervor, so dass es durch die tastende Hand etwas verschoben werden kann und beim Umdrehen nach der rechten Seite sich etwas nach dieser hin senkt. Sehr seltene Fälle, wo Geschwülste der Milzvergrösserung zu Grunde liegen oder Infarctnarben ihre Oberfläche zerklüften, ausgenommen, bietet das Organ stets glatte Oberfläche und Ränder dar, nur nach Innen und Oben von der Spitze wird ein seichter Einschnitt gefühlt von etwas wechselnder Lage und Tiefe. Wo bei Bestehen grosser Milzgeschwülste eigentliche Darmblutungen, Magenblutungen oder reichliche schleimig-blutige Ausscheidungen am Darme auftreten, erfolgt zumeist einige Verkleinerung der Milzanschwellung (Splenicis dysenteria prodest, [Hippokrates]). Während des Wechselfieberanfalles erfolgt rasche Vergrösserung der Milz. Entsteht bei Kranken mit Schlussunfähigkeit der Aortenklappen eine tastbare Milzanschwellung, so kann man pulsatorische Bewegungen daran wahrnehmen.

Reibegeräusch.

An grossen Milz- und Lebergeschwülsten hat man öfter Gelegenheit, mit der aufgelegten Hand Reibegeräusch des Bauchfelles zu fühlen oder hervorzurufen. Starke Spannung des Ueberzuges dieser Organe scheint an sich schon Gewebswucherung, die zu Rauhigkeit der Oberfläche führt, hervorrufen zu können. In anderen Fällen besteht, unabhängig davon, chronische, selten acute Entzündung, die die Oberfläche dieser Organe und die gegenüberliegenden Bauchfellflächen rauh macht. Solche Reibegeräusche am Unterleibe sind zuerst von Desprèz 1834 beschrieben worden, später von Beathy, Bright u. A. Sie entstehen an Leber und Milz gewöhnlich in rhythmischer Weise durch Verschiebung beim Atmen, erfolgen daher auch in abwechselnder Richtung dieser Bewegung, ähnlich pleuritischen Reibegeräuschen. Wir handeln sie an dieser Stelle ab, da sie gewöhnlich früher und leichter gefühlt als gehört werden, und wir werden sogleich damit die sämtlichen ähnlichen Erscheinungen, die am Unterleibe vorkommen, besprechen. Die wesentlichen Bedingungen ihrer Entstehung liegen 1) in der Rauhigkeit der Bauchfellflächen, 2) in der fortdauernden Verschiebung, die nicht durch Verwachsung oder Einkeilung beeinträchtigt sein darf, 3) in der innigen Anlagerung, ja Aneinanderdrängung der reibenden Flächen. Das Rauhwerden dieser Flächen wird so überwiegend häufig durch chronische Entzündung verursacht, dass ich selbst früher keine Ausnahme von dieser Regel kannte; aber schon an der Milz begegnet man Reibegeräuschen bei subacuter Entzündung, die mit lebhafter Schmerzhaftigkeit des Organes verbunden ist. Später habe ich auch bei acuter Bauchfellentzündung, so z. B. bei einem von B. S. Schultze ausgeführten Kaiserschnitte vier Stunden nach der Operation und in einem Falle von Blinddarmentzündung Reibegeräusche zwischen Darm und Bauchwand erfolgen hören. Immerhin darf man bei acuter Peritonitis dieselben nicht als ein berechtigtes und notwendiges Krankheitszeichen betrachten, sondern nur als ausnahmsweise Erscheinung.

Auch an der Leber ist acut peritonitisches Reibegeräusch von Patterson beobachtet. An der vergrösserten Leber und Milz werden diese Reibegeräusche, wo sie von der Atmungsbewegung abhängen, als rauhes auf- und abgehendes Kratzen wahrgenommen. Andere male kann Reibegeräusch durch Verschiebung der Bauchdecken in willkürlicher, regelloser Weise hervorgerufen werden. Zahlreiche Fälle peritonealer Reibegeräusche sind seither von N. Friedreich, G. Terfloth und M. Seidel veröffentlicht worden. Letzterer teilte aus meiner Klinik auch noch acut- und subacut-peritonitische Fälle mit. Ueber Geschwülsten des Unterleibs und der Bauchhöhle hat man fast ausschliesslich Reibegeräusche durch willkürliche Verschiebung beobachtet und zwar immer oder nahezu jedes Mal bei chronischer Entzündung ihrer Oberfläche. Diese Erscheinung ist namentlich den Gynäkologen von den Eierstockscysten und Uterusgeschwülsten her bekannt. Im Gegensatze zu den gewöhnlichen acuten Formen der Peritonitis sind es hier so oft zu Verwachsungen führende Entzündungen, die das Reibegeräusch bringen, dass man sich gewöhnt hat, aus diesem Zeichen auf die Anwesenheit von Verwachsungen mit den Nachbarorganen zu schliessen. Wie wenig gerechtfertigt dieser Schluss sei, ergibt sich teils aus einer Anzahl in Zeitschriften vorhandener entgegenstehender Beobachtungen, teils aus der Thatsache, dass diese stets regellosen, nur durch Verschiebung der Bauchdecken zu erzielenden, knirschenden Reibungserscheinungen von Geschwülsten des unteren Teiles der Bauchhöhle besonders oft nach Entleerung wassersüchtiger Ansammlungen durch Bauchstich zum Vorschein kommen. Als eine eigene Art von Reiben wird noch von Ballard dasjenige beschrieben, das bei verbreiteter Bauchfellentzündung durch die peristaltische Bewegung hervorgerufen werde. Obwohl es leicht kenntlich sein muss, stehen mir eigene Erfahrungen über diese Form nicht zu Gebote. Neuerdings hat Mosler einen merkwürdigen Fall von Reibegeräusch beschrieben, der darauf hinweist, wie mannigfache Organe Sitz dieser Erscheinung sein können. In dem gedachten Falle wurde über der krebsig entarteten, kindskopfgrossen Gallenblase mit dem Atmen auf- und absteigendes Reiben gefühlt. Mit der Herzbewegung gleichzeitiges Reiben in der Zwerchfellgegend, am Bauchfell entstanden, wurde von Emminghaus beschrieben.

Niere.

Die Niere, für gewöhnlich bei ihrer tiefen Lage der Betastung völlig unzugängig, kann fühlbar werden 1) durch Lageveränderung, 2) durch Vergrösserung.

Die bewegliche Niere stellt eine den bekannten Grössenverhältnissen der Niere entsprechende, in bezeichnender Weise bohnenförmige, zwischen Wirbelsäule und seitlicher Bauchwand in die Quere leicht verschiebbare Geschwulst dar, an deren Hilus bisweilen die eintretende Arterie pulsierend gefühlt werden kann. Je dünner die Bauchdecken, desto leichter erkennbar die Geschwulst. Nicht selten ist sie aus ihrem Lager zugleich nach abwärts gewichen, so dass sie auf dem Ilio-Psoas der vorderen Bauchwand sich nähert. Der Dickdarm scheint an der Beweglichkeit der Niere oft Teil zu nehmen. Obwohl diese Art von Geschwulst der ohnehin beweglicheren rechten Niere besonders häufig angehört, und eine Zeit lang als ausschliesslich rechterseits vorkommend angesehen wurde, findet sie sich doch auch, wenn gleich seltener links, ja bisweilen auf beiden Seiten zugleich vor. Sie ist seit lange gekannt, schon seit 1825 von Baillie, später von Aberle beschrieben, aber sie wird auch heute noch so manches Mal verwechselt mit krankhaften Neubildungen und schon in soferne ist es wichtig, sie zu kennen. Ein selbst mit diesem Zustand behafteter Fachgenosse versicherte, dass Druck auf seine bewegliche Niere einen eigentümlichen, dem bei Quetschung des Hodens ähnlichen Schmerz hervorrufe. Die schon normal härtere Beschaffenheit der Niere erklärt es, dass sie fühlbar wird, sobald sie erreicht werden kann, und somit ein von der Leber und Milz sehr abweichendes Verhalten darbietet.

Vergrösserung der Niere, die dieselbe unterhalb der Leber oder Milz fühlbar machen soll, muss schon immer einen sehr bedeutenden Umfang erreichen. Sie wird durch die Percussion zumeist schon früher erkannt. Später fühlt man die Niere als längliche, je nach ihrer Natur höckerige oder glatte, im Ganzen cylindrische, wenig oder nicht bewegliche Geschwulst, die ziemlich genau von oben nach unten mit ihrem grössten Durchmesser gelagert, vielleicht mit ihrem unteren Ende etwas nach innen von dieser Richtung abweicht. Solche Geschwülste können auf Vereiterung der Niere, cystoider Entartung, Echinococcen, Sackniere oder auch Krebs und den verwandten bösartigen Neubildungen beruhen. In den ersteren Fällen lassen sie Wellenbewegung erkennen, die auch an ihrer hinteren Fläche, an den vorgewölbten Weichteilen der Lendengegend wahrnehmbar sein kann, dies gewöhnlich in ziemlich dunkler Weise, oder die vielleicht durch Percussion an der vorderen Fläche erregt, neben der Wirbelsäule gefühlt werden kann. Eine bezeichnende Eigenschaft der Nierengeschwülste liegt in ihrer Verschiebbarkeit in der Richtung von vorne nach rückwärts, die mit der einen auf der Lendengegend aufliegenden, und der andern durch die Bauchdecken auf die vordere Fläche tastenden Hand bei abwechselndem Drucke wahrgenommen wird. Andere Zeichen werden aus der Ueberlagerung der Niere von Darmschlingen und, wie wir bei Besprechung ihrer Percussion sehen werden, aus ihrem Verhältnisse zum Dickdarme und Zwerchfelle entnommen.

Geschwülste der Bauchspeicheldrüse werden selten nachgewiesen werden können wegen deren tiefer und durch den vorragenden Leberrand geschützter Lage, doch finden sich bisweilen rechts zwischen Brustwarzen- und Mittellinie unter und hinter dem Leberrande von Darmschlingen reichlich überlagerte, deshalb undeutliche, wenig bewegliche Geschwülste, die zum Teil dem entarteten Pankreaskopfe, zum Teil dem Zwölffingerdarme und den benachbarten Lymphdrüsen angehören. Sie spielen unter den Ursachen schwerer Erkrankung an Gelbsucht eine wesentliche Rolle.

Die Einsicht in die hohe physiologische Bedeutung der Bauchspeicheldrüse hat auch die Erkenntnis ihrer Erkrankungen begehrenswerter gemacht. Geschwülste, meist von Krebs oder Cysten abhängig, werden als undeutliche tiefliegende aber nicht unbewegliche Härten meist rechts vom und über dem Nabel, bei Erkrankung der ganzen Drüse mehr querliegend getastet. Künstliche Gasaufblähung des Magens und Dickdarmes zeigt Lage der Geschwulst hinter diesen Organen. Tiefe Störungen der Verdauung und des Blutlaufes in den Unterleibsgefässen und Zuckerausscheidung können die Diagnose wesentlich stützen.

Bei Addison'scher Krankheit wurde wiederholt die Nebenniere als höckerige nuss- bis eigrosse Geschwulst getastet. Die linke Nebenniere ist, weil weniger von der Leber überlagert, leichter und häufiger der zwischen Nabel und Rippenbogen tief eingedrängten Hand zugängig. Sie wird neben der Bauchaorta gefühlt und kann von dieser mitgeteilte Pulsation zeigen.

Die Mesenterialdrüsen kommen teils einzeln als glatte, harte, verschiebbare Geschwülste zur Beobachtung, wenn sie Sitz bösartiger Einlagerung geworden sind, und werden namentlich durch ihre regelmässige Form, und trotz ihrer Verschiebbarkeit durch ihre im Laufe mehrerer Tage nicht wechselnde Lage von den ziemlich ähnlichen, aber weichen und fortrückenden Kotgeschwülsten unterschieden. Andernteils gehen sie mit dem Netz, Dickdarm und Magen in minder bewegliche, breite, dem unteren Leberrand sich anreihende Geschwülste ein. Oder sie bilden mit den Retroperitonealdrüsen zusammen über kopfgrosse Geschwulstmassen, die der Wirbelsäule aufsitzen und bisweilen die Pulsation der Aorta gut fortleiten,

7*

und sich von den früheren durch völlig mangelnde Beweglichkeit unterscheiden. Diese höckerigen festen Geschwülste der hinteren Bauchwand werden meist erst spät von vorne her fühlbar, wenn sie schon bedeutenden Umfang erreicht haben. Zuvor treiben sie den Unterleib auf und schädigen durch Druck einzelne Functionen. Am Magen und Darm werden teils verschiebbare oder angelötete, aus ihrer Form und den functionellen Verhältnissen, sowie durch die Percussion näher zu bestimmende Geschwülste gefühlt, teils dient auch der rasche Druck der zu fühlenden Hand dazu, Flüssigkeitsgeräusche des Inhaltes hervorzurufen.

Die aus dem Becken aufsteigenden Geschwülste gehören hauptsächlich der überfüllten oder entarteten Blase, oder der Gebärmutter oder den Eierstöcken an.

C. Messung (Mensuration).

Die ärztliche Praxis ist nicht gerade befreundet mit den zahlreichen und mitunter recht zusammengesetzten Messungs-Geräten, die ihr von sorgfältigen Forschern geboten werden. Dennoch sind Messungen nötig, als thatsächliche Feststellung der unsicheren Schätzung gegenüber, die zu sehr vom Beobachter abhängt, als unersetzliches Mittel, die flüchtige Wahrnehmung festzuhalten und mit dem späteren Befunde zu vergleichen. Viele gewöhnliche Krankheitsfälle finden leicht, ohne mit dem Gewichte der Zahlen belastet zu werden, ihre Erledigung; manche der schwierigsten aber auch kommen nur durch die Hilfe des Masses zur Entscheidung. Auch hier handelt es sich um Formen und Bewegung. Die einzelnen Methoden werden nach den angewandten Instrumenten bezeichnet. Diese sind:

1) Bandmass,
2) Tasterzirkel,
3) Cyrtometer,
4) Thoracometer,
5) Spirometer,
6) Pneumatometer.

1) Das Bandmass, ohnehin zu Feststellung für Zeugnisse, gerichtliche und andere öffentliche Zwecke unentbehrlich, bildet auch sonst eines der wichtigsten Hilfsmittel genauer Krankenbeobachtung. Während wir hier nur seine Anwendung an der Brust und am Unterleibe besprechen können, ist es kaum an irgend einem Teile des Körpers noch nicht mit Vorteil gebraucht worden. Es dient dazu, den ganzen Umfang des Brustkorbes, den Halbmesser oder die Ent-

fernung willkürlich gewählter Punkte zu bestimmen. Die häufigste Fehlerquelle bei Anwendung des Bandmasses liegt in ungenauer Erfassung der Endpunkte. Man thut gut, sich diese vor der Messung durch Striche zu bezeichnen. In Notfällen genügt zur Vergleichung verschiedener Masse ein Bindfaden. Zur Uebersetzung der Farbenmasse in Zahlen kann er mit Knoten oder Tupfen versehen und später ausgemessen werden.

Um den ganzen Umfang der Brust zu messen, legt man das Band bei Hangarmstellung im Augenblicke vollendeter Ausatmung über die Knorpel der sechsten Rippe, über die Brustwarzen, und drittens über die untere Grenze der Achselhöhle an. Die Untersuchung zahlreicher Personen hat ergeben, dass bis zum 63. Lebensjahre hin das oberste dieser Masse das grösste, das unterste das kleinste ist, später aber die untere Linie grösser als die obere ausfällt. In den mittleren Lebensjahren schwanken die so gewonnenen Zahlen zwischen 80 und 90 cm. Oft begnügt man sich mit Messung über die Brustwarzen und Schulterblattwinkel. Messung auf der Höhe der Einatmung ergibt im Mittel 86—95 cm.

Man hat vielfach gesucht, den Brustumfang für die Beurteilung der Militärdiensttauglichkeit zu verwenden. Eine österreichische Commission schlug vor, $30^{1}/_{4}"$ = 81,6 cm als Minimalmass festzustellen. Bei 156 bis 161 cm Körperlänge betrage der Brustumfang 80 cm, bei 164—167 cm einen Zoll (2,6 cm) über die Hälfte dieser Körperlänge, bei 170—180 cm die Hälfte der Körperlänge, über 180 cm seien 90 cm Brustumfang ein genügendes Mass. Fröhlich findet als durchschnitzlicher Brustumfang bei 725 gesunden 20jähr. Männern, über die Brustwarze gemessen nach tiefster Ausatmung 82, nach höchster Einatmung 89 cm. — Für Militärzwecke gilt bei uns als Regel: Bei mittlerer Körperlänge genügt ein Brustumfang von 0,80 m (in der Ausatmung) zur Tauglichkeit nur ausnahmsweise, wenn die übrigen Körperverhältnisse günstig sind und die Ausatmungsbreite nicht unter 5 cm beträgt.

Vergleichung beider Halbmesser. Während die Messung des ganzen Brustumfanges mehr für die Feststellung von Gesundheit und Leistungsfähigkeit Bedeutung hat, ist der Vergleich des Umfangs beider Brusthälften für die Erkenntnis von Brustkrankheiten wertvoll. Bei Rechtshändigen misst die rechte Brusthälfte $^{1}/_{2}$ bis zu $2^{1}/_{2}$ cm mehr als die linke, bei Linkshändigen findet sich ein geringerer oder kein Unterschied zu gunsten der linken Seite. Die in der Brustwand gelegenen Ursachen ungleichen Umfanges der Brusthälften, wie Oedem, Emphysem, Geschwülste und dergl., sind meist so augenfällig, dass sie eher die Vornahme der Brustmessung verhindern, als dass sie durch diese aufzufinden wären. Dagegen glaube ich erwähnen zu müssen, dass mehrfache Messungen gezeigt haben, dass halbseitige Verkümmerung des Gehirns (Agenesie) auch kleineren Umfang der entgegengesetzten Bauch- und Brusthälfte zur Folge hat.

Von den Krankheiten der Brustorgane sind es vorzüglich pleuritische Ergüsse, die beträchtliche, von unten aufsteigende Erweiterung einer (geringere der andern) Brusthälfte herbeiführen; unter diesen wiederum am meisten die Luftergüsse, am wenigsten die wässerigen. Wenn man auch für einfache Lungenentzündungen einige Erweiterung der leidenden Seite erwiesen hat (Wintrich), so ist sie doch gering und nur massigen Verdichtungen zukommend. Für die linke Seite gehen auch von Vergrösserungen des Herzens und Ergüssen in den Herzbeutel Erweiterungen aus. Der untere Umfang der Brust kann von vermehrter Spannung des Unterleibsinhaltes her allseitig, von der Leber, der Milz und dem Magen her einseitig erweitert werden. Verengerungen eines Halbmessers beruhen auf gestörtem Wachstum der Brustwand, wie z. B. Walshe nach mehrfachen Rippenbrüchen einer Seite beobachtete, oder auf Schrumpfung einer Lunge, in welchem Falle durch stärkere Ausdehnung der anderen dieser Unterschied noch auffälliger wird. Ein ähnlicher Unterschied entsteht bei andauernder Verstopfung oder Verengerung eines Luftröhrenastes. Durch die Verödung einer Lunge infolge chronischer, Schwielen bildender Entzündung oder geheilter Pleuritis werden Unterschiede bis zu 12 cm bedingt. Geheilte Eiter- und Brandhöhlen pflegen nur sehr geringen Einfluss zu üben.

Die Messung einzelner Punkte bezieht sich vorzüglich auf die Entfernung der beiden Akromien, der Brustwarzen vom Brustbein und vom Schlüsselbein und der letzten Rippen vom Darmbeinkamm. Je kleiner die letzteren, destomehr sind die Rippen herabgesunken, destomehr ist die Brustform eine paralytische.

Einige Beispiele mögen die Anwendung des Bandmasses erläutern. H. Demme hat gezeigt, dass bei Kropfkranken mit Verengerung der Luftröhre der Brustumfang nach Entfernung der drückenden Schilddrüse um mehrere Centimeter grösser wird, dass also die Verengerung der Luftröhre zuvor eine Verminderung des gesamten Brustumfanges bedingt. Hirtz hat gezeigt, dass bei Schwindsüchtigen häufig der untere Brustumfang den oberen an Grösse übertreffe. Als Beispiel für die Veränderung des Masses einer Seite mag es gelten, dass bei einem heilenden Pneumothorax meiner Beobachtung die kranke Seite in drei Monaten um 4½ cm schrumpfte. Bei Herzkranken mit bedeutender Vergrösserung des Organes zeigt oft die Messung grösseren Abstand der linken Brustwarze vom Schlüsselbeine sowohl als vom Brustbein.

Am Unterleibe sind allgemein übliche Anlegestellen des Bandmasses: vom Schwertfortsatz bis zum Nabel, und von da bis zur Schamfuge, von einem vorderen Darmbeinstachel zum anderen, und rund um den Unterleib in der Höhe des Nabels.

5) Tasterzirkel. Mittelst des Tasterzirkels, dessen gegen einander gekrümmte stumpfe Arme an einem Index ihre Entfernung von einander ablesen lassen, bestimmt man den geraden oder Sternovertebral-Durchmesser in verschiedener Höhe, den queren oder Costal-Durchmesser, ausserdem noch Durchmesser von der Mitte des Schlüsselbeines bis zur Gräte des Schulterblattes u. s. w. Den wichtigsten Durchmesser des Brustraumes, den senkrechten, kann man natürlich mittelst dieses Instrumentes nicht bestimmen, und was man in dieser Richtung zu messen versucht hat, bezieht sich nicht auf den Brustraum, sondern nur auf äussere Verhältnisse der Brustwand, so z. B. die Entfernung des Schlüsselbeins von der letzten Rippe. Der einzige Durchmesser, der von besonderer Bedeutung für ärztliche Zwecke sein kann, ist der gerade. Er wird auch gelegentlich mit erhalten bei der folgenden Messungsmethode.

Von Wert für die Krankenbeurteilung ist vorzugsweise vergleichende wiederholte Messung der Brusthälften. Sie enthüllt die Wirkung und Richtung der Druckverhältnisse innerhalb der Brusthöhle. So wird die Frage, ob Höhle in der Lunge, oder Lufterguss im Brustfellsacke gelöst durch den Nachweis, dass die Seite in Erweiterung begriffen ist. Geht erst einige Tage nach dem Beginne der übrigen Erscheinungen die Erweiterung rascher vor sich, so hat die Fistel an der Lungenoberfläche sich geschlossen. Auch Heilanzeigen, z. B. für den Bruststich, lassen sich aus solchen Messungen entnehmen.

3) Das Cyrtometer von Woillez liefert den genauen Umriss eines Brustumfanges. Es besteht aus 2 cm langen, schwer beweglich zu einer Kette von 60 cm verbundenen Fischbeinstäben; nur in der Mitte befinden sich zwei gegen einander leicht bewegliche Glieder. Das Instrument wird nach tiefer Ausatmung der Brusthälfte fest angepasst, an der beweglichen Stelle geöffnet, abgenommen und wieder

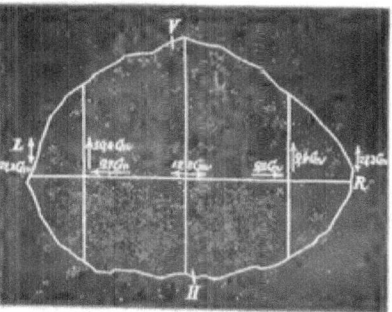

Fig. 11.

geschlossen auf Papier nachgezeichnet. Soll das Wiederschliessen vor dem Abzeichnen sicher frei von Fehlern erfolgen, so muss entweder an der Aussenseite des beweglichen Gelenkes ein kleiner Gradbogen angebracht werden, damit man wieder auf dieselben Radien einstellen kann, oder es muss der mittelst des Tasterzirkels gemessene gerade Durchmesser zur Vergleichung verwendet werden. In dieser Weise sind die beistehenden Curven (Fig. 11, 12 und 13) eines pleuritiskranken Kindes und eines nach Fistelbildung schrumpfenden Pneumothorax gewonnen. Auch über Schulterblatt, Schlüsselbein und Brustwarze angelegt, gibt das Cyrtometer gute Curven. Es ist das beste Hilfsmittel, das der genaueren Krankenbeobachtung zur Darstellung der ruhenden Formen des Brustkorbes zur Verfügung steht. Die seitlichen geraden Durchmesser, so wie der quere lassen sich jederzeit leicht an der gewonnenen Figur messen. Auch für Zwecke der Orthopädie und für die Beschreibung der Geschwülste der Brustwand wird man dasselbe mit Vorteil anwenden können. In gleicher Absicht wie diesen kann man den von Weil aus vielen beweglichen Stäben construierten Messungsapparat anwenden. Auch der Stethogoniometer von Alison dient ähnlichen Zwecken. Notdürftigen Ersatz kann ein dicker Blei- oder Kupferdraht geben.

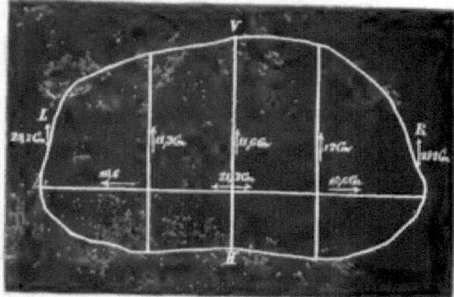

Fig. 12.

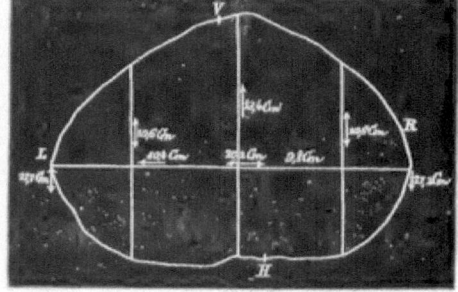

Fig. 13.

Fig. 11, 12 und 13 Cyrtometercurven mit eingezeichneten Thoraxdurchmessern aus der Höhe: der Achselhöhle, der Brustwarze und des siebenten Rippenknorpels. Linksseitige Pleuritis exsudativa. ½ nat. Grösse.

4) **Stethograph**. Schwerer als die ruhenden Formen sind die Bewegungen der Brust der Messung zugänglich. Wintrich hat sie im Ganzen durch ein Bandmass bestimmt, dessen Enden durch

eine Kautschuklamelle verbunden waren, so dass sie über einander hin- und hergleiten konnten. Bei dieser Messung der ganzen Brustbewegung zeigten sich bei allen mit Schweratmigkeit verbundenen Krankheiten Verminderung der Ausschläge bis zu ⅕ derselben. Verminderte Erweiterung oben bei Lungenschwindsucht; **Verengerung** während der Einatmung unten bei Verengerung des Kehlkopfes. Zur Messung der Bewegung einzelner Punkte der Brust wurde von Sibson ein Instrument angegeben und als Thoracometer bezeichnet, welches auf einem Zifferblatt die Grösse der Bewegungen eines auf die Brustwand aufrecht aufgesetzten Stabes ablesen lässt, der durch eine Feder stets der Brustwand nah erhalten wird. Die notwendige Ueberwindung der Federkraft, das Nachgeben der Weichteile und die Einseitigkeit der Messung sind Uebelstände, die den Wert des Instrumentes so beschränken, dass jede weitere Besprechung überflüssig wird.

Zum genaueren Studium der Atembewegungen hat sich allein die Methode der Aufzeichnung tauglich erwiesen. Nach den physiologischen Anfängen von Ludwig und Vierordt und von Ackermann, die in dieser Richtung vorlagen, und den ersten klinischen Versuchen, die ich mit einem eigens construierten Stethographen in Jena vornahm, ist F. Riegel zu der Construction eines sehr vollkommenen und genau arbeitenden Apparates gelangt, des Doppelstethographen, der die Atembewegung zweier Punkte der Brustwand gleichzeitig zeichnet.

Es ergibt sich aus den so gewonnenen Curven, dass beim Manne die Einatmungsbewegung der Magengrube am grössten ausfällt, die des Schwertfortsatzes grösser als die des Körpers und wieder als die des Griffes des Brustbeines, dass beim Manne durchschnittlich jeder obere Rippenknorpel sich weniger hebt als jeder tiefere. Die Dauer der Einatmung ist bei den meisten Personen etwas kürzer als die der Ausatmung, bei wenigen um ein sehr Geringes länger. Bei Weibern legt der Griff des Brustbeines einen grösseren Weg bei der Einatmung zurück als der Schwertfortsatz, aber die Zwerchfellbewegung ist doch so bedeutend, dass unter den von Riegel ausgemessenen Curven von 15 Weibern bei 9 die Bewegung der Magengrube jene des Brustbeingriffes bedeutend übertrifft. Eine Ruhezeit zwischen Ein- und Ausatmung fehlt durchaus, eine solche zwischen Aus- und Einatmung wird bei ruhig Atmenden wenigstens in der Regel nicht getroffen. Von den krankhaften Atmungsweisen (S. 37) lassen sich besonders diejenigen mit allein erschwerter Ein- oder Ausatmung und mit einseitiger Abschwächung der Atmungsbewegung aus den Curven

Fig. 14. Stethographen-Curven, mit dem Instrument von Riegel gewonnen. a. Ruhiges Atmen eines gesunden jungen Mannes, Höhe des zweiten Rippenknorpels. — b. Angestrengtes Atmen, gleiche Stelle. — c. Ruhige Atmung, Curve von der Magengrube, Mittellinie.

leicht erkennen. Die verkehrten Curven bei Einziehung der Brustwand während der Einatmung erhalten erst dadurch die richtige Deutung, dass man den Beginn der Ein- und Ausatmung an einigen Stellen bezeichnet. Seither ist eine Anzahl von Stetho- und Polygraphen angegeben worden, die sich meist nach dem Vorgange von Marey der Uebertragung der Bewegung durch eine Luftsäule auf die Schreibevorrichtung bedienen. Die auf S. 106 beigegebenen Curven sind mittelst des Polygraphen von Hering, von Roth in Prag gearbeitet, gewonnen.

5) Der Spirometer, erfunden von Hutchinson, verbessert von Vogel, Wintrich, Tobold u. A., dient im ärztlichen Gebrauche fast ausschliesslich zur Messung der grösstmöglichen Menge von Ausatmungsluft, der vitalen Capacität. Er nimmt die Ausatmungsluft, die durch einen Schlauch eingeblasen wird, in einen graduierten Gasometer auf, der durch ein Gewicht in Schwebe gehalten äusserst leicht aus dem Wasser, seinem Luftgehalte entsprechend, emporsteigt. Die Menge der Ausatmungsluft schwankt bei Gesunden nach Alter, Grösse und Geschlecht, weniger nach der Stellung des Körpers und der Füllung des Unterleibes. Die vitale Capacität beträgt im Mittel etwa 3600 bei Männern, 2500 bei Weibern; die Körpergrösse bedingt im Alter zwischen 20 und 40 Jahren etwa 22 ccm Ausatmungsluft auf je 1 cm Körpergrösse, bei Weibern 16 bis 17 ccm. Genauer beträgt für das männliche Geschlecht nach Schnepf die vitale Capacität

in den Jahren	Kubikcentimetres für je 1 cm Körpergrösse
unter 6	4,5
6—8	9,5
8—10	11,4
10—12	12
12—14	14,17
14—16	15,44
16—18	20,65
18—20	23,40
20—25	23,25
25—30	22,98
40—50	21.

Inbezug auf Füllung des Magens haben Versuche in meiner Klinik ergeben, dass bei kräftigen Leuten grosse Flüssigkeitsmengen in der Weise einwirken, dass etwa durch 24 ccm die Exspirationsluft um 1 ccm verringert wird. Umgekehrt kann aber auch bei Hungernden mässige Anfüllung des Magens die vitale Capacität um ein Geringes erhöhen. Was die krankhaften Ursachen verminderter vitaler Capacität anbelangt, so sind dieselben in allen verengenden Erkrankungen des Kehlkopfes, der Luftröhre und der Luftröhrenäste, in allen Krankheiten, die die Bewegungen der Brustwand erschweren, endlich in allen jenen Zuständen der Lunge zu suchen, die die atmende Oberfläche verkleinern. Man kann unbedenklich genügende vitale Capacität als Zeichen gesunder Atmungswerkzeuge ansehen. Unter den Lungenkrankheiten wirkt keine früher und keine bei ihrem Fortschreiten in höherem Masse auf das Atmungsvermögen ein als die Schwindsucht. Der Spirometer ist deshalb ganz besonders wichtig als Erkennungsmittel völlig verborgener oder durch ein anderes Krankheitsbild verdeckter Schwindsucht. Nächstdem üben Emphysem und chronische Lungenentzündung den bedeutendsten Einfluss aus. Bei der Behandlung mancher Krankheiten der Luftröhre und ihrer Aeste gestattet der Spirometer die sicherste Ueberwachung des Heilerfolges. So sah ich bei einer syphilitischen Luftröhrenverengerung während einiger Wochen die vitale Capacität von 1100 auf 3000 ccm steigen; bei einer durch Kropf bedingten von 1300 auf 2000. Beide waren mit Jod behandelt worden. Die Grundgedanken des Spirometers können in geeigneten Fällen manchfach abgeändert in Anwendung kommen. So konnte bei einem Pneumothorax gemessen werden, dass er 230 ccm Luft aus einer Fistel auspressen konnte; ein Gummischlauch mittelst eines Stethoskop-Trichters angepasst und unter Wasser in ein graduirtes Glas geleitet bildet den ganzen Apparat. Durch Aufsetzen eines Zeichners auf einen Spirometer, in den ein- und ausgeatmet wird, lässt sich eine Curve der Atmungsluft gewinnen (Panum). Schliesslich will ich noch erwähnen, dass die jetzige grosse Verbreitung des Spirometers den Vorschlag von Chelius in Vergessenheit gebracht hat, grosse, durch eine Stethoskopröhre aus einer besonderen Masse geblasene Seifenblasen zur Messung des Atmungsvermögens zu verwenden. Die Zeit die sie brauchten, um sich durch die gleiche Röhre wieder zu entleeren, sollte als Mass dienen. Ich habe sie bisweilen in Cursen zur Veranschaulichung der ausgeatmeten Luftmenge, jedoch nie als Mass benützt.

6) **Pneumatometrie.** Die physiologischen Messungen des Atmungsdruckes, welche von Valentin, Hutchinson, namentlich von Donders gemacht worden sind, gaben L. Waldenburg Veranlassung, auch am Krankenbette die Grösse des Atmungsdruckes festzustellen und zu verwerten. Man bringt mittelst einer luftdicht schliessenden Maske die Atmungsöffnungen in Verbindung mit einem Quecksilbermanometer. Bei Gesunden ist der positive Ansatmungs-

druck grösser als der negative Einatmungsdruck. Bei kräftigen Männern erreicht ersterer 100—130 mm, letzterer 80—100 mm. Frauen vermögen nur 60—80 mm In- und 70—110 mm Ausatmungsdruck zu leisten. Zwei Krankheiten vorzüglich liefern ein sehr auffälliges Ergebnis: nämlich Emphysem Verminderung des Ausatmungsdruckes und Lungentuberkulose Verminderung des Einatmungsdruckes.

D. Percussion.

I. Methode.

Die Percussion, d. h. das Anklopfen, um aus dem erhaltenen Schalle auf die schallgebenden Eigenschaften, namentlich den Luftgehalt der unterliegenden Teile zu schliessen, wurde zwar ausweislich einzelner Stellen schon im Altertum geübt, aber zuerst 1761 von Leopold Auenbrugger in Wien als bestimmte Methode der Untersuchung bekannt gemacht. Er übte ausschliesslich die unmittelbare Percussion, d. h. er führte mit einer oder mehreren Fingerspitzen den schallerzeugenden Schlag aus. Es gelang ihm mit dieser einfachen, ja unvollkommenen Methode, die Grenzen der Brustorgane, viele krankhafte Erscheinungen mit grosser Richtigkeit nachzuweisen. Sein Werk, betitelt: Inventum novum ex percussione thoracis humani ut signo abstrusos interni pectoris morbos detegendi, wurde erst kurz vor seinem Tode (1808) durch Corvisart ans Licht gezogen und zur Erkenntnis der Herzkrankheiten verwendet. Später hat Piorry (1826) die Methode verbessert, indem er eine Elfenbeinplatte (Plessimeter) als Mittel zur Uebertragung der Percussionserschütterung an die Haut anfügte. Diese mittelbare Percussion wird jetzt fast ausschliesslich geübt, von den Einen, indem sie den rechten Zeigefinger als Schallerzeuger verwenden, von den Andern mittelst des Hammers, den Wintrich 1841 zu diesem Zwecke empfahl. Seither sind Material und Form des Plessimeters und Hammers in unendlicher Weise abgeändert worden, ohne dass für die Percussionslehre als solche aus den meisten dieser Erfindungen auch nur der mindeste Vorteil hervorgegangen wäre. Man hat Plessimeter aus Metall, Elfenbein, Kautschuk, Holz, Leder und manchen andern Stoffen angefertigt, rund oder oval, mit zwei Handhaben oder einer rundumlaufenden Randleiste von der Grösse eines Zweimarkstückes bis zu einer solchen, die eine ganze Westentasche auszufüllen geeignet ist, und wunderbar!

man hat auf allen percutieren können. Ja noch mehr, Jeder hat an dem seinen besondere Vorzüge wahrgenommen. Der Wintrich'sche Hammer hat nicht minder verschiedene Umbildungen erlitten. Man findet ihn kurz und schwer gebaut und wieder schlank und biegsam, mit Leder oder mit Kautschuk überzogen, ja der Erfinder lässt ihn auch noch in einer besonderen eleganteren Form abbilden, und ein späterer Erfinder hat ihn durch einen Fingerhut zu ersetzen gesucht; ein Anderer hat das Stethoskop mit dem Hammer bewaffnet.

Ausnahmen von der Gleichwertigkeit der meisten angegebenen Plessimeter bilden das Glasplessimeter von W. Hesse, das 4 cm lang, einem Messerbänkchen ähnlich, durch cm-Striche eingeteilt, zugleich als Mass z. B. der Herzdämpfung dienen kann, auch zur Prüfung mancher Hautfärbungen durch Druck geeignet ist. Ferner das zur Linearpercussion bestimmte Plessimeter von Baccelli in Rom. Es ist aus Holz gemacht, beilförmig gestaltet, mit einem nach aussen offenen Hohlraum im Körper des Beils. Es ist zur Bestimmung der Grenze zwischen Lunge und luftleeren Teilen entschieden brauchbar. Dabei erweist sich der Hohlraum fördernd für die Schärfe der Grenzbestimmung, die undeutlicher wird, wenn man das Loch des Hohlraumes schliesst.

Thatsächlich ist weit weniger daran gelegen, womit man percutiert, als wie man percutiert, und ob man durch Uebung hören gelernt hat. Ich lasse es völlig dahin gestellt sein, ob die von Wintrich u. A. gerühmten Vorteile der mittelbaren Hammerpercussion in der That bestehen. Mir sind sie bis jetzt nicht erkennbar gewesen. Für die Thätigkeit am Krankenbette dürfte ein Gewinn darin liegen, Instrumente ohne Nachteil entbehren zu können, und wenigstens manchmal ohne Hammer und Plessimeter percutieren zu können. Jedem Lernenden ist es deshalb zu raten, im Anfange mittelbare Fingerpercussion tüchtig zu üben, und so oft auf den fest angedrückten Mittel- oder Zeigefinger der linken Hand mit dem hackenförmig gekrümmten Mittelfinger der rechten Hand zu percutieren, bis auch auf dem Oberschenkel lauter Schall erzeugt wird. Uebungen am eigenen Körper, an der Leiche oder an Gesunden führen am besten zur Erlangung der nötigen Fertigkeit. Man wird dabei durch die Erfahrung, nur auf diese Weise lauten Schall hervorrufen zu können, den Rat Skoda's bewährt finden, ausschliesslich mit dem Handgelenk zu percutieren. Wählt man für spätere Zwecke entweder um die Finger zu schonen, oder in der Meinung, auf diese Weise lauteren Percussionsschall hervorzurufen, das Plessimeter, so ist es immer noch für die Praxis nützlich, die einfache Fingerpercussion nicht ganz ungeübt zu lassen. Als **Plessimeter** sind kleine, etwa 3—4 cm grosse, nicht zu dicke Elfenbeinplatten mit niederer Randleiste am meisten in Gebrauch. Plessimeter mit eingravierten Massen führen **nicht zu** genauerer Ortsbestimmung **als die** gewöhnlichen. Auf diese wird mittelst **des** rechten Mittelfingers oder des Hammers percutiert. **Auf** letztere **Weise** lässt sich so lauter **Percussionsschall** erzeugen, wie ihn **nur** wenige sehr **Geübte mit dem Finger** hervorrufen können, daher besonders in **grossen Hörsälen** diese Percussionsweise **Vorteile** bietet.

Während **man** gewöhnlich auf die Rückenfläche des zweiten Fingergliedes percutiert, haben einige die Volarfläche dazu benutzt, was in den meisten Fällen nur sehr unbequem sein **kann**. P i o r r y hat in späterer Zeit ernsthaft, nicht etwa im Scherze, darüber geschrieben, dass man auch auf das umgekehrt aufgelegte **Plessimeter** percutieren könne. **Auch hiermit ist die** Ueberschwenglichkeit des Erfindungsgeistes, welcher **auf diesem Gebiete herrscht, noch lange nicht erschöpfend** vorgeführt. **Wie jede Regel ihre Ausnahme hat, so lassen sich auch** einzelne Fälle **aufführen,** in welchen das **Plessimeter mehr** Vorteil **bietet als die** blosse Fingerpercussion. Es lässt sich z. B. bequemer tief in die Bauchdecken eindrücken **als** der Finger, und es schützt manchmal die Benutzung der Elfenbeinplatte den Finger vor Beschmutzung. Aber auch der umgekehrte Fall kommt vor, wo an einem sehr mageren, unebenen Brustkorb das Plessimeter sich gar nicht genügend anpassen lässt, oder wo man in der Kinderpraxis rascher mit dem Finger zum Ziele kommt. Das Entscheidende für meine Regel, zuerst die Fingerpercussion zu üben, ist, dass Jeder, der diese genügend erlernt hat, sehr leicht sich mit Hammer und Plessimeter **zurecht** finden wird, Derjenige aber, der **nur** in dem Gebrauch dieser **Instrumente unterrichtet wurde, ohne diese, wie** ich **mehrmals in meinen Cursen von Studierenden** auswärtiger Hochschulen **sah**, unverrichteter Dinge **vom** Krankenbette wieder abziehen muss. Nach P i r s c h soll **es** sogar nötig sein, sich stets eines und desselben Hammers zu bedienen. Von S a h l i wurde möglichst gleiche Stärke der einzelnen Schläge auf das Plessimeter zu erzielen gesucht durch die Construction einer percutierenden Maschine. Seitliche Abdämpfung des **Percussionsschalles** lässt sich sowohl mittelst der neben einander ausgespreiteten Finger erzielen, wie auch mittelst des **von** S c h o t t in **Nauheim** angegebenen finger- oder kammförmig **zackigen** Plessimeters aus Hartkautschuk.

Die Percussion hat mit wenigen Ausnahmen nur da Zweck, wo lufthaltige Teile in der Nähe liegen. Ihr Hauptgebiet sind daher die Brust- und Unterleibsorgane. Sie kann jedoch nicht allein auch an der vorderen Fläche des Halses **Aufschlüsse** liefern, sondern unter Umständen an jedem Teile der Körperoberfläche, wo Luft im Unterhautbindegewebe, lufthaltige Eitersäcke u. s. w. vorkommen.

Der zu Untersuchende muss in entsprechender Ausdehnung entkleidet, oder höchstens mit dem Hemde bedeckt sein, in vollkommen gleichmässiger Haltung sich befinden, möglichste Erschlaffung der Muskeln bieten. Bei Untersuchung der vorderen Fläche des Unterleibs ist wagrechte Lage stets vorzuziehen. Die Milzgegend wird in rechter Seitenlage oder aufrechter Haltung (Ziemssen) untersucht, die Nierengegend am besten in der Bauchlage, die vordere Brustwand im Liegen oder Stehen, die hintere im Sitzen oder Stehen. Alles Geräusch im Krankenzimmer muss möglichst vermieden werden; einige Aufmerksamkeit ist bei liegenden Kranken auch auf die Beschaffenheit der Unterlage zu verwenden, da z. B. ein gut gepolstertes Sopha den Schall wesentlich lauter machen, freilich zugleich seine feineren Unterschiede undeutlich machen kann.

Bei mittelbarer Percussion muss Finger oder Plessimeter ganz fest ohne Raum für Luft dazwischen der percutierten Körperstelle angepasst sein. Der Fingerschlag verursacht, auch wenn er sehr stark ist, wenn er ausschliesslich aus dem Handgelenke kommt, unter gewöhnlichen Verhältnissen dem Kranken keinerlei unangenehme Empfindnng. Ueber entzündeten Hautflächen oder inneren Organen jedoch erfordert es die Rücksicht auf leicht entstehende Schmerzen, möglichst leise zu klopfen. Am Brustkorbe der Kinder, bei manchen schwierigen Grenzbestimmungen sehr oberflächlich gelagerter Organe lässt leise Percussion deutlichere Schallunterschiede hervortreten als starke. Um die Grenzen tief gelegener Organe zu bestimmen, ist gerade starke Percussion weit vorteilhafter. Der Erschütterungskegel reicht hier bis zu Teilen herab, die bei leisem Klopfen nicht in Schwingung geraten.

Obwohl dieser Satz sehr leicht verständlich ist, möge ihn doch ein Beispiel erläutern. Man percutiere zwei entsprechende Stellen der Brustwand beider Seiten und wähle die linksseitige so, dass sie erfahrungsgemäss nur durch eine Lungenschicht von einigen cm von der vorderen Fläche des Herzens getrennt wird. Man kann dann bei leichter Percussion beiderseits völlig gleichen Schall erhalten, bei starker links den einer dünnen, rechts den einer mehrfach dickeren Lungenschicht. Percutiert man die linksseitige Stelle leise durch ein Plessimeter, die rechtsseitige stark bei Verwendung des Handrückens als Plessimeter, so ist der erhaltene Schall keinenfalls der gleiche.

Stäbchenpercussion. Der klirrende Schall, der beim Aufschlagen des Nagelrandes oder einer harten Stelle des Hammers auf das Plessimeter entsteht, wird sonst als störend vermieden. Nur um den Metallklang grosser Lufträume hervorzurufen, hat er sich geeigneter erwiesen (Heubner) als der in gewöhnlicher Weise erzeugte Percussionsschall. Stäbchenpercussion wird meist mit der Auscultation des Percussionsschalles verbunden.

Phonometrie. Von H. Baas wurde eine Methode der Percussion an die Seite gesetzt, die darin besteht, den Einfluss verschiedener Stellen der Brust und des Unterleibes auf den Ton einer aufgesetzten Stimmgabel zu prüfen. Die gewöhnliche Orchesterstimmgabel wird mässig stark angeschlagen und entweder unmittelbar oder auf ein Plessimeter aufgesetzt. Wo lufthaltige Teile nahe sind, wird ihr Ton lauter, wo luftleere darunter liegen, erfährt er diese Verstärkung nicht und wird rasch in gewöhnlicher Weise verklingen. Somit fallen alle Ergebnisse in die eine Reihe der Abstufung von der starken zur fehlenden Resonanz. Wo die Percussion Dämpfung zeigt, ergibt die Phonometrie mangelnde Resonanz.

Diese Methode ist bis jetzt zeichenärmer als die Percussion und weniger bequem dazu. Aber sie enthält ein wichtiges Prinzip. Während bei der Percussion durch ein Geräusch die unterliegenden Teile zum Klingen gebracht werden, aus dem sie die ihnen angehörigen Klänge entnehmen und verstärken, verwendet die Phonometrie einen Ton. Allerdings bis jetzt nur einen Ton, allein Baas deutet schon hin auf die Verwendung verschiedenes Stimmgabeln, nicht bloss der einen von 440 Schwingungen. Für alle klangartigen Percussionserscheinungen müsste es richtiger sein, sie durch den Grundton ihres Klanges, als durch ein beliebiges Geräusch hervorzurufen. Hierin liegt, wie ich glaube, eine bedeutende Zukunft der Phonometrie. —

II. Eigenschaften des Schalles.

Da die Besonderheiten des Percussionsschalles, welcher über verschiedenen Organen erhalten wird, sich keineswegs nach den anatomischen, sondern nur nach den physikalischen Eigenschaften der Organe richten, kann man keine eigenen Schallarten dieser letzteren z. B. der Lunge, der Leber, des Magens annehmen. Man ist genötigt, die verschiedenen physikalischen Eigenschaften des Schalles als solche zu unterscheiden, daraus auf die physikalischen Zustände und aus diesen endlich soweit möglich auf die anatomische Beschaffenheit der Organe zu schliessen.

Der Anteil, den die Brustwand an der Entstehung des Percussionsschalles hat, wird verschieden beurteilt. Noch neuerdings sprechen sich einzelne Stimmen dahin aus, dass die Schwingungen der Brustwand selbst den Schall ausschliesslich oder vorwiegend lieferten. Ein von Mazonn angegebener Versuch lehrt, dass man durch Druck mit den Händen auf die Umgebung der percutierten Stelle den Schall dumpfer machen kann. Mehr dürfte jedoch hieraus kaum zu folgern sein, als dass ein gewisser Grad von Schwingungsfähigkeit der Brustwand massgebend ist für die Schallerzeugung in den unterliegenden Organen. Würde die Brustwand selbst vorwiegend den Schall liefern, so müssten die Rippenknorpel auf der Höhe ihrer Einatmungs-Spannung wesentlich anders schallen als im Ruhezustand. Dies ist jedoch thatsächlich nicht der Fall. Damit soll keineswegs behauptet werden, dass die Brustwand gar keinen Einfluss auf den Schall habe. Die Angabe von Friedreich, dass die Rippen etwas kürzeren und höheren Schall liefern als die nächsten Zwischenrippenräume, finde ich bestätigt. Bestimmtere Aufschlüsse über den Anteil der Rippen an der Entstehung des Schalles versprechen die Versuche von R. Feletti, die Schwingungen der Rippen graphisch aufzuzeichnen.

Nicht das schwächste Beweismittel in dieser Sache bildet der Vergleich zwischen klinischem und anatomischem Befunde. Man kann etwa dort, wo es sich nur um Gedämpftsein des Schalles handelt, bei Lungenentzündung oder Pleuraexsudat, die durch Druck verminderte Schwingungsfähigkeit der Brustwand anschuldigen, aber bei dem Höhenwechsel des Klanges von Cavernen wird man vernünftiger Weise die Brustwand nicht anders als passiv beteiligt sich denken können. Die Bedeutung der Brustwand bei der Percussion geht nicht weit über die des Plessimeters hinaus. Sie würde an und für sich völlig dumpfen Schall geben. Alle anderen Eigenschaften des Schalles sind vollständig in der Beschaffenheit der Brustorgane begründet. Das Gedämpftsein allein ist teilweise von der Brustwand abhängig.

Bei Piorry findet man den Schall des Magens, des Herzens, sogar des Ascites als besondere Arten des Schalles angeführt. Wir sehen in dem Schalle der Leber, der Milz und der Nieren nur einfach den Schall luftleerer Organe. Der Schall des Magens kann grundverschieden sein, je nachdem Luft oder Flüssigkeit die Höhle erfüllt. Es ist das Verdienst von Skoda, den Schall nach physikalischen Eigenschaften anstatt nach anatomischen Grenzen unterschieden zu haben.

Was wir gewöhnlich als Percussionsschall bezeichnen, muss vom akustischen Standpunkte aus grossenteils als Geräusch betrachtet, und darf nicht als Ton, nur zum Teil als Klang bezeichnet werden.

Die tägliche Erfahrung zeigt, dass die verschiedenartigen Schallwellen, aus welchen Geräusche zusammengesetzt sind, sehr wohl den gemeinsamen Charakter einer grossen oder kleinen Excursionsweite der einzelnen Schwingungen an sich tragen, d. h. laut oder leise sein können.

Eine zweite Eigenschaft solcher Geräusche ist die, überwiegend aus Schwingungen von verhältnismässig grosser oder kleiner Zahl in der Zeiteinheit zu bestehen; wir bezeichnen sie darnach als **hoch** oder **tief**.

Drittens finden sich einzelne Schallerscheinungen, deren Höhe oder Tiefe sehr leicht zu unterscheiden ist, weil die Schallwellen, aus denen sie zusammengesetzt sind, nicht sehr weit auseinanderliegende Schwingungszahlen haben. Sie sind noch weit entfernt von dem, was neuerdings Helmholtz[1]) vom rein akustischen Standpunkte aus als Ton bezeichnet, aber sie nähern sich dem Klang und können sehr wohl als **klangähnlich** bezeichnet werden.

Diese **Grundeigenschaften der Schallerscheinungen**, die man am Körper beobachtet, lassen sich nicht in ganz einfacher Weise auf die Verwertung der Schallerscheinungen übertragen, die man am Körper wahrnimmt. Man unterscheidet allerdings zunächst, ob der Percussionsschall **klangähnlich** sei oder nicht, und nennt ihn im ersten Falle nach Skoda »**tympanitisch**«, im andern Falle »**nichttympanitisch**«. Man unterscheidet zweitens beim **klanghältigen Schalle**, wo dies sehr leicht fällt, die **Höhe** oder **Tiefe**; beim nichtklanghältigen Schall jedoch macht man nur ausnahmsweise von dieser Unterscheidung Gebrauch. Da leise Beschaffenheit des Percussionsschalles hauptsächlich zustandekommt, wo die Percussionserschütterung beim Vordringen zu einem lufthaltigen (schwingungsfähigen) Körperteil durch dicke, schlecht leitende Lagen sehr abgeschwächt wird, so pflegt man nach der von Skoda eingeführten Benennungsweise den leisen Percussionsschall als **gedämpft**, den lauten als **hell** zu bezeichnen.

Skoda hat noch eine vierte Art des Percussionsschalles aufgestellt, die in den späteren Arbeiten über diesen Gegenstand mit seltener Uebereinstimmung als physikalisch unbegründet bezeichnet wird, so von Wintrich, Seitz, Schweigger, Weil. Skoda versteht unter **vollem** Percussionsschall denjenigen, der durch seine lange Dauer und Massenhaftigkeit anzeigt, dass er von einem grossen schallenden Organe herrühre; unter **leerem** den kurzdauernden, dünnen Schall eines kleinen schallerzeugenden Kör-

---

1) Ein Ton wird nur dargestellt durch einfache pendelartige Schwingungen (ohne Obertöne). Wo neben dem Grundton noch Obertöne da sind, ist dies ein Klang, eine Summe von Partialtönen. Geräusche lassen sich aus Klängen zusammensetzen und in Klänge trennen. Sie bestehen aus schnellem Wechsel verschiedenartiger Schallempfindungen, der rasch, unregelmässig, aber deutlich erkennbar erfolgt.

pers. Kleine Glocken oder kurze Saiten werden nun allerdings bei gleich starkem Anstosse zum Schwingen kürzer tönen als grosse, aber man wird doch auf ihre Grösse, da die Dauer ihrer Schwingungen wesentlich mit von der Stärke des Anstosses abhängig ist, nicht allein aus diesem Verhalten, sondern weit mehr aus der Tiefe des Tones, den sie abgeben, schliessen. So wird man denn allerdings genötigt sein, wie **Traube** hervorgehoben hat, das Voll- oder Leersein des Percussionsschalles hauptsächlich aus dessen Tiefe oder Höhe zu entnehmen.

Beim klanghältigen Percussionsschalle ist die Höhe oder Tiefe leicht zu erkennen, und wird auch nur mit diesem Namen »hoher« oder »tiefer« Percussionsschall bezeichnet.

Spricht man beim nichtklanghältigen Percussionsschalle von **Völle** oder **Leere**, so urteilt man nach seiner Höhe oder Tiefe und gleichzeitig, da diese sehr oft nur undeutlich zu erkennen sind, nach seiner kürzeren oder längeren Dauer.

So mag es gerechtfertigt erscheinen, wenn wir auch hier noch den Percussionsschall einteilen, je nachdem er 1) **klanghaltig oder klanglos**, 2) **hoch oder tief**, 3) **dumpf oder hell**, 4) **voll oder leer** im verschiedenen Grade sich darstellt. Diese Eigenschaften kommen bei jeder Beurteilung des Percussionsschalles in Betracht. Wenigstens die drei ersteren können als notwendige bezeichnet werden. Einige ausnahmsweise: den Metallklang, das Geräusch des gesprungenen Topfes werden wir später kennen lernen.

III. Klanghältiger Percussionsschall.

Der tympanitische Percussionsschall zeichnet sich durch leicht bestimmbare Höhe aus. Von den Geräuschen, die den nichtklanghältigen Schall darstellen, unterscheidet er sich durch das Vorherrschen eines Klanges. Dieser Klang kann fast rein oder so mit Geräusch gemischt sein, dass er nur eben daraus erkannt werden kann. Immer aber wird es der Klang sein, der dem tympanitischen Schall seine Besonderheit verleiht. Ein reiner Ton allein als Grund des klanghältigen Schalles (**Klug**) dürfte wenigstens sehr selten vorkommen. Der Klang, um den es sich in der Regel handelt, besteht aus dem Grundton und einer Anzahl harmonischer (nach Klug in gewissen Fällen auch unharmonischer) Obertöne. Die weitere Beurteilung des klanghältigen Schalles kann sich nun beziehen auf die Höhe des Grundtones und auf sein Verhältnis zu den Obertönen.

In ersterer Richtung liegen ziemlich viele Arbeiten seit Wintrich vor, in letzterer lässt sich wenigstens Einiges bereits angeben.

Die Zusammensetzung des klanghältigen Schalles aus regelmässigen Schwingungen lässt sich an der empfindlichen Gasflamme nachweisen. Durch einen Percussionsschlag werden 6—10 gleichartige Zacken an dem Flammenbilde hervorgerufen, von denen die mittleren gleich hoch, die äusseren niederer sind (vgl. Fig. 6). Der nichtklanghältige Schall besteht aus unregelmässigen Schwingungen, sein Flammenbild aus ungleichmässigen Zacken.

Weder Erschütterung der freien Luft, noch auch solche von Flüssigkeit oder festen Körpern kann jemals klanghältigen Schall liefern. Der auf diese Weise erzielte Schall ist stets so dumpf, dass er überhaupt keine weiteren Eigenschaften wahrnehmen lässt. Klanghältiger Schall entsteht aber, wie Wintrich nachwies, der sich überhaupt durch neue, bahnbrechende Bearbeitung der Lehre von tympanitischem Schall grosses Verdienst erwarb, wenn in glattwandigen Hohlräumen von regelmässiger Form enthaltene Luftsäulen percutiert werden. Dieser klanghältige Schall findet sich am menschlichen Körper wieder, wenn man die geöffnete Mundhöhle, den Kehlkopf percutiert, oder wenn man mit der Hand eine Höhle bildet und das darauf gelegte Plessimeter anschlägt. Man setze ein Glas in frischen Schnee, sein Schall wird klanghältig sein. Nimmt man das Glas heraus, so schallt die gleichgeformte Schneehöhle nicht tympanitisch, weil sie der glatten schallzurückwerfenden Wände entbehrt.

Der klanghältige Schall ist um so höher, je kürzer die Luftsäule, die ihn liefert, und je weiter die Oeffnung, durch die sie nach aussen mündet. Beim Percutieren auf ein Plessimeter, das abwechselnd über verschieden grosse Gläser oder Töpfe gehalten wird, kann man sich davon überzeugen. Noch leichter beim Percutieren an der Wange bei geöffnetem Munde, wenn man bald die Mundhöhle, bald die Mundöffnung erweitert oder verengt, oder am Kehlkopfe, wenn man bei flach gelegter Zunge den Mund abwechselnd öffnet und schliesst. Zur Veranschaulichung dieses Verhältnisses beim Unterrichte schien mir bequem, mit der Hand eine Höhle zu bilden und zwischen Daumen und Zeigefinger, also in den obersten Ring dieser Höhle, ein Plessimeter fest einzusetzen. Schliesst man durch Andrängen des letzten vom kleinen Finger gebildeten Ringes gegen den Rumpf, oder gegen den Schenkel die Höhle, so wird der Schall bedeutend

tiefer; öffnet man wieder das untere Ende der Höhle und streckt
nur der Reihe nach die Finger von der Ulnarseite her, so wird
jedesmal die Höhle verkürzt und ihr Schall höher. Sehr kleine
Luftsäulen lassen den Klanggehalt des Schalles nicht mehr erkennen.
**Allseitig geschlossene Lufträume mit gespannten
Wänden geben nicht klanghältigen Schall.** Der
Grad der Spannung der Wand, welcher nötig ist, um den klanghältigen Schall zum Verschwinden zu bringen, ist der gleiche, bei
dem die Wand selbst zu tönenden Schwingungen geeignet wird.
Daher die Erklärung von Skoda, dass die Schwingungen der gespannten Wand jene des Luftraumes störten. Nun mag wohl auch,
wenn ein rundlicher Hohlraum, etwa der Magen, stark aufgeblasen
wird, die Wand besser fähig werden, Schallstrahlen zurückzuwerfen.
Die Hauptsache dürfte aber immerhin nahezu in dem Sinne der
Skoda'schen Erklärung darin liegen, dass die Schwingungen der
Wand andere Bewegungen, als ihre Eigenschwingungen wären, in der
umschlossenen Luftsäule hervorrufen, und dadurch deren Eigenschwingungen stören. Unbehindertes Nebeneinanderschwingen der Wand und
der Luft einer Blase in verschiedenen Tonarten lässt sich kaum denken.

Offenbar wäre es gänzlich unzutreffend, über einen Ring gespannte Membranen, die beim Anschlag tönen und eine angrenzende Luftsäule zum
Mittönen bringen, mit dem aufgeblasenen Magen vergleichen zu wollen,
bei dem gerade das Umgekehrte stattfindet.

**Percutiert man eine Stelle der Brustwand, die
hinter der Lunge gelegen ist, so entsteht nichtklanghältiger Schall; percutiert man die aus dem
Brustkorb herausgenommene Lunge, so ist ihr
Schall klanghältig. Die herausgenommene aufgeblasene Lunge schallt gleichfalls nicht tympanitisch.** Was ist es nun, was jenen klanghältigen Schall erzeugt,
und wodurch geht die Eigenschaft des Schalles klangähnlich zu sein
verloren, wenn die Lunge im Brustkorb ausgespannt, und wenn sie
durch Aufblasen künstlich in Spannung versetzt wird?

Der klanghältige Schall der erschlafften, in den Ruhezustand
ihrer elastischen Elemente eingetretenen Lunge wird nicht bedingt
durch die Schwingungen der einzelnen kleinen Luftmassen in den
Alveolen. Ihr Umfang ist dazu zu gering, Luftsäulen von dem zehnfachen Durchmesser sind noch nicht gross genug, um einen vernehmlichen Klang zu liefern. Er scheint auch nicht bedingt zu sein durch
die Schwingungen der Luftsäulen in den Luftröhrenästen, denn wenn
man den Hauptast oder die Durchschnitte vieler Luftröhrenäste eines

Lungenstückes schliesst und wieder öffnet, ändert sich die Höhe des tympanitischen Schalles der erschlafften Lunge nicht (Wintrich). Wir können diese so einfache Erscheinung des klanghältigen Schalles der zusammengesunkenen Lunge noch nicht auf einfache Weise deuten, doch hat für jetzt die Annahme Schweigger's am meisten für sich, dass die in der Lunge enthaltene Luft als Ganzes schallt, eine Luftsäule darstellend, gleichsam als ob die Alveolenscheidewände nicht da wären. In der That wird der Percussionsschall eines Stückes zusammengefallener Lunge um so höher, je mehr es verkleinert wird, und er wird auch höher, wenn man durch Spannung den Luftgehalt des Lungenstückes vermindert. In ähnlicher Weise gibt ein Haufen Eiweissschaum klanghältigen Schall, der um so höher wird, je kleiner die Masse des Eiweissschaumes. Ein Glas schäumenden Bieres, am Boden percutiert, schallt um so tiefer tympanitisch, je grösser die Menge der darin enthaltenen Luftblasen (Geigel). Allein es bleibt wenn man diesen klanghältigen Schall mit jenem glattwandiger Hohlräume in Vergleich stellen will, unerklärt, wodurch die dort nötige schallzurückwerfende Wand hier geliefert werden soll. Die Pleura allein erscheint hiezu kaum ausreichend. Zudem ist es kaum zu verlangen, dass das zwischendurch gezogene Netz von erschlafftem Lungengewebe die Schwingungen des Luftraumes so ganz und gar nicht stören soll.

Es ist von vornehcrein unwahrscheinlich, dass der nichtklanghältige Schall, den man am Brustkorbe erhält, von der Brustwandung herrühre, und nur deshalb nicht klanghältig sei, denn auch die herausgenommene aufgeblasene Lunge schallt nichttympanitisch. Wenn, wie wir sahen, die Brustwand im Ganzen an der Erzeugung des Percussionsschalles fast keinen Anteil hat, so kann es auch ihrem Einflusse nicht zugeschrieben werden, dass die Lunge bei Gesunden nichtklanghältigen Schall liefert.

Die im Brustkorb eines Gesunden (oder der Leiche) in normaler Weise ausgespannte Lunge hat mit der aufgeblasenen, aus der Leiche herausgenommenen Lunge das gemeinschaftlich, dass das Lungengewebe sich in Spannung befindet und somit geeignet ist, durch den Percussionsstoss selbst in schallerzeugende Schwingungen zu geraten [1]. Es lässt sich nun wohl denken, dass die sonst vorhandenen Bedingungen klangähnlichen Schalles dadurch, dass eine Masse verschieden

---

[1] „Alle fleischigen, nicht lufthältigen organischen Teile, gespannte Membranen und Fäden abgerechnet, so wie Flüssigkeiten, geben einen ganz dumpfen, kaum wahrnehmbaren Percussionsschall, den man sich durch Anklopfen an den Schenkel versinnlichen kann." Skoda.

dicker, verschieden schwingender Alveolenscheidewände das Erzeugnis ihrer Schwingungen dazwischen schickt, aufgehoben werden und dass dabei ein Geräusch entsteht, das nicht die mindeste Klangähnlichkeit besitzt, also nichttympanitischer Percussionsschall.

Leichter erklärlich ist jener klanghältige Schall, den man an den **Unterleibsorganen** erhält. Glattwandige, schallreflexionsfähige, regelmässig gestaltete Hohlräme sind hier vielfach gegeben, so dass es nur noch vom wechselnden Luftgehalte abhängig ist, ob und wie weit klanghältiger Schall bei der Percussion des Magens und Darmcanals entsteht. Wo diese Höhlen ganz mit Flüssigkeit oder festweichen Massen erfüllt sind, geben sie den gleichen völlig dumpfen Schall wie der Oberschenkel. Wenn sie sehr starke Spannung ihrer Wände erfahren, tritt ungeachtet vollständigen Luftgehaltes klangähnlicher Schall nicht auf. Ihre Wände kommen dann selbst in Schwingungen und stören dadurch die Regelmässigkeit, mit welcher die umspannte Luftsäule schwingen müsste, um klanghältigen Schall zu liefern. **Das normale Lungengewebe im Brustkorbe liefert nichtklanghältigen Schall wegen Spannung seiner Wände.** Wenn diese beim Herausnehmen der Lunge aus der Leiche oder durch krankhafte Bedingungen in der Brust des Lebenden ihre Spannung verlieren, liefert die Lunge klanghältigen Schall. **Die lufthältigen Unterleibsorgane schallen klangähnlich, so lange ihre Wände nicht stark genug gespannt sind, um selbst zu tönen.**

Unter krankhaften Verhältnissen kommt an der Lunge oft klanghältiger Schall zustande, wo vorher der normale, klanglose Schall wahrgenommen war. Scheinbar ist dies am Brustkorbe des Kindes der Fall, wenn man zuvor leise percutiert, dann stark. Die grosse Ausbreitung, welche hier die Percussionserschütterung erfährt, und die Kleinheit der Organe sowie ihre Nähe bei einander bringen es mit sich, dass vom Brustkorbe aus bei starker Percussion die klangähnlich schallenden Unterleibsorgane mit in Schwingungen versetzt werden können. In der That aber findet man bei Kranken das Vorkommen klanghältigen Schalles über der Lunge begründet

1) durch Verdichtung des Lungengewebes, welche die Percussion der Luftsäule der Luftröhre und ihrer Aeste ermöglicht;

2) durch die Anwesenheit grösserer, glattwandiger, luftführender Hohlräume;

3) durch Erschlaffung des Lungengewebes innerhalb der Brust, entsprechend dem Zustande von Zurückziehung, den es nach Eröffnung der Brusthöhle an der Leiche annimmt;

4) durch gleichzeitigen Gehalt der kleinsten Lufträume an Flüssigkeit und Luft.

I. Der klanghältige Schall der Luftsäule der Luftröhre und ihrer Aeste kann durch Percussion der Brustwand bei Gesunden nicht hervorgerufen werden, weil die Percussionserschütterung in dem lufthältigen Gewebe der Alveolen, das wie ein Kissen vorgelagert ist, sich verliert. Dagegen bei luftleerer Beschaffenheit des Lungengewebes kann durch Percussion von der Brustwand aus die Luftsäule in der Luftröhre und ihren Aesten in Schwingung versetzt und somit klanghältiger Schall erzeugt werden. An der hepatisierten, der Leiche entnommenen Lunge gelingt dies sehr leicht. Am Lebenden leichter an den Oberlappen der dünneren Brustwand halber, schwerer, doch nicht ganz selten, an den Unterlappen. Unter Umständen gelingt es noch, ihn beim Auscultieren an der Luftröhre zu hören, wo er mit freiem Ohre an dem völlig dumpfen Schall eines verdichteten Lungenteiles nicht mehr erkannt wird. Dieser klanghältige Bronchialschall hat die gleiche Höhe wie das Bronchialatmen derselben Stelle und ändert seine Höhe mit dem Oeffnen und Schliessen des Mundes, nicht aber mit der Körperstellung.

II. Grössere, glattwandige und ziemlich regelmässig geformte Hohlräume in der Lunge entstehen hauptsächlich durch Erweiterung der natürlichen Hohlräume, der Luftröhrenäste oder nach Zerstörung des Lungengewebes durch Brand, Vereiterung. Liegen sie oberflächlich, so dass sie der Percussionserschütterung zugänglich sind, sind sie ganz oder grösseren Teils mit Luft erfüllt, so liefern sie bei genügender Grösse klanghältigen Schall. Ein unbedingtes Mass für die Grösse, die sie hierzu erlangt haben müssen, lässt sich nicht angeben, weil Lage und Beschaffenheit des umgebenden Gewebes mit von Einfluss sind. Schon haselnussgrosse Cavernen können auf diese Weise bemerklich werden, und bei taubeneigrossen wird man unter sonst günstigen Umständen klanghältigen Schall selten vermissen. Da der Luftgehalt dieser Hohlräume durch die Atmung hereinkam, setzt er auch fast stets das Offensein der zuführenden Luftröhrenäste voraus. Ist dies der Fall, so steht die Luft der Höhle durch einen Ast der Luftröhre, den Kehlkopf, die Rachen-, Mund- und Nasenhöhle mit der äusseren Luft in Zusammenhang. Die Mündung dieser wird erweitert beim Oeffnen, verkleinert durch Schliessen des Mundes, und so wird auch der Schall solcher Höhlen in ersteren Falle höher, im zweiten tiefer. noch tiefer, wenn gleichzeitig auch die Nasenöffnung geschlossen wird (Wintrich). Durch dieses Verhalten wird derjenige klanghältige Schall, der in einer Höhle entsteht, von manchem anderweitig in den Zuständen der Brustorgane begründeten klanghältigen Schalle in der Brusthöhle unterschieden. Bereits von Wintrich wurde hervorgehoben, dass dieser Schallwechsel nicht ausschliesslich Höhlen, sondern auch der Luftsäule der Luftröhrenäste zukommt, wenn sie durch verdichtetes Lungengewebe hindurch percutiert werden kann. Wo der zu einer Höhle führende Luftröhrenast verstopft ist, wohl auch zuweilen aus andern minder gut gekannten Gründen, bleibt die erwähnte Aenderung des Percussionsschalles über Höhlen aus. Sie darf nicht in jedem Falle erwartet werden, sie ist nur positiv beweisend, nicht negativ. Versuche mit Kugeln, die an Röhren angelötet sind, und mit Röhren allein zeigen, dass der Percussionsschall einer cylindrischen Luftsäule mit dem Schliessen der einen Röhrenöffnung einen viel bedeutenderen Schallwechsel zeigt als der Schall der Luftmasse einer viel grösseren Kugel, die in einen ebensoweiten Cylinder mündet. Der Wintrich'sche Schallwechsel über grossen Höhlen ist unterscheidbar von dem der Luftröhre und ihrer Aeste. Auffallend grosser Schallhöhenunterschied beim Oeffnen und Schliessen des Mundes spricht gegen die Annahme von Höhlen. Tritt Wintrich'scher Schallwechsel mit einiger Regelmässigkeit im Liegen ein und mangelt im Stehen oder umgekehrt, so muss er von einer Höhle herrühren, deren zuführende Luftröhrenäste bei bestimmter Stellung durch flüssigen Inhalt verschlossen werden (unterbrochener Wintrich'scher Schallwechsel).

In einer Erlanger Dissertation von Neukirch wird hervorgehoben, dass der Wintrich'sche Schallwechsel nicht von dem Abschluss der Luftsäule des Atmungsrohres nach aussen abhänge, sondern von der wechselnden Gestaltung der Mundhöhle. Letzterer Einfluss ist unbedingt zuzugeben. Da man bei geschlossenem oder gleichweit offenem Munde den Percussionsschall der Trachea tiefer machen kann durch willkürlichen Schluss der Stimmritze, muss doch auch das Gesetz der offenen und gedeckten Pfeifen für die Höhe des klanghältigen Luftröhrenschalles Geltung behalten.

In manchen Fällen kann der klanghältige Percussionsschall durch andere Eigenschaften, als einer Höhle angehörig, gekennzeichnet werden. Nicht allein die Luftmenge, die ein Schallraum enthält, sondern vorwiegend der grösste Längendurchmesser ist massgebend für die Höhe seines Percussionsschalles. Höhlen der Lunge sind selten ganz rund, zumeist länglich, eiförmig oder unregelmässig gestaltet. Der flüssige Teil des Inhaltes nimmt, falls er nicht zu zähe und klebrig ist, die tiefste Stelle des Hohlraumes ein, liegt also z. B. in einer mit dem Längsdurchmesser des Körpers gleichlaufenden Höhle von langgestreckter Form bei aufrechtem Stehen im untersten Ende, beim Liegen an der hinteren Wand. Somit verkürzt die Flüssigkeit im ersteren Falle die Länge des Luftschallraumes der Höhle, während derselbe im zweiten Falle den gleichen grössten Durchmesser wie die Höhle behält. Der Percussionsschall einer solchen Höhle ist beim Stehen oder Sitzen höher als beim Liegen. Der klanghältige Percussionsschall einer mit ihrem grössten Durchmesser von vorne nach hinten gerichteten Höhle, deren flüssiger Inhalt eines Lagewechsels fähig ist, muss beim Stehen tiefer, beim Aufsitzen höher werden.

Höhenwechsel des klanghältigen Schalles im Sitzen und Liegen, wie ich ihn zuerst beschrieben habe, findet sich jedoch nicht ausschliesslich bei Höhlenbildung vor. Wird der grössere untere Teil einer Lunge pneumonisch infiltriert oder durch Pleuraexsudat luftleer gedrückt, so wird der Schall der Spitze klanghältig. Dieser Schall wird beim Stehen etwas höher (Dehnung des tympanitisch schallenden Teiles der Lunge durch das Gewicht des sich abwärts senkenden Ergusses), im Liegen tiefer. Sicheres Zeichen von Höhlenbildung ist daher nur der im Liegen höhere Schall. An der Spitze der Lunge beruhen solche Höhlen mit wagrecht gestelltem grösstem Durchmesser zumeist auf raschem Zerfall käsig infiltrierten Gewebes (Spitzenzerfall).

3) Die Lunge innerhalb des Brustkorbes kann durch verschiedene Ursachen in denselben Zustand von Retraction versetzt werden, den sie, aus dem Brustkorbe herausgenommen, anzunehmen pflegt. Tritt z. B. durch eine Wunde der Brustwand oder eine durchlöcherte Stelle der Lungenpleura Luft in den Rippenfellsack ein, und die Lunge zieht sich so lange zurück, bis ihre elastischen Elemente die Gleichgewichtslage erlangt haben, so erhält man in diesem Falle bei der Percussion der Brustwand nicht den Schall der zurückgesunkenen Lunge, sondern den der Luft, die zwischen Lunge und Brustwand eingetreten ist. Wird dagegen in den Pleurasack Flüssigkeit ergossen, so tritt bei einem gewissen Masse dieses Ergusses die Lunge auch zum grösseren oder geringeren Teil in denselben Zustand der Retraction ein, und zwar ist es gerade der zunächst oberhalb des Ergusses gelagerte Lungenteil, der der Brustwand noch anliegend klanghältigen Schall liefert infolge der verminderten Spannung seiner elastischen Elemente. So kann auch durch Geschwülste innerhalb des Brustkorbes, durch Vergrösserung normaler, dort gelagerter Organe, wie z. B. des Herzens, in der nächster Nähe klanghältiger Percussionsschall bedingt werden. Ja es kann ein Teil der Lunge

vorübergehend durch starke Ausdehnung seiner Lufträume (z. B. Ausfüllung mit Exsudat) sich so vergrössern, dass benachbarten Teilen möglich wird, in den Ruhezustand ihrer elastischen Elemente zurückzusinken. Dieser klanghältige Percussionsschall wechselt seine Höhe nicht mit dem Oeffnen und Schliessen des Mundes, aber er kann in einzelnen Fällen für die Dauer einer sehr tiefen Einatmung seines Klanggehaltes verlustig werden. Er wechselt, wo er an der vorderen Brustwand oben zum Vorschein kommt (über Pleuraexsudaten, oberhalb des entzündlich verdichteten Unter- und halben Oberlappens), seine Höhe derart, dass er im Stehen höher wird als im Liegen. Herabtreten des Zwerchfelles und Spannung des retrahierten Lungengewebes sind die Ursachen des im Stehen höheren Schalles.

Der von Baas in letzter Zeit versuchte Nachweis, dass der gewöhnlich auf Erschlaffung bezogene klanghältige Schall einfach der Luftsäule des Atmungsrohres angehöre, ist für viele Fälle unbedingt zutreffend. Sehr oft lässt sich in der Umgebung der Dämpfung entzündeter Lungenteile, über Pleuraexsudaten an klanghältigem Schall der Wintrich'sche Schallwechsel nachweisen, der gar nicht anders als von der Luftsäule des Atmungsrohres aus zu erklären ist. In anderen derartigen Fällen wird der Schall auffallend höher im Stehen, tiefer im Liegen. Hierin möchte ich doch den Beweis sehen, dass die Spannung des zurückgezogenen Lungengewebes massgebend ist für die Höhe des Schalles, wie in dem Versuch der herausgenommenen Lunge. Beides kommt zusammen vor, Wintrich's Schallwechsel und dieser letztere. Jedenfalls scheint es mir nötig, die Annahme der Erschlaffung auf klar bewiesene Fälle zu beschränken.

4) Man weiss erfahrungsgemäss, und man kann es jeden Augenblick durch den Versuch auf's Neue bestätigen, dass **Lungengewebe, dessen Alveolen gleichzeitig Flüssigkeit und Luft enthalten, klanghältigen Percussionsschall** liefert, auch wenn es sich nicht im Zustande der Retraction befindet. Spritzt man nämlich Wasser in die Luftröhre in entsprechender Menge ein, ohne dass der Brustkorb eröffnet ist, so wird von dem Augenblicke an der Brustschall der Leiche klanghältig. Es dürfte zur Zeit noch sehr schwer fallen, den physikalischen Grund dieser Erscheinung anzugeben. Man findet in mehreren Krankheiten, so im ersten und dritten Stadium der Lungenentzündung und beim Oedem der Lunge an der Leiche die Alveolen mit Luft und Flüssigkeit erfüllt, und man beobachtet bei den gleichen Krankheitszuständen am Lebenden klanghältigen Percussionsschall der Brustwand, der beim Oeffnen und Schliessen des Mundes seine Höhe nicht wechselt,

aber in klanglosen Percussionsschall umschlägt, so bald die Alveolen ganz mit Flüssigkeit erfüllt oder wieder ganz lufthaltig werden.

Dies sind die etwas besser gekannten physikalischen Bedingungen, unter welchen klanghältiger Percussionsschall der Brust bei der Krankenuntersuchung getroffen wird. Einzelne weitere, noch ziemlich dunkle Fälle schleppen sich ausserdem in den Lehrbüchern hin. So soll beim Lungenemphysem hie und da klanghältiger Schall sich finden. Doch ist diese Erscheinung eine so ausnahmsweise, dass man wohl besondere Nebenumstände als Ursache vermuten darf und nicht genötigt ist, sie dem Emphysem als solchem zuzuschreiben.

Die von D. Borelli vorgeschlagene **Unterscheidung des offenen und des geschlossenen klanghältigen Schalles** scheint mir darin ihre Berechtigung zu finden, dass verschiedenes Verhalten der Obertöne stattfindet. Der Schall des Kehlkopfes, der Luftröhre, einer Caverne wird beim Oeffnen des Mundes nicht nur höher, sondern es treten auch eine Reihe von Obertönen viel klarer hervor. Auch vom praktischen Standpunkte aus dürfte es sich empfehlen, denjenigen klanghältigen Schall, der den Wintrich'schen Schallwechsel zeigt, kurzweg als offenen zu bezeichnen. Wir werden auf die Bedeutung der Obertöne bei der Besprechung des Metallklanges zurückkommen und die wesentlichste Eigenschaft jener besonderen Art klanghältigen Schalles in dem Verhalten der Obertöne suchen müssen.

IV. Die Höhe des Percussionsschalles

lässt sich **beim klanghältigen Schalle** jeder Zeit leicht beurteilen und kommt hauptsächlich zu zweierlei Zwecken in Betracht: 1) um **an der Brust** den offenen klanghältigen Percussionsschall zu unterscheiden, der von der Luftsäule des Atmungsrohres oder einer Höhle herrührt, von jenem, der in anderer Weise bedingt ist; derjenige der Höhle wird bei offenstehender Stimmritze und bei offenem Munde höher, tiefer bei geschlossenem Munde (vgl. pag. 114). 2) Um aus der Höhe des klanghältigen Percussionsschalles einen annähernden Schluss zu ziehen auf die Grösse und Form des schallenden Organes. In welcher Weise die Form von Hohlräumen in der Lunge Einfluss hat auf die Höhe klanghältigen Schalles, haben wir pag. 115 besprochen.

Sehr auffällig wechselt die Höhe des klanghältigen Schalles kleiner im Herzbeutel oder in dessen nächster Nähe im Rippenfellsacke gelegener Lufträume. Percutiert man in rascher Reihenfolge der Schläge, so bekommt man je nach Herzzusammenziehung oder Erschlaffung ganz verschiedene Höhen des Schalles zu hören. Die Grösse des Luftraumes bleibt die gleiche, aber seine Form und namentlich der für die Schallhöhe massgebende längste Durchmesser wird abgeändert, indem er sich der wechselnden Form des Herzens anpasst.

Besonders muss die Höhe des klanghältigen Schalles beachtet werden bei der Untersuchung des Unterleibes, wo der tiefe Schall des Magens von dem weit höheren des Dickdarmes und der Dünndarmschlingen unterschieden wird, wo ferner der grosse längs der vorderen Bauchwand sich erstreckende Luftraum, der durch Austritt von Luft in den Bauchfellsack entsteht, an allen Stellen gleichmässig tief schallt, und nicht jene Unterschiede der Höhe erkennen lässt, die für gewöhnlich durch die verschieden weiten Darmschlingen bedingt werden. Auch an den lufthaltigen Unterleibsorganen wechselt die Höhe des Percussionsschalles unter verschiedenen Umständen, besonders bei verschiedenen Füllungsverhältnissen, doch zu regellos, um zu bestimmten Schlüssen verwertet werden zu können. Nur am Magen kann man sich öfter überzeugen, dass bei mässiger Füllung und überwiegendem Luftgehalte sein klanghältiger Schall mit der Einatmung entweder höher oder tiefer, als während der Ausatmung wird.

Nach allem Früheren ist es leicht verständlich, dass man den Grundton, vielleicht auch Obertöne, die im klanghältigen Schalle enthalten sind, auffassen und musikalisch bestimmen kann. Durch die Anwendung der Resonatoren kann diese Bestimmung wesentlich erleichtert werden. Aus der Höhe des Grundtones können in gewissen Fällen Schlüsse auf die Grösse des schallgebenden Luftraumes gezogen werden.

Klangloser (nichttympanitischer) Schall, lässt nur weit undeutlicher und nur dann, wenn sehr bedeutende Unterschiede zum Vergleiche vorliegen, annähernde Höhenbestimmung zu. Wenn jedoch behauptet wird (Seitz), dass man gar nie seine Höhe unterscheiden könne, so lässt sich für diese Behauptung von vorne herein kein wissenschaftlicher Grund einsehen, und praktisch genommen, wird jeder den Percussionsschall des dritten rechten Zwischenrippenraumes einer gesunden Brust in der Brustwarzenlinie tiefer finden, als den des fünften der gleichen Seite. Sehr fein bemerkt Skoda, dass der klanglose Schall den Uebergang in klanghältigen in der Art bei Verdichtungen der Lungenspitze mache, dass er erst höher werde. Solche Höhenzunahme klanglosen Schalles erklärt sich aus vermindertem Luftgehalte des Gewebes unter der percutirten Stelle. Wo sich Höhenunterschiede klangloses Schalles erkennen lassen, sind sie zurückzubeziehen auf die Masse und den Luftgehalt, vielleicht auch in geringerem Masse auf die Spannung des schwingenden Gewebes.

Ueber den Einfluss der Atembewegungen auf den Percussionsschall der Brust liegen neuere Untersuchungen von Da Costa, Rosenbach und Friedreich vor. Nach der gründlichen Untersuchung und ausführlichen Darstellung Friedreich's hat tiefe Einatmung die Wirkung am oberen Teile der Lunge, rechts vorn bis zur 4ten, seitlich 5ten, hinten 7ten Rippe, links vorn nur in der Unterschlüsselbeingegend, den Percussionsschall höher und dumpfer zu machen. Vermehrte Spannung und verminderte Erschütterungsfähigkeit der Brustwand wird als Ursache dieser Veränderung des Schalles angesehen, insbesondere das Höherwerden daraus erklärt, dass eine geringere Masse von Lungengewebe durch den Anschlag in Schwingung versetzt werde. Hie und da wird am Schlusse möglichst tiefer Einatmung der Schall wieder tiefer und heller. Dies lässt sich nach obiger Auffassungsweise nicht erklären; der nach und nach sich steigernde Luftgehalt der Lunge soll doch wieder vorherrschende Bedeutung gewinnen. Tiefe Einatmung ändert in dieser Zone den Schall nicht. Ueber den Lungenrändern die an Leber und Herz angrenzen, wird der Schall mit zunehmender Tiefe der Einatmung tiefer und lauter, weil eine dickere Schicht Lungenrandes sich in den Complementärraum einschiebt. Umgekehrtes Verhalten des Lungenrandes während der Ausatmung bedingt auch höheren und leiseren Schall. Binnen einer dritten (»neutralen«) Zone, vorn rechts zwischen 4ter und 5ter Rippe, seitlich zwischen 5ter und 6ter Rippe, hinten zwischen 7er und 8ter, findet während der Einatmung keine Schalländerung statt.

V. Dumpfer Schall.

Als hell bezeichnet man den lauten Schall, der durch starke Percussion über Lufträumen erzielt wird, deren dünne Wandungen vermöge ihres Spannungsgrades zur Fortleitung der Percussionserschütterung gut geeignet sind. Als dumpf den leisen Schall, der durch schwache Percussion über dicken Lagen luftleerer Teile erhalten wird. Vollständig dumpf und dabei klanglos im vollsten Masse ist der Percussionsschall flüssiger oder fleischiger festweicher Teile des menschlichen Körpers, z. B. des Oberschenkels. Ebenso derjenige, der über dem Deltoideus erhalten wird, und bei erwachsenen, etwas wohlbeleibten Leuten auch der der Wirbelsäule. Sehr dumpf, aber nicht vollständig gedämpft ist ferner der Schall, der beim Percutieren auf dem Schulterblatte und auf dem oberen Rande des Cucullaris erhalten wird. Sehr hell dagegen ist derjenige unterhalb des Schlüsselbeines bis herab zur sechsten Rippe. Dicke Brustwandungen, Flüssigkeitslagen zwischen Brustwand und Lunge, unter der Brustwand gelegene luftleere Schichten der Lunge dämpfen den Schall, wie der Percussionsschall eines Lungenstückes um so dumpfer wird, je tiefer man es in eine Flüssigkeit eintaucht, an deren Oberfläche mittelst eines Plessimeters percutiert wird. Legt man ein Stück Leber, Milz oder Muskel, Haut oder Blutgerinnsel über einen luftgefüllten Darm, so wird dessen Schall gedämpft. Ebenso wird am Unterleibe, wo die Leber in dünner Schicht den Magen oder Darmschlingen überlagert, der Schall der letzteren gedämpfter wahrgenommen als wo sie nur von der Bauchwand bedeckt sind. Eine mehrere Zoll dicke Flüssigkeitsschicht zwischen Darm und Bauchwand macht den Schall völlig dumpf, d. h. die Percussionserschütterung verliert sich in ihr, und der durch den Rest derselben erzeugte Schall verliert sich noch vollends, ehe er zur Oberfläche dringt. Jedenfalls darf man erwarten, dass eine 15 cm dicke Flüssigkeitsschicht den Schall völlig dämpft, häufig aber bedarf es hiezu einer nicht ganz so dicken Lage.

Der völlig dumpfe Schall ist jederzeit klanglos. Sonst kann ein verschiedener Grad von Dämpfung oder Helligkeit (Laut- oder Leise-Sein) sowohl dem klanglosen als dem klanghältigen Schalle zukommen.

VI. Voller Schall.

Wir haben schon früher besprochen, inwiefern für den klanghältigen Percussionsschall die Unterscheidung von voll und leer ganz genügend durch die Berücksichtigung der Schallhöhe ersetzt wird. Für den klanglosen Percussionsschall ist dies nicht in gleichem Masse der Fall. Seine Höhe ist keineswegs immer leicht erkennbar, und man wird deshalb die Dauer und die sogenannte Massenhaftigkeit desselben mit berücksichtigen, um auf die Grösse des percentierten lufthaltigen Körpers zu schliessen. In diesem Sinne voll findet sich der Schall z. B. zwischen zweiter und vierter Rippe der rechten Seite vorn. Von da ab wird er allmählich leerer bis zur sechsten. In diesem Sinne voll findet sich ferner der Schall des emphysematösen Brustkorbes im Vergleiche mit einem sonst gleichartigen eng gebauten. Nach der Skoda'schen Lehre wird der Percussionsschall, so oft er gedämpft wird, zugleich leerer, aber er kann sich sehr hell und doch sehr hoch und kurz dauernd über einer kleinen oberflächlich gelegenen Lungenpartie vorfinden, die ringsum von luftleerem Lungengewebe umgeben ist. Die thatsächliche Bedeutung dieses Unterschiedes wird am klarsten werden an einer späteren Stelle, wo die Grenzbestimmung der Brust und Bauchorgane durch die Percussion besprochen werden wird. Sie beruht vorzüglich darin, dass man aus dem Leererwerden des Schalles auf verminderten Umfang oder Luftgehalt des schallgebenden Lungengewebes, aus dem Gedämpftwerden des Schalles auf Ueberlagerung der Lunge durch dickere Schichten luftleerer Teile zu schliessen vermag.

Wenn man von vorneherein dem Unterfangen, vollen und leeren Percussionsschall zu unterscheiden, jede Berechtigung abspricht, so dürften doch folgende Punkte zu erwägen sein. Der Percussionsschall ist von einer ganzen Reihe von Einflüssen abhängig: von Art und Stärke der Percussion, von Dicke und Spannung der Brustwand, von Spannung und Luftgehalt des Lungengewebes, ja nach Friedreich selbst von der Spannung der Pleuren. Jeder kann sich leicht überzeugen, dass ein dickes Stück Lunge durch dicke Brustwand percutiert **anders schallt** als ein dünnes Stück Lunge durch ein dünnes Stück Brustwand percutiert. Schon in diesem Punkte ist nicht die Masse des schwingenden Gewebes allein entscheidend. Wenn man sagt, dass der Percussionsschall des rechten Lungenrandes nur von der Dicke des Lungengewebes und in keiner Weise von dem unterliegenden Lebergewebe abhänge, so entspricht dies allerdings sehr nahe liegenden theoretischen Auffassungen, aber doch nicht ganz den thatsächlichen verwickelten Verhältnissen. Der Percussionschlag wirkt schallerzeugend, er bewirkt aber auch eine mechanische Erschütterung und Einbiegung der Brustwand, die auf das unterliegende Lungengewebe je nach der Nähe einer festen Unterlage sehr verschieden einwirken muss.

Bedenken solcher Art verhindern mich, der so beliebten Abschaffung des vollen Schalles das Wort zu reden.

Die verschiedenen Versuche, neue Begriffsbestimmungen des vollen und leeren Schalles zu schaffen, scheinen mir alle nicht sehr glücklich. Neuerdings hat Jastschenko den vollen Schall darzustellen gesucht als herrührend nicht von dem Luftgehalte der Lunge, sondern von der Elastizität der Brustwand, von der freilich auch der klanghältige und helle Schall abhängig sein soll. —

VII. Metallklang.

Während man an jedem Percussionsschalle die dumpfe oder helle, hohe oder tiefe, klanghältige oder klanglose Beschaffenheit unterscheiden kann, während also diese Grundeigenschaften bei jeder Untersuchung durch die Percussion in Frage kommen, gibt es ausserdem noch einige Percussionserscheinungen, die nur hie und da einmal unter besonderen Umständen getroffen werden. Dahin gehören der »Metallklang« und das Geräusch des »gesprungenen Topfes.«

Der Metallklang wird am besten erkannt durch den Vergleich mit jenem Nachhall hoher klingender Art, der beim Anschlage an ein leeres Fass entsteht. Er kann auch an weit kleineren Behältern hervorgebracht werden, an solchen bis zu 6 Centimeter (Wintrich), ja 3 Centimeter (Merbach) grossem Durchmesser, vorausgesetzt, dass sie Luft enthalten, glatte, regelmässig gebaute Wände besitzen und geschlossen sind oder eine in regelmässiger Form verengte Oeffnung darbieten. Man erhält ihn hinterher beim Anschlagen an einen Krug, eine Flasche, nicht aber an ein Glas. Er entsteht darin durch ein regelmässiges System zurückgeworfener Schallwellen. Eben deshalb, weil die meisten Schallwellen wieder nach innen zurückgeworfen werden, gelingt es oft nur, wenn man das Ohr der Mündung des Gefässes nähert, den Metallklang zu erkennen. Er beruht auf dem Hervortreten hoher Obertöne neben dem Grundtone und auf deren langsamem Abklingen. Er ist demnach zu betrachten als eine besondere Art des klanghältigen Schalles, als ein Klang ausgezeichnet durch das besondere Verhältnis der hohen Obertöne zu dem Grundtone. Wo der verhältnismässig tiefe und zu den Obertönen nicht in harmonischem Verhältnisse stehende Grundton deutlich gehört und von den hohen Obertönen lange überdauert wird, hat man es mit dem metallischen Nachklang, amphorischem Wiederhall zu thun. Treten die Obertöne allein stark hervor, so dass der Grundton kaum zur Wahrnehmung kommt, so handelt es sich um Metallklang im engeren Sinne. Die Obertöne treten deutlicher hervor, wenn man einen hohen klirrenden Schall erzeugt statt des gewöhnlichen Percussionsstosses. Dieser klirrende Laut enthält Töne, die durch Resonanz die hohen Obertöne in dem Luftraume, der percutiert wird, hervorrufen. Darauf beruht die Stäbchenpercussion, ein Stoss mit Elfenbein oder Metall gegen das Plessimeter. Von Heubner entdeckt, wurde sie von Leichtenstern weiter entwickelt und z. B. zur Erkennung des Zwerchfellsbruches verwendet. Die Anwendung von Stimmgabeln zur Schallerzeugung könnte auch hier in Frage kommen. — Die Höhe des Metallklanges richtet sich, wie jene des klanghältigen Schalles, nach dem grössten Durchmesser des Schallraumes, in dem er entsteht, aber sie wechselt ausserdem noch etwas je nach der Richtung, in der die Percussionserschütterung erfolgt. So gibt der Luftraum eines ellipsoidischen Gefässes bei Percussion in der Richtung eines längeren Durchmessers tieferen, in der Richtung eines kürzeren höheren Metallklang. Während bei stark gespannten Wänden eines sonst geeigneten Luftraumes klanghältiger Schall nicht entstehen kann, wird der Metallklang hiedurch nicht beeinträchtigt. Man kann sich an der rund aufgeblasenen Mundhöhle sehr deutlich hiervon überzeugen. Auf diesen Verhältnissen beruht es, dass der Metallklang häufig gerade dann entsteht, wenn der gewöhnliche klanghältige Schall verschwunden ist.

Bei Gesunden findet sich Metallklang niemals an der Brusthöhle, unter krankhaften Umständen findet er sich dann, wenn ein grösserer Luftraum, der überhaupt die Bedingungen für die Entstehung des Metallklanges darbietet, entweder innerhalb des Lungengewebes in der Nähe der Brustwand, im Pleurasacke oder in der Höhle des Herzbeutels vorhanden ist. Höhlen der Lunge stehen gewöhnlich in freier Verbindung mit Luftröhrenästen und den daran sich anschliessenden Lufträumen; daher kann ihr metallischer Percussionsschall beim Oeffnen des Mundes deutlicher zu Gehör kommen. Hohlräume, die bei Austritt von Luft zwischen beide Pleurablätter oder in dem Herzbeutel entstehen (Pneumothorax, Pneumopericardie), werden gewöhnlich durch baldige Wiederverschliessung der Fistelöffnungen allseitig abgeschlossen, oder es wird doch ihre Verbindung nach der Lunge hin eng und beschränkt, ihr Metallklang wird nicht lauter beim Oeffnen des Mundes. Die Brustwand darüber befindet sich in stärkerer Spannung, so dass die Zwischenrippenräume vorgetrieben erscheinen. Dieser Grad von Spannung erschwert den Durchtritt der Schallstrahlen. Man ist deshalb oft genötigt, um Metallklang, der über solchen Hohlräumen entsteht, überhaupt zu hören, das Ohr der percutierten Stelle der Brustwand sehr zu nähern oder in der Nähe anzulegen (Percussions-Auscultation). Innerhalb solcher Hohlräume vorhandene Flüssigkeit wechselt weit leichter und freier als die der Höhlen ihre Lage, ändert somit die Formverhältnisse des Luftschallraumes und hat insofern Einfluss auf die Höhe des Metallklanges, der wenigstens seinem Grundtone nach mit der Länge des grössten Durchmessers an Tiefe zunimmt. Am Magen erscheint auch bei Gesunden häufig Metallklang, wenn seine Höhle stark mit Luft gefüllt ist; unter krankhaften Verhältnissen kann an der ganzen vorderen Bauchwand Metallklang entstehen, wenn Luft in den Bauchfellsack ausgetreten ist und die

Darmschlingen, Leber und Milz von der Bauchwand abgedrängt hat, oder am grössten Teile derselben, bei starker Luftanfüllung der Darmschlingen.

VIII. Geräusch des gesprungenen Topfes.

Das Geräusch des gesprungenen Topfes (bruit du pot fêlé, Münzenklirren, percuto- auscultatorisches Anblasegeräusch nach Baas) hat die grösste Aehnlichkeit mit dem Geräusche, das beim Aufschlagen der beiden hohl an einander gelegten Handflächen auf das Knie entsteht, oder das erzeugt wird, wenn Jemand beim Schreien oder Singen stark auf seine Brust schlägt. In einer genauer zutreffenden Weise kann es nachgeahmt werden durch Percussion an der Seitenfläche des Kehlkopfes bei fast geschlossenem Kehldeckel.

Geräusch des gesprungenen Topfes entsteht in pathologischen Fällen in ähnlicher Weise wie beim Aufschlagen der Hände auf das Knie, durch Entweichen der Luft aus einem lose geschlossenen Hohlraume, wobei sie durch eine enge Spalte sich mit zischendem Geräusche hindurchdrängt und mit diesem Geräusch den vorher entstandenen klanghältigen Schall oder Metallklang unterbricht. Auch das von Wintrich hervorgehobene Verhältnis kommt dabei zur Geltung, dass der klangähnliche Schall oder Metallklang des betreffenden Hohlraumes durch die Verdichtung seiner Luft infolge starker Percussion auf einen Augenblick zum Schweigen gebracht wird. Häufig ist starke Percussion nötig, um das Geräusch des gesprungenen Topfes dort, wo es erhalten werden kann, hörbar zu machen. Seine Wahrnehmung wird in vielen Fällen durch Oeffnen des Mundes und weite Stellung der Rachenorgane und des Kehlkopfseinganges erleichtert; man lässt daher die Kranken durch den Mund atmen. Dieses Geräusch entsteht nicht allein über oberflächlichen, unter biegsamer Brustwand gelegenen, grossen Hohlräumen, wo sein Vorkommen in der oben angedeuteten Weise zureichende Erklärung findet, sondern es wird auch dort beobachtet, wo kleine Lungenteile inmitten entzündlich verdichteten Gewebes lufthaltig blieben. Es findet sich ferner in der Nähe, namentlich über verdichtetem Lungengewebe, so bei Lungen- und Rippenfellentzündung, aber es ist auch bei Kindern häufig, bei Erwachsenen einzelne Male (H. Bennet) über der ganz gesunden Lunge getroffen worden. Da seine Entstehung an die Bedingung sehr biegsamer Beschaffenheit der Brustwand geknüpft ist, wird das häufigere Vorkommen bei Kindern leicht erklärt. Aus dem gleichen Grunde trifft man es am häufigsten zwischen Schlüsselbein und Brustwarze, seltener an der Rückenfläche und an dieser wieder eher zwischen Schulterblattwinkel und elfter Rippe, als auf dem Schulterblatte.

Unter den neueren Arbeiten sind besonders diejenigen von Baas und von Leichtenstern hervorzuheben. Als Grundbedingung ergibt sich ein von den äusseren Teilen der Luftwege nach dem Kehlkopfe gerichteter und durch die Percussion erzeugter Luftstrom, der irgendwo durch eine Enge sich hindurchdrängt. Liegt die Verengerung an einem kleinen Aste der Luftröhre, der zu einer Insel lufthältig gebliebenen Gewebes führt, so hat das Oeffnen des Mundes keinen Einfluss. Liegt sie in einem grösseren Aste, an der Mündung einer Höhle, oder an der Stimmritze, so tritt die Erscheinung deutlicher und leichter hervor bei geöffnetem Munde. Sie wird zudem in allen Fällen begünstigt durch den Vorgang der Ausatmung. Ist die Verengerung gebildet durch Schleimmassen, in denen zugleich Rasselgeräusche entstehen, so kann man von feuchtem Geräusch des gesprungenen Topfes reden, in anderen Fällen von trockenem.

Als ein besonderes Geräusch ist von Briançon und Piorry das Hydatidenschwirren beschrieben worden. Dasselbe soll gleichfalls durch Auscultation in der Nähe der percutierten Stelle wahrgenommen werden. Man fühlt dabei über Echinococcusblasen und anderen stark gespannten dünnwandigen Säcken, die leicht bewegliche Flüssigkeit enthalten, am aufgelegten Ohre die kleinwellige Fluctuation. Man hört auch gleichzeitig einen dumpfen, dem Schwirren einer Basssaite ähnlichen Schall. Ich muss es zur Zeit dahingestellt sein lassen, ob dieser in der gespannten Membran oder in der Luft des Hörrohrs entstehe. Von besonderer diagnostischer Bedeutung für die Erkennung von Hydatiden ist er jedenfalls nicht.

IX. Gefühl des Widerstandes.

In innigem Zusammenhange mit dem Gedämpfstein des Percussionsschalles steht der beim Percutieren wahrnehmbare Widerstand. Man fühlt allenthalben, wo völlig dumpfer Schall entsteht, dass der percutierte Körper nicht in Schwingungen gerät, und man fühlt deshalb einen hohen Grad dieses Widerstandes sowohl beim Percutieren auf einem Flüssigkeitsspiegel, als auch auf einem festen Körper. Aber es mengt sich in diesen Fällen noch eine andere Empfindung bei, nämlich die, ob der percutierte Körper überhaupt nachgiebig sei und einen Eindruck annehme, oder auch hiefür vollständigen Widerstand biete. Ueberall wo völlig dumpfer Schall entsteht, ist der

Widerstand bedeutend. Aber er schwankt dann wieder, indem er auf harten Körpern und weichen, wenn beide dumpf schallen, verschieden gross sein muss. So fühlt man über einem verkalkten Echinococcussack bedeutenderen Widerstand, als über einem Flüssigkeit enthaltenden. Der Widerstand über lufthaltigen Körpern wird um so geringer, je mehr der Percussionsschall hell und voll ist. Ueber grossen gespannten lufthaltigen Räumen (z. B. Pneumothorax) fühlt man ein eigentümliches Wogen der Brustwand beim Percutieren. Entscheidende diagnostische Bedeutung ist dem Verhalten des fühlbaren Widerstandes wohl nie beizumessen, doch liefert es bei bestimmten Krankheitsformen nicht unwichtige Unterschiede. So liefern flüssige Ergüsse im Pleurasacke stets bedeutenderen Widerstand als luftleere Teile der Lunge, und es kann mitunter die Grenze zwischen einem Pleuraexsudate und dem darüber gelegenen luftleeren Lungenteile aus dem fühlbaren Widerstand annähernd bestimmt werden. Wo die Verhältnisse zu sehr leiser Percussion zwingen, entnimmt man mehr dem Masse des fühlbaren Widerstandes als dem gehörten Schalle das Urteil über den Luftgehalt der unterliegenden Teile. Mittelbare Percussion mit den Fingern gestattet viel feinere Wahrnehmung dieses Zeichens als Klopfen mit Hammer und Plessimeter.

X. Grenzen der Schallgebiete.
(Topographische Percussion.)

Man erlangt die grösste Sicherheit in Ausübung der Percussion durch häufige Versuche am Brustkorbe von Gesunden und Kranken, die richtig gelagerten oder verschobenen anatomischen Grenzen der Organe kennen zu lernen. Zu ärztlichen Zwecken ist man sehr oft genötigt diese Grenzen zu bestimmen, und man wird dabei sehr oft und lebhaft erinnert, wie ohne genaue Kenntnis der normalen Verhältnisse richtige Auffassung der krankhaften unmöglich sei. Dem Kranken kann viel Belästigung, dem Arzte Zeit erspart werden, wenn die Grenzbestimmung eines jeden Organes nach richtiger Methode geschieht. Durch Herumpercutieren im Kreise kommt man nicht zum Ziele oder erst nach langem Zeitverlust. **Bei allen Grenzbestimmungen von Organen percutiert man zuerst parallel dem Längsdurchmesser des Körpers.** Bei einigen bedarf es nur der Percussion in dieser Richtung: Lunge, Leber, Magen. Bei anderen percutiert man dann senkrecht auf diese Linien: Herz, Niere. Nur bei der Milz percutiert man erst parallel mit dem Längsdurchmesser des Körpers, dann in der Richtung des Längsdurchmessers des Organes. — Die topographische Percussion dieser eben genannten Organe soll hier zunächst besprochen werden. Zu Unterrichtszwecken übt man seit lange die Methode des Anzeichnens derjenigen Schallgrenzen, die man gerade bestimmt. Anfängern wird es oft nur auf diese Weise möglich, eine Uebersicht über das Verhalten der normalen oder wenig veränderten Grenzlinien der Organe zu erhalten. Bei schwierigen Krankenuntersuchungen, wenn z. B. Verschiebbarkeit der Schallgrenzen beim Atmen oder bei Lageveränderungen ihrer Grösse und Ausdehnung nach bestimmt werden muss, kann auch der Geübteste genötigt sein, zu diesem Hilfsmittel zu greifen. Man verwendet verschiedene Farben hierzu. Piorry hat eine fette, durch Kienruss schwarz gefärbte Mischung als Crayon dermographique empfohlen. Tinte eignet sich wenig, weil sie zu leicht überfliesst, Tusche beschmutzt die Finger, dagegen eignet sich die von Ziemssen empfohlene, dunkelblaue Creta polycolor vortrefflich hierzu. Noch leichter und augenfälliger schreibt sich auf die Haut mit den Faber'schen Copierstiften. Die violette Tintenfarbe, die sie geben, haftet sehr fest. Nur wo Grenzlinien sehr dauernd bezeichnet werden sollen, ist Höllenstein das einzig geeignete Mittel. In der Praxis kann manchmal ein befeuchteter weicher Bleistift ganz ausreichende Dienste leisten. Für Anfänger ist zu erwähnen, dass bei der Bestimmung dumpfer Schallräume, wenn man die erste dumpfschallende Finger- oder Plessimeterbreite percutiert, die Strichmarke genau ausserhalb derselben anzubringen ist. Wenn man die letzte hellschallende Fingerbreite vorhat, genau noch innerhalb ihres Randes.

Man hat besondere Methoden in Anwendung gebracht, um die Genauigkeit dieser Grenzbestimmungen zu steigern. Die mit Massen versehenen breiten Plessimeter sollten hiezu dienen, aber sie geben gewöhnlich den Gesamtschall der von dem Plessimeter bedeckten Fläche an jeder Stelle, nicht den unterscheidbaren Schall physikalisch verschiedener Abschnitte dieser Flächen. Wintrich hat zu diesem Zwecke unter dem Namen lineare Percussion ein Verfahren empfohlen, welches darauf beruht, das Plessimeter schief nur mit seinem Rande aufzusetzen und von der Fläche her zu percutieren. Wenn überhaupt das Plessimeter in Gebrauch gezogen wird, so kann hierdurch allerdings die Genauigkeit der Ergebnisse sehr gesteigert werden. Peter hat zum gleichen Zwecke einen Plessigraphen angegeben. Recht brauchbar ist das von Baccelli angegebene beilförmige Plessimeter. Uebt man Fingerpercussion, so kann man sicher auf Fingerbreite verschiedene Schallräume abgrenzen, ja auch auf halbe und Drittelfingerbreite, indem man, wenn eine Grenzlinie ungefähr bestimmt ist, den Schall vergleicht, den man erhält beim Aufsetzen des Fingers mitten auf, gerade über, und gerade unter derselben. Es lässt sich so auf ½ cm Breite eine genaue Bestimmung ausführen.

XI. Grenzen der Lunge.

Anatomisch können dieselben am geöffneten Brustkorbe nicht erkannt werden, weil in diesem die Lunge bereits aus ihrer Lage gewichen ist. Sie können nur erkannt werden an Durchschnitten gefrorener Leichen, durch Freilegung der durchscheinenden Pleura von aussen oder durch Einstechen von mehreren Nadeln in der Nähe der vermuteten Grenze, um nach der Eröffnung zu sehen, welche Nadel wirklich den Rand der Lunge traf. Aber auch diese Grenzen sind nicht genau die mittleren der atmenden Lunge, sondern diejenigen des Zustandes der Ausatmung. Da die Lunge den wechselnden Formverhältnissen des Brustkorbes stets folgt, so müssen auch ihre Grenzen in beständigem Schwanken begriffen sein.

Wenn die genaue Bestimmung der Lungengrenzen an der Leiche wohl auch den Wert nicht hat, die Grenzen der Lungen am Lebenden kennen zu lehren, so zeigt sie doch im Verein mit der zuvor an der Leiche vorgenommenen Percussion, in wie weit die Ergebnisse der letzteren richtig sind und überhaupt es sein können. Die gleiche Methode der Percussion am Lebenden angewandt, muss mit gleicher Richtigkeit die Lungengrenzen aufweisen.

Der Percussionsschall der Lunge Gesunder ist an allen Stellen des Brustkorbes klanglos. Ausnahmen von dieser Regel sind nur scheinbar, wenn gleichzeitig mit der Lunge in der Nähe gelegene klanghältig schallende Organe in Schwingung versetzt werden. Er ist ferner in verschiedenem Grade hell und voll und unterscheidet sich durch erstere Eigenschaft von dem Schalle der lufthaltigen Unterleibsorgane, durch seine Helligkeit und Völle von dem gleichmässig fleischiger oder drüsiger Organe, des Herzens, der Leber, der Milz. Die inneren Ränder der Lunge kommen bei der Percussion nur in der Herzgegend in Be-

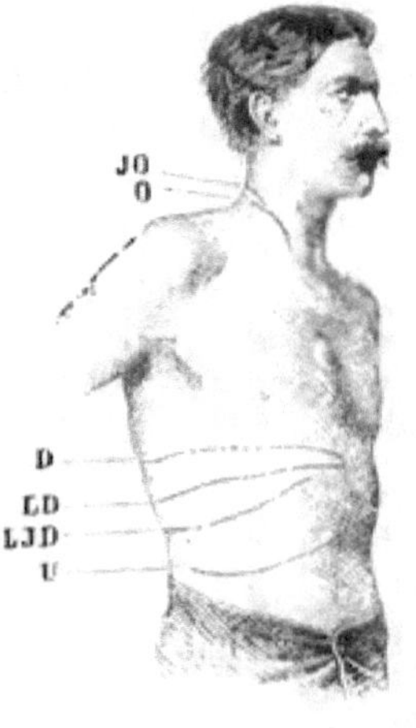

Fig. 15. Obere Lungengrenze und Verschiebung der Lungengrenze durch Seitenlage. O. Obere Lungengrenze, J. O. Inspiratorische obere Grenze, D. Stand des Diaphragma's, L. D. Derselbe bei linker Seitenlage und ruhigem Atmen, J. L. D. Derselbe bei linker Seitenlage und tiefer Inspiration, U. Untere Lebergrenze.

tracht. In der oberen Brustbeingegend können sie wegen der eigentümlichen Schallleitungsverhältnisse des Brustbeines nicht abgegrenzt werden.

Die obere Grenze der Lunge legt beiderseits gleich hoch, 3—4 cm oberhalb des oberen Schlüsselbeinrandes (Strempel, Heyer), und an der Rückseite in gleicher Höhe mit der Spitze des Dornfortsatzes des siebenten Halswirbels. Nach innen zu begrenzt sich die Lungenspitze längs des hinteren Randes des Kopfnickers, oder ihn etwas überschreitend nach vorne. Zwischen beiden Lungenspitzen gelegen findet man teils den leeren Schall der Muskeln und der Gefässe des Halses, teils den klanghältigen der Luftröhre.

Von H. Krönig ist die Umgrenzung der Lungenspitzen durch Percussion genauer bearbeitet worden. Er empfiehlt namentlich leise Percussion anzuwenden; legt nicht allein Wert auf die Bestimmung des höchsten Punktes der Lungenspitze, sondern namentlich auch auf die genaue Bestimmung der medialen hinteren und lateralen vorderen Grenze des obersten Teiles der Lunge.

Die untere Grenze der Lunge entspricht weder den Ursprüngen des Zwerchfelles, noch dem unteren Ende des Pleurasackes, sondern sie liegt höher als beide, und bildet eine ziemlich in gleicher Höhe um den Brustkorb laufende Linie, da wo das Zwerchfell von seinem anfangs senkrecht aufstrebenden Verlaufe nach innen abbiegt. Diese Linie findet sich:

neben dem Brustbein am unteren Rande der sechsten,
in der Brustwarzenlinie am oberen Rande der siebenten,
in der Axillarlinie am unteren Rande der siebenten,
in der Schulterblattlinie an der neunten,
und neben der Wirbelsäule an der eilften Rippe.

Der Stand dieser Grenze wird sehr verschieden angegeben, so für die Axillarlinie von der 6ten bis 8ten Rippe, für die Schulterblattlinie von der 9ten bis 12ten Rippe. Wenn auch Schwankungen innerhalb der Breiten der Gesundheit vorkommen, so dürfen sie doch nicht so weit von der Norm abweichen, wie manche litterarische Angaben. Um einen Begriff von der Art und Ausdehnung dieser Schwankungen zu geben, citiere ich wörtlich das Ergebnis, welches G. Matterstock über den Stand des Lungenrandes in der Brustwarzenlinie bei Aufzeichnungen über 300 Personen erhielt.

„Der untere Rand der rechten Lunge schwankt in der Mammillarlinie bei gesunden jugendlichen Männern zwischen dem unteren Rande des 6ten und dem oberen des 7ten Rippenknorpels, also nur in der Breite eines Intercostalraumes. Am häufigsten liegt derselbe an letztgenannter Stelle. Weiteres Hinauf- oder Herabrücken um einige Millimeter kann in den

Breiten der Norm noch vorkommen, ist aber selten". Der untere Rand der rechten und linken Lunge steht bei Gesunden gleich hoch. —

Die untere Grenze der **Lunge** rückt bei **tiefem** Ausatmen weiter nach oben, bei tiefem Einatmen, auch beim **Liegen** auf der andern **Seite herab**, aber nur in einem Falle, nämlich wenn der Untersuchte wagrecht auf einer Seite liegt und möglichst tief einatmet, steigt der **Lungenrand** der andern Seite herab bis zur untern Grenze des **Pleurasackes**, füllt den Complementärraum, den der unterste Teil des Pleurasackes abgibt, vollständig aus und liefert hellen, vollen, klanglosen Schall bis zu 2½ cm breit vom Rippenbogen. Ein besonderes **Verhalten** zeigt der Percussionsschall zwischen viertem und sechstem Rippenknorpel, zwischen Brustbeinrand und Parasternallinie linkerseits. Er ist hier vollständig dumpf und leer, an der Brustwand liegt in der genannten Ausdehnung das **Herz** an und liefert den **Schall eines luftleeren Körpers.**

Zwischen unterem Lungenrande und unterer Grenze des Pleurasackes liegen Pleura diaphragmatica und costalis in einer Ausdehnung an einander, die nach Luschka bei ruhigem Atmen in der Parasternallinie 2, in der Brustwarzenlinie 4 cm, in der Axillarlinie 9, neben der Wirbelsäule 3 cm beträgt. Dieser Complementärraum, wie ich ihn genannt habe, wird bei tiefster Einatmung ausgefüllt, so dass der Lungenrand sich zwischen die Pleurablätter schiebt bis zu deren Uebergangsstelle — vorne und hinten, in der Axillarlinie jedoch nur in der Lage auf der andern Seite bei tiefster Einatmung. Darüber, ob die Ein- oder Ausatmungsbewegung des Lungenrandes grösser ausfalle, liegen entgegengesetzte Angaben vor. Die genauen Untersuchungen von Leichtenstern ergeben, dass es in der Mehrzahl der Fälle, häufig aber erst nach wiederholter Uebung gelingt, die grösste Ausatmungsbewegung über das Mass der tiefsten Einatmung zu steigern; dagegen findet sich in einzelnen Fällen bei ganz gesunden Leuten grössere Beweglichkeit für die Ein- als für die Ausatmung vor.

Unter allen Teilen der Brustwand liefert den hellsten Schall der innere Teil der Unterschlüsselbeingegend, und hier schallt wiederum die linke Seite häufig etwas heller als die rechte (geringere Entwicklung der Muskulatur). Der äussere Teil dieser Gegend gibt schon etwas dumpferen, die Oberschlüsselbeingrube dumpferen und leereren Schall. Von der zweiten Rippe an bis zur vierten wird linkerseits der Percussionsschall je weiter nach abwärts, desto leerer im Vergleiche mit den entsprechenden Punkten rechts. Auf der rechten Seite beginnt der Percussionsschall bei der vierten Rippe, welcher gegenüber in der Mitte des Brustraumes der höchste Punkt des Zwerchfelles und der Leber gelegen ist, leerer zu werden, und diese leerere Beschaffenheit desselben steigert sich bis zur sechsten, möglicherweise siebenten Rippe, wo plötzlich der helle Schall umschlägt in völlig dumpfe Beschaffenheit. Die Percussion des Schlüsselbeines selbst liefert innen etwas dumpferen Schall als die darüber und darunter gelegenen Teile der Brustwand, entsprechend der Dicke des Knochens, nach aussen zu sehr dumpfen Schall. Sehr eigentümlich sind die Percussionsverhältnisse des Brustbeines. Man erhält auf dem Griffe, an dessen Innenseite teils luftleere Gebilde angelagert sind, teils auch der klanghältig schallende Hohlraum der Luftröhre angrenzt, dennoch hellen, vollen, klanglosen Schall. Am hellsten und vollsten schallt allerdings der mittlere Teil des Brustbeins zwischen zweiter und vierter Rippe. Aehnlich verhält es sich zwischen vierter und sechster Rippe; hier berührt die linke Hälfte des Brustbeines das Herz, und sie schallt dennoch in der gleichen Weise hell, voll und klanglos, wie die rechte. Daraus lässt sich folgern, dass das Brustbein eine eigentümliche, an der ganzen Brustwand nur gerade diesem Organe zukommende Leitungsfähigkeit für Percussionserschütterung besitzt. Man kann diese Leitungsfähigkeit künstlich stören, wenn ein Gehilfe in der Nähe der percutierten Stelle beide Hände quer über das Brustbein fest auflegt. Druck von innen her durch Geschwülste oder bedeutende Vergrösserung des Herzens bewirkt, kann gleichfalls den hellen Schall des Brustbeines dämpfen.

Noch dumpfer als in den seither erwähnten Gegenden ist der Schall unter der Achselhöhle, unterhalb des Schulterblattes und am stärksten gedämpft auf diesem selbst. Percutiert man linkerseits, von der Achselhöhle an gerade nach abwärts, so wird der Schall nach und nach heller und erhält in der Gegend der fünften, vierten oder sechsten Rippe einigen Klanggehalt, der um so beträchtlicher ist, je mehr der Blindsack des Magens durch grösseren Luftgehalt klanghältigen Schall zu liefern geeignet ist. Anfüllung des Magens mit vielem Speisebrei, Vergrösserung der Milz und viele andere krankhafte Vorkommnisse sind geeignet, diese Erscheinung zu stören oder aufzuheben. Anders verhält sich dies auf der rechten Seite. Hier entspricht der untere Lungenrand zugleich der oberen Grenze der Leberdämpfung. Die ganze Dicke der Leber scheidet die Lunge von den lufthaltigen Unterleibsorganen. Hier wird der Schall von der Achselhöhle oder von der Brustwarze an nach abwärts zwar leerer: er entspricht einer dünneren Lungenschicht, aber er wird nicht klanghältig. In dieser Gegend ist mehr als an andern Stellen, an welchen der Schall im gleichen Masse leerer wird, das Höherwerden bemerkich. Der Schall ist hier sogar an ein und derselben Stelle beim Stehen höher als beim Liegen. Ich schliesse daraus, dass erhöhte Spannung des Lungengewebes, bedingt durch den Zug der Leber am Zwerchfelle, dieses Höherwerden des Schalles hervorruft.

Seitz glaubt, dass jeder Schall, der Unterschiede seiner Höhe erkennen lasse, klanghältig sein müsse, und in der Dissertation seines Schülers Pirsch wird gesagt: oberhalb der Leber finde sich klanghältiger Schall der gesunden Lunge vor. Die Thatsache scheint mir sicher, dass ein Höhenwechsel des Schalles dieses Teiles der Lunge beim Stehen und Liegen sich nachweisen lässt. Ob man einen bestimmten Klang an diesem Schalle erkennt und darnach ihn klanghältig nennen will, ist teilweise Sache des Hörvermögens des Einzelnen. Wenigstens möchte ich zugestehen, dass dieser Schall des rechten unteren Lungenrandes an der Grenze des klanghältigen steht.

Der Schall der Rippen ist etwas höher, kürzer und schwächer als der der zunächstliegenden Zwischenrippenräume. Zufällige Abflachungen in der Wand der sonst gesunden Brust schallen in der Regel heller, zufällige Vorwölbungen dumpfer als entsprechende Stellen der andern Seite.

Bei Krankenuntersuchungen ist der Percussionsschall jedes Punktes einer Brusthälfte mit dem entsprechenden der andern zu vergleichen. Nur die Herzgegend macht hiervon eine Ausnahme. Man beginnt in dieser Weise an der Grube oberhalb des Schlüsselbeines, beschränkt sich von der vierten Rippe an auf die Percussion der rechten Seite und percutiert wie vorne, so von beiden Axillargruben an seitlich und von beiden Lungenspitzen an längs der Rückenfläche nach abwärts bis zu der Abgangslinie des Zwerchfelles. Besonderes Gewicht ist hiebei auf die obere Grenze zu legen, die bei Schrumpfung der Lunge tiefer steht, wie denn auch in diesem Falle der Schall der ganzen Ober- und Unterschlüsselbein-Gegend ein leerer wird. Gerade an dieser Stelle ist es besonders wichtig, dass auf beiden Seiten die Muskulatur gleichmässig erschlafft sei. Leichtes Umdrehen des Kopfes (wie es viele andere thuen, um dem Percutierenden mehr Raum zu gewähren) dämpft bereits den Percussionsschall der einen Oberschlüsselbeingrube. Auch die Richtung des Percussionsstosses hat hier vielen Einfluss. Percutiert man an ganz gleichen Stellen der genannten Grube auf einer Seite senkrecht nach abwärts, auf der andern mehr von vorne nach hinten zu, so wird auf letzterer der Schall dumpfer erscheinen.

Von der Untersuchung der Lungenspitze hängen oft folgenschwere Aussprüche des Arztes ab, z. B. über Verehelichung, Lebensversicherung, Dienstfähigkeit. Man wird sie mit besonderer Vorsicht und nach richtiger Methode vornehmen müssen. Ich lasse den zu Untersuchenden mit entkleidetem Oberkörper auf einen Stuhl niedersitzen, gerade ausschauen mit freien herabhängenden Armen und percutiere hinter ihm stehend. Der linke Mittelfinger lässt sich leicht bis zur 2ten und 3ten Rippe herab von oben her anlegen. Man erzielt so möglichste **gleichmässige** Erschlaffung der Muskeln.

Tiefe Einatmung macht den Schall des Lungengewebes höher, kürzer und leiser, mit anderen Worten höher, leerer und dumpfer. Tiefe Ausatmung ändert den Schall des Lungengewebes nicht. An jenen Randzonen, an denen mit der Einatmung die Schicht des Lungengewebes dicker, mit der Ausatmung dünner wird, findet sich der Schall auf der Höhe der Einatmung tiefer und lauter, nach tiefster Ausatmung höher und leiser als bei ruhigem Atmer. Nach innen von den Randzonen liegt ein neutraler Streif ohne irgendwelchen von tiefen Atemzügen abhängigen Schallhöhenwechsel. Beim Husten und starken Pressen wird teils durch die Muskelspannung, teils durch die innerhalb der Brusthöhle erfolgende Pressung der Luft der Schall merklich gedämpft. Dies findet man auch in einer sehr auffälligen Weise beim Schreien der Kinder; namentlich macht es sich auf der rechten Seite geltend.

A. V o g e l glaubt, dass rechts die Leber beim Pressen hinaufgedrängt werde; da er angibt, dass diese Veränderung des Schalles bis zur Gräte des Schulterblattes hinaufreiche, so gehört eine sonderbare Anschauung über die Beweglichkeit der Leber und die Dehnungsfähigkeit des Zwerchfelles dazu, um diese Erklärung geniessbar zu finden.

Die oben beschriebene Grenze zwischen hellem, klanglosem Schall der Lunge und dem völlig dumpfen der Leber und Milz bezeichnet man gewöhnlich als Stand des Zwerchfelles und zwar wird sie am richtigsten d e r m i t t l e r e S t a n d d e s Z w e r c h f e l l e s benannt. Die obere Zwerchfellgrenze findet sich vorne am Knorpel der vierten rechten Rippe, oder wo der Schall dem höchsten Punkte der Leber gegenüber leerer zu werden beginnt (w a h r e o b e r e L e b e r g r e n z e); als u n t e r e n S t a n d d e s Z w e r c h f e l l e s würde man die untere Grenze des Pleurasackes bezeichnen, bis zu welcher die Lunge nur bei entgegengesetzter Seitenlage und möglichst tiefem Atmen sich ausdehnt. Dieser mittlere Stand des Zwerchfelles wechselt bei gesunden Leuten ungemein wenig. Er ist z. B. bei Kindern jeden Alters, sofern nur ihr Atmungsgeschäft in vollem Gange ist, genau der gleiche wie bei Erwachsenen. Bei Greisen dagegen ist er im Durchschnitte etwas tiefer gelegen. Selbst die Schwangerschaft hat nur geringen Einfluss, dagegen die Geburt einen etwas bedeutenderen. Während der Schwangerschaft erfolgt die Druckzunahme in der

Unterleibshöhle sehr allmählich, so dass die vordere Bauchwand entsprechend ausgedehnt werden kann. Da der untere Umfang des Brustkorbes beträchtlich erweitert wird, werden auch die Ansatzpunkte des Zwerchfelles auseinandergerückt und diese Scheidewand wird durch erhöhte Spannung geeignet, dem Andrängen der Unterleibsorgane grösseren Widerstand entgegenzustellen. Bei der Niederkunft dagegen vermindert sich rasch der Inhalt der Unterleibshöhle, die Rippenbogen treten in ihren früheren Stand zurück, das Zwerchfell ist noch gedehnt und schlaff. So kommt es, dass am Schlusse der Schwangerschaft das Zwerchfell kaum höher steht als beim Beginne derselben, kurz nach der Niederkunft aber 1—2 cm tiefer getroffen wird als zuvor.

Mit Bezug auf krankhafte Zustände sei erwähnt, dass der Stand des Zwerchfelles abhängig ist von dem elastischen Zuge der Lunge, von der Muskelthätigkeit des Zwerchfelles, von der Spannung des Inhaltes der Bauchhöhle, somit in mittelbarer Weise auch von Zusammenziehung und Widerstand der Muskulatur der vorderen Bauchwand, endlich von seiner Belastung durch einen Teil des Gewichtes des darauf ruhenden Herzens und der daran hängenden Leber und Milz. Hieraus folgt, dass Elasticitätsverminderung der Lunge dem Zwerchfell tiefer herabzutreten gestattet, dass Zwerchfellslähmung Hochstand, Krampf dagegen Tiefstand bedingen müsse. Die Belastung des Zwerchfelles durch das Herz, die Leber und Milz kann, an einem dieser Organe gesteigert, Tiefstand bedingen, doch gilt dies mit grösserer Regelmässigkeit für die Vergrösserung des Herzens, als für die der andern beiden genannten Organe. Bisweilen tritt ausnahmsweise Belastung des Zwerchfelles durch Geschwülste an seiner Oberfläche, oder durch Flüssigkeitsergüsse ein, die auf ihm ruhen. Die Spannung des Inhaltes der Bauchhöhle wird erhöht bei Schwangerschaft, Luftauftreibung der Gedärme, Bauchwassersucht und den verschiedensten Geschwulstbildungen der Unterleibsorgane. Weil Vergrösserung der Leber und Milz zugleich die gesamte Spannung in der Bauchhöhle vermehrt, bewirkt sie auch häufiger Hochstand als Tiefstand des Zwerchfelles.

XII. Die Grenzbestimmungen des Herzens

setzen genaue Kenntnis der Lagerungsverhältnisse voraus. Erinnern wir uns, dass von den grossen Gefässen abwärts die rechte, durch den rechten Vorhof gebildete Grenze vom zweiten Zwischenrippenraum bis zum sechsten Rippenknorpel im Bogen herabzieht, links vom zweiten Zwischenrippenraum bis zur Herzspitze die linke, unten quer durch den sechsten rechten Rippenknorpel zum Schwertfortsatz und den sechsten linken Rippenknorpel die untere von der rechten Kammer gebildete Grenze sich erstreckt. Von dieser grossen vorderen Fläche des Herzens, welche innerhalb dieser Ränder liegt, ist nur ein kleiner Teil zwischen viertem und sechstem linkem Rippenknorpel, Mitte des Brustbeines und Herzspitze von Lunge unbedeckt.

Beide Bezirke, den grösseren der ganzen vorderen Fläche des Herzens und den kleineren von Lunge unbe-

Fig. 16.

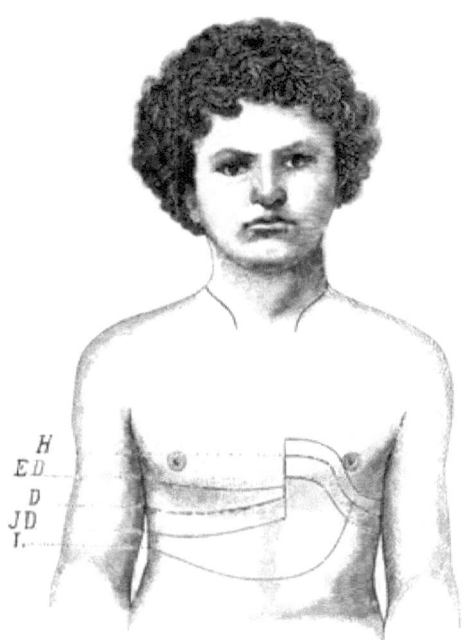

Obere Lungengrenze, Stand des Zwerchfells (E), Herzdämpfung (H.) eines Gesunden, bei tiefer Einatmung (L.) und Ausatmung (E.). Unterer Leberrand (L.)

deckten hat man durch die Percussion zu bestimmen gesucht. Der innere, kleinere muss den Eigenschaften des Schalles nach, den er liefert, als Herzdämpfung bezeichnet werden. In dieser

Beziehung besteht jedoch eine nicht ganz gelinde Sprachverwirrung, indem er von Andern als **Herzleerheit** oder Herzmattigkeit bezeichnet wird (Conradi, Seitz, Friedreich), neuerdings oft z. B. bei **Weil** als absolute Herzdämpfung, von manchen auch als die kleine Herzdämpfung. Percutiert man längs des linken Brustbeinrandes von oben nach abwärts, so wird von der zweiten Rippe ab der Schall leerer, indem eine immer dünnere Schicht von Lunge das Herz von der Brustwand trennt. Bei der vierten Rippe unterem Rande oder im vierten Zwischenrippenraum hat diese Schicht ein Ende und der Schall wird völlig dumpf. Bezeichnet man sich diese Stelle und die durch Percussion längs der rechten Brustwarzenlinie nach abwärts gefundene untere Grenze der rechten Lunge, so ist es leicht durch Percussion in querer Richtung zwischen beiden Linien den inneren (rechten) und den äussern (linken) Rand der Herzdämpfung wiederum aus dem völlig dumpfen Schall zu erkennen. Ersterer entspricht dem linken Rande des Brustbeines, der andere erstreckt sich von dem äusseren Ende des oberen Randes an schief nach abwärts und aussen bis zur Stelle der Herzspitze. Da die Lingula des linken oberen Lappens nicht breit genug ist, um auf den Percussionsschall erheblich einzuwirken und der linke Leberlappen unmittelbar unterhalb des Herzens gelegen, fast so weit als die Herzspitze nach aussen reicht, geht der dumpfe Schall der Herzgegend unmittelbar in dumpfen des linken Leberlappens über. Man bestimmt deshalb die untere Grenze des Herzens auf mittelbarem Wege durch Verlängerung der rechten unteren Lungengrenze in entsprechender Weise nach links mit Berücksichtigung der Stelle des Spitzenstosses hinüber; so erhält man ein Viereck von ungleich langen Seiten, dessen innere und untere Seite jedoch ziemlich übereinstimmend 5—6 cm messen.

Anfänger erschweren sich manchmal die Sache dadurch, dass sie vom zweiten linken Rippenknorpel an schräg noch aussen, **neben** der äusseren Grenze der Herzdämpfung vorbei percutieren.

Bisweilen reicht eines von Beiden, der linke Leberlappen oder das Herz, weiter nach links hinüber. In diesem Falle lässt sich die untere Herzgrenze unmittelbar durch Percussion bestimmen. In den übrigen Fällen, in denen man diese Grenze künstlich feststellen muss, kann man bei Gesunden die rechte Lungenlebergrenze in entsprechender Weise nach links übertragen, bei Kranken mit ungleichem Zwerchfellstande wird man die Berücksichtigung des Herzstosses nicht entbehren können. Von Matterstock ist neuerdings darauf aufmerksam gemacht worden, dass bei einer Minderzahl Gesunder mit sehr kurzem Brustbeine eine kleine rechtsseitige Herzdämpfung unterhalb des unteren Brustbeinendes in der Gegend des rechten Rippenbogens sich finde.

Die Grösse der Herzdämpfung ist abhängig von der Grösse des Herzens und von der Ausdehnung der Lunge, oder eigentlich dem Stande des Zwerchfelles. Steht nämlich letzteres höher, so wird das Herz mit einem grösseren Teile seiner vorderen Fläche die Brustwand berühren und grösseren Dämpfungsbezirk liefern. Tritt das Zwerchfell herab, so lehnt sich das darauf liegende Herz nach rückwärts und berührt mit kleinerer Fläche die Brustwand, den freibleibenden Raum aber füllen stets die Lungen aus. Die übliche Ausdrucksweise, die Herzdämpfung sei grösser oder kleiner wegen stärkerer Zusammenziehung der Lunge, oder weil die Lunge sich zwischen Herz und Brustwand hineingelagert habe, ist insofern unrichtig, als die Lunge am Herzen weder drückt noch schiebt, sondern nur den frei werdenden Raum zwischen Herz und Brustwand ausfüllt. Ist die Lunge verwachsen oder steht das Zwerchfell tief, so kann selbst die bedeutendste Ausdehnung des Herzens ohne irgendwelche Vergrösserung der Herzdämpfung bestehen.

Gerade aus diesem Grunde erscheint es viel wertvoller, die ganze Grösse der vorderen Fläche des Herzens durch die Percussion zu bestimmen. Dies ist jedoch thatsächlich nicht mit gleicher Genauigkeit möglich, weil, entsprechend den gerundeten und weit von der Brustwand abliegenden Rändern des Herzens, der Uebergang vom vollen zum etwas leereren Schall nur ganz allmählich stattfindet, so dass ein Teil des Herzens, auch wenn man nach dem leeren Schall urteilen will, der Percussion stets entgeht. Genauere Untersuchungen, welche über diesen Gegenstand von Kobelt in Giessen angestellt worden sind, und zwar in der Absicht angestellt wurden, die ganze Grösse des Herzens zu bestimmen, haben ergeben, dass weder die rechte, noch die obere Grenze richtig aus dem leeren Schalle erkannt werden könne, sondern nur die linke, die ohnehin durch den Herzstoss bezeichnet ist. Damit sei keineswegs gesagt, dass diese Methode überhaupt nicht anzuwenden sei, obgleich man durch dieselbe nur einen grossen, aber unbestimmt grossen Bruchteil der vorderen Fläche des Herzens umgrenzt. Ich finde im Gegenteil, dass in Fällen, wo die Herzdämpfung wegen Verwachsung der benachbarten Lungenränder oder aus ähnlichen Gründen verhältnismässig klein erscheint, eine grosse Ausdehnung des Organes aus der Percussion erkannt werden kann, wenn man die Grenzen des leeren Schalles, also der Herzleerheit, berücksichtigt. Der Bezirk des leeren Schalles in der Herzgegend, den man auch als grosse Herzdämpfung, als relative Dämpfung aufgeführt findet, lässt sich zumeist umgrenzen durch Linien, deren eine rechts von dem 2ten Zwischenrippenraum oder dem oberen Rande des 3ten Rippenknorpels bis zur Grenze zwischen Lungenrand und Leber etwa bis zur Parasternallinie schräg herabsteigt, indes die linke von der gleichen Höhe ausgehend in der Gegend des Spitzenstosses das Zwerchfell erreicht. Er bildet so annähernd ein sehr stumpfspitziges Dreieck. Die Basis liegt auf der Abgangslinie des Zwerchfelles, die abgerundete Spitze auf den oberen Teile des Brustbeinkörpers.

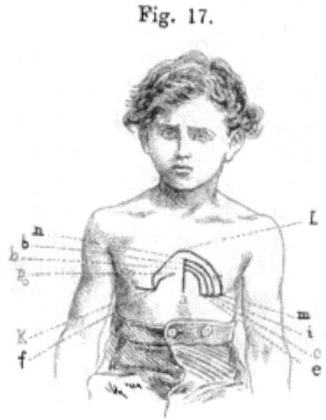

Fig. 17.

Fig. 17. Herzdämpfung bei aufrechter Stellung, rechter und linker Seitenlage und Herzleerheit von einem 15jährigen Manne. a, b, c. Herzdämpfung, m, l, k. Herzleerheit, e, h, g, f. Herzdämpfung bei rechter- a, u, i, bei linker Seitenlage.

Die Schwierigkeit genauer Bestimmung dieses Bezirkes findet ihren thatsächlichen Ausdruck in dem Bestreben, durch besondere Methoden das vorgesteckte Ziel besser, leichter, zuversichtlicher zu erreichen. Dahin gehört die Bestimmung der Grösse des Herzens durch Betastung, welche von Ebstein verwendet wird, die Verwendung der Percussion mit seitlicher Abdämpfung von A. Schott in Nauheim.

Die Herzdämpfung kommt tiefer zu stehen und wird kleiner während jeder Einatmung, stellt sich höher und vergrössert sich während der Ausatmung, vergl. Fig. 16. Sie vergrössert sich nach links und oben bei linker Seitenlage und verkleinert sich von der gleichen Richtung her bei rechter Seitenlage. Vgl. Fig. 17. Ihre innere Grenze jedoch bleibt in allen diesen Fällen die gleiche. Ob der Kranke steht oder liegt, hat zumeist keinen Einfluss, sehr selten einen so bedeutenden, dass die vergleichende Untersuchung von Wert ist. Wir sehen hieraus, dass das Herz bei Gesunden nicht allein mit dem Zwerchfell auf- und absteigt, sondern auch einen gewissen Grad seitlicher Verschiebbarkeit besitzt. Diese wechselt binnen ziemlich enger Grenzen, nur hie und da ist das Organ fähig, 3—7 cm nach jeder Seite sich zu verschieben, aber man kennt die näheren Ursachen dieser ungewöhnlichen Verschiebbarkeit nicht.

Dass in einigen Fällen genau im Bereich der Herzdämpfung statt des dumpfen klanghältiger Schall oder durch Plessimeterstäbchenpercussion und Auscultation wahrnehmbarer Metallklang vorkommen kann, zeigte H. Matterstock. Er erklärt die Erscheinung durch die Annahme von Percussion des erweiterten luftgefüllten Magens von der wandständigen Fläche des Herzens aus.

In der Dissertation von K. Drescher wird unter Leitung von E. Seitz gezeigt, dass bei Vorwärtsbeugung des Rumpfes bis zu einem Winkel von 45° die Herzdämpfung sich bei den meisten Personen beträchtlich vergrössere. Besonders geschieht dies, wenn dabei die Wirbelsäule nicht gestreckt, sondern nach rückwärts convex gehalten wird. Es scheint bei dieser Haltung durch die Zusammendrängung der Unterleibsorgane eine Anpressung des Herzens an die Brustwand bewirkt zu werden. Offenbar kann von dieser Thatsache zur Ausmittelung hinter den Lungenrändern verborgener Herzhypertrophie Nutzen gezogen werden.

Scheinbare **Vergrösserung** der **Herzdämpfung** wird bewirkt durch in der Nähe gelegene **Geschwülste**, Flüssigkeitsergüsse, oder Verdichtungen der Lunge. Wirkliche Vergrösserungen erstrecken sich bei Hypertrophie des Herzens im ganzen oder **besonders** der linken Kammer überwiegend nach der linken Seite hin. Bei Vergrösserung der rechten Kammer oder des rechten Vorhofes erscheint eine rechtsseitige, anfangs durch den hellen Schallbezirk des Brustbeines von der linken getrennte Herzdämpfung, die aber bei genügender Grösse auch den Schall des Brustbeines dumpf macht und mit der linksseitigen zusammenfliesst. Vergrösserung **nach oben** findet vorzüglich statt bei geschwulstartiger Erweiterung **der grossen Gefässe**, ferner bei Flüssigkeitsansammlung im Sacke **des Herzbeutels**, wobei übrigens eine bezeichnende **unten** breite, **oben stumpfspitzige Form** der Herzdämpfung **entsteht**.

Die eigentliche Herzdämpfung, entsprechend dem **von** Lunge unbedeckten Teile der vorderen Herzfläche, gibt die sichersten **und** wertvollsten Aufschlüsse über Flüssigkeitserguss in den Herzbeutel, über Emphysem und Schrumpfung der Lunge, sie zeigt schon mit geringerer Zuverlässigkeit die Herzvergrösserung bei Klappenfehlern an. Am wünschenswertesten und notwendigsten erweist sich die Bestimmung der wahren Herzgrösse durch die Percussion bei den reinen oder wenigstens **von** Klappenfehlern nicht abhängigen Vergrösserungen. Fragt man, weshalb bei Schrumpfniere, Atherom u. s. w. der beträchtlich entwickelten Herzvergrösserung oft nur eine das Normale wenig überschreitende Herzdämpfung **entspreche**, indes bei den häufigeren Klappenfehlern **die Herzdämpfung sich** der Hypertrophie entsprechend **vergrössert** findet, so kann **man wohl** nur auf das Verhalten des linken Vorhofes **hinweisen**. Die besondere Ueberfüllung dieser Höhle bei Fehlern der **linken Vorhofsklappe** und Schlussunfähigkeit der Aortenklappen trägt zur stärkeren Andrängung des Herzens **an die** Brustwand bei **und** befördert die Vergrösserung der Herzdämpfung.

Ausser diesen Vergrösserungen oder neben denselben kann **Verschiebung der Herzdämpfung** vorhanden sein. Diejenige nach oben und nach unten stets mit Verschiebung eines Teiles des

Zwerchfelles in gleicher Richtung verbunden, bringt auch stets in einem Falle Vergrösserung, im andern Verkleinerung der Herzdämpfung mit sich. Die seitliche Verschiebung erfolgt vorzüglich durch den Druck von Geschwülsten oder Flüssigkeitsergüssen in den Pleurasack, neben deren ohnehin vorhandener Dämpfung man die Herzdämpfung antrifft und durch die Pulsation der stets nach links gerichteten Herzspitze bezeichnet findet.

XIII. Lebergrenzen.

a. bei Gesunden.

Für die Grenzbestimmung der Leber aus der Percussion begegnen wir sehr ähnlichen Streitigkeiten über Methode und Namenanwendung, wie wir sie eben bei dem Herzen besprochen haben. Auch dieses Organ bietet einen kleineren, von lufthaltigen Organen unbedeckten Teil, der dumpfen Percussionsschall liefert, und einen grösseren von Lunge bedeckten, der in verschiedenem Grade leerer schallt als oberhalb dieser Gegend gelegene Lunge. Nennt man, wie es der Skoda'schen Lehre zufolge geschehen muss, den dumpfschallenden Bezirk **Leberdämpfung**, (Andere würden vielleicht sagen Lebermattigkeit oder absolute Leberdämpfung,) so findet diese ihre **obere Begrenzung** — genau entsprechend dem unteren Lungenrande — **an der sechsten, siebenten, neunten und eilften Rippe**, wenn wir vom Brustbeine aus, unter der Brustwarze, der Schulter und dem Schulterblatte vorbei nach der Wirbelsäule gehen. **Die untere Grenze erstreckt sich in der Axillarlinie fast bis zum Rippenbogen, kreuzt ihn in oder etwas vor der Brustwarzenlinie unter spitzem Winkel und liegt in der Mittellinie etwa mitten zwischen Schwertfortsatz und Nabel, um von da aus, schief nach aufwärts verlaufend, zwischen linker Parasternal- und Brustwarzenlinie mit dem Zwerchfelle und gewöhnlich auch der Herzspitze zusammenzutreffen.** Innerhalb dieses Bezirkes ist der Schall keineswegs überall gleich, sondern nur im obersten Teile völlig dumpf oder leer, nach abwärts zu zwar noch völlig dumpf, aber entsprechend der Verdünnung des Leberrandes klanghältig in verschiedenem Grade. Da manchmal der Leberrand auf Fingerbreite weniger als 1 cm Dicke besitzt, so ist auch in solchen Fällen die Dämpfung, welche er dem Schalle der darunter gelegenen Unterleibsorgane verleiht, sehr gering oder völlig unmerklich.

Daher wird auch oft die untere Lebergrenze nach der Percussion etwas zu hoch gesetzt, wie sich aus dem Vergleiche ergibt, wenn der Leberrand an den Bauchdecken sichtbar ist oder betastet werden kann. Links vorne grenzt der normale dumpfe Schall der Leber sich gegen den klanghältigen des Magens da ab, wo die Ränder von vier Organen zusammenzutreffen pflegen, medianwärts Herz und Leber, lateralwärts Lunge und Magen, unter sich wieder durch das Zwerchfell getrennt. Rechts hinten reicht der untere Rand der Leber bis zum Leber-Nierenwinkel, wo die Dämpfungsbezirke der Leber und Niere zusammenfliessen. An den Leberrand schliesst sich unter gewissen Krankheitsverhältnissen eine kleine halbrunde, nach unten convexe Dämpfung der Gallenblase an, die genau der Stelle der Incissura pro Vesica fellea entspricht.

Fig. 18.

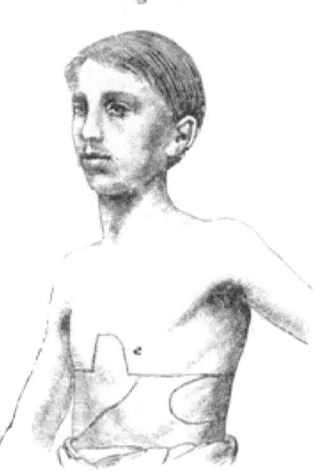

Fig. 18. Herzdämpfung, Lungenleber- und Lungenmilz-Winkel.

Neuere Untersuchungen haben mir gezeigt, dass auch bei Gesunden bei leerem Magen und Darme die Gallenblase percutiert werden könne. Man findet eine nahezu 3 cm lange und breite Dämpfung, der schon bei der Besichtigung eine leichte Vorragung entspricht und die durch Fingerdruck unter Entstehung eines Rasselgeräusches beseitigt werden kann.

b. Grössenwechsel bei Gesunden.

Auch die Grösse der Leberdämpfung wechselt bereits unter physiologischen Verhältnissen sehr. Bei Kindern ist sie, entsprechend der Enge des Brustkorbes und der starken Fetteinlagerung, die die Leber im Säuglingsalter fast regelmässig erfährt, in verhältnismässig breiter Ausdehnung zu percutieren. Bei Weibern hat die Leber häufig eine flache, stark nach unten ausgedehnte Gestalt, entsprechend der Formveränderung, die ihr durch häufiges Schnüren verliehen wird. Dadurch entsteht eine beträchtliche, oft bis zum Nabel hin ausgedehnte Leberdämpfung.

Endlich wechselt bei Jedem bei verschiedenen Körperstellungen und mit jedem Atemzuge die Stellung der Leber und die Grösse der

Leberdämpfung, entsprechend der überhaupt grossen Verschiebbarkeit unserer inneren Organe. Für die Verschiebbarkeit der Leber bei Seitenlage gewinnt das Ligamentum suspensorium ganz seinem Namen entsprechende Bedeutung, indem bei linker Seitenlage der linke Leberlappen höher, der rechte tiefer zu stehen kommt und umgekehrt bei rechter Seitenlage. Dem entsprechend verändert die Leberdämpfung Form und Grösse. Dabei gilt die Regel, dass stets das tiefere Herabtreten der Leberdämpfung oder eines Teiles derselben mit Verkleinerung, das Hinauftreten mit Vergrösserung des dumpfschallenden Raumes verbunden sei. Auch beim aufrechten Stehen tritt die Leber etwas herab im Vergleiche mit ihrem Verhalten zum Liegen, doch beträgt der Unterschied, an ihrem unteren Rande gemessen, kaum mehr als einen cm. Beim Atmen ergibt die Percussion, dass auf der Höhe einer tiefen Einatmung der untere Leberrand um ein Weniges nach abwärts tritt, der obere Rand der Leberdämpfung aber um das Doppelte oder Dreifache mehr. Dies erklärt sich leicht daraus, dass der untere Leberrand nur die Bewegung der Kuppel des Zwerchfelles mitgeteilt erhält, die obere Grenze der Leberdämpfung aber auch um jenen Anteil verkleinert wird, um welchen die Lunge mit ihrem Rande in den complementären Raum eintritt. Daher rührt es auch, dass mit dem Herabtreten der Leber die Leberdämpfung gleichzeitig verkleinert wird. Das Umgekehrte findet während der Ausatmung statt.

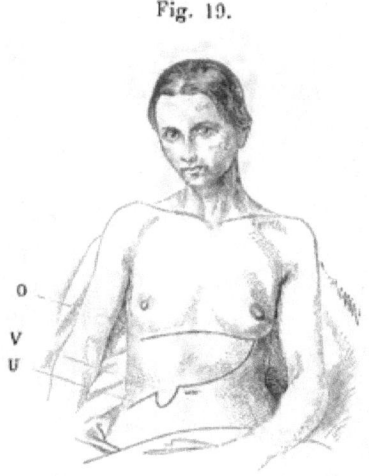

Fig. 19. Dämpfung der Gallenblase bei Icterus catarrhalis.

Für die Bestimmung der oberen Grenze der Leberdämpfung gibt Matterstock der schwachen Percussion sehr entschieden den Vorzug. Er fand, dass nach vorsichtiger, genauer Bestimmung der Lungenlebergrenze etwas unterhalb durch starke Percussion der Leber noch heller Schall erhalten werden könne, etwas oberhalb durch starke Percussion des Saumes der Lunge noch dumpfer Schall. Letztere Thatsache widerspricht der Ansicht derjenigen, welche luftleeren Teilen, unter lufthältigen gelegen, gar keine wesentliche Einwirkung auf die Entstehung des Schalles zuschreiben wollen.

c. Leberleerheit.

Es würde wertvoll sein, die ganze Grösse der Leber percutieren zu können und nicht nur jenen Bruchteil, den wir als Leberdämpfung bezeichnet haben. Der Vergleich mit den anatomischen Verhältnissen ergibt jedoch leicht, dass zwar bei starker Percussion ein Teil des von Lunge bedeckten, in der Zwerchfellswölbung gelegenen Leberabschnittes erkennbar sein muss, dass jedoch der höchste Punkt des Zwerchfelles von der Brustwand viel zu weit entfernt liegt, um der Percussionserschütterung zugängig sein zu können. Die wahre obere Grenze der Leber liegt etwa dem 4ten Rippenknorpel gegenüber. Bei sehr starker Percussion kann man günstigsten Falles dem 5ten Rippenknorpel an Höhe entsprechend seitwärts etwas leereren Schall erhalten. Die Stärke der Percussion hat zu viel Einfluss auf die Grösse des Bezirkes des leereren Schalles oberhalb der Leberdämpfung, der auch als relative Leberdämpfung von Einigen bezeichnet wird. Man umgrenzt bei diesem Versuche den Bezirk, innerhalb dessen die Leber noch in den Bereich des Erschütterungskegels fällt, der beim Percutieren in Schwingung versetzt wird. Die daraus etwa zu ziehenden Schlüsse über flacheren oder konvexeren Verlauf des Zwerchfelles haben noch keine besondere Bedeutung erlangt.

d. Grössenabweichung bei Kranken.

Will man in Krankheitsfällen aus der vorhandenen Leberdämpfung auf die Grösse des Organes schliessen, so muss man zunächst sich erinnern, dass die Leber von unten her vom Darm, von oben her von der Lunge überlagert werden und eine Verkleinerung ihrer Dämpfung erfahren kann. Was den Darm anbelangt, so ist es gewöhnlich ein Teil des Quergrimmdarmes, der diese an sich nicht sehr häufige Erscheinung verursacht. Die vordere Leberfläche besitzt dann in der Nähe ihres unteren Randes eine unregelmässig quer verlaufende breite Furche, die mit der vorderen Bauchwand zusammen eine Rinne bildet, geeignet, den Dickdarm aufzunehmen, unterhalb dessen noch Dünndarmschlingen zwischen Leberrand und Bauchwand gelagert sein können. In diesem Falle endet der dumpfe Schall der Leber da, wo der Dickdarm sich eingelagert hat, ja man glaubt manchmal an dieser Stelle mit Bestimmtheit den unteren Leberrand zu fühlen. Es ist möglich, dass es sich in einigen Fällen dabei um eine angeborene Unregelmässigkeit handelt, eine Beobachtung von Kellenberger zeigt jedoch, dass diese Verlagerung des Dickdarmes auch in späteren Lebensjahren und zwar unter ziemlich heftigen Erscheinungen erfolgen kann. Wird die Leber sehr klein, so wird dadurch die Ueberlagerung derselben seitens verschiedener Darmabschnitte begünstigt, ja bei der acuten gelben Leberatrophie verschwindet, insofern man bei einer so seltenen Krankheit dies Wort gebrauchen darf, häufig die ganze Leberdämpfung, indem die Leber zurücksinkt gegen die Wirbelsäule und die Gedärme vor sie an die Bauchwand zu liegen kommen. Aber auch bei sehr grossen Lebergeschwülsten findet sich sehr häufig der untere Teil von Darmschlingen überlagert. Auch unter gesundhaften Verhältnissen beobachtet man bisweilen ein teilweises Verschwinden der Leberdämpfung auf diesem Wege. Wenn Jemand bei linker Seitenlage sehr tief einatmet, wird rechts der ganze Complementärraum von Lunge erfüllt, deren Rand handbreit herabtritt, bis zum Rippenbogen. Darunter findet man noch einen schmalen Streif Leberdämpfung. Bei einzelnen gesunden Leuten jedoch kann letzterer in der Axillarlinie fehlen und durch hellen klanghältigen Schall ersetzt werden, ein Beweis, dass die Leber im ganzen sich soweit nach links senkt, dass zwischen sie und die seitliche Bauchwand Darmschlingen sich eindrängen können. Man muss überhaupt dieses Organ nicht als dauernd in eine starre Form geprägt, sondern als durchaus den Formen und Druckverhältnissen der Nachbarorgane sich anpassend vorstellen.

Verlagerung von Darmteilen zwischen Leber und Bauchwand kommt bei kränklichen Leuten mit unregelmässiger Darmthätigkeit nicht so ganz selten vor, bald mit bald ohne Beschwerden, vorübergehend oder dauernd. Ganz besonders möchte ich warnen, das Verschwinden der Leberdämpfung bei Bauchfellentzündung mit starker Auftreibung des Unterleibes als **sicheres** Zeichen von Luftaustritt anzusehen. Gerade hier entsteht bisweilen in täuschender Weise Verlagerung des Darmes vor die Leber. In diesem Falle ändern sich die Lebergrenzen bei Seitenlage nicht oder wenig, andern Falles bedeutend.

Ueberlagerung der Leber von Lunge erfolgt in der mehrfach angedeuteten Weise bei jeder starken Zwerchfellzusammenziehung, bei Elasticitätsverlust der Lunge und dann, wenn die Leber durch starken Druck von unten her mit samt dem Zwerchfell bedeutend in die Höhe gedrängt wird. Sie kann vollständig unter der Wölbung des Zwerchfelles verborgen und für die Percussion unzugänglich sein. Dieser letztere Fall, dass die Leber, nach oben hinaufgedrängt, hinter der Lunge liegt und die Lunge nach abwärts rückt und den grössten Teil der Leber bedeckt, findet sich ungemein häufig vor und gibt zu den misslichsten Täuschungen über die Grösse des Organes Veranlassung. Nur genaue Kenntnis des Grades, in welchem auf den Umfang der Leberdämpfung ausser der Grösse der Leber selbst, auch noch die Ausdehnung der Lunge einwirkt, und eingehende Berücksichtigung der Bedingungen der Leberverschiebungen können den Untersucher befähigen, die Leberdämpfung richtig zu verwerten. In dieser Beziehung ist es besonders lehrreich, Kranke mit grossen Eierstockscysten oder Bauchwassersucht unter Anzeichnung der Organe genau zu percutieren vor und nach dem Bauchstiche, ferner im Verlauf eines pleuritischen Exsudates, besonders eines rechtsseitigen, die Grenzen der Leber zu verfolgen.

Krankhafte Verschiebungen der Leber erfolgen nach abwärts bei Emphysem der Lunge gleichmässig, bei Rippenfellergüssen und Pneumothorax in ungleichförmiger Weise, überwiegend auf der leidenden Seite. In einer noch weniger regelmässigen Weise durch Herzbeutelerguss, Geschwulst des Mittelfelles, Geschwülste an der oberen und unteren Fläche des Zwerchfelles, abgesackte Bauchfellergüsse oberhalb der Leber. Verschiebungen nach aufwärts durch Schrumpfung der Lunge oder starken Druck innerhalb der Unterleibshöhle. Sehr unregelmässige Verschiebungen können durch unter oder neben der Leber sich entwickelnde Geschwülste, Nierengeschwülste, Retroperitonealtumoren u. dergl. erzeugt werden.

Vergrösserung des Organes kann seine obere Grenze bald in regelmässiger Weise, bald als Wellenlinie bis zur zweiten Rippe herauf verschieben und die untere der Beckenhöhle nähern, sie kann zur Anlagerung der Leber an die ganze vordere Bauchwand führen und dadurch noch besonders schwer erkennbar werden, dass die sonst bezeichnende Verschiebung des unteren Leberrandes beim Atmen durch Einkeilung oder Verwachsung aufgehoben wird. Verkleinerung bis zum völligen Verschwinden der Dämpfung wurde bereits oben erwähnt.

XIV. Die Percussion der Milz

ist von besonderer Wichtigkeit, insofern bei den meistens nicht sehr beträchtlichen Grössenveränderungen dieses Organes Zeichen aus der Betastung, wie sie für das Herz der Spitzenstoss, für die Leber der untere Rand so leicht ergibt, vollständig mangeln und insofern man, ganz abgesehen von selteneren Eigenerkrankungen der Milz, sehr oft bei der Nachweisung acuter und chronischer Blutkrankheiten die Milzdämpfung zu untersuchen genötigt ist.

Milzdämpfung. Die normal gelagerte Milz liegt teilweise hinter dem Zwerchfelle und Lungenrande verdeckt, ein anderer Teil, der grössere, liegt unmittelbar an der Brustwand an. Das hintere obere Ende findet sich neben dem Körper des zehnten Brustwirbels Der vordere Rand der Milz läuft etwa in der Richtung des unteren Randes der neunten Rippe, der hintere Milzrand etwa parallel dem oberen Rande der eilften Rippe. Bei ovaler Form des Organes geht am vorderen unteren Ende der vordere Rand in den hinteren über, bei rhomboidaler Form stösst am vorderen Ende der vordere und ein kurzer unterer Rand zusammen, welch letzterer weiter nach rückwärts in den hinteren Rand übergeht. Mit dem linken unteren Lungenrande bildet der vordere Milzrand den Lungenmilzwinkel. Er wird von dem klanghältigen Schalle des Magens eingenommen. Mit dem äusseren Rande der Niere bildet der hintere Rand der Milz den Milznierenwinkel. Ihn füllt der klanghältige Schall des Dickdarmes aus.

Die Percussion der Milz wird am sichersten bei rechter Seitenlage vorgenommen. Bei Rückenlage lässt sich nur der vordere Teil des Organes umgrenzen. Im Stehen ist das Resultat nur zuverlässig, wenn der Magengrund lufthältig ist. Der Umfang des wandständigen Teiles des Organes wird ermittelt, indem man in der linken Axillarlinie von der Gegend der 5ten Rippe an senkrecht nach abwärts percutiert. Die Grenze zwischen hellem Schalle der Lunge und dumpfem Schalle der Milz, bei Gesunden an der 7ten Rippe wird als obere, jene zwischen dumpfem Schalle der Milz und hellem, klanghältigem Schalle des Magens, bei Gesunden an der 9ten Rippe als untere Grenze der Milzdämpfung angezeichnet. In gleicher Weise wird mehrmals weiter nach vorne die obere und untere Grenze der Milz bestimmt und angezeichnet. Dabei ergibt sich, dass die obere Grenze annähernd wagrecht, die untere etwas von hinten und oben nach unten und abwärts verläuft. Nun geht man in der Mitte zwischen oberer und unterer Grenze in der Richtung des Längsdurchmessers nach vorne um das vordere Ende der Milz dort zu finden, wo dumpfer Schall der Milz in hellen, klanghältigen des Magens übergeht. Hiernach erübrigt in der Mitte der Milzdämpfung nach rückwärts bis zu dem 11ten Brustwirbel hin zu percutieren, um zu ermitteln, ob das hintere Ende der Milz seine Lage neben der Wirbelsäule innehält, oder aus derselben nach vorne zu gewichen ist. Der obere Rand der Milzdämpfung, also die Grenze zwischen bedecktem und unbedecktem Teile des Organes, wird durch die untere Grenze der Lunge gebildet, welche in gleicher Höhe wie rechterseits verläuft. Das untere stumpfe Ende der Milz, somit das vordere Ende der Milzdämpfung liegt etwas nach rückwärts und oben von dem freien Ende der eilften Rippe.

Die grösste Breite der Milzdämpfung, welche sich zwischen vorderem und mittlerem Drittel findet, beträgt 5—6 cm; ihr Längendurchmesser ist gegen den Nabel zu gerichtet. Zwischen dem vorderen Teile des oberen Milzrandes und dem Lungenrande liegt ein Keil klanghältigen Schalles, mit der Spitze lateralwärts und etwas nach oben gerichtet, eingeschaltet. Er gehört der vorderen Magenwand an und bildet einen Teil des von Traube so genannten halbmondförmigen Raumes, der zwischen unterem Rande der linken Lunge, vorderem Ende der Milz und linkem Leberlappen gelagert klanghältigen Schall liefert.

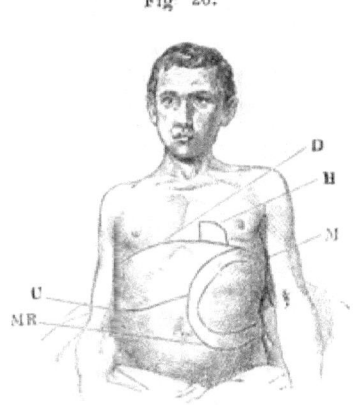

Fig. 20. Milztumor nach Intermittens: D Diaphragma. H. Herzdämpfung. U. Untere Lebergrenze. M. Milzdämpfung. M.R. Rand der Milz während des Fieberanfalles.

Nur ein kleiner Teil des oberen Randes der Milz, höchstens bis zur mittleren Axillarlinie hin, lässt sich percutieren. Von da an bildet den oberen Rand der Milzdämpfung eigentlich der untere Rand der linken Lunge. Die Versuche, den hinter dem Lungenrande gelegenen, durch diesen von der Brustwand getrennten Teil der Milz zu percutieren (Milzleerheit, relative Milzdämpfung), haben wenig Erfolg. Die Gründe sind ähnliche wie die bei der Percussion der Leber besprochenen.

Verschiebungen. Innerhalb dieser Grenzen schwankt die Milzdämpfung bedeutend; auch sie ist ausser von der sehr wechselnden Grösse und Form des Organes abhängig von der Ausdehnung der Lunge, die sie z. B. bei Emphysem und bei Hinaufdrängung des Zwerchfelles leicht ganz überlagert. Beim Einatmen und bei rechter Seitenlage stellt sich die Milzdämpfung tiefer und wird kleiner, umgekehrt beim Ausatmen und bei linker Seitenlage. Wesentlichen Einfluss haben auch die Füllungsverhältnisse des Magens und zwar in zweierlei Richtung. Ist die Milz dünn und der Magengrund stark mit Luft gefüllt, so gelingt es oft nur bei sehr leiser Percussion, undeutliche Umrisse ihrer Dämpfung zu gewinnen. Aufblasung des Magens stellt die Milz mehr senkrecht, wobei das vordere Ende mehr nach rückwärts und etwas tiefer zu liegen kommt (Leichtenstern). Ist dagegen der Blindsack des Magens von Speisebrei ausgedehnt, so umgibt er dumpfschallend nach unten und vorne die Milz und lässt kaum irgend eine Abgrenzung derselben zu.

Bei krankhaften Zuständen erfolgen die Verschiebungen der Milz nach auf- und abwärts, ebenso wie jene der Leber. Unregelmässige Verschiebungen, die bis zur Unkenntlichkeit der Milsdämpfung führen können, erfolgen durch Geschwülste der linken Niere, die das Organ mit dem hinteren Ende nach oben drehen und gegen das Zwerchfell drängen, so dass neben der Wirbelsäule eine Milzdämpfung ähnlich der eines abgesackten Pleuraexsudates entsteht, durch beträchtliche Vergrösserung des linken Leberlappens und durch andere in der Nähe entstehende Geschwülste.

Die Milzdämpfung fehlt scheinbar, wo das Organ sehr klein ist (so häufig bei alten Leuten), oder gänzlich seine Stelle verlassen hat (wandernde Milz), um im kleinen Becken oder wo sonst vorübergehend seinen Aufenthalt zu nehmen. Die Milzdämpfung verschwindet, wo in den Bauchfellsack ergossenes Gas sich zwischen Milz und Bauchwand lagert, wie dies auch bereits für die Leberdämpfung an einem früheren Orte erwähnt wurde.

Vergrösserung. Vergrösserung der Milz erfolgt gewöhnlich in die Breite und Länge ziemlich gleichmässig und kann soweit führen, dass mehr als die Hälfte der vorderen Bauchwand von der Milz eingenommen wird. Anfangs wird dabei die Beweglichkeit der Milz grösser, später, wenn sie auf die Beckenknochen aufzuliegen kommt, klein. Der Längendurchmesser richtet sich mehr gegen die Schamfuge hin, das hintere Ende drängt sich wenig nach oben wegen der beträchtlichen Senkung des Organes. Die Verschiebung der Milzgeschwülste durch Atembewegung ist verhältnismässig geringer als die der Leberanschwellungen, weil dem Zwerchfelle eine kleinere Fläche zum Angriffe sich bietet.

Es gelingt kaum, durchgreifende Formverschiedenheiten grösserer Klassen von Milzgeschwülsten aufzustellen. Abgesehen von dem Einflusse der sehr seltenen Neubildungen der Milz erfolgen die Vergrösserungen der Milz sehr gleichmässig, so dass sie einfach die ursprüngliche Form in vergrössertem Massstabe wiedergeben, natürlich zu einem weit kleineren Teil von Lunge bedeckt. Nur für die Milzanschwellung bei Typhus lässt sich sagen, dass sie vielleicht wegen der gewöhnlich vorhandenen Luftauftreibung des Unterleibes mehr in die Breite als nach vorne die Dämpfung vergrössere. In einigen Fällen schien es auch, als ob die Milzgeschwulst bei Wechselfieber und Leberschrumpfung flachere, jene bei Leukämie mehr cylindrische Form darböten. Die früher beliebte Unterscheidung von venösen und arteriellen Milzgeschwülsten, je nach überwiegender Längen- oder Breitenvergrösserung, lässt sich nicht aufrecht erhalten.

Bei Messung der Percussionsgrenzen von Milzanschwellung oder gesunder Milz sind die Masse nur sehr vorsichtig zu beurteilen da Dicke und Biegung der Rippenwand sehr ungleich ist und stets mitgemessen wird.

XV. Percussion der Nieren.

Die tiefe Lage dieser Organe bringt es mit sich, dass sie auf den Percussionsschall der vorderen Bauchwand keinerlei Einfluss ausüben. Percutiert man sie aber von der Lendengegend aus, so ist zu berücksichtigen, wie gering die Dicke der Niere, wie wechselnd die Verhältnisse des Fettlagers, das sie umgibt, und wie bedeutend die Dicke der hinteren Bauchwand schon unter normalen Verhältnissen getroffen wird. Bei sehr fetten Leuten ist daher mitunter die Percussion der Niere ergebnislos, aber auch bei sehr mageren können trotz hochgradigen Schwundes der Niere deren Dämpfungsgrenzen unverändert getroffen werden.

Die Nierengrenzen Gesunder umgeben einen dumpfen Schallraum, der sich beiderseits neben der Wirbelsäule unmittelbar an jenen der Leber und Milz anschliesst. Stets bedarf es zum Zweck der Nierenpercussion sehr starken Anschlages. Als Unterlage verdient das Plessimeter insofern den Vorzug, als es die ohnehin bedeutenden Weichteile nicht eben so sehr verdickt, wie der aufgelegte Finger. Am zweckmässigsten zu derartigen Untersuchungen ist die Bauchlage mit durch Kissen unterstütztem Unterleibe. Bei vollständig regelrechtem Verfahren sucht man zuerst die Zwerchfellgrenze, dann von dieser aus in der Schulterblatt- und Axillarlinie beiderseits die untere Grenze der Leber und Milz; unterhalb dieser findet sich klanghältiger Schall, vom Dickdarme und Magengrunde herrührend. Geht man nun längs der unteren

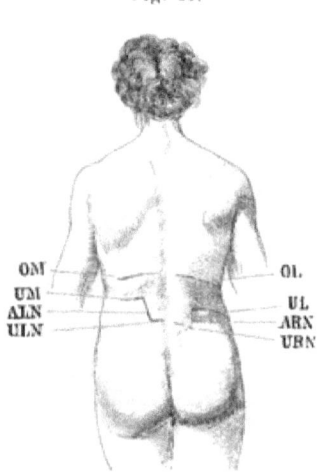

Fig. 21. Dämpfung der Nieren. OM obere Milzgrenze, OL obere Lebergrenze, UM untere Milz, UL untere Lebergrenze, ALN äussere linke, ARN rechte Nierengrenze, ULN linke URN rechte untere Nierengrenze.

Leber- und Milzgrenze von der Axillarlinie aus gegen die Wirbelsäule nach Innen, so findet man beiderseits etwa drei Finger breit von der Wirbelsäule entfernt einen dumpfen Schallraum, der sich unmittelbar an jenen der Leber und Milz anschliesst und wo er nach unten abgegrenzt werden kann, etwa handbreit herabreicht bis zum oberen Rande des Darmbeines. Es erhellt aus dem Gesagten, dass die obere Grenze der Niere selten unmittelbar bestimmt, meist nur durch Verlängerung der unteren Leber- und Milzgrenze künstlich hergestellt werden kann. Nach Innen lässt sich die Niere niemals von der Wirbelsäule abgrenzen, auch nach unten bei weitem nicht immer begrenzen, nur nach Aussen unterscheidet sich ihr dumpfer Schall stets deutlich von dem des lufthaltigen Dickdarmes, vorausgesetzt, dass letzterer nicht zu stark angefüllt ist. Der äussere Rand der Niere bildet rechts mit dem unteren Rande der Leber, auf der linken Seite mit dem hinteren Rande der Milz einen Winkel, dessen Nachweis für die ganze Percussion des Organes von entscheidender Bedeutung ist. Messungen der Nierendämpfung sind von J. Vogel und A. Reinhold angestellt worden. Nach den Ergebnissen beider beträgt die Entfernung der äusseren Grenze von der Wirbelsäule 4—6 cm[1]), der Längsdurchmesser der Niere 8—12 cm.

Die praktische Bedeutung der Nierenpercussion erstreckt sich hauptsächlich auf zwei Fälle. Erstens den Nachweis einseitig hellen Schalles bei beweglicher Niere, der, sobald die Niere zurückgebracht wird, wieder in den dumpfen übergeht. Zweitens den Nachweis von Nierengeschwülsten, die entweder der Betastung noch nicht zugängig geworden sind oder, obwohl sie gefühlt werden, durch die Betastung noch nicht genügend als der Niere angehörige Geschwülste erkannt und sichergestellt werden konnten. Schon geringe Umfangszunahme lässt sich durch die Percussion erkennen. Grössere Nierengeschwülste geben eine von der erwähnten Gegend aus mehr oder weniger weit um die seitliche Brustwand herum sich erstreckende Dämpfung, deren Bereich mit der Atmung nicht wechselt und die eine besonders bezeichnende Eigenschaft dadurch erlangt, dass über die seitliche oder hintere Fläche ein circa 2 Finger breiter Streif klanghältigen, hellen Percussionsschalles verläuft, der dem auf der Nierengeschwulst befestigten auf- oder absteigenden Dickdarme entspricht. Wo an einer solchen Geschwulst die natürliche Form der Niere erhalten ist

---

[1]) In dieser Zahl stimmen Breite der Niere, der Milz und Länge und Breite der Herzdämpfung überein.

und an dem Aufrisse derselben in vergrössertem Massstabe wieder erscheint, wird dadurch die Diagnose wesentlich erleichtert.

Die besonderen Schwierigkeiten der Nierenpercussion sind so gross, dass Manche ganz davon abstehen wollen, Andere die Ergebnisse scharfer richtender Prüfung unterworfen haben. Vom anatomischem Standpunkte aus geschah dies durch Ad. Pansch. Er hebt hervor, dass die Niere fast nie bis zum Darmbeinkamme herabreiche (wie ich angebe). Dagegen reiche die Fettkapsel häufig so weit und sei oft so dick wie die Niere in ihrer Mitte. Es ist klar, dass man stets mit der Niere ihre Fettkapsel percutieren wird, meine Angabe über die untere Grenze der Nierendämpfung ist also vollkommen richtig. Den seitlichen Rand der Niere (äussere Grenze der Nierendämpfung) bezeichnet Pansch als gelegen cc. 10 cm von den Dornfortsätzen, etwa 1—3 cm. von der seitlichen Lendenfurche entfernt.

Wer die Geschichte der ersten Nierenpercussion bei Piorry, die Versuche mit eingestochenen Nadeln bei Reinhold nachliest, der wird wohl kaum zweifeln, dass in diesen Fällen die Niere wirklich percutiert worden sei. Mir selbst gewährte Simon Gelegenheit, eine Frau zu percutieren, der er zum erstenmale eine Niere exstirpiert hatte. Die Nierendämpfung fehlte vollkommen auf der operierten Seite. Ebenso fehlte sie bei einem Manne, der einige Jahre zuvor in der Klinik in Jena aus einem mindestens mannskopfgrossen Nierenabscess Massen von Eiter durch die Harnwege entleert hatte. Bei tödtlich endenden Fällen, in denen ich eine bestimmte Diagnose, z. B. Hydronephrose, Pyelitis, Carcinom, vorzugsweise auf genaue Percussion der Nieren gestützt hatte, ist in der grossen Mehrzahl die Diagnose durch die Section bestätigt worden. Eines will ich in dieser Richtung gerne zugeben, dass man bei Annahme der Wandernieren auf fehlende Niederdämpfung hin recht vorsichtig sein muss.

Kann ein Kranker mit recht beweglicher Wanderniere genügend lange in Knie- Ellbogenlage aushalten, so zeichne man die Grenzen von Leber, Milz und der einen richtig gelagerten Niere an. Lässt man nun die Wanderniere durch einen Gehilfen an ihre Stelle zurückbringen und festhalten, so erscheint die zuvor fehlende Nierendämpfung dieser Seite und verschwindet wieder, wenn die Niere losgelassen wird.

XVI. Die Percussion des Magens

ist bei starker Gasauftreibung der gesammten lufthaltigen Unterleibsorgane, bei freier Luftansammlung im Bauchfellsacke, bei Anwesenheit grosser Leber- und Milzgeschwülste, bei starker Füllung des Magens mit flüssigem Inhalte überhaupt nicht möglich. In allen Fällen ist dieselbe, auch wenn ihr Ergebnis noch so gesichert scheint, nur mit grosser Vorsicht und im Einklange mit allen übrigen Erscheinungen zu verwerten. Man darf sie, wie überhaupt die Percussion der vorderen Bauchwand, nur bei liegender Stellung des Kranken vornehmen, indem bei aufrechtem Stehen die Ergebnisse noch trügerischer werden. Man beginnt mit der genauen Abgrenzung des Standes des Zwerchfelles und der unteren Grenzen der Leber und Milz, unterhalb dieser liefert die ganze vordere Bauchwand klanghältigen Schall, aber mit bedeutenden Unterschieden der Höhe des klanghältigen Schalles. Ist der Magen von mässiger Weite und überwiegend lufthaltig, so findet sich unterhalb der Dämpfung des linken Leberlappens, des unteren Randes der Milz und des zwischen beiden gelegenen unteren Lungenrandes ein tief und gleichmässig voll schallender Bereich klanghältigen Schalles, der zwischen Mittellinie und linkem Rippenbogen durch eine schräg nach unten und aussen ziehende Bogenlinie nach unten abgegrenzt wird. Dieser Schallraum, der dem die vordere Bauchwand berührenden Teile des Magens angehört, besitzt höchstens Handbreite und erreicht häufig die Mittellinie nicht ganz, indem er schon früher sich unterhalb des Leberrandes verbirgt. Er kann bei starker Anfüllung des Magens mit Speisebrei anstatt durch tiefen tympanitischen durch völlig dumpfen und leeren Schall sich kenntlich machen, oder auch andererseits bei starker Spannung der Wände des lufthaltigen Magens durch schönen Metallklang.

Ist der Magen gut lufthältig und seine Wand mässig gespannt, so findet sich der tiefe, volle klanghältige Schall desselben nach oben von der klanglos schallenden Lunge, nach rechts und links von der Dämpfung der Leber und Milz begrenzt, nach unten in den höheren klanghältigen Schall des Darmes an der grossen Curvatur übergehend. Den oberen Teil dieses Raumes mit klanghältigem Schalle bis zur Grenze des Rippenbogens hin hat T r a u b e als h a l b m o n d f ö r m i g e n R a u m bezeichnet. Er wird in der Richtung nach oben vergrössert bei Schrumpfung der linken Lunge, von oben her verkleinert bei linksseitigem Pleuraexsudat. Die einzige bisweilen aus der Tiefe des klanghältigen Schalles direkt bestimmbare wahre Magengrenze ist die untere der grossen Krümmung entsprechende. In allen anderen Richtungen ist die Stelle, die klanghältigen Schall des Magens liefert, von den Schallgrenzen anderer Organe umsäumt. Die Zusammenstossstelle des unteren Lungen- und des unteren Randes des linken Leberlappens hat L e i c h t e n s t e r n als diagnostisch bedeutsam unter dem Namen L u n g e n l e b e r w i n k e l hervorgehoben. Der Scheitel des Winkels liegt an der sechsten Rippe unterhalb des Spitzenstosses. Hier ist die höchstgelegene Stelle der Rumpfwand, welcher der Magen anliegt, zugleich eine Stelle, der er sehr regelmässig und unmittelbar anliegt. Dieser Winkel schliesst die linke vordere untere Pleuragrenze derart ein, dass er durch sie halbirt wird. Leichtenstern hat viel Gebrauch gemacht von der Stäbchen-Plessimeter-Percussion, um den Metallklang des Magens hervorzurufen. Auch an dem benachbarten Dickdarme kann bisweilen dadurch Metallklang erzeugt werden, wo es gewöhnlicher Percussion nicht gelingt. Leichtenstern fand einigemale am Magen, dass der Metallklang infolge von peristaltischen Bewegungen rasch hinter einander eine Reihenfolge von verschiedenen Tonhöhen durchlief.

Frerichs hat gelehrt die Umrisse des Magens zur Anschauung zu bringen oder doch die Percussionsverhältnisse desselben aufs Günstigste umzugestalten durch künstliche Kohlensäureanfüllung. Man lässt ein Brausepulver nehmen oder rasch eine Flasche Sodawasser trinken. Der Erfolg ist ein überraschender. Meistens kann bei etwas schlaffen Bauchdecken die grosse Krümmung gesehen und der ganze Raum, innerhalb dessen der nun erweiterte Magen der vorderen Bauchwand anliegt, überblickt werden. Nach W. Ph. F. Wagner, der die Ergebnisse dieser Methode genauer beschrieb, findet sich bei dieser künstlichen Erweiterung der äusserste Punkt des Magens nach links in oder nahe der Axillarlinie auf der achten Rippe. Der Rippenbogen wird in der Mitte des neunten Rippenknorpels und in der Mitte zwischen Brustwarzen- und Axillarlinie geschnitten, von da geht die grosse Krümmung durch die Mittellinie am unteren Ende des zweiten Siebentels zwischen Schwertfortsatz und Nabel. Von da geht sie 5 cm nach rechts und biegt 5 cm über der wagrechten Linie des Nabels nach oben und nahe dem achten rechten Rippenknorpel nach links um. Die kleine Krümmung schneidet die Mittellinie 4 cm unter dem Schwertfortsatze und den linken Rippenbogen in der Mitte des siebenten linken Rippenknorpels. Von dieser Aufzeichnung liegt $1/7$ rechts, $6/7$ links von der Mittellinie.

Ist der Magen eng und der Quergrimmdarm weit und lufthältig, so kann das Verhalten der Höhe des klanghältigen Schalles sich so umkehren, dass der Magen hohen, der Dickdarm tiefen Schall liefert. Der Dickdarm kann den erweiterten Magen vertäuschen. — Enthält der erweiterte Magen Flüssigkeit, so bildet diese einen Streif dumpfen Schalles, der beim Stehen die untere Grenze des Magens bezeichnet, beim Liegen verschwindet.

Verkleinerungen des Magens lassen sich nicht mit einiger Sicherheit erkennen, Vergrösserungen können nach wiederholter Untersuchung dann angenommen werden, wenn der tiefe klanghältige Schall dieses Organes über die Mittellinie nach rechts oder nach abwärts bis zur Höhe des Nabels an irgend einer Stelle sich erstreckt. Andere Zeichen, Verwölbung der Magengegend, sichtbare peristaltische Bewegungen, klingende Rasselgeräusche bei der Betastung, massenhaftes Erbrechen und fühlbare den Pförtner verengende Geschwülste kommen gewöhnlich der Diagnose zu Hilfe. Die in grosser Zahl bekannten unregelmässigen Formen und Missstaltungen des Magens werden leider weit häufiger zum Hinderniss, als zum passenden Gegenstande für die Diagnose. Die einfacheren derselben, wie die Sanduhrformen des Magens, können bisweilen aus der Percussion erkannt werden.

Bei nicht allzustarker Anfüllung mit Luft oder mit Speisen erleidet der Magen selbst durch tiefe Atemzüge keine Verschiebung, sondern eine Formveränderung. Die begrenzenden unteren Ränder der Leber und Milz rücken zwar tiefer herab und überlagern die Magengegend mehr, aber die untere, nur durch die Höhe des klanghältigen Schalles erkennbare Grenze des Magens behält ihre Lage bei. Der tiefe klanghältige Schall des Magens ändert dabei seine Höhe, wie er dies auch beim Wechsel der Körperlage zu thun pflegt. Wo der Magen erweitert ist und dünnflüssigen Inhalt führt, kann der Lagewechsel des Inhaltes bei verschiedenen Körperstellungen an der veränderten Stellung der wagrechten Grenze des dumpfen Schalles innerhalb des Magenbereichs nachgewiesen werden.

XVII. Kehlkopf.

Von besonderem Interesse ist noch die Percussion des Kehlkopfes, der wir hier, obwohl sie gewöhnlich gar nicht berücksichtigt wird, und obwohl ihre praktischen Ergebnisse ziemlich unbedeutend sind, doch eine eigene Stelle schon deshalb gewähren müssen, weil sie von wissenschaftlichem Interesse in mehrfacher Beziehung sein wird und ein sehr genaues Studium jener Erscheinungen gestattet, die für die Erkennung der Höhlen innerhalb der Brust von Wert sind.

Bei der Percussion des Ring- oder Schildknorpels am Lebenden hört man klangvollen Schall, der bedeutend tiefer und heller ist als derjenige, der an einem aus der Leiche herausgenommenen Kehlkopf erzeugt werden kann. Wird die Stimmritze geschlossen, so wird der Schall dieser Organe sehr dumpf, aber er bleibt klanghältig. Der Schall auf dem Zungenbeine dagegen bleibt hell, auch wenn die Stimmritze geschlossen wird. Der Schall auf der Luftröhre ist weniger voll und hell als der des Kehlkopfes. Daraus geht hervor, dass der Schall des Kehlkopfes am Lebenden verstärkt wird durch Mitschwingungen der Luftsäulen in der Nasen-, Rachen- und Mundhöhle.

Man kann sich leicht überzeugen, dass beim Schliessen der Nasenhöhle, der Mundhöhle, der Rachenhöhle durch die Zungenwurzel, endlich bei dem dreifachen Schlusse der Glottis durch Kehldeckel, Taschen- und Stimmbänder jedes Mal der klangvolle Schall des Kehlkopfes bedeutend tiefer wird, dass also ein sechsfacher Abschluss des Kehlkopfes, nach aussen möglich ist. Nur der Abschluss durch die Stimmbänder allein, wie er z. B. beim Anlauten eines Vocales geschieht, hat keinen oder nur geringen Einfluss auf die Höhe des klangreichen Schalles.

Der Percussionsschall des Kehlkopfes und der gleichzeitige der anstossenden Luftsäulen ist noch einer besonderen Abänderung fähig, der wir nur allein an diesem Orte begegnen. Er kann nämlich die Klangfarbe der meisten Vocale annehmen. Spricht man z. B. mit klangloser Stimme abwechselnd die Vocale a, o, u, e aus, so hört man beim Percutieren am Kehlkopfe deutlich den Klang derselben. Diejenige Reihe von Nebengeräuschen und Klängen, die, in der verschieden gestalteten Kehlkopfs-, Rachen- und Mundhöhle entstehend, diese Vocale bedingt, kann daher auch durch die Percussionserschütterung hervorgerufen und dem klanghältigen Schalle des Kehlkopfs beigegeben werden. Nur der Vocal i macht eine Ausnahme, da bei dessen Aussprache der Zungenrücken sich dem Gaumen zu vollständig nähert und die Verbindung zwischen Rachen- und Mundhöhle fast aufhebt.

Während der Einatmung wird der Schall des Kehlkopfes höher, während der Ausatmung tiefer.

Mangel des Kehldeckels lässt sich aus der Percussion leicht erkennen, da in diesem Falle beim abwechselnden Aussprechen von a und e der Percussionsschall dieselbe Höhe beibehält. Bei Gesunden aber wird beim Uebergang von a zu e der Kehldeckel gehoben, somit die Verbindung zwischen Kehlkopfs- und Rachenhöhle erweitert und daher der Schall der ersteren höher.

E. **Auscultation**.

I. Allgemeines.

Dieses Verfahren, schon früher als **unmittelbare Auscultation** mehrfach angewendet, freilich immer nur in vereinzelten Versuchen, wurde dadurch, dass Laennec lehrte, die im

Körper entstehenden Geräusche mittelst einer Röhre, die zwischen Ohr und untersuchte Körperstelle eingeschoben wird, zu erforschen (**mittelbare Auscultation**), zur Methode. Der Vorteil, den das neue Instrument brachte, das bei den ersten Versuchen Laennec's 1816 durch eine Papierrolle dargestellt wurde, war für das Hören selbst ein verschwindend kleiner, für die Methode dagegen und deren Verbreitung und Anwendung ein gewaltiger. Laennec glaubte mittelst seines Instrumentes, des **Stethoskopes**, mehr hören zu können als Die, welche vor ihm nur das Ohr an die Brust angelegt hatten. Viel war das gewiss nicht, der Hauptvorteil lag darin, dass er das Instrument weit häufiger anwandte als Jene das unbewaffnete Ohr, und dass er so alle am Körper hörbaren Erscheinungen kennen und verwenden lernte. Die Theorien des Gehörten, die er gründete, sind von Skoda gesichtet und mit schonungsloser Kritik durchgearbeitet worden, auch die Skoda'schen Sätze haben wieder ihre Kritiker gefunden. Die Kräfte Vieler, die sich seither daran erprobt, haben teils Laennec's Anschauungen wieder in ihr Recht eingesetzt, teils was durch Skoda gewonnen war, erweitert und vervollständigt. Seit Kiwisch in seiner bahnbrechenden, geistreichen Weise die experimentelle Forschung auch hier in ihr Recht einsetzte, ist durch die gleichartigen Arbeiten von Th. Weber, Heynsius, Bayer, Nolet u. A. immer mehr an Anhaltspunkten für die physikalische Begründung der Auscultationslehre gewonnen worden. Auf diesem Wege müssen die heute noch schwebenden Streitfragen gelöst und sämtliche auscultatorische Zeichen ihrer Deutung aus den Gesetzen des Schalles entgegengeführt werden.

Gegenstand der Auscultation kann jede Körperstelle sein vom Scheitel bis zum Fussrücken. In erster Linie wendet sich dieselbe dem Atmungsorgane in der Brust zu. Sodann den Kreislaufsorganen und zwar wiederum an der Brust, dem Herzen, ferner den grösseren Gefässen des Halses, des Kopfes, Unterleibes und der Glieder. Von der Atmung abhängige Schallerscheinungen werden auch noch am Halse und Unterleibe wahrgenommen. Spärlich ist die Ausbeute an dem Verdauungsrohre von der Speiseröhre an bis zum Dickdarme hin. Die von den weiblichen Geschlechtsteilen in schwangerem oder erkranktem Zustande gelieferten Zeichen fallen unter die grosse Gruppe der Gefässerscheinungen. Endlich können noch die Geräusche entzündeter Gelenke und Sehnenscheiden, gebrochener Knochen, mittelst Sonden berührter innerer Organe durch die Auscultation wahrgenommen werden.

Von C. Hüter wurde ein Stethoscop, dessen Trichter mit einer Gummiplatte überspannt war, zur Auscultation des Blutstromes in der Haut verwendet. Man hört ein leises brausendes Geräusch, das Unterschiede je nach der Menge und dem Füllungsgrade der Capillaren an verschiedenen Stellen unterscheiden lässt. H. nannte das Instrument Dermatophon. Nach Senator sind diese Geräusche besonders an den Lippen und der Zunge gut hörbar. Spätere haben die Entstehung des Geräusches durch den Blutstrom in Zweifel gezogen. Auch mir scheint diese Deutung des Geräusches keineswegs die einzig mögliche.

Während der Untersuchung wünscht man so wenig wie möglich durch Geräusch in der Umgebung gestört zu werden. Geräusch erzeugende Reibung von Haar, Hand, Hemdkragen u. s. w. am Hörrohr muss sorgfältig vermieden werden. Die zu untersuchende Fläche muss völlig entblösst oder darf höchstens mit einer weichen, gleichmässig anliegenden Schicht Leinwand bedeckt sein. Nur bei teilweisem, nochmaligem Nachsehen an schon bekannten Krankheitsgebieten sollte letztere Ausnahme gestattet werden. Bei erstmaliger Untersuchung und so lange die Diagnose noch zu machen oder zu begründen ist, sollte stets völlige Entblössung der zu untersuchenden Teile von jedem Kranken verlangt werden [1]).

Man gewöhnt sich mehr und mehr für die Untersuchung der Lunge das blosse Ohr, für die der Kreislaufsorgane das Hörrohr zu verwenden. Im ersteren Falle handelt es sich um schwächere Schallerscheinungen, die aus einem etwas grösseren Bezirke zusammengefasst, stärker wahrgenommen werden, im anderen um eine scharfe Begrenzung der auscultierten Stelle, die besser mittelst des Hörrohrs erlangt wird. Ausnahmen von dieser Regel werden übrigens oft genug durch die Zwecke und Fragen, die die Untersuchung leiten, oder durch reine Zufälligkeiten geboten. Da die Anwendung des Hörrohrs keineswegs in allen Fällen entbehrt werden kann, teils aus äusseren Rücksichten auf die Wünsche des Kranken oder das Ohr des Arztes, teils weil man mittelst desselben einen beschränkten Raum untersuchen kann und so manche Gehörerscheinungen besser abzugrenzen vermag, da ferner das Hören mit blossem Ohr doppelt so leicht ist als dasjenige mit dem Hörrohre, so werden Anfänger gut thun, zuerst sich nur des Hörrohres zu bedienen. Während man beim Anlegen des Ohres nur die Ohrmuschel allseitig schliessend anzulegen hat, muss bei der Anwendung des Hörrohres dieses an seinem untern Ende luftdicht schliessen, und wiederum das Ohr an die Platte des Instrumentes angepasst werden.

---

[1]) Es ist selbstverständlich, dass man, soweit mit diesem Grundsatze vereinbar, jede mögliche Rücksicht für den Untersuchten übt, z. B. während der

II. Instrumente.

Die zum Auscultieren verwendeten Instrumente, von welchen man die seither gebräuchlichen sämtlich mit dem Namen **Stethoskop** bezeichnet, können zweierlei Bedeutung haben, sie können **Schallleiter** sein, entsprechend den Lichtleitern, z. B. dem Kehlkopfspiegel, oder sie können **Schallverstärker** sein, Schallmikroskope.

Unter den Hörrohren machen die undurchbohrten hölzernen Stäbe, die Hörhölzer unbestritten nur darauf Anspruch, gute Leiter des Schalles zu sein. Sie leiten den Schall mit 14 mal grösserer Geschwindigkeit als lufthaltige Stethoskopröhren. Man würde also, wenn es sich darum handelte, in grosser Entfernung eine Schallwahrnehmung schnell zu erhalten, sich besser des Holzstabes als der Luftsäule bedienen. Die Aufgabe ist jedoch eine andere. Es handelt sich darum, mit möglichst geringem Verluste die dem einen Ende des Hörrohres übertragenen Schallerscheinungen an dem anderen wahrzunehmen. Entscheidend ist dafür die Vollständigkeit der Zurückwerfung der Schallstrahlen an der Aussenfläche des leitenden Mediums. Da sich die Bewegung eines Holzstabes leichter der umgebenden Luft mitteilt als die einer Luftsäule ihrem Holzmantel, muss man die röhrenförmigen Stethoskope für die (nicht geschwinder, sondern) vollständiger leitenden halten im Vergleiche zu den stabartigen. Starre Röhren leiten besser als elastische, somit sind Holzröhren jenen aus Gummi vorzuziehen.

Als **schallverstärkendes Stethoskop** ist dasjenige von **König** aufzufassen. Es besteht aus einer Linse — verdichtete Luft zwischen zwei Kautschuklamellen, durch eine Blechkapsel zur Hälfte gedeckt — und einem Leitungsrohr aus Kautschuk, das durch eine Holzröhre in den äusseren Gehörgang gepasst wird [1]). Dieses Instrument von König erweist sich zu Versuchen an beweglichen Gegenständen mit weicher ebener Oberfläche vorzüglich brauchbar, z. B. zur Auscultation an der ausgeschnittenen Lunge. An die starre Brustwand lässt sich nur ein zu kleiner Teil der convexen Oberfläche

---

Auscultation an der vorderen Fläche der Brust den Rücken mit einem Tuche bedeckt und umgekehrt, jedes unnütze Anfassen oder sich Aufstützen unterlässt. Der Stützpunkt für den einen Arm und damit den Oberkörper des Untersuchenden muss immer am Bette oder Stuhle des Untersuchten, nie an dessen Körper gesucht werden.

1) Eine etwas kleinere, bequemer tragbare Form desselben Stethoskopes ist von D. Borelli in Neapel angegeben worden.

der Schalllinse anpassen. Der Bezirk, aus dem die Linse Schallstrahlen aufnehmen und convergenter machen kann, ist kaum so gross als die Mündung eines Holzstethoskopes. Zudem leitet der Gummischlauch weniger vollständig als die Holzröhre. So erklärt es sich, dass man viele Auscultationserscheinungen, namentlich diejenigen der Lunge, durch das König'sche Stethoskop schwächer hört als mit blossem Ohr oder mit dem gewöhnlichen Hörrohr.

Dieses letztere würde, wenn es sich kegelförmig nach dem Aufnahmsteil erweiterte, schlecht, wenn es umgekehrt nach dem Gehörgange zu sich erweiterte, sehr gut die Schallstrahlen parallel richten und an der Zerstreuung hindern. Letztere Form würde mit der Enge des Gehörganges in Widerstreit kommen. Deshalb ist es eine einfache, nur wenig am Aufnahmsteil verbreiterte Röhre, die anderseits mittelst einer durchbohrten Platte an den Gehörgang angepasst wird. Ein hohler Zapfen würde genauer sich einfügen lassen in das Ohr, aber bei häufiger Anwendung Schmerz und Entzündung verursachen. — Bläst man in das Hörrohr hinein, so erhält man ein dem Bronchialatmen ähnliches Geräusch. Hält man ein leeres, offenes Hörrohr ans Ohr, so hört man ein ähnliches Geräusch wie an einer Muschel. Sucht man sich des Hörrohrs zu entwöhnen, so stellt sich heraus, dass man z. B. die Herztöne mit blossem Ohr stets schwächer und verschwommener hört als mit dem Instrumente, dass pleuritische Reibegeräusche denn doch besser mit dem Hörrohr unterschieden werden, kurz dass ausser dem Leitungsrohre noch ein anderes Etwas mitwirkt. Ich suche dies in Resonanzwirkungen der Luftsäule des Hörrohres und finde den Beweis dafür, indem ich Herztöne und gewisse Aneurysmengeräusche mit blossem Ohr nicht ohne dieses aufzulegen, an dem aufgesetzten Hörrohre, schon ehe ich es mit dem Ohr berühre, hören kann. Die Töne, welche gut im Hörrohre von gewöhnlicher Länge (ca. 20 cm) resonieren, liegen etwa in der Höhe der Herztöne und etwas tiefen Trachealatmens. Das Hörrohr wirkt demnach nicht allein als Schallleiter, sondern nebenbei auch als Schallverstärker. Dass es dies kann, erweist schon das bekannte Geräusch des leeren Stethoskops, das nur durch Resonanz zu erklären ist.

Stoff und Form des Hörrohres lassen viele der Hauptsache nach unwichtige Abänderungen zu. Ob man die Platte kreisförmig oder elliptisch, convex, plan oder concav wählt, aus Elfenbein, Holz oder Hartgummi verfertigt, ob das Instrument schwarz, rot oder weiss, sein Trichter etwas weniger weit oder eng ist, hat weniger Einfluss als die Angewöhnung an die einzelne Form, die leicht und mit einigem Rechte jedem sein eigenes Gerät als das vorzüglichste wenigstens für ihn erscheinen lässt. Nur die sehr kurzen und sehr dünnen Röhren, die jetzt oft in den Handel kommen, sind nicht empfehlenswert. Als besondere Vorrichtungen sind hervorzuheben: 1) **Hörrohr zur Selbstauscultation**: Trichter aus Holz, Glas, Blei etc., Leitungsrohr aus Gummischlauch und Ohrende in Form eines Holzzapfens oder einer Stethoskopplatte. 2) **Binauriculares** oder **multiauriculares Hörrohr**: Holztrichter, blind endend, mit dessen Lichtung zwei oder mehrere Kautschukschläuche mit Ohrzapfen oder Platten zusammenhängen. Werden zwei Schlauchenden von einem Beobachter in beide Ohren gebracht, so erscheinen die Schalleindrücke lauter, schärfer. Suchen durch mehrere Schlauchenden mehrere Beobachter gleichzeitig eine Stelle zu auscultieren, so erhält jeder nur einen Bruchteil der Schallwellen, die von dort ausgehen, also abgeschwächte Auscultations-Erscheinungen. 3) **Differential-Hörrohr**: Zwei Hörrohre, mit einfachem Schlauche endend. Zweck soll sein, die Schallerscheinungen verschiedener Stellen gleichzeitig zu hören und zu vergleichen.

Ein Hörrohr mit Horntrichter, langem elastischem Rohr, hohlem, gekrümtem Ohrzapfen aus Gummi verdanke ich Sir Andrew Clark. Es eignet sich zu raschem übersichtlichem Auscultieren vieler Stellen der Brustwand. Namentlich Rasselgeräusche treten sehr deutlich hervor. Der Ohrzapfen kann lange und oft in den Gehörgang gebracht werden, ohne lästige Empfindung zu erregen. Der Untersucher kann in aufrechter Stellung bleiben. —

Resonatoren. Helmholtz, der Erfinder der Resonatoren, erzählt, dass er anfangs Glaskolben, Cylinder aus Pappe und ähnliche Luftschallräume verwendete, um aus einem Gemisch von Tönen einen herauszufinden und so zu verstärken, dass er fast allein gehört wird. In ähnlicher Weise wurden (Januar 71) meine ersten Versuche begonnen mit Glaskolben, Reagensröhren, Lampencylindern. Sie betrafen einen Soldaten, dem in der Schlacht von Wörth eine Kugel die Schenkelarterie eröffnet und ein stark pulsierendes und schwirrendes Aneurysma spurium consecutivum am Oberschenkel angelegt hatte. Drückte man die erwähnten Glasgefässe an die schwirrende Stelle der Haut an, so wurde deren Eigenton auf einige Zoll von der Mündung hörbar, während man mit blossem Ohr das Aneurysmengeräusch nie hören konnte, ohne dass das Ohr die Haut des Oberschenkels berührte. Ich verschaffte mir nun 19 abgestimmte König'sche Resonatoren und hatte die Freude, nicht allein durch einige derselben, z. B. den auf Ut^3 (= 226 Schwingungen) abgestimmten, das Geräusch in dieser Tonart auf ½ m Entfernung hörbar, sondern auch das so verstärkte Geräusch an dem rotierenden Spiegelbilde der empfindlichen Flamme als Wellenlinie sichtbar zu machen. Es gelang dies mit solcher Sicherheit, dass die Mitanwesenden aus der Form des Spiegelbildes jedesmal richtig angeben konnten, ob die Verbindung zwischen dem Aneurysma und der Flamme hergestellt oder unterbrochen war. Man kann also einzelne Auscultationserscheinungen so durch Resonatoren verstärken, dass sie für Schwerhörige noch hörbar, und so auf die empfindliche Flamme übertragen, dass sie sichtbar werden.

Einige der wichtigsten Erfahrungen, welche die Resonatoren geliefert haben, mögen hier in gedrängter Kürze folgen : 1) Percutiert man eine Höhle, deren klanghältiger Schall seine Höhe mit dem Oeffnen des Mundes wechselt, so gelingt es oft, einen Resonator ausfindig zu machen, der in die Nähe des Plessimeters gehalten, diesen Schall ausserordentlich verstärkt. Es liegt nahe, dass zwischen der Grösse der Höhle und der des zugehörigen Resonators ein einfaches Verhältnis besteht und dass hierin ein brauchbarer Weg gegeben ist, die Grösse von Höhlen zu bestimmen. 2) Jedes laute Rasselgeräusch, namentlich wenn es ohnehin schon klingend ist, wird, durch einen gewissen Resonator auscultiert, sofort metallklingend erscheinen. Es wird dabei spärlicher und dem Tone nach viel höher als mit dem blossen Ohre gehört. Der von selbst entstandene Metallklang beruht demnach auf Resonanzverstärkung einzelner Obertöne durch einen dem Resonator ähnlich gestalteten und gleich wirkenden Luftschallraum. 3) Das Zellenatmen (vorne oben) zerfällt in eine grosse Reihe von Tönen, die einzeln durch Resonatoren hörbar gemacht werden können. 4) Herzgeräusche können so zerlegt werden, dass nur einzelne Teile derselben durch je einen passenden Resonator gehört werden. 5) Wenn von vornherein anzunehmen ist, dass durch Resonatoren auch Töne herausgefunden werden können, die mit blossem Ohre nicht gehört werden, so kann ich zur Zeit zum Beweise wenigstens eine Beobachtung beibringen. Bei einem Kranken mit systolischem Geräusch ohne Ton, so mit blossem Ohr oder Hörrohr, brachte der Resonator Ut^3 sofort den ersten Herzton an der Spitze zur Wahrnehmung, während das Geräusch weit höher abgestimmte Resonatoren zu seiner Verstärkung erforderte.

Das Mikrophon ist bis jetzt hauptsächlich von den Chirurgen zur Erkennung von Steinen, Knochenteilen, Kugeln aus dem bei der Berührung mit Metallsonden entstehenden Schall verwendet worden. Seine Erprobung für interne Auscultationszwecke steht noch aus.

III. Auscultation aus der Entfernung.

Man hört mit blossem Ohr, ohne dieses dem Körper des Kranken angepasst, ja auch nur sehr genähert zu haben, viele Schallerscheinungen, die teils wesentlich auf diese Weise gehört zu werden bestimmt sind, und aus der Entfernung besser gehört werden als am Brustkorb, teils nur zufälligen Bedingungen ungewöhnliche Stärke verdanken, am Rumpfe aber besser gehört werden als am Munde des Kranken. Zu den ersteren gehören die Stimme, das Husten, Gähnen, Seufzen, Niessen, Schluchzen, Schreien u. s. w. In die zweite Reihe gehören einige Erscheinungen, die an den Atmungswerkzeugen, den Unterleibsorganen oder am Herzen entstehen.

Stimme. Von den ersteren ist für unsere Zwecke vorzüglich die Stimme von Interesse, insofern sie eine Reihe von krankhaften Abweichungen darbieten kann, die nicht allein für die Diagnose von Erkrankungen der Nasen-, Mund und Kehlkopfshöhle, sondern auch für jene der Brustorgane von Bedeutung sein können. Sie wird gebildet, indem die Stimmbänder in gespanntem Zustande einander bis auf eine linienförmige Spalte genähert und durch den Ausatmungs- (nur selten auch den Einatmungs-)Luftstrom in Schwingungen versetzt werden. Indem die Spannung der Stimmbänder beliebig gesteigert, der anblasende Luftstrom aber gleichfalls in jeder gerade nötigen Stärke verwendet werden kann, wird es möglich, jeden Ton mit beliebiger Stärke zu singen (Compensation). Der Form der anstossenden Räume verdanken die Vocale, beigemengten Geräuschen die Consonanten ihre Entstehung. Als krankhafte Abweichungen der Stimme sind vorzüglich anzuführen:

1) die **gestopfte** und **offene Nasenstimme**. Erstere ein Zeichen der Verstopfung der Nasenhöhle oder des oberen Rachenabschnittes, letztere ein Zeichen der Lähmung, Unbeweglichkeit, Spaltung oder Durchlöcherung des Gaumens, kurz der während des Sprechens ununterbrochen bestehenden Verbindung zwischen Mund- und Nasenhöhle.

2) **Heisere Stimme**, von störenden Nebengeräuschen begleitet, entstanden durch Belag, Verdickung oder Verschwürung, gestörte Spannung oder gestörten Schluss der Stimmbänder.

3) **Schwache Stimme**, durch Schwäche des ausströmenden Luftstromes bedingt, mag diese von Erkrankungen der Ausatmungsmuskeln, der Lunge, oder von Durchlöcherung, Verengerung der Luftröhre oder von Offenstehen eines Teiles der Stimmritze her-

rühren. Sie ist stets arm an Umfang und gehört dem tieferen Teile des früheren Stimmumfanges an.

4) Steigern sich die Ursachen, welche Heiserkeit, oder jene, welche schwache Stimme bedingen, bis zu einem gewissen hohen Grade, so wird der Kranke stimmlos, er vermag zu sprechen, aber ohne dass ein Klang seine Worte begleitete.

5) Von den beiden Stimmlagen, Brust- und Fistelstimme, die gewöhnlich unterschieden werden und gesunden Erwachsenen zu Gebote stehen, kann die eine, die Bruststimme, zugleich mit allen tieferen Tönen verloren gehen bei Lähmung der Spanner oder gänzlicher Lähmung eines Stimmbandes. Der Kranke spricht mit permanenter Fistelstimme. Häufig liegen diesem Zustande Krankheiten der Brustorgane, Aorten-Aneurysmen, Mediastinal-Geschwülste zugrunde. In diesem Falle können bei vollständiger Lähmung eines Stimmbandes die Stimmschwingungen auf dieser Seite abgeschwächt sein, oder es kann in Ausnahmsfällen bei unvollständiger Lähmung eines Stimmbandes Fistelstimme bestehen und die Stimmschwingungen können infolge seltener, gröberer Schwingungen desselben auf der kranken Seite deutlicher sein.

6) Unnatürlich tiefe, rauhe Stimme, die ich als Kehlbass bezeichnen möchte, zeigen Kranke mit teilweiser Zerstörung des Stimmbandrandes. Namentlich bei Schwindsüchtigen mit geschwüriger Einzackung der Stimmbandränder kommt diese öfters vor. Zeitweises unerwünschtes Eintreten der Fistelstimme wird als Ueberschnappen der Stimme bezeichnet.

7) Die Stimme beschränkt sich auf einen Ton (Monotonie der Stimme), auf wenige Töne, oder bei einer bestimmten Stärke der Atemgebung stets auf einen Ton (Mangel des Compensationsvermögens) bei verschiedenen Graden doppelseitiger unvollständiger Stimmbandlähmung.

8) In seltenen Fällen ist gleichzeitige Entstehung hoher und tiefer Stimme, Sprechen mit zwei Stimmen beobachtet worden, Doppelstimme (Diphthonie). Türck glaubte, diese Erscheinung einmal durch eine Art zweiter Stimmritzenbildung in der verengten Luftröhre erklären zu können. Neuerdings hat Schnitzler solche Fälle in sehr überzeugender Weise auf eine dem Stimmbandrande ansitzende, die Stimmritze in zwei ungleiche Teile zerlegende Geschwulst zurückzuführen vermocht.

9) Dreigeteilte Stimme nenne ich eine durch gestielte Geschwülste am Stimmbandrande erzeugte Form. Beim Anlauten eines Vocals hängt zuerst die Geschwulst wirkungslos in den unteren

Kehlkopfsraum herab, wälzt sich dann die Stimmbildung unterbrechend zwischen den Stimmbändern in die Höhe und lagert endlich weniger störend letzteren auf.

10) **Passive Stimmbildung.** Stehen die Stimmbänder in beständiger Anlautestellung, wie bei Lähmung des M. cricoaryt. post., so erregt jede Pressung des Brustkorbes ohne irgend ein Zuthun des Kranken Stimmbildung.

11) Wo sehr häufiges Bedürfnis zum Atmen besteht, oder etwas tieferes Ausatmen Schmerz erzeugt, der hemmend wirkt, wird unterbrochene Stimme, Vox intercepta, gefunden. — Nicht articulierte Töne, wie man sie bei der physikalischen Untersuchung der Kinder häufig genug in störender Weise zu hören bekommt, werden als Geschrei bezeichnet, und auch diesen können diagnostische Anhaltspunkte entnommen werden, die übrigens sich ähnlich wie bei der Stimme beurteilen lassen.

Husten. Das Husten geschieht durch angestrengte Ausatmung bei geschlossener, dann rasch sich öffnender Stimmritze; der an den Stimmbändern sich vorbeidrängende Luftstrom erzeugt ein anfangs höheres, mit der Erweiterung der Stimmritze tiefer werdendes Geräusch, dem jederzeit Klänge, bisweilen besondere Geräusche beigemengt sind. Gewöhnlich wird die Erscheinung des Hustens in reflectorischer Weise hervorgerufen durch Reizung der Vagusverästelung an Kehlkopf oder Luftröhre. 1) Geschieht dies durch Kitzel eines Fremdkörpers, des Auswurfes, so kann der erregende Gegenstand angehustet werden und dabei ein besonderes Geräusch verursachen. Bisweilen wird Husten von der äusseren Haut her oder von der Pleura her reflectorisch erregt. In diesen Fällen, dann wenn Entzündung oder anderweitige gewebliche Störung Fasern des N. laryngeus superior reizt, ist der Husten ein leerer, der weder Auswurf befördert, noch auch von irgend einem durch Flüssigkeit in den Luftwegen erzeugten Geräusche begleitet ist; er verläuft kurz, wiederholt sich häufig und ist oft mit dem Gefühl eines im Halse vorhandenen Fremdkörpers verbunden. 2) Hustet jemand, dessen Kehlkopf und Luftröhre mit Massen schaumigen Schleimes erfüllt sind, so mengen sich reichliche rasselnde Geräusche dem gewöhnlichen Geräusch des Hustens bei und es entsteht eine krachende, geräuschvolle Art des Hustens, wie sie besonders bei Lungenödem, Lungenblutungen und ausgebreiteten Katarrhen der Atmungsorgane und allen den Krankheiten der Luftwege gefunden werden, die mit solchen sich verbinden. Wo der Auswurf gussweise hervorquillt, entstehen reichliche brodelnde Geräusche. Man kann diese Art als rasselnden Husten bezeichnen. 3) Andauernde

Verengerung der Kehlkopfshöhle, so dass die Stimmritze oder eine andere Stelle des Kehlkopfes beim Husten einen engen Spalt darstellt, bedingt hohe z i s c h e n d e, pfeifende oder krähende Geräusche als Ausdruck des Hustens. Man wird ziemlich sicher aus diesen Geräuschen auf die Anwesenheit einer Verengerung der grossen Luftwege zwischen Rachen und Hauptästen der Luftröhre schliessen dürfen.
4) Liegen innerhalb der Brust mit den Luftröhrenästen in Verbindung grosse regelmässig geformte Hohlräume, so kann das Geräusch des Hustens mit Metallklang in diesen sich verbinden, und dieser m e t a l l k l i n g e n d e H u s t e n kann, wie W i n t r i c h mit Recht bemerkt, als Zeichen der erwähnten Hohlräume genommen werden.
5) K l a n g l o s e r, d u m p f e r H u s t e n entsteht, wo die Stimmritze nicht vollständig geschlossen werden, oder wo aus einem andern Grunde nur ein schwacher Luftstrom zum Husten verwendet werden kann. In dieser Weise wird man sowohl Kranke mit Kehlkopflähmung als auch Emphysematiker, Gelähmte, husten hören. Er ist gleichwertig mit der schwachen Stimme.

Aus dieser Darstellungsweise erhellt, dass man aus bestimmten Formen des Hustens allerdings in jedem Fall auf bestimmte Functionsstörung der beteiligten Organe schliessen könne, dass aber aus den akustischen Erscheinungen beim Husten niemals einzelne Krankheiten erkannt werden können. Dies gilt selbst dann noch, wenn man die Häufigkeit der Hustbewegungen, ihre Verbindung zu Anfällen und ähnliche Verhältnisse in Rechnung zieht. Gerade der Keuchhusten, die nach der Art des Hustens genannte Krankheit, zeigt am allerbesten, wie die gleiche Art des Hustens verschiedenen Krankheiten zukommen kann.

A t m u n g. Während das Atmen gewöhnlich geräuschlos verläuft, kann ihm auf Entfernung vernehmliches Stenosengeräusch beigemengt werden, wenn ein sehr starker Luftstrom erzeugt und die Stimmritze gleichzeitig mit jeder Ausatmung verengt wird, wie beim Keuchen, oder wenn ein Luftstrom von geringerer Stärke durch verengerte Stellen der Leitungsröhren sich hindurchdrängt. Bald ist es hohes klangvolles, fast tönendes Atmen, wenn feste Körper, wie Geschwülste, Narbenzüge oder stark verdickte, gespannte Stimmbänder die Grenze der Spalte bilden, bald tiefes rauhes, dem Schnarchen oder Sägen ähnliches Geräusch, wenn die schlaffen, gelähmten (bei Lähmung des Cricoarytaenoideus posticus) oder ödematöse Stimmbänder, oder anhaftende Schleimmassen die Begrenzung bilden. Das Geräusch ist bei Ein und Ausatmung ziemlich gleich stark, selten bei der Ausatmung schwächer oder nur bei der Einatmung vorhanden, oft ist entgegengesetzt dem normalen Verhalten das Geräusch der Ausatmung höher als jenes der Einatmung. Croupatmen bietet das bekannteste Beispiel der Art.

Rasseln. Auch das Atmen kann wie der Husten in den oberen Luftwegen laut hörbare **Rasselgeräusche** hervorrufen. Das Röcheln der Sterbenden, das rasselnde Atmen der Epileptiker im Anfalle entsteht in der Rachenhöhle und Luftröhre. Das leise Knattern in der Brust mancher Greise, Emphysemkranker und Katarrhleidender verdankt jenem zähen Schleime in den Luftröhrenästen seine Entstehung, der oft so schwer und geräuschvoll ausgehustet wird. Katarrhalische Erkrankung der grossen Luftröhrenäste macht nur an dem geöffneten Munde, nicht an der Brustwand hörbare Rasselgeräusche. **Geräusche, die an der Brust zwar stärker gehört werden**, weil sie innerhalb der Brust entstehen, **aber doch noch in einiger Entfernung**, besonders bei geöffnetem Munde **wahrnehmbar sind**, kennt man in grosser Anzahl. Vorzugsweise sei erwähnt, dass man Rasselgeräusche, Reibegeräusche, Pfeifen und Schnurren, ein systolisches Geräusch, das von der Herzspitze in die Brustwand übergeht, das Schwappen der Flüssigkeit in grossen Hohlräumen, die zugleich Luft enthalten, und mit der Herzbewegung erfolgende Rasselgeräusche in dieser Weise an der Brust hört; am Unterleibe das Schwappen des Mageninhaltes, das Gurren der Gase im Darm und vielleicht hie und da Reibegeräusche. Manche der erwähnten Schallerscheinungen werden beim Anlegen des Ohres sehr deutlich und oft gehört und kommen doch selten auf einige Entfernung zur Wahrnehmung. Andere dagegen und zwar gerade einige selten vorkommende Schallerscheinungen, wie das Schwappen der **Flüssigkeit** bei Pneumothorax und Pneumoperikardie, das systolische Rasseln in dem Herzen nahe gelegenen Cavernen wurden fast, so oft sie vorkommen, **auf die** Entfernung gut gehört [1]).

Wenn ein grösseres Gefäss, in dem Rasselgeräusche entstehen, nur durch ein glattwandiges Rohr nach **aussen** mündet, klingt es täuschend, als ob das Rasseln in der Mündung des Rohres seinen Sitz habe. An dem Waldenburg'schen und Tobold'schen pneumatischen Apparate kann man dies leicht erproben. So klingen auch Rasselgeräusche der Luftröhrenäste, am Munde auscultiert, als ob sie in Kehlkopf oder Luftröhre entstünden.

---

1) In Würzburg lebte vor Jahren eine Näherin, bei der das herzsystolische Rasseln bronchiektatischer Höhlen in Anfällen von verstärkter Herzthätigkeit auf Zimmerlänge hin zu hören war. In späterer Zeit waren diese Geräusche leiser, jedoch noch hie und da auf 1 m Entfernung zu hören. Es dürfte sich dabei um starke Resonanzerscheinungen gehandelt haben.

Ob sie gerade jedesmal, wie C. Galvagni will, in den feinsten Luftröhrenästen oder Höhlen entstehen müssen, möchte ich dahingestellt sein lassen.

IV. Auscultation der Stimme.

1. Drei Gruppen von Schallerscheinungen kommen an der Lunge zur Wahrnehmung: **die durch das Atmen in den Luftwegen erzeugten Geräusche, die am Brustkorbe hörbare Stimme**, und die bei Anwesenheit von Flüssigkeit in den Luftwegen oder an verengten Stellen durch den Atmungsstrom erzeugten **Rasselgeräusche**. Alle diese Schallerscheinungen treten in einer doppelten Weise auf. Sie werden lauter, heller und erscheinen dem Ohr nah, das Atmen bekommt noch dazu eine andere Klangfarbe, wenn das **Lungengewebe luftleer** geworden ist. Sie hören sich leiser, entfernter, dumpfer an, das Atmen ist schlürfend, nicht hauchend, wenn das Lungengewebe in normaler Weise **lufthältig ist**.

Suchen wir zunächst uns an dem Verhalten der **Stimme** diese Erscheinungen klar zu machen. Auscultiert man an der Brustwand eines Sprechenden, so hört man überall, wo gesunde Lunge anliegt, leises undeutliches Murmeln. Man ist nicht im stande, die einzelnen Worte zu verstehen, die Klänge der Stimme lassen sich kaum durch erkennen, wie unter begleitenden dumpfen Geräuschen. Hört man dagegen über einem luftleer gewordenen, z. B. entzündlich verdichteten Lappen, oder über einer Höhle die Stimme, so sind die einzelnen Worte erkennbar, die Klänge deutlich, nur um weniges schwächer, als ob man sie am Munde des Sprechenden hörte, und sie bringen eine deutliche Erschütterung im Ohr hervor (Röhrenstimme, **Bronchophonie**). Es kann sich auch ereignen, dass auf Augenblicke die Bronchophonie wieder verschwindet, ja es erfolgt dies sicher, so oft die zuführenden Luftröhrenäste von Schleim verstopft werden. Man hört also bei wohlerhaltenem Lungengewebe nur unbestimmtes Murmeln, über ausgebreiteten luftleeren Lungenteilen deutliche Stimme.

Als Grund dieser Erscheinung bezeichnete **Laennec bessere Leitungsfähigkeit** luftleeren Lungengewebes. Darnach würden die von den Stimmbändern erregten Schallwellen der nach abwärts in der Luftröhre und in den Bronchien verbreiteten Luftsäule sich mitteilen, und nachdem sie durch die Bronchialwände auf das Lungengewebe übergegangen sind, bei wohlerhaltener Beschaffenheit zerstreut, bei luftleerer Beschaffenheit gut fortgeleitet werden.

Skoda bestritt diese auf die Leitungsfähigkeit des Lungengewebes begründete Erklärung, indem er das lufthältige Lungengewebe als Luft, das verdichtete als festen Körper betrachtete, das Letztere für das besser leitende erklärte und sich dabei auf Beispiele aus dem gewöhnlichen Leben berief, so auf die gute Fortleitung leiser Geräusche durch einen Balken, an dem man auscultiert. Er glaubte, dass durch die Verdichtung des Lungengewebes dessen in starrwandige Hohlräume verwandelte Luftröhrenäste geeignet würden, durch Consonanz die empfangenen Schallerscheinungen verstärkt zu reproduzieren. So sollte man auf dem Wege der Consonanz die Stimme am Brustkorbe unter Umständen stärker hören können als am Munde des Sprechenden.

Der Haupteinwurf Skoda's gegen die Fortleitungstheorie Laennec's beruht auf der irrigen Voraussetzung, dass die Leitungsfähigkeit lufthältigen Lungengewebes jener der Luft gleichgesetzt werden dürfe. Lungengewebe besteht im Gegenteil aus äusserst zahlreichen, abwechselnden Schichten von Luft und fester Substanz, an deren Grenzen jedesmal Zurückwerfung der Schallwellen stattfindet, so dass die endliche Zerstreuung derselben von der Stimme nur noch ein undeutliches Murmeln übrig lässt. Auch der zweite Einwurf, dass Verstopfung eines Luftröhrenastes, die nur diesen absperrt, aber die Leitungsfähigkeit des Lungengewebes nicht ändert, dennoch die Bronchophonie aufhebe, kann leicht beseitigt werden. Durch die Form der Luftröhrenäste wird an deren Wänden eine solche Zurückwerfung der Schallstrahlen bedingt, dass sie jedes Mal senkrechter auf die Bronchialwand gerichtet werden und sie schliesslich leicht in dieser Richtung durchdringen. Verstopfung der Luftröhrenäste durch einen festweichen Körper, in dem alle Schallschwingung untergeht, verschliesst demnach den Schallwellen die grosse Fläche, auf der sie aus der Luft des Bronchialrohrs in das Lungengewebe übergehen könnten. Daher das Mangeln der Bronchophonie bei Verstopfung zuführender Luftröhrenäste. Somit ist allerdings die bessere Schallleitungsfähigkeit verdichteten Lungengewebes der Grund der über demselben gehörten Bronchophonie. In ähnlicher Weise hört man andere Formen des Atmungsgeräusches, wo die Lunge gleichmässig gut leitet, andere wo sie die aus der Luftröhre und ihren grossen Aesten herrührenden Geräusche zerstreut, in ähnlicher Weise für beide Formen verschiedenartige Rasselgeräusche.

2. Die Auscultation der Stimme wird bei Krankenuntersuchungen seltener als die des Atmens vorgenommen; der einfache Grund ist hiefür entscheidend, dass die Zeichen, welche aus beiden sich ergeben, gleichwertige sind, dass für manche Kranke das

Sprechen zum Zwecke der Untersuchung beschwerlich, für Andere überhaupt unmöglich ist, während das Atmen jederzeit stattfindet und leicht etwas verstärkt werden kann. So ist denn auch auf die Unterscheidung verschiedener Formen der Bronchophonie praktisch kein sehr hoher Wert zu legen; dies um so mehr, als das Hauptunterscheidungsmerkmal sehr von dem subjectiven Urteile abhängig ist. Skoda nennt nämlich starke Bronchophonie diejenige, bei welcher der Auscultierende deutliche Erschütterung des Ohres wahrnimmt; wo diese fehlt oder sehr schwach ist, wird auch die Bronchophonie als schwache bezeichnet. Die starke Bronchophonie zerfällt wiederum, je nachdem die Articulation der Laute deutlich erkannt wird oder nicht, in starke helle und starke dumpfe Bronchophonie. Beide letztere finden sich vorzüglich bei entzündlicher Verdichtung und Höhlenbildung. Schwache Bronchophonie findet sich auch bei andern minder vollständigen Verdichtungen der Lunge oberhalb pleuritischer Exsudate, endlich auch bei gesunder Beschaffenheit der Lunge zwischen den Schulterblättern und bisweilen unmittelbar unter dem Schlüsselbein.

Wie gleichmässig verdichtetes Lungengewebe leitet auch klare Flüssigkeit Schallstrahlen besser als trübe, zellenreiche. Die Auscultation der Stimme und zwar der Flüsterstimme hat deshalb einigen Wert erlangt für die Unterscheidung wässeriger und eitriger Ergüsse in den Rippenfellsack. Erstere werden die Stimme besser hörbar zur Brustwand gelangen lassen als zellenreiche.

3. Während des Sprechens hört man bisweilen noch eine besondere Erscheinung, die von Laennec als Aegophonie bezeichnet wurde. Man versteht darunter einen hohen meckernden, zitternden Widerhall der Stimme, ähnlich wie wenn man durch ein rissiges Rohr hindurch spricht oder wie wenn man gegen eine Scheibe von Holz, die dicht zwischen die Lippen und Zähne genommen wird, hinspricht. Diese Erscheinung findet sich vorzüglich bei einer gewissen Höhe pleuritischer Exsudate zwischen Brustwarze, Schulterblattwinkel und Wirbelsäule unmittelbar an der oberen Grenze der Flüssigkeit, bei Hydrothorax, bisweilen aber auch bei verdichteter Lunge ohne Flüssigkeitserguss. Gewöhnlich ist die Erscheinung rasch vorübergehend, namentlich in dem ersteren, häufigsten der erwähnten Fälle. Es ist wahrscheinlich, dass sie in abgeplatteten, noch nicht ganz luftleeren, feinen Luftröhrenästen entstehe, deren Wände durch die Schallschwingungen zitternd sich zeitweise berühren und wieder von einander trennen. Aegophonie ist stets leiser als gewöhnliche Bronchophonie.

V. Atmungsgeräusche.

1. Röhrenatmen.

Setzt man das Hörrohr an den Kehlkopf oder die Luftröhre eines Gesunden oder legt man, was Anfängern mehr zu empfehlen ist, das Ohr auf den siebenten Halswirbel, so hört man bei irgend starkem, sowohl Ein- wie Ausatmen, eine Schallerscheinung, die nachgeahmt werden kann durch Aushauchen von Luft bei erhobener Zungenspitze und jener Stellung des Mundes, als ob man h oder ch aussprechen wollte. Ferner kann dies hauchende Klingen nachgeahmt werden durch Blasen in die Röhre eines Hörrohres. Man nennt es Röhrenatmen, Laryngeal-, Trachealatmen, oder weil es aller Wahrscheinlichkeit nach in den Bronchien in ähnlicher Weise entsteht: bronchiales Atmen. Man hört solch bronchiales Atmen auch bei der Auscultation der Nasen- und Rachenhöhle und kann es bei laut keuchendem Atmen an der ganzen Brust wahrnehmen.

Bronchiales Atmen wird bei der Ausatmung stärker und länger gehört als bei der Einatmung, bei letzterer, wenigstens an der Luftröhre, etwas höher. Seine Bedeutung ist die gleiche wie die des klanghältigen Percussionsschalles. Der Klanggehalt, das Tönen ist das eigentlich Bezeichnende sowohl des klanghältigen Schalles wie auch des Röhrenatmens. Der Eigenton grösserer Luftsäulen im Bereich der Atmungsorgane wird im einen Fall durch die Percussionserschütterung, im anderen durch ein Stenosengeräusch hervorgerufen, bei der Percussion direct, beim Atmungsgeräusch durch Resonanz eines in einem Stenosengeräusche enthaltenen Tones. Beweise für die Richtigkeit dieser Sätze finde ich in folgenden Beobachtungen: Das Atmungsgeräusch der Luftröhre (am oberen Rande des Brustbeines auscultiert) wird höher beim Oeffnen, tiefer beim Schliessen des Mundes, ganz ebenso wie der Percussionsschall der Luftröhre. Sind obige Annahmen richtig, so muss eine kleinere Luftröhre einen höheren Ton liefern, sowohl als Hauptbestandteil ihres Atmungsgeräusches, als auch bei der Percussion. Dies findet sich sofort bestätigt, wenn man abwechselnd an der Luftröhre von Kindern und von Erwachsenen untersucht. Was für die Luftröhre gilt, hat auch für Höhlen seine Berechtigung. Sobald eine Höhle mit dem Oeffnen des Mundes höheren klanghältigen Schall liefert, als zuvor, kann man sicher sein, dass ihr Röhrenatmen ebenso beim

Oeffnen des Mundes höher, beim Schliessen tiefer werden wird. Ein einziger Fall, freilich ein sehr häufig vorkommender, scheint im Widerstreit mit den aufgestellten Grundsätzen zu stehen; das Röhrenatmen in verdichtetem, z. B. entzündetem Lungengewebe trifft zusammen mit leerem, klanglosem Percussionsschall. Zunächst will ich hier an die sehr feine Bemerkung von L. Thomas erinnern, dass er in solchen Fällen nie den Klang in dem leeren Schalle ganz vermisst habe. Sodann steht der Annahme nichts entgegen, dass Brustwand und hepatisiertes Lungengewebe wohl die Schallschwingungen (von den Luftröhrenästen nach aussen), nicht aber die Percussionserschütterung (von der Brustwand nach den Luftröhrenästen) genügend gut leiten. Unmittelbare Bestätigung der Anschauung, dass Röhrenatmen und klanghältiger Schall, der dem Gesetze der offenen und der gedeckten Pfeifen folgt, zusammengehören, liegt in dem, was über den sogenannten William'schen Trachealton bekannt ist. Er braucht nicht in die Luftröhre oder den Hauptast der Seite verlegt zu werden; er ensteht in denselben Luftröhrenästen, die das Röhrenatmen liefern. Es ist nicht die Nähe der Luftröhre, sondern die Biegsamkeit der Brustwand zwischen Schlüsselbein und Brustwarze, die seine Entstehung ermöglicht.

Man findet an der herausgenommenen Lunge den Schall entzündeter Stellen klanghältig, nicht dumpf. Am Lebenden hört man sehr oft den Percussionsschall des entzündlich verdichteten Oberlappens, nicht selten auch des Unterlappens klanghältig mit Wintrich'schem Schallwechsel. Immer bekommt man diesen zu hören, wenn man, während über der Verdichtung percutiert wird, an der Luftröhre auscultiert. Es besteht in dieser Beziehung vollständige Uebereinstimmung zwischen den Grundeigenschaften des klanghältigen Schalles und des Röhrenatmens einer erkrankten Stelle der Lunge.

Dieser Eigenton der Luftröhre, ihrer Aeste, der Höhlen, den wir beim Percutieren (begleitet von Obertönen) als klanghältigen Schall kennen lernen, wird beim Atmen erregt durch Stenosengeräusche, in denen er, nebst vielen andern Tönen enthalten ist. Einzelne oder nur eine beschränkte Anzahl dieser Bestandteile des Geräusches werden durch die anstossenden Lufträume resonatorisch verstärkt. Es erscheint bei der Einatmung etwas höher in der Luftröhre, weil die Stimmritze sich erweitert, der Kehldeckel sich hebt, die Nasenflügel sich erweitern, bei der Ausatmung tiefer, weil das Umgekehrte geschieht. Bei der Entstehung des Röhrenatmens erfolgt das Gleiche wie bei dem Anblasen einer Stethoskopröhre; oft hört man auch bei der Auscultation am Halse oder der Brust ebenso wie dort den Eigenton der Luftröhre und das Anblasegeräusch noch daneben. Seitz bezeichnet diese Form als scharfes Bronchialatmen. Für die Einatmung entsteht das ursprüngliche Geräusch beim Eintritte des Luftstromes aus den Choanen in den Rachenraum, beim Eintritte aus der Stimmritze in die untere weitere Höhle des Kehlkopfes und die Luftröhre. Daher rührt es, dass man das Einatmungsgeräusch am Kehlkopfe stärker, je weiter nach abwärts an der Luftröhre, um so schwächer hört. Das Ausatmungsgeräusch entsteht beim Uebergange aus der engeren Stimmritze in den weiteren Kehlkopfseingang, und wohl auch überall da, wo engere Aeste des Bronchialrohres in einen weiteren einmünden. Diese Stenosengeräusche beruhen auf den Strömungswirbeln, die jenseits verengter Stellen eines Rohres sich bilden.

Röhrenatmen findet sich am Brustkorbe Gesunder entweder nicht oder nur in der Gegend zwischen den Schulterblättern, entweder beiderseits oder rechterseits allein vor, da wo die Hauptäste der Brustwand am nächsten liegen.

In Krankheitsfällen kommt dieses klanghältige Geräusch zur Beobachtung: 1) wenn eine ausgebreitete, grössere, lufthaltige Bronchien einschliessende Lungenpartie, die an der Oberfläche oder ihr nahe liegt, luftleer geworden ist, so dass der bei der Ein- und Ausatmung in den Luftröhrenästen resonierende Klang nach der Brustwand fortgeleitet und dort gehört werden kann. Zieht man die beiden sich heute noch gegenüberstehenden Erklärungen dieser Erscheinung von Laennec und Skoda in Erwägung, so ergibt sich folgendes. Laennec lässt den in den Luftröhrenästen entstehenden Ton oder Klang durch die gleichmässig gute Leitung des luftleer gewordenen Lungengewebes zur Brustwand gelangen, indes er im lufthaltigen durch vielfache Zurückwerfung an Luft und Lungengewebe zunichte wird Dies leuchtet ohne weiteres als richtig ein. Skoda lässt die Resonanz in den Bronchien erst dann zustande kommen, wenn sie von starren Wänden umgeben sind. Hier ist zunächst zu bemerken, dass glattwandige Räume keiner besonders starren Wände bedürfen, um zu resonieren. Man denke nur an den klanghältigen (mit dem Röhrenatmen gleichwertigen) Schall des Magens und Darmes, denen gewiss starre Wände völlig abgehen. Man wird sich ferner leicht überzeugen, dass auch Röhren aus dünnem Kautschuk oder Papier resonieren, wenn sie angeblasen werden. Aber man wird auch leicht finden, dass starrwandige Röhren (z. B. aus Glas oder Holz) lauter und stärker resonieren als gleichgeformte aus weichem Ton, weil in letzteren ein Teil der Bewegung, auf die unelastische Wand übertragen, in ihr untergeht. Für die Entstehung starken, hellen Röhrenatmens muss daher die starre Steifung der Wand der Luftröhrenäste durch umgebendes verdichtetes Gewebe sehr begünstigend wirken. Beide Bedingungen, bessere Leitung durch luftleeres Gewebe und Steifung der Wand der Luftröhrenäste, wirken in den meisten Fällen zusammen.

Sind die zu einem verdichteten Lungenteile hinführenden Luftröhrenäste durch unelastische Massen (Schleim) verschlossen, so hört nicht allein die Resonanz in diesen Röhren auf, sondern sie sind auch für die Schallstrahlung verschlossen. Für diese hat aber ihre nach aussen zu verjüngte Form die Bedeutung, nach öfterer Zurückwerfung senkrechte Richtung gegen die Wand herbeizuführen und so völligen Uebergang in das gut leitende Lungengewebe zu vermitteln. Von beiden Gesichtspunkten aus erklärt sich das Aufhören des Röhrenatmens und dessen Wiedererscheinen, sobald jene Massen weggehustet werden.

Die gleichmässigste und vollständigste Verdichtung der Lunge wird durch ächte Lungenentzündung gesetzt. Bei dieser hört man in der Mehrzahl der Fälle so starkes, helles Röhrenatmen, wie es z. B. bei tuberculöser oder atelektatischer Verdichtung nicht oft wahrgenommen wird. Bei Pleuraexsudaten wird zwar häufig eine ausgebreitete Lungenpartie sehr vollständig verdichtet durch den Druck der Flüssigkeit, aber die zuführenden Bronchien sind gedrückt und verengt und deshalb für den Uebergang der Schallstrahlen minder günstig. In diesen Fällen ist das Röhrenatmen schwach aber hell, meist verhältnismässig hoch. Man kann aus dieser Form des Röhrenatmens oft ziemlich sicher die Stellen oberhalb des Pleuraexsudates ausfindig machen, an denen Aegophonie zu hören sein wird.

Röhrenatmen wird 2) an der Brust gehört, wo lufthaltige, glattwandige Hohlräume innerhalb der Lunge nicht zu fern von der Brustwand gelagert sind. Verdichtete Wände, welche die Schallerscheinungen der Höhle gut fortleiten, fehlen selten, bei den einfachsten Erweiterungen von Luftröhrenästen ist es luftleeres, sonst entzündetes Lungengewebe, das die Höhle umgibt. Der Luftwechsel in der Höhle ist wohl selten so bedeutend, dass er bei der Einatmung oder selbst bei der Ein- und Ausatmung das den Eigenton der Höhle erregende Geräusch liefern könnte. Erreger der Resonanz des Eigentones der Höhle sind wohl meistens dieselben Einflüsse, die für das Röhrenatmen überhaupt erwähnt wurden. Das Röhrenatmen mittelgrosser Höhlen pflegt höher zu sein als das der

Luftröhre. Ich halte für sehr wahrscheinlich, dass man bei fortgesetzten Untersuchungen über die Tonhöhe des Röhrenatmens an verdichteten Lungenteilen und an Höhlen Unterschiede finden wird, welche die früher schon auf unzureichende Gründe hin versuchte Aufstellung einer für Höhlen bezeichnenden Form des Röhren- (dann also Höhlen-) Atmens zu rechtfertigen vermögen. Kann man die Höhe des Röhrenatmens und des klanghältigen Percussionsschalles einer Höhle, welche als Luftschallraum dem Gesetze der offenen und gedeckten Pfeifen folgt, mittelst des Resonators bestimmen, so ist auch deren Grösse annähernd festgestellt.

2. Zellenatmen.

Vesiculäres Einatmungsgeräusch. Ueberall wo gesunde Lunge die Brustwand berührt, entsteht durch das **Einatmen ein weiches schlürfendes Geräusch**, weit leiser als das Röhrenatmen. Man ahmt es nach, wenn man den Mund zum Aussprechen von f, b oder w stellt und Luft einschlürft. Beim Ausatmen hört man an gesunder Lunge weit schwächeres, anders klingendes Geräusch. Man leitet allgemein erstere Schallerscheinung von den Vorgängen ab, die bei der Luftaufnahme in die Luftzellen der Lunge stattfinden, und bezeichnet sie daher als »Zellenatmen« oder »Vesiculäratmen«. Alle Erfahrungen weisen darauf hin, dass überall, wo Zellenatmen gehört wird, die Alveolen dem Atmungsstrome zugängig sind und umgekehrt, dass sie für ihn verschlossen sind, wo Zellenatmen fehlt oder durch ein anderes Geräusch ersetzt ist.

Entstehung. Während soviel feststeht, sind die nächsten physikalischen Bedingungen dieses Geräusches um so schwieriger anzugeben. Skoda leitet es wie Laennec ab von der Reibung der Luft gegen die Wände der feinen Bronchien und Luftzellen, deren Widerstand sie überwinden muss. P. Niemeyer betont mit Recht, dass in luftführenden Hohlräumen immer die Luft das primär schwingende sei und dass wegen der ruhenden Wandschicht von Reibung der Luft gegen die Wand in gröberem Sinne nicht die Rede sein könne. Die früher von ihm gegebene Erklärung, es werde durch den Pressstrahl der durch die Infundibula in die Alveolen eindringenden Luft erzeugt, ist allerdings vollständig unhaltbar. Wenn hier überhaupt von Strahl die Rede sein kann, so beträgt die Pressung nicht einen Mm. Hg. Die noch mehr massgebende Geschwindigkeit der Strömung kann nur eine äusserst geringe, völlig ungenügende zur Schallerzeugung sein. Jedenfalls müsste aber für die Schallhöhe des entstehenden Geräusches der Durchmesser des Luftraumes, in dem es entsteht, massgebend sein. Sollte auch ein Unisono pianissimo der Pressstrahle sämtlicher Alveolen angenommen werden, so würde doch mathematisch berechenbarer Weise das entstehende Geräusch aus Klängen zusammengesetzt sein, die weit höher liegen als irgend ein menschliches Ohr zu hören vermag [1]).

In neuerer Zeit ist von mehreren Seiten, namentlich mit viel Beharrlichkeit und Geschick von F. Penzoldt, die Ansicht vertreten worden, dass das Zellenatmen nichts anderes darstelle als das beim Durchgange durch lufthältiges Lungengewebe veränderte Röhrenatmen. P. auscultiert das Atmungsgeräusch der Luftröhre durch ein Stück Lunge, durch ein Stethoskop, das mehrere dünne Membranen quer durch seinen Luftraum gespannt enthält, und findet, dass dabei das Röhrenatmen sich in Zellenatmen umwandle. In wie weit das so veränderte Trachealatmen vesiculärem ähnlich sei, möchte ich zunächst dahin gestellt sein lassen. Mir scheinen manche Beobachtungen, die man an Kranken mit Kehlkopfs- und Luftröhrenverengerung anstellen kann, sehr gegen die von P. vertretene Auffassung zu sprechen. Man hört in diesen Fällen an beliebigen Stellen der Brustwand, z. B. hinten, unten, das Stenosengeräusch zwar abgeschwächt, aber in seinen Eigentümlichkeiten nicht verändert und daneben Zellenatmen, das vielleicht etwas leiser klingt als sonst, aber deutlich von ersterem Geräusch unterschieden werden kann. Bei tracheotomierten Kranken mit Kehlkopfsverschluss kann man durch Vorhalten des Fingers vor die Kanülenmündung eine Verengerung bewirken und beliebig steigern. Mit der Verengerung wächst das Geräusch, das hier doch wohl das Anblasegeräusch für das Atmungsgeräusch der Luftröhre abgibt. Auscultiert man an der Brustwand, so wird mit Zunahme der Stenose das hörbare Stenosengeräusch lauter, das Zellenatmen dagegen leiser bis zum Verschwinden. — Auch lässt sich die Thatsache, dass das Röhrenatmen bei der Ausatmung länger und lauter, das Zellenatmen fast nur bei der Einatmung gehört wird, aus jener Annahme schwer erklären.

Dehio, der neueste Schriftsteller auf diesem Gebiete bläht eine von der Lungenarterie aus mit Glycerin injicierte Lunge mittelst Blasebalges auf. Man hört am Bronchus Röhrenatmen, an der Oberfläche Zellenatmen, letzteres auch dann, wenn durch einen Wattebausch die Fortleitung des Bronchialatmens verhindert wird. Somit ist Zellenatmen nicht durch Lungengewebe gehörtes Röhrenatmen. Wird diese Lunge mässig aufgeblasen und wechselnd gegen das Ohr gedrückt, so entsteht Zellenatmen, wie D. annimmt durch Stenosengeräusche an den feinsten Bronchien und deren Einmündungsstellen in die Infundibula, quod esset demonstrandum.

Folgendes scheinen mir die Grundlagen für eine befriedigende Deutung des Vesiculäratmens zu sein: **Es steht zum bronchi-**

---

[1]) Wem die hier angeführten Gründe nicht genügen, der findet noch weitere bei H. Baas, D. Arch. f. klin. Med. Bd. IX, S. 316 u. f.

alen in einem ähnlichen Gegensatz wie der klanglose Schall zum klanghältigen, wie ein Geräusch zu einem Klang. Bei jedem Klang, beim Röhrenatmen, beim klanghältigen Schall: leicht erkennbare Tonhöhe, deutliches Hervortreten eines Grundtones. Beim Geräusch, dem klanglosen Schall, beim Zellenatmen gelingt es nicht, einen Ton herauszuhören, fällt es schwer, auch nur annähernd die Höhe der ganzen Schallerscheinung zu schätzen, am ersten gelingt es noch vergleichsweise, z. B. der leere klanglose Schall erscheint etwas höher als der volle. Will man nun für das Zellenatmen eine vergleichsweise Angabe der Höhe gelten lassen, so halte ich diejenige von L. Thomas für die richtigste, welche besagt, dass es die gleiche Höhe mit dem Percussionsschall derselben Stelle habe. Wendet man Resonatoren an bei Verstärkung des Zellenatmens durch rasche tiefe Atemzüge, so gelingt es durch eine grössere Zahl derselben, das Geräusch auf eine geringe Entfernung schwach hörbar zu machen, am besten durch die kleineren derselben (welche aber immer noch einige cm Durchmesser haben). Es enthält also viele sehr leise Töne gemischt, ohne dass einer derselben hervorstechend stark wäre.

Reibung des Luftstromes an der Alveolenwand darf man nicht als das Primäre annehmen. Schwingungen der Alveolenluft können es nicht sein, denn sie würden, auch wenn diese Lufträume noch mehrmals grösser wären, für jedes menschliche Ohr unhörbar sein. Es bleiben also nur Schwingungen des Lungengewebes selbst, zu denen es in gespanntem Zustande sehr wohl fähig ist, zur Erklärung übrig. Wir haben damit die vollständige Uebereinstimmung des vesiculären Atmens mit dem klanglosen Schalle erlangt, der an der lufthaltigen Lunge dann entsteht, wenn die Membran selbst in Schwingungen gerät (ebenso wie an den Unterleibsorganen). Wir begreifen dann, warum die Einatmung ein starkes Geräusch bei der Anspannung des Lungengewebes liefert, die Ausatmung kein oder nur schwaches Geräusch während der Ausatmung.

Die Angabe, dass man Zellenatmen an der herausgenommenen Lunge nicht künstlich hervorrufen könne, halte ich für unrichtig. Wenn man bei einem plötzlichen Todesfalle, bei dem weder Lungenentzündung noch Lungenödem mitspielte, die Lunge schon wenige Stunden nach dem Tode herausnehmen kann, und das Rohr eines Spirometers in den Hauptast der Luftröhre einbindet, lässt sich bei Druck auf die luftgefüllte Trommel des Spirometers sehr schönes

Vesiculäratmen an der Lungenoberfläche mittelst König'schen Stethoskopes hören.

Ausatmung. Auch die Eigentümlichkeit des vesiculären **Ausatmungsgeräusches** wird am besten bezeichnet durch Nachahmung mit dem Munde. Es gelingt, wenn man die Lippen so stellt, als wenn man f oder h aussprechen wollte und dabei Luft ausstösst. Hier fehlt also Aehnlichkeit mit Schlürfen und tritt dafür die mit leisem Hauchen oder Blasen ein.

Verbreitung. Bedeutung. Zellenatmen findet sich im vollen Bereiche der Lungenoberfläche vor, und überschreitet fortgeleitet deren Grenzen nach abwärts noch um ein Beträchtliches. Die Stärke des Geräusches ist hauptsächlich abhängig von der Tiefe der Atemzüge und von der Beschaffenheit der Lunge. Bei vielen Leuten hört man während ganz ruhigen Atmens kein deutlich unterscheidbares Geräusch oder nur sehr leises Summen; bei den meisten tritt bei etwas tieferem Atmen das Geräusch des Zellenatmens deutlich hervor, bei Einzelnen bleibt es auch da noch undeutlich. Wird Zellenatmen durch angestrengtes Atmen sehr verstärkt, so kann es noch neben lautem Keuchen vernehmbar sein und über den grössten Teil des Unterleibes hinweg gehört werden. Ob dieses Geräusch scharf oder weich, hoch oder tief, rauh oder zart gehört werde, hängt teils ab von bleibenden Eigentümlichkeiten des Einzelnen, teils von ganz vorübergehenden, zufälligen Verhältnissen der Atmungsorgane, z. B. Wulstung der Schleimhaut, die an den feinsten Luftröhrenästen Verengerungen erzeugt. Bei Kindern, deren Lungengewebe stärker elastisch ist, wird es stets als scharfes Zellenatmen gehört. Seine Anwesenheit beweist den Eintritt von Luft in die Alveolen für den Bereich der auscultierten Lungenfläche. Das Ausatmungsgeräusch weist, wo es gehört wird, nach, dass die Ausatmung nicht ohne einigen Widerstand erfolgt, und weist auf Verengerung, Schwellung, kurz auf geringe Widerstände in den Atemwegen hin. Ob diese Widerstände in den Alveolen gelegen sein können oder den kleinsten Luftröhrenästen angehören, weiss man nicht, wahrscheinlich betreffen sie in den meisten Fällen beide. Man hört das Zellenatmen nicht an allen Stellen der Brust gleich stark, bald links, bald rechts in der Unterschlüsselbeingegend, doch etwas häufiger links ist es am lautesten. Die ungleichen Dickenverhältnisse der Weichteile beider Seiten mögen hieran Schuld sein. Vorne unten und seitlich ist es leiser als oben, an der Rückenfläche leiser als vorne.

Anfänger sollten die grösste Mühe darauf verwenden, durch häufige Uebung, durch Nachahmen der betreffenden Geräusche und durch besondere Berücksichtigung dieser Frage Zellen- und Röhren-Atmen sicher unterscheiden zu lernen. Das geräuschartige Schlürfen des Zellenatmens, das klangähnliche Hauchen des Röhrenatmens, der Umstand, dass ersteres überwiegend bei der Einatmung gehört wird, und von schwachem oder keinem Ausatmungsgeräusch begleitet ist, muss hier entscheidend sein, dem längeren und stärkeren Röhrenatmen gegenüber das bei der Ein- und Ausatmung gehört wird. Auch dem Geübtesten begegnen Geräusche, die er weder in der Weise als hauchend wie Röhrenatmen, noch deutlich als schlürfend erkennen kann. Sie werden als **unbestimmte** bezeichnet, aber je grösser die Uebung des Untersuchers, desto mehr verschwindet die Zahl der **unbestimmten Geräusche**. Zeitweise gelingt es noch neben vesiculärer Einatmung bronchiale Ausatmung zu unterscheiden, oder bei der Einatmung an der gleichen Stelle des Brustkorbes Zellen- und Röhrenatmen wahrzunehmen. Die neuerdings von **Seitz** durchgeführte Unterscheidung weichen und scharfen, scharfweichen und weichscharfen Atmens, wobei nur scharfweiches oder scharfes Atmen eigentliches Zellenatmen sei, ist mir in mancher Beziehung unklar geblieben. Die Unterschiede, die damit aufgestellt werden sollen, ermangeln jedes sachlichen Kennzeichens, jeder Beziehung zu einem pathologischen oder physiologischen Vorgange oder Zustande. So schien es mir, und ich kann daher über die eigentliche Bedeutung dieser erweiterten Unterscheidung und Einteilung noch nicht klar werden. Auch die Begründung, die diese Lehre selbst durch **Seitz** erhalten hat, scheint mir noch etwas an Unklarheit zu leiden, wenigstens wird stellenweise nur das scharfweiche, dann aber auch wieder das scharfe Atmen als eigentliches Zellenatmen dargestellt. Vorläufig wird man daher noch das Hauptgewicht auf die Unterscheidung des Zellen- und Röhrenatmens legen müssen, die wichtigste praktische Unterscheidung in der ganzen Auscultationslehre.

Besondere Arten des Zellenatmens. Als solche sind aufzufassen a) das **puerile Atmen**, rauhe oder verschärfte Vesiculäratmen; b) das **saccadierte Atmen**; c) das Zellenatmen in Verbindung mit **lautem und verlängertem Ausatmungsgeräusch**; d) das **systolische Zellenatmen**. Alle diese Unterarten teilen vollständig noch den Wert, den das Zellenatmen im grossen und ganzen genommen als Zeichen durchgängiger Beschaffenheit der Luftwege eines grösseren Bezirkes besitzt. Nur bei freiem Lufteintritte ist Anspannung des Alveolargewebes und Schallerzeugung in demselben möglich.

a) Wiederholte Untersuchung zeigt, dass bei Kindern das Zellenatmen sehr rein, aber zugleich scharf und laut gehört wird. Dünne Brustwand und rasche Atemzüge mögen diese Erscheinung begünstigen. Der Hauptgrund dürfte jedoch wohl in der stärkeren Retractionsfähigkeit des Lungengewebes bei Kindern, wie sie sich z. B. durch die Neigung zur Atelektasenbildung zu erkennen gibt, zu suchen sein. Erhöhter Widerstand für den Lufteintritt, schärferes Atmungsgeräusch erklären sich daher. Man hat deshalb solch verschärftes, von Anfängern oft mit Röhrenatmen verwechseltes Atmungsgeräusch häufig als »pueriles« bezeichnet, auch dann, wenn es bei Erwachsenen durch verstärkte Atembewegungen, oder durch Veränderungen im Lungengewebe zustandekam. Die Bedeutung desselben, ist praktisch genommen, gewöhnlich die, auf katarrhalische Erkrankung der feinsten Luftwege hinzuweisen. An einer Stelle hat man dasselbe als besonders bezeichnend für einen bestimmten Krankheitszustand betrachtet. Verschärftes Zellenatmen an der Lungenspitze gilt mit als frühestes Zeichen beginnender Lungentuberculose. Es ist in diesem Falle durch Schrumpfung eines Teiles und stärkere Anspannung des umgebenden Gewebes der Lungenspitze zu erklären. Häufig bleibt aber auch nach Entzündung, heftigen Katarrhen, kurz nach den verschiedenartigsten Krankheitszuständen verschärftes Zellenatmen zurück und erhält sich Wochen lang an den betreffenden Stellen.

b) Unter abgesetztem (saccadirtem) Atmen versteht man mit ganz kurzen Unterbrechungen oder doch Abschwächungen erfolgendes Atmungsgeräusch. Neuerdings wurde hervorgehoben, dass eigentlich jeder Atemzug ungleichmässig mit schwankenden Verstärkungen und Abschwächungen vor sich gehe. Das mag genau genommen richtig sein, aber bei einiger Uebung unterscheidet man leicht von dieser gewöhnlichen, wenig beachteten Erscheinung die gröberen und deutlichen Absätze, durch welche bei einzelnen Kranken das Atmungsgeräusch unterbrochen wird. Sie lassen sich nachahmen durch absichtlich stossweises Einatmen. Sie erscheinen aber auch so, dass bei gleichmässiger Muskelthätigkeit örtliche Hindernisse in den Luftröhrenästen den Lufteintritt in die Alveolen eines Bezirkes hemmen und zum Oefteren während eines Atemzuges überwunden werden müssen. Auch dieses Zeichen ist besonders für die Lungenspitze beachtet worden und hat sich den Ruf eines frühzeitigen Merkmales beginnender Schwindsuchterkrankung erworben [1]).

[1]) Die gewöhnlichen Curven des Stethographen lassen nichts von sacca-

c) Neben vesiculärer Einatmung vorhandenes Ausatmungsgeräusch findet sich oft vor und kann nicht geradezu als krankhaft bezeichnet werden. Wo dagegen das Ausatmungsgeräusch so laut als dasjenige der Einatmung, so lang als dieses oder noch länger gehört wird, da deutet es mit grosser Wahrscheinlichkeit auf rauhen, aufgelockerten Zustand der Atmungsschleimhaut, zumeist auf Katarrhe hin. Von manchen ist mit entschiedener Spitzfindigkeit dieses Verhältnis der Ausatmung zu der Einatmung verglichen und sogar durch Zahlen bezeichnet worden. Welche Bedeutung solchen Zahlen beizumessen sei, leuchtet schon bei geringer Einsicht in die zu Grunde liegenden Ursachen dieser Erscheinung ein. Es ist dies eine Art von Pharisäismus der Exactheit, die in praktisch medizinischen Dingen mit einiger Vorliebe zur Schau getragen wird.

d) Von Wintrich u. A. ist eine sehr häufige Erscheinung beschrieben worden, die am besten als **systolisches Vesiculäratmen** bezeichnet wird. Wir haben schon mehrfach hervorgehoben, wie die Lunge jeder Formveränderung des Brustkorbes zu folgen genötigt ist. So folgt sie nicht nur im ganzen der Erweiterung des Brustkorbes durch die Atmung und erzeugt dabei das Zellenatmen, sondern es folgen auch ihre Ränder der Formveränderung des Herzens, nehmen bei dessen Zusammenziehung mehr Luft auf, um den Raum, der durch Verkleinerung des Herzens frei wird, auszufüllen, und geben so an den Grenzen der Herzgegend Veranlassung zu einer eigenen Form des Zellenatmens. Selten hört man wirklich während jeder Zusammenziehung ein kurzes Geräusch von der Beschaffenheit des Zellenatmens, häufig während der Einatmung mit jeder Systole Verstärkung des inspiratorischen Zellenatmens. Das Vorkommen dieser Erscheinung scheint die Regel zu sein[1], aber ihr Fehlen wird auch häufig beobachtet. Die Bedingungen des letzteren Verhaltens sind noch nicht festgestellt. Es ist möglich, dass man dadurch diagnostische Anhaltspunkte z. B. für die Verwachsung der Lungenränder in der Herzgegend gewinnen könnte.

Mangel vesiculären Atmens. Zellenatmen kann an grösseren oder kleineren Teilen der Brustoberfläche fehlen, sowohl weil es durch ein anderes Atmungsgeräusch ersetzt ist, also auch ohne dass solcher Ersatz stattgefunden hat. Die ersteren Fälle finden bei Besprechung des Röhrenatmens und des amphorischen Wieder-

---

diertem Atmen erkennen, wohl aber die von alten Leuten und von Tuberculösen gewonnenen sehr deutlich.

halls ihre Erledigung. Einfaches Fehlen des Zellenatmens würde z. B. während jeder Unterbrechung des Atmungsgeschäftes notwendig erscheinen, ebenso bei Verstopfung eines Luftröhrenastes, dann dort, wo die Lunge durch eine Geschwulst oder durch Flüssigkeitserguss von der Brustwand weggedrückt ist. Diese Grundbedingungen finden sich in vielfachen Abänderungen vor. So kann ein Hauptast einer Seite durch Fremdkörper verstopft oder durch Geschwulstbildung zusammengedrückt sein; die Lunge wird durch Pleuraexsudat von der Brustwand weggeschoben oder durch einfaches Zusammensinken atelektatisch. Eine Masse Alveolen eines Bezirkes erfüllt Flüssigkeit in dem Mass, dass sie luftleer werden. Ganz vorübergehend setzt sich ein Schleimpfropf in einem Luftröhrenaste fest. In allen diesen Fällen fehlt auf kürzere oder längere Zeit das Zellenatmen. Dasselbe wird abgeschwächt durch verminderte Atembewegung oder durch Erfüllung eines Teiles der Alveolen mit Exsudat, Flüssigkeit oder beliebigen festweichen Körpern. So findet sich in der Nähe geschrumpfter Lungenteile, über kleinen entzündeten oder miliartuberkulösen Lungenteilen in umschriebener Weise, ausgedehnt bei Emphysem der Lunge, halbseitig bei Lähmung der Atemmuskeln einer Seite Schwäche des Zellenatmens vor.

3. Rasselgeräusche.

Die an dem Brustraume wahrnehmbaren Rasselgeräusche entstehen grösstenteils dadurch, dass Flüssigkeit durch Luft in Bewegung versetzt und in Blasen geformt wird, die beim Zerspringen einen Knall liefern. Sie entstehen ausserdem durch mit Geräusch in Bewegung versetzte Schleimhautfalten und Schleimmassen, durch Auseinanderreissen verklebter Schleimhautflächen, durch Klappenbildung und Verengerungsvorgänge. Rasche Verschiebungen der Luftsäule des Atmungsrohres sind besonders geeignet, Rasselgeräusche hervorzurufen. Manche dieser Geräusche hört man nur bei tiefem, raschem Atmen, beim Husten, oder nachdem durch Hustenstösse Schleimmassen verschoben sind, bei tiefem Atmen. Namentlich für die Wahrnehmung aller jener Rasselgeräusche, die mit der Schleimbewegung in Zusammenhang stehen, hat der Vorgang des Hustens besondere Bedeutung.

Eigenschaften der Rasselgeräusche. Man unterscheidet, ob die Rasselgeräusche feucht oder trocken, klingend oder klanglos, mehr weniger reichlich, gross- oder kleinblasig sind.

Es ist überaus schwer zu beschreiben, was man unter feuchten und trockenen Rasselgeräuschen zu verstehen pflegt. Im wesentlichen sind es jene Eindrücke, welchen auf dem Wege des Gehöres entnommen wird, ob eine schäumende Substanz aus dünneren Flüssigkeiten wie z. B. Wasser, Serum, Eiter bestehe oder aus zähem Schleim oder Gallertmasse. Wenn auch Vergleiche, wie die der feuchten Rasselgeräusche mit dem Blasenspringen des siedenden Fettes oder Wassers oder schäumenden Weines, der trockenen Rasselgeräusche mit dem Knarren des Leders, frisch gefrorenen Schnees, oder mit dem Prasseln des Holzes eine ungefähre Vorstellung von hier in Frage kommenden Geräuschen und ihren Unterschieden verschaffen können, so vermag doch nur häufiges Untersuchen einschlägiger Krankheitsfälle zur sichern Kenntnis feuchter und trockener Rasselgeräusche zu führen. Wo Kranke eitrige, jauchige oder seröse Flüssigkeiten reichlich durch Husten entleeren, oder selbst wo dünner, schleimig-eitriger Auswurf geliefert wird, werden selten feuchte Rasselgeräusche an der Brust vermisst werden; wo zäh-schleimiger Auswurf mit Mühe herausgehustet wird, finden sich häufig trockene Rasselgeräusche; aber solche können auch durch Schleimhautfalten, durch halbgelöste Pseudomembranen und dergl. bedingt werden. Aus der Anwesenheit feuchter Rasselgeräusche wird man daher stets auf teilweise Erfüllung der Luftwege mit dünner Flüssigkeit schliessen, aus der trockener Rasselgeräusche auf zähe Schleimmassen oder verengerte Stellen der Luftröhrenäste.

Wie aus Vorstehendem ersichtlich, ist das Blasenspringen häufig mehr als bildlicher Ausdruck, wie als genaue Darstellung des Vorganges aufzufassen. Häufig mögen auch in anderer Weise in einer Luftsäule durch benachbarte Flüssigkeit Klänge oder Geräusche erregt werden, die wir als Rasseln bezeichnen.

Als klingende, nach Skoda consonierende Rasselgeräusche betrachtet man diejenigen, die hell, hoch und dem Ohre nahe erscheinen. Jedenfalls setzen sie gute Fortleitung, von ihrer Entstehungsstelle her bis zur Brustwand durch verdichtetes Lungengewebe vermittelt, voraus. Wo sie in ihrer Tonhöhe mit gleichzeitigem Röhrenatmen übereinstimmen, unter sich gleichtönend sind oder mit dem Percussionsschalle des betreffenden Luftraumes (Höhle) übereinstimmen, muss Resonanz als Verstärkung einzelner Töne des ursprünglichen Geräusches angenommen werden. Ihre diagnostische Bedeutung ist daher vollständig die gleiche wie diejenige des Röhrenatmens und der Bronchophonie. Alle minder hellen, dem Ohre entfernter erscheinenden Rasselgeräusche werden als klanglos, nach Skoda als nicht consonierend bezeichnet. Es liegt nahe, dass in manchen Fällen, z. B. wo Rasselgeräusche innerhalb kleiner verdichteter Lungenbezirke entstehen, die gehörten Geräusche klangarm, aber nicht völlig klanglos sein werden, so dass es unmöglich sein kann zu entscheiden, oder vollständig willkürlich wird, ob sie klanglos oder klingend seien.

In der Regel erscheinen klingende Rasselgeräusche dem Ohre nahe. Ihre Verstärkung durch Resonanz trägt dazu viel bei. Doch gibt es auch sehr schwache, entfernt hörbare Rasselgeräusche, die fast ausschliesslich aus hohen Klängen bestehen und deshalb als klingend bezeichnet werden müssen. — Klingendes Rasseln findet sich bei entzündlicher, käsiger, krebsiger, blutiger Erfüllung der Lufträume der Lunge, in luftleer gedrücktem Lungengewebe, in atelektatischem Lungengewebe, in Hohlräumen der verschiedensten Abkunft und Entstehungsweise.

Die Reichlichkeit der Blasen wird nach der Zahl der empfangenen Schalleindrücke beurteilt. Selten hört man ganz vereinzelte Rasselgeräusche, oft aber solche, die aus Hunderten von Blasen bestehen müssen. Wie viele entstehen, ist von der Stärke des Luftstromes, der beim Atmen erzeugt wird, von dem Mengenverhältnisse von Luft und Flüssigkeit, von der Zähigkeit der letzteren, hauptsächlich aber von der Zahl und Grösse der mit Flüssigkeit erfüllten Räume abhängig. Reichliches Rasseln wird öfter als Erscheinung von einer gewissen Dauer auftreten, vereinzeltes Rasseln oft nur vorübergehend gehört werden. Sehr reichliches und verbreitetes Rasseln weist auf Beschränkung des Gaswechsels in der Lunge hin. Abgesehen von manchen sehr örtlich begründeten Verhältnissen, wird man im allgemeinen reichliche Rasselgeräusche häufiger an den Unterlappen als an den oberen antreffen. Rasselgeräusche, die den einzelnen Bewegungsvorgang der Atmung, soweit er äusserlich sichtbar oder fühlbar ist, überdauern, weisen auf Widerstände hin, die dessen Ablaufe entgegenstehen. So hört man oft bei Emphysematikern Rasselgeräusche, die den Zeitraum der Ausatmung zu überdauern scheinen.

Die Grösse der Blasen wird wie im gewöhnlichen Leben beurteilt. Jeder wird das Geräusch über einer gährenden Flüssigkeit von jenem, das in einem sprudelnden Kessel entsteht, unterscheiden und erkennen, das in einem Falle kleinere, im andern Falle grössere Blasen das Geräusch erzeugen. Für die Grösse der Blasen die in den Luftwegen entstehen, ist in gewissem Sinne die Grösse der Lufträume, worin sie gebildet werden, massgebend, insofern nämlich, als in kleinen Lufträumen nur kleine, in grossen dagegen grosse und kleine Blasen gebildet werden.

Man kann weiter unterscheiden, ob die Rasselgeräusche **stark oder schwach, hoch oder tief, überwiegend der Ein- oder Ausatmung** angehörig sind. Doch ist dies von weit geringerer Bedeutung als die Beachtung der oben aufgestellten Unterschiede, die bei der Beurteilung eines jeden Rasselgeräusches, wenn man genau zu Werke gehen will, in Rechnung gezogen werden müssen. Anfängern ist eine solche Zergliederung der Eigenschaften aller beobachteten Rasselgeräusche dringend zu empfehlen; sie führt allein zu sicherer Auffassung ihrer Besonderheiten und Erkenntnis ihrer Bedeutung.

Hauptformen. Für Urteile am Krankenbette braucht man kürzere, bestimmtere Bezeichnungen, als z. B. die eines feuchten, klingenden, reichlichen, grossblasigen Rasselgeräusches wäre. Man unterscheidet in dieser Richtung 1) **vesiculäre Rasselgeräusche**, auch als **Knistern** oder **Knisterrasseln** bezeichnet; kleinblasige, gleichblasige Rasselgeräusche, ähnlich dem Knistern des Salzes im Feuer oder dem Geräusche, das beim Reiben der Haare vor dem Ohre entsteht. Sie kommen meist sehr reichlich und stets in der Weise zur Beobachtung, dass sie als feucht bezeichnet werden können, so wenig auch obige Vergleiche auf letztere Eigenschaft hindeuten. Bei Krankenuntersuchungen hört man dieses Geräusch meistens unter Umständen, die die gleichzeitige Anwesenheit von Luft und Flüssigkeit in den Alveolen voraussetzen lassen, vorzüglich im ersten und dritten Stadium der Lungenentzündung und bei Lungenödem. Allein es ist unmöglich, sich vorzustellen, dass durch die Entstehung und das Zerspringen mikroskopischer Flüssigkeitsbläschen in den Lungenzellen noch ein wahrnehmbares Geräusch erzeugt werden könne. Betrachten wir also jene Annahme als ein Bild, von dem es nicht erwiesen ist, ob es richtig das Wesen des Vorganges bezeichnet. Sicher ist es nun freilich, dass auch auf andere Weise Knisterrasseln entstehen könne. Bläst man die herausgenommene Lunge eines frisch geschlachteten Tieres auf, so wird an ihr das deutlichste Knistern vernommen. In einem Falle hört man auch bei Krankenuntersuchungen Knistern, das nicht durch Flüssigkeit in den Lungenzellen erklärt werden kann. Wenn geschwächte Kranke, die lange auf dem Rücken gelegen waren, wieder einmal einige tiefe Atemzüge machen, hört man an dem hintersten untersten Teil ihrer Lunge während der ersten paar Atemzüge ausgesprochenes, jedoch etwas mehr trocken als gewöhnlich klingendes

Knisterrasseln. In beiden Fällen ist anzunehmen, dass beim Zusammenfallen der Lunge die Alveolenwände mit einander verklebt waren und dass durch ihre Auseinanderreissung während des Aufblasens oder im andern Falle tiefen Atmens das vesiculäre Rasseln bedingt wurde. Dieser Vorgang muss überhaupt als Grund des vesiculären Rasselns betrachtet und somit auch bei Lungenentzündung und Lungenödem angenommen werden. Besonders für die Erkenntnis beginnender Lungenentzündung sowie für die Bestimmung des Beginnes der Lösung des entzündlichen Prozesses in der Lunge ist dies klein- und gleichblasige Rasseln von Bedeutung. Oft muss man erst husten oder husten und tief atmen lassen, um Knistern zu hören.

2) Als klingendes Rasseln kurzweg bezeichnet man jedes durch verdichtetes Lungengewebe gut fortgeleitete Rasselgeräusch, gleichgültig, ob es in einer Höhle oder in einem Luftröhrenaste entsteht. Da bei dem Vorgange entzündlicher oder atelektatischer Verdichtung des Lungengewebes die Alveolen luftleer werden, kann dieses Geräusch niemals ein kleinblasiges, gleichblasiges sein, sondern es muss ungleichblasig gehört werden. In der Regel machen diese Geräusche den Eindruck der feuchten in hohem Grade; man hört sie sowohl innerhalb entzündlicher als atelektatischer und käsiger Verdichtungsherde, wie über Höhlen von beträchtlicher, aber nicht zu bedeutender Grösse, gleichgültig, ob dieselben durch Erweiterung der Luftröhrenäste, durch Tuberculose, Abscessbildung, Brand oder sonst was entstanden sind. Es ist nicht unbedingt nötig, dass solche Höhlen innerhalb des Lungengewebes gelegen seien, sie können auch durch abgesackte lufthältige Räume zwischen den Pleurablättern dargestellt werden. In einem Falle meiner Beobachtung war es die oberhalb einer Verengerung erweiterte, mit der Luftröhre durch einen Gang verbundene Speiseröhre, in welcher klingende Rasselgeräusche entstanden. Wo Höhlen, zwar von verdichteten Wänden umgeben, aber noch durch eine beträchtliche Schicht lufthaltigen Lungengewebes von der Brustwand getrennt sind, erscheinen die Rasselgeräusche nicht klingend, aber sie werden es, sobald das zwischengelegene Lungengewebe luftleer wird. Wenn Bronchiektatiker von Lungenentzündung befallen werden, hat man oft Gelegenheit, diese Erfahrung zu machen.

3) Knatternde Rasselgeräusche, die vereinzelt, grossblasig und trocken, dabei nicht klingend gehört werden, entsprechen in vielen Fällen einfach der Anwesenheit zäher Flüssigkeit in den Luftröhrenästen. Von besonderer Bedeutung sind sie jedoch, sofern sie an den Lungenspitzen auftreten, da hier natürlicher Weise grössere

Luftröhrenäste nicht verlaufen und katarrhalische Absonderungen sich nicht anhäufen, sondern dem Gesetz der Schwere folgend nach abwärts sich senken; so deuten an den Lungenspitzen häufig während längerer Zeit gehörte, knatternde Rasselgeräusche auf Erkrankung mit beginnender Bildung von Hohlräumen hin. Am häufigsten geschieht dies durch Schmelzung von käsigen Herden. Es ist nicht zu läugnen, dass auch sackförmig erweiterte Luftröhrenäste solche Rasselgeräusche liefern können.

4) **Unbestimmte Rasselgeräusche**; dahin gehören alle weder klein- noch gleichblasigen, noch klingenden, noch knatternden Rasselgeräusche. Sie entstehen am häufigsten durch katarrhalische Absonderung der Luftröhrenäste, seltener durch Wasser, Eiter, Blut, Jauche in denselben. Je nachdem sie den Eindruck von trockenen oder feuchten machen, kann man einigermassen auf die Beschaffenheit der betreffenden Flüssigkeit schliessen. Man wird nicht selten überrascht dadurch, dass Personen, an deren Brust niemals ein Rasselgeräusch gehört wird, Tag für Tag ganze Spucknäpfe voll Schleim aushusten. In diesem Falle ist das mangelnde Ergebnis der Auscultation bezeichnend. Es weist nach, dass entfernt von der Brustwand gelegene, somit grosse Luftröhrenäste Sitz der Absonderung sein müssen. Man muss annehmen, dass die in den grossen Luftröhrenästen entstehenden Rasselgeräusche gerade so wie unter gewöhnlichen Verhältnissen das Röhrenatmen, ehe sie die mächtige Schicht lufthaltigen Lungengewebes durchdrungen haben und zur Brustwand gelangt sein würden, völlig zerstreut worden sind [1]).

Pfeifen, Schnurren und Zischen. Sie wurden erst durch Skoda dem Namen nach von den Rasselgeräuschen getrennt. Man versteht darunter ganz Aehnliches, wie im gewöhnlichen Leben unter der gleichen Bezeichnung, so dass die tieferen und durch grössere Absätze getrennten Geräusche als Schnurren, die höheren, aus feinen Abteilungen bestehenden als Zischen und Pfeifen (neuerdings auch oft als Giemen) bezeichnet werden. Die Entstehungsweise dieser Geräusche ist an dieselben Bedingungen geknüpft wie jene der trockenen Rasselgeräusche, also die Anwesenheit verengerter Stellen in den Luftröhrenästen oder zäher, dieselben teilweise verschliessender Schleimmassen. Man kann oft für diese Geräusche einige der Eigenschaften in Anspruch nehmen, welche den Rasselgeräuschen regelmässig zukommen; während gewöhnlich kein Klang

---

[1]) Von einer besonderen Gruppe von Rasselgeräuschen, den Fistelgeräuschen bei Pneumothorax soll später unter dieser Ueberschrift die Rede sein.

dabei vorhanden ist, wird in einzelnen Fällen das Pfeifen, seltener auch das Zischen und Schnurren klingend gehört, woraus auf luftleere Beschaffenheit des nächstgelegenen Lungengewebes zu schliessen ist. Auch von einer Reichlichkeit dieser Geräusche kann unter Umständen die Rede sein. Man hört oft an einer und derselben Stelle der Brustwand regelmässig wiederkehrendes Zischen, Pfeifen oder Schnurren ganz vereinzelt, eine Erscheinung, die, wenn sie an der Brust fühlbar oder für den Kranken selbst hörbar wird, Hypochonder in nicht geringe Aufregung zu versetzen vermag. In andern Fällen, so bei recht eingefleischten Emphysematikern, scheint die ganze Brust zu stöhnen oder zu quieken, nur haben diese Geräusche, wenn sie mehrfach an der Brust erscheinen, nie jene Gleichmässigkeit, die verschiedenen Formen der Rasselgeräusche zukommt. Ihr Auftreten ist in der Regel von sehr zufälligen und wechselnden Bedingungen abhängig, flüchtig und kaum in allgemeine Regeln zu bringen. Pfeifen und Zischen, vielleicht auch Schnurren, die sonst von der Atmung abhängen und bald bei der Ein- und Ausatmung, bald nur in einem der beiden Zeiträume erscheinen, können hie und da einmal in der Herzgegend von der Herzbewegung abhängen, also systolisch oder diastolisch gehört werden. Einhalten des Atmens oder ein tüchtiger Hustenstoss beseitigt rasch die auffällige und leicht mit eigentlichen Herzgeräuschen zu verwechselnde Erscheinung.

4. Metallklang.

Mehrere der seither beschriebenen Geräusche, nämlich Röhrenatmen, Bronchophonie und klingendes Rasseln können unter Umständen auch noch mit Metallklang verbunden erscheinen. Dieselben Bedingungen liegen dabei zu Grunde, die auch bei der Percussion die Entstehung des Metallklanges begründen. Sind innerhalb der Brusthöhle grosse, mindestens 4 cm im Längendurchmesser haltende, einigermassen gerundete Hohlräume vorhanden, die Luft führen oder Luft und Flüssigkeit und glatte Wände besitzen, so können sich darin entstehende oder aus der Nähe dahin fortgeleitete Schallerscheinungen an diesem Orte mit Metallklang verbinden. Man versteht darunter denselben hohen und hellen Klang, der in der gerundeten, geöffneten Mundhöhle das Zerspringen grösserer Blasen des Speichels begleitet, der beim Schütteln von Flüssigkeit in einem Kruge gehört wird oder der beim Anklopfen an leere Fässer nachklingt. Er setzt, wie der bei Percussion entstehende Metallklang, Hohlräume voraus, die allseitige Zurückwerfung der Schallwellen, die Entstehung eines geschlossenen Wellensystemes gestatten. Die

13*

Höhe des Metallklanges ist wesentlich abhängig von dem grössten Durchmesser des Luftraumes, in dem er erzeugt wird. Es gelingt demnach, die Länge dieses Durchmessers zu bestimmen durch den Vergleich künstlich hergestellter Lufträume von ähnlicher Höhe des Schalles. Allein es ist unrichtig, dass die Weite der Oeffnung eines solchen Raumes ohne allen Einfluss auf die Höhe seines Metallklanges sei. Man kann sich hievon überzeugen sowohl beim Zuhalten weiter Brustfisteln, die in einen Pneumothorax führen, als auch beim Percutieren jeder Glasflasche, deren Mündung man mit dem auscultierenden Ohre nach und nach verschliesst. Einen solchen geringen Einfluss auf die Höhe des Metallklanges hat nach den Versuchen Biermer's auch die Spannung der Wand. Nicht überall, aber in weitaus den meisten Fällen, wo der Percussionsschall metallisch klingt, wird Metallklang auch bei der Auscultation gehört. Er kann durch das Atmen, die Stimme, oder durch Rasselgeräusche, bisweilen auch durch Pfeifen erzeugt werden. Es ist gleichgültig, ob der metallklingende Hohlraum mit den betreffenden Bronchien in Verbindung steht oder nicht, also auch, ob in ihm selbst diese anregenden Geräusche entstehen oder nur in der Nähe. Am häufigsten erzeugen Rasselgeräusche Metallklang, und es fällt gewöhnlich auf, dass man unter einer Masse nicht metallisch klingender Rasselgeräusche nur hie und da einen hellen, hohen Metallklang heraushört. Man nahm an, dass dieser durch herabfallende Tropfen in der Höhle zeitweise erzeugt werde, allein es wäre völlig unbegreiflich, warum gerade Tropfen das leisten sollten, was die vorhandenen Rasselgeräusche nicht thun. Man kann den Metallklang lauten klingenden Rasselgeräuschen künstlich verleihen, wenn man an der betreffenden Stelle der Brustwand einen passenden Resonator aufsetzt. Man überzeugt sich, dass es starke Resonanz eines hohen Obertones ist, die dieser besonderen Erscheinung zu Grunde liegt. Es ist ein Oberton oder es sind einige Obertöne, die viel höher liegen als der Grundton, diesen unvermittelt begleiten und langsam abklingen, die dem Ohre den Eindruck des Metallklingens machen. Daher das seltene Auftreten dieses starken, hellen Klanges, dessen Schallhöhe unter gewöhnlichen Bedingungen stets die gleiche ist. Bei Röhrenatmen und Bronchophonie wird noch seltener als bei Rasselgeräuschen Metallklang gehört. Man wird von dieser Erklärung ausgehend durch die musikalische Bestimmung der Schallhöhe des Metallklingens eine ungefähre Vorstellung von der Räumlichkeit der betreffenden Höhle erlangen können.

Von Leichtenstern wurde der fallende Tropfen wieder zu Ehren gebracht. Er hat gezeigt, dass in einem grossen z. B. pneumothoracischen Hohlraume der fallende Tropfen Metallklang noch in der Leiche erzeugen kann, und zwar an einer Stelle, wo er am Lebenden ebenso gehört wurde. Damit ist natürlich keineswegs gesagt, dass dies die Regel sei oder dass überall, wo Metallklang sich so anhört, als ob er durch fallende Tropfen entstehe, dies Bild auch zutreffe.

Ueber Hohlräumen, die Metallklang liefern, hört man das Atmen bisweilen begleitet von tiefem, hohlem Sausen, wie es auch durch Hineinblasen in einen hohlen Krug erzeugt wird. Es wird als amphorischer Wiederhall bezeichnet und besitzt die gleiche Bedeutung wie der seither besprochene Metallklang. Es stellt auch nur eine Form des Metallklanges mit sehr tiefem Grundtone dar. Dem entsprechend findet sich amphorisches Atmen nur über sehr umfangreichen Hohlräumen von glattwandiger Beschaffenheit und regelmässiger Form. Amphorischer Wiederhall, Metallklang bei der Auscultation und der bei der Percussion gleichwertig in ihrer Bedeutung, werden auch häufig unter einem Namen, dem der metallischen Phänomene, zusammengefasst. Sie entstehen über sehr grossen Höhlen oder pneumothoracischen Hohlräumen. Sie sind die sichersten Zeichen für die Anwesenheit des einen oder andern dieser Zustände, und doch weisen sie nicht mit absoluter Sicherheit darauf hin. Von Kolisko und Wintrich wurde Metallklang über taubeneigrossen Cavernen, die mit weiten Luftröhrenästen in Verbindung standen, gehört. Diese weiten Luftröhrenäste scheinen den Raum der Höhle so vergrössert zu haben, dass beide zusammen Metallklang erzeugen konnten. Von Friedreich wurde hervorgehoben, dass in sehr seltenen Fällen amphorisches Atmen in der Schulterblattgegend bei gesunder Lunge gehört wird. Skoda erwähnt, dass dasselbe bei starker Atemnot im Rachen erzeugt und am ganzen Brustkorbe wahrgenommen werden kann. Auch ich habe in einem Falle ausgedehnter cylindrischer Erweiterung der Bronchien einer Lunge mit Verödung des Zwischengewebes verbreitetes, metallklingendes Rasseln gehört, ohne dass irgendwo eine grössere Caverne gelegen gewesen wäre.

Die Lehre vom Metallklang hat eine besonders wichtige Bereicherung erfahren durch den von Biermer gelieferten Nachweis seiner Eigenschaft, mit dem Wechsel des längsten Durchmessers des Hohlraumes seine Höhe zu ändern. Ist leicht bewegliche Flüssigkeit in genügender Menge darin vorhanden, so wird der Metallklang beim Aufsitzen höher oder tiefer als beim Liegen erscheinen (Biermer'scher Schallwechsel). Von Geigel u. A. konnte diese

Beobachtung alsobald bestätigt werden; der Biermer'sche Schallwechsel ist seither zu allgemeiner Geltung gelangt und hat sich den Wert eines wichtigen Zeichens des Pneumothoraxbildes erworben. Bei einem kleinen abgesackten Pneumothorax habe ich einmal vergebens nach dieser Erscheinung gesucht, bei zahlreichen grossen, freien dagegen sie leicht bestätigen können. Nach den späteren Mitteilungen von Biermer hierüber wird der Metallklang bei Pneumothorax während des Aufsitzens tiefer als er beim Liegen getroffen wurde, und zwar in einem Falle um eine kleine Terz, in einem andern Falle um eine Quart. Darnach wird der Luftraum beim Aufsitzen länger, während man vorne herein das Gegenteil hätte erwarten sollen. Es muss also wohl das Zwerchfell tiefer zu stehen kommen. Das Zwerchfell entbehrt nach Wegfall des Zuges der Lunge der festen Spannung und Einfügung, es ist schlotternder geworden. Im Liegen drückten die Unterleibsorgane das Zwerchfell nach oben, im Sitzen und Stehen ziehen sie dann nach abwärts. Dazu kommt noch Belastung durch Flüssigkeit, die sich beim Uebergange in aufrechte Stellung auf das Zwerchfell ergiesst. Auch bei Gesunden tritt das Zwerchfell im Stehen etwas weiter herab, bei Pneumothorax sehr bedeutend. Auch Fälle von entgegengesetztem Verhalten kommen vor. Biermer selbst hat einen solchen mitgeteilt. Der Metallklang wird bisweilen im Sitzen höher, im Liegen tiefer. Es handelt sich dabei niemals um völlig freien Pneumothorax, sondern Verwachsungen verbinden Pleura diaphragmatica und Pleura costalis oder pulmonalis und beschränken die Bewegungsfähigkeit des Zwerchfelles. Alsdann verkürzt die Flüssigkeit, die sich während des Sitzens über das Zwerchfell lagert, den längsten Durchmesser des Luftraumes. — Biermer hat ferner gezeigt, dass der Metallklang beim Einatmen über einem Pneumothorax höher gehört wird als beim Ausatmen.

Am Unterleibe findet sich **metallklingendes Rasseln** im erweiterten Magen und Dickdarme, innerhalb lufthaltiger Cysten, im lufterfüllten Bauchfellsacke und wird hervorgerufen teils durch peristaltische Bewegung, teils durch Druck oder Schütteln. Auch metallklingender Aortenton kommt bei dem letzterwähnten Zustande vor.

An diese hier beschriebenen Erscheinungen schliesst sich das **Plätschern, Succussionsgeräusch** (Schüttelgeräusch Succussio Hippocratis) unmittelbar an. Auch hier ist Metallklang vorhanden, nur wird er auf andere Weise erregt. In vielen grossen, Luft und Flüssigkeit enthaltenden Hohlräumen nämlich kann durch Schütteln die Flüssigkeit in Bewegung versetzt werden, so dass sie ein plätscherndes, von Metallklang begleitetes Geräusch verursacht, ähnlich jenem, das beim Schütteln von wenig Wasser in einem Kruge entsteht. Bald ist dies Geräusch so laut, dass es im ganzen Krankenzimmer gehört werden kann, bald auch so wenig laut, dass es nur beim Anlegen des Ohres vernommen wird. Seine **Schallhöhe ist stets die** gleiche wie die des anderweitig gehörten Metallklanges. Die verbreitete Annahme, dass solches Schüttelgeräusch nur **bei** Pneumothorax gehört werde, muss als vollständig irrig bezeichnet werden. Freilich hat man, obwohl **grosse** Höhlen häufig getroffen werden, nur selten Gelegenheit, sich zu überzeugen, dass sie infolge reichlicher Anwesenheit leicht beweglicher **Flüssigkeit** auch Successionsgeräusch abgeben; **doch sind beweisende Fälle** von **Gendrin**, **Weber u. A. beschrieben** worden. Selten sind es tuberculöse Höhlen, die dies Geräusch erkennen lassen, weit eher solche, die aus Lungenbrand oder Abscessbildung hervorgingen. Der Inhalt so entstandener Höhlen ist häufiger in nötigem Masse dünnflüssig. Auch am Brustkorbe von Bronchiektatikern höre ich beim Schütteln ein schwappendes Geräusch, doch entbehrt es meist des Metallklanges und hört sich deshalb anders an. Ich möchte es deshalb als »**klangloses Schüttelgeräusch**« von jenem des Pneumothorax unterscheiden. Durch die Herzbewegung kann sowohl in benachbarten pneumothoracischen Räumen, als auch in dem lufthältig gewordenen Sacke des Herzbeutels Metallklang erzeugt werden, der zumeist von **Rasselgeräuschen** erregt wird, die mit der Herzzusammenziehung erfolgen.

Die verbreitete Ansicht, **metallklingendes** Schüttelgeräusch dürfe **als** wichtigstes Zeichen von Pneumothorax gelten, mag die Erzählung **eines** Falles rechtfertigen, den ich mit mehreren Aerzten beobachtete, eines von vielen. Ein hoher Fünfziger litt seit mehreren Wochen an Lungenbrand. Man hörte seit einigen Tagen pleuritisches Reiben. Ueber Nacht verschwand unter reichlichem Auswurfe das Reiben. Alle Zeichen von Pneumothorax traten ein, namentlich starkes metallklingendes Plätschern, nur blieb das Stimmschwirren stark und die Seite erweiterte sich nicht. Rippenresection, Einschnitt, Verwachsung der Pleurablätter, grosse Brandhöhle in der Lunge.

Auch im Magen kann metallklingendes Schüttelgeräusch entstehen, oft ist es durch Klangfarbe und Richtung, aus der es kommt, leicht zu unterscheiden. Aehnlich verhält es sich mit herzsystolischen, metallklingenden Rasselgeräuschen, die bisweilen im Magen entstehen.

5. Pleuritisches Reiben.

Das **pleuritische Reibegeräusch** wurde, soweit **es** fühlbar erscheint, bereits an früherer Stelle besprochen. Wir erwähnen hier kurz, dass jeder Abschnitt des Atmens Verschiebung jedes Punktes der Pleura pulmonalis, der Pleura costalis gegenüber bis gegen die Lungenspitze hin mit sich bringt. Ueberwiegend erfolgt diese Verschiebung in auf- und absteigender Richtung, in minderem Grade nach vor- und rückwärts. Auch zwischen Pleura pulmonalis und Mediastinum und zwischen ersterer und Pleura diaphragmatica findet in entsprechender Weise Verschiebung statt. Sind die Pleurablätter durch Faserstoffauflagerung oder Gewebsauswüchse rauh geworden, so erfolgt Reibung, die bei genügender Stärke und Raschheit der Verschiebung Geräusch liefert. Gewöhnlich erfolgt dieses der Hauptrichtung der Verschiebung entsprechend in auf- und absteigender Weise, seltener in einer wagrechten oder schrägen Richtung (Frottement ascendant et descendant). Zumeist wird dies Reiben der beiden Abschnitte der Atmung gehört, bisweilen bei einem lauter und länger oder bei einem allein, z. B. öfter am Ende der Ausatmung.

Sucht man nach Aehnlichkeiten des Geräusches, so ist es anstreifend, selbst dem Hauchen mitunter nicht unähnlich, schabend, kratzend, knirschend, bisweilen vergleichbar dem Geräusche, das mit dem Finger auf einer nassen Glastafel erzeugt wird. Am deutlichsten ist es zu erkennen, wenn das Reiben oder Schaben in grösseren Absätzen erfolgt, die den Eindruck machen, als ob die reibenden Flächen zeitweise an einander hängen bleiben. Seine Kennzeichen werden undeutlich, wenn es leise schlürfend oder hauchend dem Zellenatmen oder dem Ausatmungsgeräusche ähnlich wird, oder wenn es knatternd in grösseren Zwischenräumen erscheint und so den Rasselgeräuschen oder dem Schnurren sich nähert. Für diese letzteren Fälle gelten als Unterscheidungsmerkmale: 1) sehr laute, nur an wenigen Stellen hörbare Geräusche sind eher als Rasselgeräusche oder Schnurren zu betrachten; 2) Reibegeräusche werden häufiger gefühlt; 3) trockene Rasselgeräusche können nicht selten durch Husten zum Verschwinden gebracht werden und sind jedenfalls an einer und derselben Stelle von kürzerer Dauer als Reibegeräusch; 4) die eigentlich reibende, anstreifende oder kratzende Schallart der Reibegeräusche kann häufig bei aufmerksamer Untersuchung erkannt werden; 5) Reibegeräusche können durch Druck mit dem Hörröhre verstärkt werden, treten auch oft bei Anwendung des Hörrohres schärfer hervor.

Die meisten Ursachen der Reibegeräusche finden ihren gemeinsamen Ausgangspunkt in der Entzündung der Pleura. Reibegeräusch ist bisweilen das einzige oder neben Seitenschmerz das alleinige Zeichen der Pleuritis (trockene Pleuritis), es ist in manchen Fällen während des ganzen Verlaufes dieser Krankheit zu hören oder nur im Beginne und am Schlusse; aber die Pleura kann auch nach abgelaufener Entzündung noch Monate lang rauh bleiben und Reibegeräusch liefern. Oft findet man das Reibegeräusch gerade an der Stelle des stärksten Seitenschmerzes mit Leichtigkeit auf; mit einiger Vorliebe zeigt es sich in der Gegend zwischen unterem Winkel des Schulterblattes und Axillarlinie, aber es kann auch an jeder andern Stelle der Brustwand gehört werden und von einer Stelle zur andern wandern. An der Lungenspitze hörbare, mehrere Tage andauernde Reibegeräusche finden sich häufiger bei Schwindsüchtigen vor. Solche an den Lungenrändern, in der Nähe des Herzens, begleiten gerne perikarditische Erkrankungen. Während der flüssige Erguss jeder Pleuritis nach den tiefen Stellen des Rippenfellsackes sich senkt, kann das Reibegeräusch, das auf den festhaftenden entzündlichen Ausschwitzungen beruht, den Sitz der Entzündung selbst kennzeichnen. Das Verhältnis der Complementärräume erklärt es, warum man z. B. bei Einknickungen der neunten Rippe in der Axillarlinie öfter Reibegeräusch in der Gegend der siebenten Rippe, nicht aber an der Stelle der Verletzung selbst zu hören bekommt. An letzterer liegen sich nur Pleura costalis und diaphragmatica unbewegt gegenüber, erst höher oben tritt der Lungenrand mit seiner Pleura verschiebbar dagegen. — Mit dem Aufsteigen pleuritischen Ergusses verschwindet Strecke auf Strecke das Reibegeräusch an den früher innegehabten Stellen, um an der oberen Flüssigkeitsgrenze nach aufwärts fortwandernd wieder zum Vorschein zu kommen. Bei einer gewissen Grösse des Ergusses ist überhaupt kein Reibegeräusch mehr möglich, weil die Lunge teils eine feste Lage eingenommen hat, teils durch Flüssigkeit von der Rippenwand entfernt gehalten wird.

Vermindert sich die Flüssigkeit oder wird sie durch Bruststich entfernt, so kann sofort wieder Reibung stattfinden und so lange andauern, bis entweder die rauhen Flächen sich glattgerieben oder ihre Bewegung durch Verwachsung unmöglich geworden ist. Nach Seitz soll in letzterem Falle das Geräusch in gröberen Absätzen knarrenden und nicht allmählich leiser und feiner werden, wie dies dem Vorgange der Abschleifung entspricht. Schon durch ungewöhnlich trockene Beschaffenheit der völlig glatten Pleura kann Reibegeräusch veranlasst werden. Bei Miliartuberkulose der Pleura kommt nach Jürgensen ein eigentümliches weiches Reiben in grosser Ausdehnung vor. Verstärkung der Reibegeräusche durch bessere Schallleitung, wie wir sie für die Rasselgeräusche kennen gelernt haben, ist nicht häufig, weil sie unmittelbar unter der Brustwand entstehen. Man kann sich oft überzeugen, dass Reiben bei Anwendung des Hörrohres deutlicher gehört wird und deutlicher kratzend oder schabend erscheint. Möglicherweise ist es in diesen Fällen der Druck des Hörrohres, der die reibenden Flächen fester an einander presst und so das Geräusch verstärkt, während er die Ausdehnung der auscultierten Bruststelle abgrenzend und beschränkend andere gleichzeitige Geräusche abschwächt. Neben dem Reibegeräusch können vesiculäres oder bronchiales Atmen, Rasselgeräusche jeder Art, aber nicht leicht metallische Erscheinungen hörbar sein.

IV. Auscultation des Herzens.

A. Töne.

1. Zu den Zeichen, welche für die Stärke der Herzbewegung und die Lagerung des Organes dem Spitzenstosse, für seinen Umfang den Ergebnissen der Percussion und für seine Arbeitsleistung dem Verhalten des Arterienpulses entnommen werden, treten als weitere die auscultatorischen hinzu und zeigen den Schluss und die Schlussfähigkeit der Klappen und die Aenderungen der Blutspannung in den einzelnen Abschnitten des Herzens und den grossen Gefässen dem Ohre an. Jeder Klappe des Herzens und beiden Hauptabschnitten seiner Thätigkeit entsprechend werden Schallerscheinungen gehört, die man bei Laennec, Gendrin und allen andern Schriftstellern vor Skoda als Geräusche bezeichnet findet, die dagegen jetzt ziemlich allgemein Töne genannt werden. Es ist entschieden vorteilhaft diese kurzen, scharf abgeschlossenen Schallerscheinungen, die eine solche Gleichmässigkeit bieten, dass man es schon versuchen konnte, ihre musikalische Höhe ausfindig zu machen, durch die Bezeichnung »Töne« von vorne herein vollständig zu unterscheiden von jenen länger dauernden, ungleichmässigeren und raueren Geräuschen, die in gewissen Krankheitsfällen wahrgenommen werden. Aber im akustischen Sinne richtig und dem Begriffe eines Tones entsprechend ist dieses Verfahren nicht im Entferntesten. Die Herztöne sind höchstens als Klänge zu bezeichnen, in denen ein Ton vorherrscht, gewiss nicht als einfache Töne.

Man hört an jeder beliebigen Stelle des Herzens zwei solche Töne während des Ablaufes einer Herzbewegung. Der erste derselben beginnt genau mit der Systole, also mit dem Beginne des Herzstosses und Arterienpulses, und dauert fast bis zu' Ende der Systole. Auf eine kurze Pause, die den Schluss der Systole einnimmt, folgt, genau mit der Diastole beginnend, der zweite Ton und dauert während des grössten Teils der Diastole. An ihn schliesst sich, das Ende der Diastole einnehmend, die grosse Pause bis zum Wiederbeginne der nächsten Herzzusammenziehung an. Diese Herztöne sind nicht an allen Stellen der Herzgegend in gleicher Weise zu hören. Zwischen zweitem und viertem Rippenknorpel beiderseits wird der erste Ton leiser und kürzer, der zweite stärker und länger gehört. An der Stelle des Spitzenstosses, am unteren Teile des Brustbeines und den benachbarten rechten Rippenknorpeln wird der erste systolische Ton länger, lauter und schärfer, der zweite diastolische, dessen Eintritt die Erschlaffung der Ventrikel und das Einströmen des Blutes aus den Vorhöfen anzeigt, leiser gehört. Unter besonderen Umständen findet man sowohl an der Herzbasis, als auch an der Herzspitze die Töne links von anderem Klange höher, tiefer, rauher oder sonst verändert, im Vergleiche mit jenen, die rechts im zweiten oder fünften Zwischenrippenraume gehört werden; Beweis genug dafür, dass sowohl die rechtsseitigen als auch die linksseitigen Höhlen des Herzens Töne entstehen lassen an ihren Klappen. Die vielfachen früheren Erörterungen, wo am Herzen die Töne entstehen, sind meistens als erledigt zu betrachten; nur Klappen, Sehnenfäden oder elastische Gefässwände werden durch Spannung zum Tönen gebracht. Die Lehre Rouanet's (1832), dass die ersten Töne durch die Anspannung der Vorhofsklappen entstehen, die zweiten durch die der Semilunarklappen ist, schon früher von Bouillaud angenommen, bei uns durch die in den Hauptpunkten entsprechende Auffassung Skoda's zu ziemlich allgemeiner, eine Zeit lang unbestrittener Annahme gelangt. Gegenwärtig liegen die Fragen vor, inwieweit bei den ersten Tönen der Herzmuskelton beteiligt ist, inwieweit den ersten und zweiten Tönen Klappenschwingung oder Schwingung der Blutmasse selbst zu Grunde liege. Die tägliche ärztliche Erfahrung, die gesunde Klappen als Grundbedingung reiner Töne immer wieder erweist, spricht sehr zu gunsten vorwiegender oder ausschliesslicher Entstehung der Herztöne durch das Spiel der Herzklappen.

2. Ueber die Zahl der am Herzen entstehenden Töne ist ein Zweifel kaum mehr möglich. Es sind deren sechs.

Sowohl die Mitralklappe als die Tricuspidalklappe wird bei der Systole gespannt, ihre Spannung beginnt gleichzeitig mit der Systole, nachdem schon zuvor am Schlusse der Diastole die Klappe im schwach gespannten Zustande geschlossen war, und durch die rasche Steigerung der Spannung der Klappe und der Sehnenfäden entsteht nun beiderseits ein Ton. Ist die Systole vorüber, so erschlafft die Klappe, ihre Zipfel nähern sich der Kammerwand, die Sehnenfäden sind dabei ausser Spannung und keine denkbare Ursache liegt vor, weshalb während der Diastole an den beiden Vorhofsklappen Töne entstehen könnten.

Anders verhält es sich an den halbmondförmigen **Klappen der Aorta und der Lungenarterie**. Mit dem Beginne der Systole erschlaffen die Klappen und nähern sich der Gefässwand, aber die Gefässwand selbst wird gespannt durch das Einströmen des Blutes und liefert dabei mit dem gleichen Rechte an jeder der beiden Hauptarterien einen systolischen Ton, mit welchem auch weiterhin an den Arterienwandungen beim Anlangen der Blutwelle ein solcher entstehen kann. Ist die Systole vorüber, so vermindert sich die Spannung der Arterienwand, deren Ton ohnehin schon vorher endete, aber die Klappen werden aufgebläht und gespannt und erzeugen dabei einen diastolischen Ton. Obwohl nur zwei diastolische Töne am ganzen Herzen entstehen, hört man doch über der Tricuspidalklappe und Mitralklappe nicht allein den systolischen Ton, den sie erzeugen, sondern auch je einen diastolischen. Der letztere ist fortgeleitet für die Mitralis von der Aorta, für die Tricuspidalis von der Lungenarterie her. So entstehen also **sechs Töne am Herzen, an jeder der venösen Klappen einer, an jeder arteriellen zwei, an jedem Ostium ein systolischer, nur an den arteriellen ein diastolischer**.

3. Nachdem schon früher von **Natanson, Haugthon** u. A. der erste Herzton (d. h. die beiden systolischen Töne der Atrioventricularklappen) als Muskelton angesprochen worden war, ist neuerdings **Ludwig** in Verbindung mit **Dogiel** zu Gunsten dieser Annahme mit einem sehr schwer wiegenden Beweise eingetreten. Er unterband an einem Tierherzen im Brustkorbe während künstlicher Atmung beide Hohlvenen, liess das Herz sich leer pumpen und hörte noch den ersten Herzton, solange die Pulsation fortdauerte. Die Mitralklappe konnte nicht mehr gespannt werden und doch entstand ein Ton, nur kürzer und schwächer als der normale erste Ton (**Thomas**). Für diese Auffassung des ersten Tones als Muskelton ist alsbald O. **Bayer** mit einer Menge von praktischen Gründen eingetreten; als er jedoch in der Absicht, auch noch den Gegenbeweis für die Mitralklappe zu erbringen, versuchte an der Leiche die linke Kammer durch ein Loch von der Spitze her mit Wasser zu füllen, die Klappe erst zu stellen und dann plötzlich unter hohem Druck zu setzen, gab sie den Ton. Dieser war zwar dem am Lebenden hör-

baren in mancher Beziehung unähnlich, aber es war doch erwiesen, dass die Mitralklappe tönen könne.

Wenn man auf diesen Gegenstand eingehen will, besteht eine wichtige Vorfrage darin, ob die Herzsystole eine lang gezogene Zuckung (Marey) oder einen Tetanus darstellt. Im ersteren Falle kann der Herzmuskel keinen Ton liefern. Aber auch wenn er bei der Systole eine Reihe von Zuckungen macht und einen Ton liefert, ist der erste Ton, den wir am Lebenden hören, dennoch nicht einfach als Muskelton aufzufassen. Der Muskelton macht nach Helmholtz 19 Schwingungen, sollte er selbst, wie manche jetzige Bestimmungen noch angeben und früher allgemein angenommen wurde, die doppelte Zahl von Schwingungen, 32—40 in der Sekunde, machen, so würde er doch noch einer der tiefsten hörbaren Töne sein und bereits die einzelnen Stösse merklich wahrnehmen lassen. Der erste Herzton thut dies nicht. Seine Höhe fand z. B. Funke $g = 198$ Schwingungen, also ungleich höher. Aber es lassen sich noch vielerlei Gründe gegen die Erklärung des ersten Herztones als Muskelton vorbringen: warum kracht nicht der Thorax eines Erstickenden wie ein zusammenbrechendes Haus, wenn man das Ohr anlegt, wenn die Muskeln solche Töne liefern? hat nicht die Diagnostik sich tausendmale mit Recht auf den gestörten Klappenton bei Erkennung von Schlussunfähigkeit der Klappenzusammenziehung gestützt? wie will man die gespaltenen Herztöne anders als aus ungleichzeitigem Klappenschlusse erklären, doch nicht aus ungleichzeitiger Muskelzusammenziehung?

Eine Versöhnung der Ansichten scheint mir möglich. Wenn der Herzmuskel bei der Zusammenziehung nicht bloss zuckt, sondern tetanisiert ist, muss er einen Muskelton liefern. Der Ludwig-Dogiel'sche Versuch spricht dafür, dass er dies thut. Nach dem Bayer'schen Versuche liefert die Mitralklappe bei der Spannung, die sie im Lebenden erlangt, in der That einen Ton. Aber er ist, wenn, wie in Bayer's Versuch, der Muskel nicht mitwirkt, von anderem Klange als am Lebenden. Weder der Muskelton noch der künstliche Klappenton entspricht dem Klange des ersten Herztones am Lebenden. Der Muskelton enthält aber Obertöne, das ist in der Diskussion über seine Schwingungszahl ausdrücklich anerkannt worden. Da liegt es denn nahe zu glauben, **dass ein höherer Oberton des Muskeltones Schallherrscher am Herzen wird und die gespannten Atrioventricularklappen in seiner Tonart zu schwingen zwingt**. Eine Bestätigung dieser Annahme sehe ich darin, dass bei vielen Untersuchungen der erste Ton immer wieder die gleiche Höhe zeigte, während der zweite Ton unter Umständen, die eine stärkere Spannung der Klappen voraussetzen liessen, höher wurde. Dies deutet auf eine gewisse Unabhängigkeit des ersten Tones von stärkerer und schwächerer Spannung der Klappe hin, wie sie obiger Annahme entspricht.

4. Im Anschlusse an die Arbeiten von Heinsius und Nolet, welche die Geräusche, die strömende Flüssigkeit jenseits verengter Stellen des Rohrs, oder selbst in gleichweiten Röhren bei gewisser Geschwindigkeit erzeugt, auf innere Reibung der Flüssigkeit zurückführen, hat kürzlich S. Talma auch die Herztöne auf ursprüngliche Flüssigkeitsschwingungen zurückzuführen gesucht. Die Klappen sollen zum Schwingen höchst ungeeignet, die Töne nur durch innere Reibung der Flüssigkeit bei den gewaltigen Drucksteigerungen und Verminderungen, die sie durch Systole und Diastole erfährt, bewirkt sein. Für den ersten Ventrikelton, den wir als Ton der Mitral- und Tricuspidalklappe auffassen, sehe ich in dem Experiment von Ludwig und Dogiel den vollkommenen Beweis dafür, dass der erste Herzton von der Flüssigkeit im Herzen nicht abhängig ist. Durch die besondere Freundlichkeit Ludwig's wurde mir Gelegenheit, den ersten Ton des blutleeren Herzens zu auscultieren. Darauf hin kann ich versichern, dass derselbe doch einen wesentlicheren Teil dessen, was wir am Lebenden als ersten Ton kennen, darstellt, als Talma anzunehmen scheint. Zudem glaube ich, dass die Unterscheidung eines systolischen Herztones und systolischen Herzgeräusches trotz gleicher Dauer aus der Art der Schallerscheinung sehr wohl möglich ist, dass der fragliche Herzton eine gleichartigere Schallerscheinung darstellt als die meisten Flüssigkeitsgeräusche. Für den zweiten Arterienton scheint mir gleichfalls der letztere Grund gegen vollkommene Unabhängigkeit von Klappenschwingungen zu sprechen. Die ersten Töne der grossen Arterien, sowohl derer innerhalb des Brustkorbes wie der übrigen, scheinen mir schon jetzt die Auffassungsweise Talma's am sichersten zuzulassen. Dabei dürfte jedoch immer noch zu berücksichtigen sein, dass, wie die Versuche M. Körner's ergeben, auch bei ursprünglicher Entstehung der Töne oder Geräusche in strömender Flüssigkeit die Beschaffenheit der Wandungen keineswegs ganz gleichgültig ist, indem diese mit der Flüssigkeit zusammenschwingen und ganz wesentlich auf die Beschaffenheit des erzeugten Tones einwirken.

5. Betrachtet man das Herz in natürlicher Lage, wie es die vortreffliche dritte Tafel der Luschka'schen Brustorgane darstellt, oder sticht man an der Leiche Nadeln ein in die Brustwand, oder

hat man Gelegenheit, Durchschnitte gefrorener Leichen zu untersuchen, so ergibt sich über die Lagerung der Klappen des Herzens Folgendes: **die Klappen der Lungenarterie liegen im zweiten linken Zwischenrippenraum** und erstrecken sich 1,25 cm breit vom Brustbeinrande nach Aussen. Jene **der Aorta liegen hinter dem Brustbeine in der Höhe des zweiten Zwischenrippenraumes und reichen gerade noch bis zum Brustbeinende des zweiten rechten Zwischenrippenraumes**, so dass sie noch durch eine schief nach Innen eingestochene Nadel getroffen werden können. **Die Tricuspidalklappe erstreckt sich schief vom Brustbeinende des dritten linken bis zu jenem des fünften rechten Rippenknorpels. Die Mitralklappe** endlich **liegt dem oberen Rande des dritten linken Rippenknorpels gegenüber.** Würden die Schallleitungsverhältnisse am Herzen ganz einfache sein, so würde man jede Klappe an den zunächst gegenüberliegenden Teilen der Brustwand auscultieren. Man würde sich dabei mit dem Höhrrohr, das zur Wahrnehmung der Herztöne vor der unmittelbaren Auscultation den Vorzug verdient, ausschliesslich auf einem sehr kleinen Raume bewegen, nämlich in der nächsten Nähe des innern Endes des dritten Rippenknorpels.

Dem ist aber nicht so, nur die Töne zweier Klappen sucht man dort auf, wo sie den anatomischen Thatsachen entsprechend gefunden werden müssen, nämlich die **Töne der Lungenarterie an der innern Hälfte des Raumes zwischen zweitem und drittem linkem Rippenknorpel,** und die der **Tricuspidalklappe am fünften und sechsten Rippenknorpel und dem benachbarten Stücke des Brustbeins. Die Töne der Aorta** werden, da auf dem Brustbeine die beiden grossen Arterien zu nahe und teilweise hinter einander liegen, am **Innenrande des zweiten rechten Zwischenrippenraumes** aufgesucht. Jene der Mitralklappe endlich würden am dritten linken Rippenknorpel vergebens erwartet werden; man würde dort weit eher die Töne der beiden grossen Arterien als die der Bicuspidalklappe hören. Teilweise erklärt sich dies daraus, dass hier die linke Kammer mit der Brustwand nicht in Berührung steht und grösstenteils hinter der rechten gelegen ist. Man hört aber die **Mitralklappentöne** oder vielmehr den systolischen Ton der Mitralis und den fortgeleiteten diastolischen der Aorta mit Sicherheit an **der Herzspitze** genau an der Stelle, wo der Spitzenstoss erfolgt. Wo immer das Herz regelrecht gelagert ist, sind an den genannten vier Orten, an dem innersten Teil des zweiten rechten und zweiten linken Zwischenrippenraumes, am fünften rechten Rippenknorpel und an der Herzspitze die Töne der Aorta, Pulmonalis, Tricuspidalis und Mitralis aufzusuchen.

6. Die Töne, die man hier hört, werden mit dem Ticktack der Uhr verglichen. Sie haben jedoch nicht vollständigen Perpendikelrhythmus, sondern eine erste kürzere [1]), eine zweite (dem zweiten Ton folgende) längere Pause. An der Herzspitze und der Tricuspidalklappe ist der erste accentuiert, an den arteriellen Klappen der zweite, so dass man für die ersteren eine Aehnlichkeit mit dem Trochaeus, für die zweiten mit dem Jambus vergleichsweise aufführt. Bei verschiedenen Leuten zeigen sich auch bei völlig gesundhaften Verhältnissen des Herzens diese Töne verschieden hell, laut, rein oder hoch, ohne dass man daraus irgend wichtigere Schlüsse zu ziehen vermöchte; ja ihre Stärke wechselt bei einem und demselben Menschen unter dem Einflusse aller der Ursachen, von welchen die Innervation des Herzens abhängig ist. Gutentwickelte reine Herztöne beweisen mit einer gewissen Wahrscheinlichkeit, dass sämtliche Klappen des Herzens schlussfähig, frei von Auflagerung und Verdickung, spannungsfähig sind, in richtiger Weise gespannt werden, und dass die Ostien weder verengt noch mit Auswüchsen besetzt sind. Da ein vollständiger Schluss der Vorhofsklappen noch zudem wesentlich abhängig ist von der Verkürzung der Papillarmuskeln, so kann auch auf gesunde Beschaffenheit und richtige Thätigkeit dieser aus den ersten Tönen beider Vorhofsklappen geschlossen werden.

7. Als geringfügige Veränderungen der Herztöne sind aufzuführen

a) unreine Töne. Man nennt die Herztöne unrein, wenn sie, weniger gerundet und abgeschlossen, aus ungleichmässigeren Schwingungen bestehen oder von solchen begleitet werden. Man kann daraus vermuten, dass geringe Veränderungen der betreffenden Klappe, Verdickungen oder Auflockerungen vorhanden seien, oder dass der Schluss nicht ganz vollständig oder etwas ungleichmässig an den einzelnen Zipfeln erfolge. Man kann dies vorzüglich dann vermuten, wenn zeitweise ein eigenes Geräusch neben dem Ton, zeitweise nur unreine Beschaffenheit des Tones beobachtet wird. Ein sicherer Schluss aber kann auf unreine Herztöne allein niemals be-

---

[1]) Die Angabe vieler Physiologen, neuerdings auch Talma's, dass zwischen erstem und zweitem Herzton keine Pause liege, vermag ich nach häufigen, besonders darauf gerichteten Untersuchungen nicht zu bestätigen.

gründet werden. Am häufigsten handelt es sich, wo man von unreinen Tönen spricht, um undeutlich gespaltene Töne von allen den Eigenschaften, die wir als diesen zukommend kennen lernen werden.

b) Schwäche der Herztöne wird durch geringe Spannung der Klappen, oder für die ersten Arterientöne durch geringe Spannung der arteriellen Blutsäule bedingt. Schwäche aller Herztöne zeigt, dass die Herzzusammenziehungen in ungenügender Weise erfolgen: Schwäche einzelner Herztöne pflegt gleichfalls mit Schwächezuständen des Herzmuskelfleisches zusammenzuhängen. So die Schwäche der ersten Arterientöne bei schweren Typhusfällen, die Schwäche des ersten Mitraltones bei Fettentartung des Herzens. Doch ist dieser Gesichtspunkt nur dann gültig, wenn a) keine besonderen Schwierigkeiten für die Fortleitung der Herztöne bestehen und b) dieselben nicht schwach erscheinen, weil sie von andern Geräuschen übertönt werden. Wie bei schlecht angesetztem Hörrohr alle Herztöne wegen dieses Leitungshindernisses schwach erscheinen, so erscheinen sie auch schwach, wenn die Brustwand in hohem Grade wassersüchtig ist oder wenn eine Schicht flüssigen Ergusses in dem Herzbeutel oder die emphysematös ausgedehnte Lunge das Herz von der Brustwand trennt. Der wohlgebildete Ton einer Klappe kann wegen gleichzeitigen Geräusches einer andern Klappe schwach erscheinen. Zahlreiche Rasselgeräusche oder lautes Atmungsgeräusch der umgebenden Lunge schwächen die Herztöne scheinbar ab.

c) Verstärkung der Herztöne ist oft die Folge verstärkter Herzthätigkeit, vielleicht auch manchmal besserer Fortleitung der Herztöne vermöge verdichteter Beschaffenheit der angrenzenden Lungenränder. Dies gilt namentlich für die Töne der Aorta und Pulmonalis, da zwischen deren Ursprungsstelle und der Brustwand lufthältiges Lungengewebe gelagert ist. Verstärkung einzelner Herztöne kann von Hypertrophie der Muskelwand einzelner Herzabschnitte herrühren. Aber sie kann auch herrühren von dem Drucke einer stärkeren Blutsäule auf die arteriellen Klappen. Besonders in dieser Beziehung hervorzuheben sind a) die Verstärkung des ersten Mitraltones durch einen klirrenden, von der Erschütterung der Brustwand durch verstärkten Spitzenstoss herrührenden Schall. Dieser Schall kann selbst auf die Entfernung gehört werden und entsteht entweder bei starker Hypertrophie des Ventrikels oder bei sehr aufgeregter Herzthätigkeit. b) Verstärkter zweiter Ton der Aorta rührt von Erweiterung dieses Gefässes her. Ist derselbe zugleich klingend, so deutet er auf atheromatöse Entartung der Gefässwand hin. Der klingende zweite Aortenton ist höher als der gewöhnliche und enthält ausserdem noch deutlich hervortretende Obertöne. Auf letzteren beruht sein Klingen. c) Verstärkung des zweiten Pulmonaltones rührt von Erweiterung der Lungenarterie und dem Druck einer stärkeren Blutsäule auf die Lungenarterienklappen her und wird als Zeichen von Stauung im kleinen Kreislaufe betrachtet. Die Verstärkung des zweiten Tones eines der grossen Gefässe wird für gewöhnlich aus vergleichender Untersuchung derselben erkannt; ihre zweiten Töne sind bei Gesunden gleich stark.

d) Gespaltene Herztöne. Man kann häufig bei Gesunden oder Kranken der verschiedensten Art eine Erscheinung am Herzen wahrnehmen, die zunächst den Eindruck macht, als erfolgten während einer Herzaction drei oder mehr Töne. Untersucht man genau, so ergibt sich, dass einer der beiden Töne durch eine äusserst kurze Pause in zwei Abteilungen gebracht ist. Je länger die Pause, um so täuschender der Eindruck, dass mehrere Töne vorhanden seien; je kürzer die Pausen und je mehr Abteilungen und Pausen ein Ton erhalten hat, umsomehr der Eindruck eines unreinen, von einem Geräusche begleiteten Tones. Jeder der sechs Töne, die am Herzen erzeugt werden, kann diese Erscheinung darbieten, doch sind es am häufigsten die (ersten) Töne der Vorhofsklappen, nächstdem die zweiten Arterientöne, die gespalten erscheinen. Spaltung des zweiten Tones an Herzspitze oder Tricuspidalis setzt notwendig voraus, dass auch der zweite Aorten- oder Pulmonalton gespalten sei.

Die Erscheinung gespaltener Töne kann sehr verschieden begründet sein. Man muss vor allem eine Form von Spaltung unterscheiden, die sehr häufige rein functionelle Form, ausgezeichnet durch kurze Zwischenzeit der meist einfachen Spaltung und durch Abhängigkeit der Erscheinung von Ein- und Ausatmung. Potain hat sie in einer sehr fleissigen Arbeit beschrieben. Er nennt sie normale. E. Seitz hat zuerst beobachtet, dass diese Art von Spaltung des zweiten Tones nur mit der Vollendung der Einatmung und während der Ausatmung wahrgenommen wird. A. Geigel hat dann gezeigt, dass bei gewissen Formen der Mitralstenose ungleichzeitiger Klappenschluss der beiden grossen Gefässe, von Unterschieden der Blutspannung herrührend, den zweiten Ton gespalten erscheinen lasse. Potain hat diese beiden Punkte, die Beeinflussung durch die Atmung und die Begründung durch ungleichzeitigen Schluss der venösen oder der arteriellen Klappen zum Ausgangspunkte sehr ausführlicher Betrachtungen und Erwägungen gemacht. Er fand, dass die Spaltung eine sehr häufige Erscheinung ist ($1/5$ der Untersuchten) und dass bei weitem am häufigsten der erste Herzton von ihr betroffen wird. Unter 99 Fällen war 61 mal der erste, 30 mal der zweite, 8 mal der erste und zweite Ton gespalten. Je schärfer man seine Aufmerksamkeit darauf richtet, desto häufiger begegnet man der Spaltung. Ich fand sogar unter 260 Kranken (meist ambulanten), die ich untersuchte, 130 Spaltungen, wovon 112 den ersten, 11 den zweiten und 7 beide Töne betrafen. Einmal betraf die Spaltung nur den ersten Arterien-, nicht den Kammerton, öfter fand sie sich neben einem Klappengeräusch vor. Sehr häufig ist die Erscheinung in einem fortwährenden Kommen und Verschwinden begriffen. Potain wies nach, dass dies von Einwirkung der Atmung abhängt, und zwar, dass der erste gespaltene Ton dem Ende der Ausatmung und dem Anfange der Einatmung, der zweite dem Ende der Ein- und dem Anfange der Ausatmung angehört. Vom gespaltenen ersten Tone hört man die erste Hälfte jedesmal am linken, die zweite am rechten Herzen stärker. Der Schluss liegt nahe, dass der Tricuspidalton der verspätete ist und dass die Verspätung durch Einwirkung der Ausatmung entstehe. Vom gespaltenen zweiten Tone hört man an der Lungenarterie den zweiten Teil, an der Aorta den ersten stärker. Also die Einatmung verzögert den Klappenschluss der Lungenarterie. Von der Erklärung Potain's abweichend, glaube ich, dass durch die von Diesterweg nachgewiesene Hilfswirkung der Atmungspumpe für das rechte Herz bei der Einatmung der Druck in der Lungenarterie vermindert und so ihr Klappenschluss verspätet, bei der Ausatmung der Druck im linken Herzen gesteigert und so der Mitralklappenschluss beschleunigt wird. Unter völlig gesundhaften Verhältnissen arbeiten die beiden Herzkammern, die rechte unterstützt durch den Atmungsvorgang, geräuschlos und mit völlig gleichzeitigem Ventilschluss. Geringes Missverhältnis zwischen Last und Kraft auf der Seite der rechten Kammer lässt bereits den Einfluss der Atmung auf den kleinen Kreislauf durch das Nachklappen eines der rechtsseitigen Töne während eines Abschnittes der Atmung bemerklich werden. Für einzelne Krankheitsformen und Fälle muss die besondere Bedeutung der functionell gespaltenen Töne erst noch ergründet werden. Die Forschungen Geigel's über Mitralstenose haben in dieser Richtung die Bahn eröffnet.

Wenden wir uns nun zu der zweiten Form der Spaltung der Herztöne, zu derjenigen, die auf organischen Veränderungen beruht, so kann man sich 1) in einzelnen Fällen auf das Bestimmteste überzeugen, dass die dem gespaltenen ersten Mitraltone zu Grunde liegende, in Absätzen erfolgende Zusammenziehung der linken Kammer wirklich stattfindet, nämlich dann, wenn der Herzstoss dop-

pelt ist. Dies zugleich eine der Begründungsweise anadicroten Pulses.
2) **Jaksch** will in einem Falle ungleiche Länge der Aortenklappen
als Ursache des gespaltenen zweiten Tones anatomisch nachgewiesen
haben. Immerhin müssen derartige Fälle mit ungleicher Länge der
Klappen sehr seltene und dadurch ausgezeichnet sein, dass sie fortdauernd und unveränderlich die Spaltung aufweisen. 3) **Drasche**
hat gezeigt, dass gespaltene Töne unter gewissen Umständen, z. B.
bei starker Herzaufregung, in eigentliche Geräusche übergehen können,
namentlich soll dies nach **Drasche** und **Skoda** mit dem gespaltenen zweiten Mitraltone in Fällen vorkommen, in welchen der zweite
Aortenton nicht gespalten ist. 4) Mir ist es häufig aufgefallen, dass
man nur an einer beschränkten Stelle, in der Gegend der Herzspitze
oder der Herzbasis einen Ton gespalten fand, der in der weiteren
Umgebung einfach erschien. Ich habe auch in solchen Fällen gesehen, dass die Spaltung sich verlor bei der einen oder andern Seitenlage oder während tiefer Atemzüge. Die Leichenuntersuchung ergab
an Stellen, an welchen der Ton gespalten erschien, ausgedehnte,
rauhe Sehnenflecken. In solchen Fällen, wo der Ton nur in geringer
Ausdehnung gespalten scheint und diese Eigenschaft unter willkürlich
herbeizuführenden Umständen beseitigt werden kann, ist die Spaltung
eine scheinbare, bedingt durch ein kurzes, an einem Sehnenfleck erzeugtes Geräusch, das einen der Herztöne begleitet[1]). 5) Bei Verwachsung des Herzbeutels kann durch das diastolische Zurückprallen
der zuvor eingezogenen Brustwand ein Schall entstehen, der mit dem
zweiten Herzton zusammen einen gespaltenen zweiten Ton darstellt
(**Friedreich**). Dieses Beispiel zeigt sehr deutlich, wie ausserhalb
des Herzens gelegene Schallerscheinungen bei der Entstehung gespaltener Töne beteiligt sein können.

B. Geräusche.

1. Experimentelle Untersuchungen, welche zuerst von **Corrigan**, dann von **Kiwisch**, **Heynsius**, Th. **Weber**, **Chauveau**, **Thamm**, **Bayer**, **Nolet**, anfangs unabhängig von einander, später sich immer mehr ergänzend und vervollkommnend, geliefert worden sind, ergeben die Sätze:

Flüssigkeiten, welche in Röhren, deren Wand benetzend, strömen,
liefern um so leichter Geräusche, je grösser die Geschwindig-

---

[1]) Man hüte sich bei der Palpation, die unregelmässige Erschütterung der
Herzgegend durch stark gespaltene Töne mit dem Schwirren zu verwechseln,
welches Geräusche erzeugen.

k e i t   d e r   S t r ö m u n g   i s t. Die Druckhöhe hat so wenig Einfluss, dass sogar bei Strömung unter negativem Druck Geräusche entstehen. Dagegen begünstigt **d ü n n f l ü s s i g e   B e s c h a f f e n h e i t** der Flüssigkeit etwas die Entstehung von Geräuschen.

D i e   G e r ä u s c h e   e n t s t e h e n   i n   d e r   F l ü s s i g k e i t   u n d   t e i l e n   s i c h   d e r   W a n d   e r s t   m i t. Ob das Material der letzteren hart oder biegsam oder wie sonst beschaffen, ist daher für die Schallerzeugung ohne Einfluss. Glätte der Innenseite der Röhrenwand erschwert, Rauhigkeit erleichtert die Entstehung von Geräuschen, d. h. gestattet sie bei geringerer Strömungsgeschwindigkeit. Geräuschbildung ist möglich in gleichweiten Röhren, an erweiterten und an verengten Stellen. Sie erfolgt am leichtesten an erweiterten Stellen, z. B. jenseits einer Einschnürung. K i w i s c h glaubte alle Gefässgeräusche auf Einströmen in erweiterte Abschnitte zurückführen zu können. Schon Th. W e b e r fand aber Geräusche in Röhren von gleichmässiger Weite. Je weiter die Lichtung der Röhre, je weniger vollständig die Glätte der Wand, um so leichter entstehen diese. Erst E. J. M. N o l e t hat Geräusche, die beim Einströmen in eine verengte Stelle entstehen, kennen gelehrt und gezeigt, dass für ihre Entstehung ein beträchtlich höherer Grad von Stromgeschwindigkeit erforderlich ist als für Geräusche jenseits verengter Stellen. Für die Entstehung der Geräusche beim Einströmen in Erweiterungen ist von Bedeutung der Grad der Erweiterung; je grösser dieser, desto schwieriger die Entstehung eines Geräusches.

Zur Erklärung der Geräusche beim Eintritte in erweiterte Abschnitte des Gefässsystems hat C h a u v e a u F. S a v a r t 's Lehre von der Vena contracta sonora verwendet. P. N i e m e y e r hat dieselbe unter dem Namen »Pressstrahl« in Deutschland einzubürgern und von den Herzostien bis zu den Alveolen hin zur Grundlage der Erklärung der meisten auscultatorischen Geräusche zu machen gesucht. Geht man auf das Historische der Sache ein, so hat C o r r i g a n schon 1836, bei der durch K i w i s c h angeregten Würzburger Discussion wieder F. R i n e c k e r (1850) die wirbelförmige Bewegung der Flüssigkeit, also einen Vorgang innerer Reibung der Flüssigkeit als Grund der Schallerscheinung bezeichnet. H e y n s i u s hat die Wirbel in Glasröhren mittelst eingestreuten Bernsteinstaubes sichtbar gemacht, N o l e t mittelst eines sinnreichen Apparates gemessen. Die Geräusche vor Erweiterungen und in gleichweiten Röhren sind überhaupt nur auf diese Weise zu erklären.

Bei Krankenuntersuchungen kommen Schallerscheinungen in gleichweiten Röhren und die vor Verengerungen noch sehr wenig zur Sprache. Es handelt sich fast nur um sogenannte Stenosengeräusche, d. h. jenseits verengter Stellen entstandene. Für diese sind die Strömungsgeschwindigkeit, der Grad der Verengerung und die Glätte oder Rauhigkeit der Wand von Bedeutung. Das Minimum der Geschwindigkeit für Schallerscheinungen muss bedeutend überschritten werden, wenn tastbares Schwirren erscheinen soll. Die Fortleitung aller Geräusche findet am besten in der Richtung des Blutstromes statt, der sie erzeugt.

2. Geräusche, die am Herzen wahrgenommen werden, sind stets sehr genau zu beurteilen inbezug auf den Zeitteil der Herzthätigkeit, dem sie angehören. In dieser Hinsicht ist die Regel entscheidend, dass alle vom Beginne des ersten Tones an stattfindenden Geräusche bis zum Beginn des zweiten Tones hin der Systole angehören; alle von hier bis zum Wiederbeginne des ersten Tones erfolgenden der Diastole. Alle weitere Unterscheidung in prä- und peri-systolische und -diastolische Geräusche ist überflüssig. Geräusche, die überhaupt keinem Zeitteile der Herzthätigkeit mit Regelmässigkeit angehören, haben eine gesonderte Bedeutung und werden später zur Sprache kommen. Um den Zeitteil, wo er noch genau bestimmbar ist, zu erkennen, muss man oft die Pulsation der Herzspitze oder der Carotis während des Auscultierens befühlen, um danach den Beginn der Systole festzustellen. Das Verhältnis der Geräusche zu den Tönen ist ein solches, dass sie mit einem Tone gehört werden, oder anstatt eines Tones und in beiden Fällen der Dauer des Tones gleichkommen oder sie übertreffen. Mitunter ersetzt ein Geräusch beide Töne.

3. Manche Geräusche sind so laut, dass sie gehört werden können, ohne dass noch das Ohr an die Brustwand angelegt wurde, selbst auf mehrere Fuss Entfernung hin. Diese sind gewöhnlich auch am Rücken des Kranken, am Kopfe und Unterleibe, ja bisweilen an der Lehne seines Stuhles zu hören. Andere können nur bei grösster Aufmerksamkeit als schwacher, den Ton begleitender Hauch gehört werden, die meisten besitzen einen mittleren Grad von Stärke. Sehr schwache Geräusche können oft durch Körperbewegung, Herumlaufen im Zimmer stärker hörbar gemacht werden. Ja es gibt Geräusche, die in der Ruhe fehlen und erst nach Herumlaufen im Zimmer bemerklich werden. Auch Geräusche, die nur hie und da einmal in der rechten oder linken Seitenlage oder regelmässig nur in wagrechter Lage, nicht im Stehen gehört werden, kommen vor, namentlich bei

Mitralerkrankungen finden sich Geräusche öfter im Liegen vor, die im Stehen fehlen.

4. Als **Schalltimbre** oder Qualität der Geräusche fasst man eine Anzahl von Eigenschaften zusammen, die sich teils auf die Höhe, teils auf die Anzahl der Absätze, woraus sie zusammengesetzt sind, teils auf die grössere oder geringere Gleichartigkeit der Schallerscheinungen, die das Geräusch zusammensetzen, beziehen. Teilweise sind es auch jene feineren Klangeigentümlichkeiten, die in der Form der Schallwellen begründet gedacht werden müssen. Sehr viele Geräusche werden mit dem gewöhnlichen Leben entnommenem Vergleiche als blasende, scharfblasende oder weichblasende bezeichnet werden können. Ausserdem finden sich solche, welchen ihr Schalltimbre den Namen der hauchenden, stöhnenden, pfeifenden, feilenden, kratzenden, raspelnden verschafft. Man hat oft das Schalltimbre in Beziehung zu bringen gesucht mit der Begründungsweise des Geräusches. Einiges Haltbare ergibt sich in dieser Richtung. Weiche blasende, hauchende Geräusche sind häufiger functionelle, nicht von Klappenfehlern abhängige. Das diastolische, rauschende Geräusch der Aorteninsufficienz lässt sich wirklich an seinen Schalleigentümlichkeiten wieder erkennen. Hohe stöhnende Geräusche entsprechen bisweilen quergespannten Sehnenfäden, tiefe schnarrende Geräusche losgerissenen Klappenzipfeln. Hohes stöhnendes oder feilendes Geräusch an der Herzspitze wird selten anders als durch eine organische Erkrankung der Mitralis bedingt sein.

5. Diejenigen Geräusche, welche überhaupt einem bestimmten Zeitteile der Herzthätigkeit angehören, werden in **Klappengeräusche** (organische, endokardiale Herzgeräusche) und in **accidentelle** Geräusche (anorganische, accessorische Herzgeräusche) unterschieden. Weder der Zeitteil, dem sie angehören, noch ihr Schalltimbre, noch auch ihre Dauer und ihr Verhältnis zu den Herztönen sichert denselben ganz ausschliesslich die eine oder andere Bedeutung zu.

Man versteht unter **accidentellen Geräuschen** diejenigen, welche, ohne dass an den Klappen, Sehnenfäden oder an den Papillarmuskeln erhebliche anatomische Veränderungen vorhanden wären, durch veränderte Innervation oder Ernährung des Herzmuskels oder durch Abweichungen der Menge oder Zusammensetzung des Blutes bedingt sind. Obwohl nur alle erwähnten Eigenschaften die Geräusche am Herzen nicht in unbedingter Weise als von Klappenerkrankung herrührend oder unabhängig kennzeichnen, gilt doch als Regel, dass die accidentellen Geräusche fast nur bei der Systole, nur äusserst selten während der Diastole auftreten, am häufigsten an der Mitralklappe, nächstdem an der Pulmonalarterie gefunden werden, nicht leicht an einer andern Klappe allein, wohl aber häufig an allen Klappen und Ostien des Herzens auftreten, gewöhnlich zusammenfallen mit blasenden Geräuschen in den Gefässen des Halses, und wie diese von hauchender oder weichblasender Art zu sein pflegen. Der wichtigste Unterschied aber liegt darin, dass alle sonstigen Folgen, welche Klappenfehler des Herzens für dieses selbst und für den Kreislauf nach sich ziehen, im einen Falle mangeln, im andern vorhanden sind. Als gewöhnlichste Ursachen accidenteller Geräusche sind aufzuführen: Bleichsucht und andere Arten von Blutarmut namentlich perniciöse Anämie, Fieberanfälle und andauernde hochgradige Fieberzustände, zu Blutarmut und Abmagerung führende schwere Erkrankung, namentlich Krebs und Schwindsucht, Druck benachbarter Organe auf einzelne Abschnitte des Herzens. Ganz besonders laut und stark treten accidentelle Geräusche bei perniciöser Anämie auf. Hier geschieht es auch nicht selten, wenn die Verarmung an Blutrot den höchsten Grad erreicht hat, dass an der Herzspitze diastolisches accidentelles Geräusch neben systolischem auftritt.

Klappengeräusche des Herzens deuten auf Schlussunfähigkeit hin, wenn sie in dem Zeitteile gehört werden, in dem die Klappen geschlossen sein sollten; also an den Vorhofsklappen in der Systole, an den arteriellen Klappen in der Diastole. Sie entstehen für die ersteren durch einen aus der Kammer in den Vorhof, für die letzteren durch einen aus der Arterie in die Kammer rückläufigen Blutstrom, während derselbe durch die enge, vielleicht auch noch mit Rauhigkeit besetzte Spalte zwischen den Klappen sich hindurchdrängt. Rauhe Stellen an der Kammerseite der Vorhofsklappen oder der concaven Seite der halbmondförmigen Klappen können vielleicht, ohne dass die Klappe schlussunfähig ist, ähnliche Geräusche bedingen. **Klappengeräusche deuten auf Verengerung des Ostiums hin, wenn sie in dem Zeitteile entstehen, in welchem ein Blutstrom hindurchgeht,** also an den venösen Ostien in der Diastole, an den arteriellen in der Systole. Blosse Rauhigkeiten an der dem Blutstrom zugekehrten Seite der Klappen erzeugen häufig die gleichen Geräusche, aber sie haben nicht die gleichen Folgen, wie der betreffende Klappenfehler, und können daraus unterschieden werden. Nach dem Gesagten bedeutet **systolisches Geräusch an der Mitralis und Tricuspidalis ungenügenden Schluss der Klappe, am Ursprung der Aorta und Pulmonalarterie Verengerung dieser**

Gefässe; diastolisches Geräusch an der Mitralis und Tricuspidalis Verengerung des betreffenden venösen Ostiums, an der Aorta und Pulmonalis Insufficienz der Klappen.

6. Wodurch werden, wenn die Klappen vollständig schliessen oder doch wenigstens keine anatomischen Veränderungen erkennen lassen, systolische Geräusche an denselben erzeugt, diejenigen Geräusche, welche accidentelle genannt werden? Man nimmt an, dass entweder geringe Veränderungen, Ernährungsstörungen des Klappengewebes, seine Schwingungsfähigkeit so verändern, dass bei demjenigen Drucke, der sonst Töne erzeugt, Geräusche entstehen, oder dass durch schwächere oder stärkere Zusammenziehung des Herzmuskels ein Grad von Blutdruck in seinen Höhlen zustande gebracht wird, der an den unveränderten Klappen Töne zu erzeugen zu schwach oder zu stark ist. Wahrscheinlich wirken in vielen Fällen Verhältnisse beiderlei Art, Ernährungsstörungen der Klappen und Veränderungen des Blutdruckes bei Erzeugung accidenteller Geräusche zusammen. Die Thatsache, dass bei den Versuchen P. Bayer's Verdickungen an den Vorhofsklappen Tonlosigkeit und nicht Geräusch bewirkten, liefert keinen Gegenbeweis, da bei jenen Tierversuchen mechanische Mitwirkung der Papillarmuskeln und schallerzeugende Mitwirkung des Herzmuskels bei der Entstehung des ersten Tones nicht geleistet werden konnte. Wohl aber sprechen zwei alltägliche Erfahrungen zu Gunsten dieser Annahme; der Ort, an welchem accidentelle Geräusche am häufigsten entstehen, ist unstreitig die Mitralklappe, also gerade diejenige, an der geringfügige Veränderungen bei den Leichenuntersuchungen am häufigsten, ja mit einiger Regelmässigkeit nachgewiesen werden können. Diese Veränderungen, die sogenannten gallertartigen Verdickungen an den Spitzen der Zipfel, bestehen in vielen Fällen, ohne dass jemals deshalb ein Geräusch gehört würde. Aber es lässt sich nicht läugnen, dass durch sie die Beschaffenheit der Klappe eine ungleichmässige wird, und es scheint in hohem Grade wahrscheinlich, dass wegen derselben unter sonst begünstigenden Umständen gerade diese Klappe zuerst und am leichtesten systolisches Geräusch liefert. Die zweite Erfahrung, auf die man sich hier berufen kann, ist die, dass bei vielen Herzkranken eine fehlerhafte Klappe bei schwacher Herzthätigkeit ein Geräusch liefert und bei starker nicht, oder umgekehrt bei gewöhnlicher Herzbewegung kein Geräusch liefert, wohl aber bei verstärkter. So wird man sich vorstellen können, dass die gewöhnlichen Veränderungen an der Mitralklappe die vorwiegende Häufigkeit der accidentellen Mitral-Geräusche

bedingen, dass weitere, durch Blutarmut und dergleichen veranlasste Ernährungsstörungen der Klappe im Verein mit verminderter Druckkraft des Herzmuskels thatsächlich das Geräusch hervorrufen. Diese Verminderung der Druckkraft verursachen vorzüglich diejenigen Krankheiten, die eben erfahrungsgemäss accidentelle Geräusche am häufigsten liefern: Blutarmut und Fieberzustände.

Während die Mehrzahl der accidentellen Geräusche, namentlich die Mehrzahl derer, die an der Mitralklappe gehört werden, auf diese Weise erklärt werden können, glaube ich doch auch noch mehrere andere Erfahrungen beiziehen zu müssen, durch die man besondere Arten dieser Geräusche erklären kann. 1) Die bei Bleichsüchtigen so häufig vorkommenden systolischen Geräusche an der Mitralklappe finden sich zugleich vor mit Vergrösserung des Herzens, die durch Percussion nachgewiesen werden kann, verändertem Stande des verstärkten Herzstosses und verstärktem zweitem Pulmonalton, zuweilen auch mit Venenpuls. Bei solchen Kranken entstehen wassersüchtige Anschwellungen und Katarrhe der verschiedensten Schleimhäute; die Leichenschau weist nie Veränderungen an den Klappen nach und die Krankheit ist heilbar. Man muss wohl annehmen, dass den sogenannten accidentellen Geräuschen, die dabei an den Vorhofsklappen gehört werden, Klappenfehler zu Grunde liegen, beruhend auf vorübergehender Funktionsstörung des Herzmuskels und speciell der Papillarmuskeln, **temporäre Insufficienz der Mitralklappe** und ausweislich des Venenpulses, mitunter auch der Tricuspidalklappe. 2) Obwohl Sehnenflecken selten Reibegeräusche erzeugen, halte ich doch die Entstehung solcher für vollständig erwiesen. Obwohl die meisten Reibegeräusche zwischen die Herztöne fallen, kommen doch einzelne rein systolische oder rein diastolische vor. Es gibt nun accidentelle Geräusche und zwar zumeist systolische, hie und da auch diastolische, die auf einen sehr kleinen Raum beschränkt sind und durchaus nicht überall den betreffenden Ton begleiten. Diese accidentellen Reibegeräusche glaube ich, gestützt auf mehrere Sectionsbefunde, als entstanden durch **Reibung** rauher Stellen des Herzbeutels ansprechen zu müssen. 3) Die schon mehrfach erwähnten **Atmungsgeräusche** in der Herzgegend können so bestimmt an einzelnen Tönen und zwar gewöhnlich den systolischen anhaften, dass man sie ohne weiteres für accidentelle Geräusche zu halten geneigt ist. Sie schallen bald wie Zellenatmen, Blasen, Rasseln oder Pfeifen, und sie können vorzüglich daraus erkannt werden, dass sie bei angehaltenem Atmen, bald, wenn dieses nach tiefem Einatmen, bald wenn es nach tiefem Ausatmen geschieht, verschwinden oder wesentlich ihre Eigentümlichkeiten ändern. 4) Bei umschriebener **Compression eines der beiden Ventrikel oder eines der beiden Arterienursprünge** entsteht ein systolisches, blasendes oder auch rauheres Geräusch. Auf diese Weise sind die neuerdings von **Sommerville**, **Scott Alison** hervorgehobenen systolischen Geräusche an der Lungenarterie bei Schwindsüchtigen zu erklären. Knoten des benachbarten Lungenrandes, gleichgültig ob tuberkulös, krebsig, chronisch entzündlich oder wie sonst beschaffen, zwischen Brustwand und Lungenarterie gelegen, drücken auf die letztere oder stören doch durch ihre Berührung die Schwingungen der Häute des Gefässes. So sind die Geräusche an der Herzspitze zu erklären, die bei allen stärkeren Auftreibungen des Unterleibes gehört werden. Ebenso die Geräusche an der Herzspitze Hochschwangerer. Endlich ist des meines Wissens die einzige Form eines accidentellen Geräusches, die bei Gesunden willkürlich hervorgerufen werden kann. Während starken Fressens entsteht nämlich bisweilen an der Herzspitze ein schwachblasendes Geräusch, das den ersten Ton begleitet und ihm nachfolgt. Für die Druckwirkung fester Körper, die sich an den Lungenarterienursprung anlagern, gibt auch die Thrombose des linken Herzrohres ein bemerkenswertes Beispiel ab. Die Gruppe der accidentellen Geräusche ist in raschem Zusammenschmelzen begriffen. Immer mehr derselben finden ihre endgültige Deutung als Klappengeräusche, so das systolische Geräusch an der Lungenarterie bei Mitralinsufficienz: es ist das durch das linke Herzohr fortgeleitete Mitralgeräusch (Naunyn), so die Geräusche Bleichsüchtiger, die auf Insufficienz der Papillarmuskeln beruhen.

7. **Reibegeräusch am Herzen** entsteht ebenso wie jenes an der Pleura durch Unebenheit der einander zugekehrten, sich gegen einander verschiebenden Flächen des Herzbeutels. Es ist abhängig von der Herzbewegung und begleitet jede Herzzusammenziehung, aber es ist unabhängig von dem Schlusse der Klappen und begleitet deshalb nicht die einzelnen Herztöne. Das Herz ändert mit jeder Zusammenziehung und Erschlaffung seine Form, und es erklärt sich daher leicht, dass während der ganzen Dauer dieser Vorgänge eine Verschiebung des inneren Blattes des Herzbeutels dem äusseren gegenüber stattfinden muss. Sind nun durch Entzündung die beiden Blätter des Sackes in grösserer oder geringerer Ausdehnung ihrer normalen Glätte verlustig, mit entzündlichen Ausschwitzungen belegt oder mit Auswüchsen besetzt worden, so ist Ursache gegeben zu derjenigen Reibung, die sich hörbar durch Geräusch zu erkennen gibt. Wird bei Fortdauer der Entzündung flüssiger Erguss in grösserer Menge abgesetzt, so lagert sich dieser zwischen beide Blätter des Herzbeutels und hebt die Berührung der vorher an einander reibenden Flächen auf. Das Reibegeräusch verschwindet deshalb, bis mit dem Rückgängigwerden des Ergusses die rauhen Flächen wieder in Berührung kommen, und nun ist sein Bestand nicht von der Dauer der Entzündung, sondern von jener der rauhen Beschaffenheit des Herzbeutels abhängig. Es endet bald kurz nachher, bald erst nach Wochen oder Monaten, indem die rauhen Flächen sich abschleifen

und das Reibegeräusch immer leiser wird, oder indem Verwachsungen sich bilden. In diesem Falle wird es in immer rauheren Absätzen gehört. Nicht immer ist mit dem Eintritte der Verwachsung das Bestehen des Geräusches vollständig abgeschlossen. Ich habe bei Verklebung beider Blätter des Herzbeutels durch mehrere mörtelähnliche, locker zusammenhängende Lagen noch kurz vor dem Tode ein knarrendes Reibegeräusch gehört. Mehrere Beobachtungen liegen dafür vor, dass perikardiales Reibegeräusch nicht allein durch rauhe, sondern auch durch trockene Beschaffenheit des Perikards bedingt werden könne, so z. B. während des Choleraanfalles (Pleischl).

Geräusche, die am Herzbeutel durch Reibung entstehen, können oft schon von vorneherein als **reibende** erkannt werden vermöge ihrer schabenden, kratzenden, anstreifenden Eigenart. Doch ist weniger die Aehnlichkeit der Geräusche mit dem Kratzen oder Schaben bezeichnend als der Umstand, dass sie **nicht regelmässig einen bestimmten Zeitraum jeder Herzbewegung ausfüllen**, z. B. mit einem Herzton zusammentreffen, sondern in ungeregelter Weise den Herztönen **nachschleppen** oder zwischen sie hineinfallen. Wenn die gesamte Oberfläche des Herzens rauh ist, kann das Geräusch einen vierteiligen Rhythmus annehmen, indem es durch die systolische und diastolische Formveränderung sowohl der Kammer als auch der Vorhöfe erzeugt wird. Häufig sind Reibungsgeräusche des Herzbeutels dadurch ausgezeichnet, dass sie dem Ohre **nahe** erscheinen, unmittelbar unter dem Ohre zu entstehen scheinen, vorzugsweise wenn nicht ausschliesslich dann, wenn sie der unbedeckten Gegend der vorderen Fläche des Herzens angehören. Solche Geräusche sind zumeist auch sehr deutlich **zu fühlen**. An umschriebenen Stellen wahrnehmbare Reibegeräusche **verschwinden oder kommen, wenn der Kranke seine Lage ändert**. Geräusche, die nur im aufrechten Stehen oder nur in der einen oder anderen Seitenlage gehört werden, können schon daraufhin als Perikardialgeräusche angesprochen werden. Auch andere Umstände haben Einfluss sowohl auf das Bestehen als auf die Stärke derselben. Nach Blutentziehungen werden sie, solange die Entzündung noch lebhaft im Gange ist, bisweilen stärker oder schwächer. Einiger Druck mit dem Hörrohr ausgeübt, vermag sie bei biegsamer Brustwand lauter erscheinen zu lassen.

Im Beginne der Herzbeutelentzündung gehen dem Erscheinen der Reibegeräusche oft Veränderungen der Herztöne oder Geräusche von unbestimmter Bedeutung voraus; so der sogenannte perpendikelartige Rhythmus der Herztöne (gleich lange Dauer beider Pausen zwischen den Herztönen) oder Blasen an der Lungenarterie. Auf der Höhe der Krankheit ist es oft im gleichen Grade für die Beurteilung wichtig und für die Untersuchung schwierig, ein Reibegeräusch ausfindig zu machen. Dabei ist besonders zu empfehlen, bei linker Seitenlage den linken Rand des Herzens und bei rechter Seitenlage den rechten zu auscultieren. Namentlich bei linker Seitenlage kann man öfter zuvor mangelnde Reibegeräusche nachweisen. Am häufigsten unter allen Stellen der Herzgegend lässt der Ursprung der Lungenarterie Reibegeräusche erkennen. Dementsprechend sind hier Sehnenflecken und teilweise Verwachsungen in Form halbmondförmiger Falten sehr oft zu treffen als rückständige Merkmale stattgehabter Entzündung. Am häufigsten freilich finde ich Sehnenflecken an einem ganz anderen, gemeinhin wenig beachteten Orte, an der unteren Hohlvene. Die bedeutende Entfernung dieser Stelle von der Brustwand macht erklärlich, dass etwa diesen Sehnenflecken vorausgegangene Entzündung kein an der Brustwand hörbares Geräusch verursachen musste.

Zwei besondere Formen von Perikardialgeräusch sind hier zu erwähnen. 1) Das **extern perikardiale**, durch Reibung zwischen Mittelfell und Rippenfell erzeugte, das genau genommen einer Pleuritis, nicht Perikarditis seinen Ursprung verdankt und sowohl mit der Herzbewegung als mit der Atembewegung gehört wird. Manche Thatsachen sprechen dafür, dass es in vielen Fällen nur auf Entzündung der benachbarten Pleura beruhe, aber es ist in manchen anderen, wo beide Geräusche, das durch die Atmung entstandene und das mit der Herzbewegung gehende, gleichzeitig entstehen, nicht zu entscheiden, ob ausser der Pleura auch der Herzbeutel rauh geworden sei. Die Häufigkeit beschränkter Pleuritis in der Nähe des entzündeten Herzbeutels ist Ursache, dass sehr oft an den Rändern des Herzens pleuritische Geräusche neben perikarditischen gehört werden. 2) Das **mehrteilige umschriebene Perikardialgeräusch** ist eine äusserst seltene Erscheinung. Ich habe es nur einmal gehört und zwar in folgendem Falle. Bei einer Kranken mit mehrfachen Klappenfehlern war der Puls auf 40 gesunken, so dass mehrteilige, diastolische Undulationen der Jugularvenen sehr deutlich beurteilt werden konnten; nach aussen von der Aorta hörte man zeitlich zusammentreffend mit jenen Undulationen ein mehrteiliges Reibegeräusch. Beide, Undulation und Reibegeräusch, wurden erklärt durch die Annahme mehrfacher Zusammenziehungen des rechten Vorhofes. Die Leichenschau ergab einen grossen, rauhen Sehnenfleck an der vorderen Seite des rechten Vorhofes. Wo Perikardialgeräusche und Klappengeräusche sich mengen, können sehr eigentümlich klingende Geräusche entstehen.

C. Töne und Geräusche an den Blutgefässen.

Durch die Untersuchungen von Weil, Matterstock und Friedreich hat die Lehre von den Tönen und Geräuschen am Gefässsystem an Umfang und Bedeutung so viel gewonnen, dass auch hier eine umfänglichere Darstellung nötig geworden ist. Wir werden uns der Reihe nach mit den Arterientönen und den Arteriengeräuschen bei Gesunden, mit den krankhaften Arterientönen und -Geräuschen und mit den Tönen und Geräuschen der Venen beschäftigen.

1. **Töne der Arterien bei Gesunden.** Nach dem Vorgange von A. Weil wird der Arterienton, der während der Erweiterung der Arterien erfolgt, als diastolisch bezeichnet wenn er auch an dem Herzen nahe gelegenen Arterien nahezu der Systole des Herzens entspricht, ferner der Ton, der während der Verengerung der Arterien entsteht, als systolisch, wenn er auch stellenweise annähernd der Herzdiastole entspricht. Bei sehr leisem Aufsetzen des Hörrohres oder mit blossem Ohre gehörte Töne sind Spontantöne, erst durch starken Druck des Hörrohres hervorgerufene sind Drucktöne. An vielen Arterien liegt dazwischen, bei leichterem Drucke des Hörrohres entstehend, das Druckgeräusch.

An der Carotis hört man bei Gesunden in 9/10 der Fälle zwei Töne. Der stärkere zweite (systolische) ist sicher von den Aortenklappen her fortgeleitet. Ueber den schwächeren ersten (diastolischen) gehen die Ansichten auseinander, ob er vom Herzen her fortgeleitet oder an Ort und Stelle entstanden, ob er in letzterem Falle auf Schwingungen der Flüssigkeit oder der Membran oder beider beruhe. Mir scheint immer noch das letztere am wahrscheinlichsten, da die Bedingungen für die Entstehung eines Tones hier ebensogut wie an der Aorta gegeben sein dürften. In wenigen Fällen hört man an der Carotis nur einen und zwar diastolischen Ton oder systolisches Geräusch und diastolischen Ton.

Mit nahezu gleicher Häufigkeit (70—75 %) hört man an der Art. subclavia zwei Töne, deren Entstehung in gleicher Weise zu deuten ist wie an der Carotis.

An der Arteria brachialis und cruralis hört man bei der grossen Mehrzahl Gesunder weder Ton noch Geräusch. Erst bei einigem Druck mit dem Hörrohr entsteht ein diastolisches Geräusch; bei noch stärkerem Druck, der das Gefäss dem Verschlusse nahe bringt, ein diastolischer Druckton.

Auch an der Aorta abdominalis lässt sich Druckgeräusch und Druckton mittelst des Hörrohrs hervorrufen, ein Spontanton kommt ihr in der Regel nicht zu.

2. **Arterientöne bei Kranken.** Es gibt eine Anzahl von Fällen, in welchen diejenigen Arterien tönen, die bei Gesunden in der Regel sich stumm verhalten oder in denen diejenigen Arterientöne fehlen, die bei Gesunden vorhanden sind. So fehlt der zweite Carotiden- und Subclaviaton in der Regel, wenn an den Aortenklappen kein Ton gebildet wird. Bei Aortenstenose wird Druckton und Druckgeräusch vermisst.

Tonbildung an entfernteren Arterien kommt hauptsächlich der Aorteninsufficienz zu. Hier findet man an der Cruralarterie bei muskelkräftigen Leuten einen diastolischen und systolischen Ton (Traube), deren jeder sich durch Druck mit dem Hörrohr in Geräusch umwandeln lässt. Der erste Ton beruht sicher auf ungewöhnlich hohem und raschem Ansteigen des Druckes in der Arterie. Die rasche Abspannung des Arterien-Inhaltes und der Membran, bedingt durch Rückströmen des Blutes in der Richtung nach dem Herzen hin, verursacht den zweiten systolischen Ton der Cruralarterie. Bei Aorteninsufficienz findet sich jedoch (namentlich bei heruntergekommenen Kranken mit unelastischen Arterienwänden) hie und da nur ein diastolischer Ton oder ein gespaltener diastolischer Ton, oder ein diastolischer Doppelton. Doppelton an der Cruralarterie findet sich nicht selten auch bei anderen Zuständen vor, so bei Mitralstenose (A. Weil), bei Bleikranken (Matterstock), bei Fiebernden und bei Schwangern. Bei einiger Uebung fühlt man den Doppelton der Schenkelarterie leicht mit dem aufgelegten Finger ohne auscultiren zu müssen.

Diastolischer Spontanton wird ziemlich häufig bei Fiebernden an der Cruralarterie beobachtet, namentlich bei kräftigen jungen Leuten mit hoher Körperwärme. Bei anadikrotem oder auffällig katadikrotem Puls kann dieser Ton gespalten oder gedoppelt sein.

Auch an der Armarterie erscheint bei Kranken mit Insuff. valv. aort. öfter ein diastolischer und systolischer Ton, anderemale nur ein diastolischer oder gespaltener diastolischer Ton. Selbst an kleineren Arterien, Radialis, Hohlhandbogen u. s. w. kommt es infolge dieses Klappenfehlers öfters zu einem diastolischen Spontanton.

An der Aorta abdominalis hört man bei Kranken mit aufgeregter Herzthätigkeit, Aorteninsufficienz, Fieber, Bleikolik öfter einen lauten diastolischen Spontanton, für gewöhnlich jedoch ist dieselbe gleichfalls stumm.

3. **Arteriengeräusche bei Gesunden.** Deren lassen sich (abgesehen von den künstlichen Druckgeräuschen) aufführen:
1) Das Geräusch, das bei Kindern von der vierten Lebenswoche an bis zum Schluss der grossen Fontanelle, also gewöhnlich bis zum Alter von $1\frac{1}{4}-1\frac{1}{2}$ Jahren, beim Anlegen des Ohres auf der grossen Fontanelle oder in deren nächster Nähe gehört wird. Bei Offenbleiben dieser Knochenlücke kann es auch bis zum achten Lebensjahre fortbestehen. Dieses herzsystolische Blasen, das man als Hirngeräusch bezeichnet hat, wurde zuerst von Fischer in Boston 1833 beschrieben. Während es anfangs für ein krankhaftes Zeichen gehalten wurde, haben spätere Untersuchungen, namentlich diejenigen von Hennig gezeigt, dass es regelmässig in einer bestimmten Lebenszeit zu hören ist. Dasselbe erfolgt, ohne dass ein Ton zu hören wäre, als ein weiches, hauchendes Blasen, das mit jeder Herzsystole sich wiederholt oder genauer genommen mit der Pulsation der Fontanelle zusammenfällt. Die seitherigen Beobachter haben meistens vom Sinus longitudinalis und den in diesen einmündenden Venen dieses Zeichen abgeleitet, allein es wäre dies in der That das einzige, genau systolische Venengeräusch. Wer irgend mit den Schallerscheinungen, die in Arterien und Venen entstehen, bekannt ist, wird nicht umhin können, dieses Geräusch als ein arterielles zu betrachten. Da grosse Arterien nur an der Schädelbasis gelegen sind, so muss es wohl in diesen entstehen und durch die gleichmässig beschaffene Hirnsubstanz sowie durch die weiche häutige Ausfüllungsmasse der Knochenlücken gut fortgeleitet werden. Von alledem, was über das pathologische Vorkommen und Nichtvorkommen dieses Geräusches gesprochen worden ist, bleibt wenig diagnostisch Brauchbares übrig. Wiewohl durch Zunahme der Spannung des Inhaltes der Schädelhöhle abnehmend findet sich das Hirngeräusch sowohl bei Hirnhypertrophie als auch bei chronischem Hydrocephalus. Nur durch acuten Hydrocephalus, der bei noch offener Fontanelle sich entwickelt, wird es zum Verschwinden gebracht oder bedeutend abgeschwächt. Von vorwiegender Bedeutung ist die Frage, wodurch dieses in früher Jugend regelmässig vorhandene Geräusch bedingt und wodurch es in späterer Zeit wieder zum Verschwinden gebracht wird. Am wahrscheinlichsten dürfte es in den starken Windungen und Knickungen der Arterien an der Schädelbasis seinen Grund finden und später nur wegen der veränderten Gestaltung der Schädelknochen nicht mehr gehört werde. In einer schönen Arbeit von Jurasz ist in der That erwiesen worden, dass das Schädelgeräusch auf einem Kampfe der Carotis mit der Enge ihres Knochenkanales im Felsenbeine be-

ruhe. — 2) Das zweite Geräusch Gesunder, das hier in Betracht kommt, ist das sogenannte Uteringeräusch oder Placentargeräusch, das, in den erweiterten, den Uterus umgebenden Arterien entstehend, gegen Ende der Schwangerschaft hin gehört wird, und so ein normales, in erweiterten Arterien entstehendes Geräusch darstellt. Gleichwertige Geräusche finden sich bei Kranken oft an Geschwülsten der Gebärmutter oder der Eierstöcke, namentlich an grossen subperitonealen Uterusfibroiden, unter Umständen auch an der vergrösserten Schilddrüse vor.

4. Krankhafte Arteriengeräusche. Herzsystolische (arterien-diastolische) Geräusche können an den grossen Arterien des Halses auf folgenden Ursachen beruhen: a) Gesteigerte Strömungsgeschwindigkeit bei Hypertrophie des linken Ventrikels, vielleicht auch bei sehr verstärkter Herzthätigkeit. Daher sind namentlich die Geräusche an den Halsarterien bei Atherom und Aorteninsufficienz abzuleiten. b) Rauhigkeit der Arterienwand infolge von Atherom oder Gerinnselbildung. Gewöhnliche Strömungsgeschwindigkeit lässt in glattwandigen Arterien kein Geräusch entstehen. In der That entspricht die Geschwindigkeit des Blutstromes nicht einmal der Höhe, bei der Wasser in gleichweiten Röhren ein Geräusch erzeugen würde (Nolet). Bei gesteigerter Geschwindigkeit oder bei rauhen Arterienwänden kann jedoch ganz wohl Schallerzeugung stattfinden, nur herzsystolisch, weil bei der Diastole die Strömungsgeschwindigkeit abnimmt. c) Von der Aorta her fortgeleitete Geräusche; und zwar können dieselben von den erkrankten, starr und rauh gewordenen Aortenklappen fortgeleitet sein oder von dem erweiterten Ursprung oder Bogen der Aorta her. d) Durch Erweiterung bedingte Geräusche. Solche finden sich an den ziemlich seltenen Aneurysmen der grösseren Halsarterien, häufiger noch an den stark erweiterten und gewundenen Aesten der Schilddrüsenarterien, wo diese Drüse grössere Geschwülste bildet. Diese Arterien mit ihren Geräuschen bieten viel Aehnlichkeit mit den erweiterten Uterinarterien und den Geräuschen, die darin entstehen. e) Krankhafte Beschaffenheit des Blutes und daher rührende veränderte Ernährung und veränderte Spannung der Gefässwände, gewiss auch gleichzeitige Abweichungen in der Stärke der Herzzusammenziehungen verursachen bisweilen bei gewissen Erkrankungen blasende Geräusche in den grossen Arterien des Halses. Dahin gehören die bisweilen bei Bleikranken auftretenden diastolischen Arteriengeräusche. f) Von A. Weil ist der Unterschied der Spannung des Inhaltes bei der Diastole und Systole des Gefässes als

wesentliche ursächliche Begründung diastolischer Halsarteriengeräusche hervorgehoben worden. Je bedeutender dieser Unterschied sich bei blutarmen und fiebernden Kranken gestaltet, um so eher treten die erwähnten Halsarteriengeräusche auf.

Ueberall sind zu unterscheiden spontan entstehende Arteriengeräusche und solche, die durch Druck mit dem Hörrohr hervorgerufen werden.

Spontane Arteriengeräusche können vom Herzen her fortgeleitet werden oder an Ort und Stelle entstehen. Für letztere Entstehungsweise können Verengerungen der Gefässbahn entscheidend sein oder regelwidrige Geschwindigkeit der Blutströmung.

An der Art. Carotis und Subclavia kann der erste oder zweite Ton von einem Herzgeräusch begleitet oder ersetzt werden, das soweit fortgeleitet wird. In manchen Fällen ist freilich kaum zu sagen, ob es sich um ein fortgeleitetes oder an Ort und Stelle entstandenes Geräusch handle. Diastolisches Geräusch an der Carotis findet sich bei vielen Klappenfehlern, fast beständig bei Aorteninsufficienz, dann bei manchen Mitralfehlern, Aortenstenose. Aber auch bei Fiebernden und Blutarmen, bei Emphysem, Atherom und chronischer Lungenentzündung wird es getroffen. Systolisches (herzdiastolisches) Carotidengeräusch findet sich z. B. bei Aorteninsufficienz und ist in diesem Falle fortgeleitet von den Aortenklappen her. An der Art. subclavia finden sich fast immer die gleichen Geräusche wie an der Carotis vor. Bei Schwindsüchtigen kommt an der Art. subclavia eine besondere Erscheinung vor: ein diastolisches Geräusch, das nur während der Ausatmung erscheint oder während derselben lauter wird. Nach Rühle ist es ein Zeichen der Verwachsung der Pleurablätter an der betreffenden Lungenspitze und rührt wahrscheinlich von Richtungsveränderung, Knickung und dergl. an dem Rohre der Subclavia her.

An der Art. brachialis findet sich mitunter bei Fiebernden, Bleichsüchtigen, Bleikranken und bei Kranken mit Herzhypertrophie ein Doppelgeräusch vor. An der Art. cruralis findet sich bei einzelnen Fällen von Aorteninsufficienz spontanes Doppelgeräusch. Regelmässig lässt sich bei diesem Klappenfehler, sofern es sich nicht um sehr heruntergekommene Kranke handelt, durch Druck mit dem Hörrohr sowohl an Art. cruralis wie brachialis doppeltes Druckgeräusch erzeugen. Bei zunehmendem Drucke schliesst sich zuerst an den diastolischen Ton ein Geräusch an, dann erscheint unter Verschwinden des Tones ein zweites systolisches Geräusch, endlich verschwinden beide Geräusche zu Gunsten des nun auftretenden diastolischen Drucktones.

An der Aorta abdominalis lässt sich nicht allein durch Druck in der Regel diastolisches Geräusch künstlich hervorrufen, sondern solches findet sich auch spontan, wo durch Krebs der Retroperitonealdrüsen und ähnliche Ursachen die Arterie eine Zusammendrückung oder Einbettung in feste Massen erfährt. In Fällen, in denen die Bedingungen für spontanes Tönen überhaupt gegeben sind, namentlich bei Aorteninsufficienz, wird man auch durch den Druck des Hörrohres Doppelgeräusch an der Aorta abdominalis hervorrufen können.

An sackförmig erweiterten Arterien hört man diastolisches Geräusch, dabei diastolischen Ton, und bei einer gewissen Nähe am Herzen auch noch einen arterien-systolischen Ton. Der diastolische Ton ist wohl immer durch die Spannung des Sackes selbst zu erklären; das diastolische Geräusch, das jedoch bei den Aneurysmen der Aorta adscendens häufig, manchmal auch bei jenen anderer Arterien fehlt, wird durch das Einströmen des Blutes in die erweiterte Arterie, oft noch begünstigt durch rauhe Gerinnselschichten innerhalb des Sackes, erzeugt. Fehlen des Geräusches bei manchen Aneurysmen erklärt sich aus übermässiger Weite des Sackes im Vergleiche zum zuführenden Rohre. Der systolische Ton lässt sich bei Aneurysmen der Aorta adscendens, Subclavia und Carotis als fortgeleitet von den Aortenklappen betrachten. Er kommt aber auch an weiter vom Herzen entfernten Arterien vor, an der Aorta thoracica descendens (Eiselt). In diesen Fällen ist er analog dem von Duroziez und Traube bei starker reiner Aorteninsufficienz an der Schenkelarterie beobachteten Doppeltone zu deuten. Der zweite Ton beruht auf der raschen Spannungsabnahme. Beide können durch Druck mit dem Hörrohre in Geräusche umgewandelt werden.

Das Geräusch der Aneurysmen hat diagnostische Bedeutung zur Unterscheidung des Aneurysmas von festen Geschwülsten und zur Erkennung tiefsitzender Aneurysmen z. B. der Schädelhöhle.

5. **Geräusche an Aesten der Lungenarterie.** Auch an den Aesten der Lungenarterie können Geräusche entstehen. Sie werden nur in der Diastole der Arterie gehört, bald näher, bald ferner vom Ursprunge der Lungenarterie, am oberen Umfange des Brustkorbes, meist vorne, häufiger links. Sie können bedingt sein durch Verengerung oder Erweiterung von Lungenarterienästen. In einem bemerkenswerten Falle von Immermann war ein an der vorderen Brustwand sehr verbreitetes derartiges Geräusch durch Ver-

engerung beider Hauptäste der Lungenarterie bedingt. Fast immer handelt es sich um Schwindsüchtige, einmal bei Bartels um einen Pleuritiskranken. Derartige Geräusche können in den Lufträumen der Luftröhre (Bartels) oder einer Höhle durch Resonanz verstärkt werden. Bei einem Schwindsüchtigen aus Ammerbach bei Jena hörte ich in der rechten Obergrätengrube Röhrenatmen und einzelne klingende Rasselgeräusche und ausserdem systolisches klingendes Blasen, das einige Wochen vor dem Tode verschwand. Die Leichenschau zeigte daselbst eine Höhle, durch die ein mit Gerinnseln erfüllter in der Mitte zu einem erbsengrossen Knoten erweiterter Lungenarterienast verlief.

6. **Töne der Venen.** Nur in wenigen Fällen liefern die Venen Schallerscheinungen, die als Ton bezeichnet werden können. Bei Tricuspidalinsufficienz fand v. Bamberger, dass die Klappen der Vena jugularis communis durch den rückläufigen Blutstrom gespannt werden, so dass sie einen Ton liefern. Dieser wird an der Stelle gehört, vielleicht auch gefühlt, die bei schlussfähigen Klappen der Vene allein pulsiert, am Bulbus venae jugularis. Der durch Anspannung der Klappen entstandene Ton fällt in die Diastole der Vene, die durch die Systole des Herzens hervorgerufen wird, er muss daher als diastolisch bezeichnet werden. Den bei Pulsation der ganzen Jugularvene, also bei schlussunfähigen Klappen der Vene, von v. Bamberger beschriebenen Ton längs der pulsierenden Vene glaube ich gleichfalls einigemale gehört zu haben. Er muss wohl durch Schwingungen der Blutsäule und der gespannten Wand der Vene erklärt werden.

An der Schenkelvene wurde von Friedreich bei Insufficienz der Tricuspidalklappe diastolisches (herzsystolisches) Tönen nachgewiesen. Dieser Ton kann durch die Spannung der Klappen der Schenkelvene entstehen oder, wo diese mangeln, durch Spannung des Inhaltes und der Wand der Vene.

Nach Friedreich lässt sich auch bei manchen Gesunden, etwa einem Siebentel der Untersuchten, ein Klappenton der Schenkelvene künstlich hervorrufen durch rasche, starke Ausatmungsstösse, z. B. Hustenstösse. Er soll als exspiratorischer Cruralvenenklappenton zu bezeichnen sein.

7. **Venengeräusche.** Geräusche an den Venen kommen sowohl in der Richtung des natürlichen Blutstromes als auch in der eines durch krankhafte Zustände bedingten rückläufigen Blutstromes vor. Die Geräusche in natürlicher Richtung werden besonders oft an den Halsvenen, namentlich an dem untersten

Teile der Vena jugularis interna beobachtet. Nicht nur bei kranken, blutarmen Leuten, sondern auch bei der Mehrzahl Gesunder kommen solche zur Beobachtung. Sie werden leichter und lauter gehört, wenn der Kopf stark nach der entgegengesetzten Seite gewendet wird. In aufrechter Stellung entstehen sie leichter als in liegender; sie sind andauernd, werden aber mit der Systole verstärkt und erscheinen, je nachdem sie deutliche Klänge enthalten oder nicht, als Singen, Pfeifen, Stöhnen oder als Blasen, Hauchen, Rauschen. Daher die früheren Benennungen: Gesang der Arterien, Venenrauschen, Nonengeräusch. Ihr Zustandekommen wird durch erhebliche Stauung des Blutes in den Venen verhindert. Ihre Entstehung ist Gegenstand vieler Deutungen gewesen; früher in die Arterien verlegt, können sie jetzt mit Sicherheit den Venen zugeschrieben werden; aber sie müssen ebenso gedeutet werden wie die Arteriengeräusche, nämlich als bedingt durch das Einströmen des Blutes aus einem engen in einen weiten Gefässabschnitt. Solche Erweiterung ist schon natürlicher Weise gegeben durch die von Hamernik hervorgehobene allseitige Anheftung der Jugularvene hinter der Articulatio sternoclavicularis. Vorzüglich entsteht Geräusch, wenn die Lichtung der Vene geringer Menge strömenden Blutes sich angepasst, somit verengt hat, oder wenn das Blut von wässeriger Beschaffenheit ist. Wo nicht in dieser Weise Blutarmut der Entstehung des Geräusches zu Grunde liegt, wird die Verengerung bedingt beim Umdrehen des Kopfes nach der andern Seite, indem dabei Omohyoideus und Fascien des Halses die Vene comprimieren. Das Geräusch ist häufig so stark, dass es fühlbares Schwirren erzeugt; es ist sehr selten links allein zu hören, bisweilen rechts allein, häufig auf beiden Seiten. Bei einzelnen Kranken erzeugt es, wie schon Aran vermutete, dadurch, dass es von den Kranken selbst gehört wird. Ohrensausen, das durch Druck auf die Vene unterbrochen werden kann; bisweilen kann es auch noch über dem zweiten rechten Rippenknorpel gehört werden und scheint sich dann in die Vena anonyma hereinzuerstrecken.

Das peinigende Geräusch des Ohrensausens ist in manchen Fällen Gefässgeräusch und kann mitunter am Warzenfortsatze des Kranken vom Arzte mit dem Hörrohre mitgehört werden. In diesem Falle sind es bald arterielle diastolische, bald venöse andauernde Geräusche, die man hört. Letztere können durch Druck auf die Jugularvene unterbrochen werden. Sie entstehen vielleicht an dem Foramen jugulare, wo das Blut aus den beiden Sinus in den weiten Anfangsteil der Vene sich ergiesst. —

Venengeräusch findet sich nach verschiedenen Angaben bei 80, 90 %, ja fast bei allen Untersuchten, wenn man die zuzählt, bei denen es sich hervorrufen lässt, bei ca. 40 % der Untersuchten spontan entstanden (ohne Druck des Hörrohres oder Drehung des Halses) und kommt bei Weibern etwas häufiger vor als bei Männern und bei jungen Leuten beträchtlich häufiger als bei älteren. Was seine diagnostische Bedeutung anbelangt, so halte ich den Satz von Friedreich für vollkommen annehmbar, dass es als krankhafte Erscheinung aufzufassen sei, wo es mit dem Finger gefühlt werden, schon etwas entfernt von der Mündung des Hörrohres gehört werden oder von dem Untersuchten selbst als Ohrensausen wahrgenommen werden kann.

Dem Nonengeräusch an der V. jugularis gleichwertige Geräusche werden auch, wiewohl ungleich seltener, an mehreren anderen Venen gehört, so längs des rechten Brustbeinrandes nach abwärts bis zum dritten rechten Rippenknorpel in Vena anonyma und Cava superior, freilich nach Weil unter 600 Untersuchten nur fünf Male. Nach Friedreich ist das Geräusch von Cava und Anonyma Zeichen von Blutarmut oder Folge von örtlichen Verengerungen.

An der Schenkelvene lässt sich das Nonengeräusch künstlich bewirken durch Hochlegen des Fusses, Druck auf die periphere Seite des auscultierten Venenbezirkes u. dgl. Es sind dies Einflüsse, die die Blutsäule vor dem Eintritte unter das Poupart'sche Band dünn machen und zu wirbelnder Bewegung an dieser weiteren Stelle zwingen. Spontanes Nonengeräusch an der Schenkelvene fand Weil nur bei 2 % der Untersuchten.

Auch an den Arm- und Axillarvenen kommen nach Friedreich hie und da bei Bleichsüchtigen besonders bei erhobenem Arme hörbare Nonengeräusche vor.

Auch an der unteren Hohlvene lässt sich durch tiefen Druck mit dem Hörrohr hie und da das Nonengeräusch hervorrufen. — Spontanes Geräusch kann durch Druck von Unterleibsgeschwülsten auf diese Vene entstehen und zwar war es in einer Beobachtung Friedreich's ein herzdiastolisches Nonengeräusch, das mit einem herzsystolischen Aortengeräusche abwechselte. Nur in wagrechter Lage wurde es gehört und konnte durch Druck mit dem Hörrohre verstärkt werden.

Rückläufiges Venengeräusch wird sehr häufig an den Halsvenen, und zwar auch wieder auf der rechten Seite eher als an der linken gehört, wo die Ursachen des Venenpulses gegeben sind. So kommt es denn am meisten bei Insufficienz der Tricuspidalis zur Beobachtung. Seltener als das Geräusch findet man in diesen Fällen so starke und plötzliche Ausdehnung der Vene durch die rückläufige

Blutwelle, dass ein systolischer Ton gehört werden kann, der allerdings sehr dumpf und unrein zu sein pflegt. Es lässt sich leicht denken, dass auch dann, wenn eine andere Ursache die Halsvenen pulsieren macht, Geräusch sowohl als Ton in denselben entstehen kann. So hat z. B. Cossy ein Aneurysma anastomoseon, durch Durchbruch eines Aortenaneurysmas in die Vena cava superior entstanden, beschrieben, bei welchem an den Halsvenen Puls und Schwirren wahrgenommen wurde. Auch an anderen Venen kann dadurch, dass arterielles Blut auf neugebahnten Wegen in sie einströmt, systolisches, dumpfes Tönen, begleitet und gefolgt von systolischem Geräusch, erzeugt werden. Am obersten Teile der Schenkelvene kann durch Husten und Pressen ein rückläufiges Geräusch entstehen, wenn ihre Klappen schlussunfähig geworden sind oder ungewöhnlich tief stehen.

V. Auscultation der Unterleibsorgane.

Von den zahlreichen im Magen und Darme entstehenden Geräuschen sollen hier nur diejenigen besprochen werden, die in irgend einer Richtung diagnostische Bedeutung haben. Am Magen hört man, während der Kranke Flüssigkeit schluckt, sehr bald und rasch durch das Einströmen der Flüssigkeit verursachtes klingendes oder auch metallklingendes, rasselndes oder plätscherndes Geräusch. Verspäteter Eintritt dieses Geräusches, Spärlichkeit, dafür aber lange Dauer der einzelnen Geräusche, die es zusammensetzen, sprechen für ein Hindernis, das dem Eintritte der Flüssigkeit in die Magenhöhle entgegensteht; gewöhnlich also für Verengerung der Speiseröhre oder des Magenmundes.

Bei starken Zusammenziehungen der Magenmuskulatur und entsprechender Anfüllung der Höhle mit Luft und Flüssigkeit entstehen gurgelnde oder brodelnde Geräusche in der Magenhöhle, die oft auf einige Entfernung hin gehört werden können.

Ist die Magenhöhle erweitert und reichlich mit Luft und Flüssigkeit gefüllt, so können durch abwechselnden Druck mit beiden Händen klingende, plätschernde, jenen bei Succussio Hippokratis ähnliche Geräusche erzeugt werden. Ebenso können viele Kranke durch schüttelnde Bewegung des Rumpfes solche Geräusche hervorrufen. Die Anwesenheit derselben ist an sich keineswegs, wie es oft angenommen wird, beweisend für dauernde, krankhaft begründete Magenerweiterung. Die Erfahrung lehrt, dass für jeden gesunden Magen hie und da einmal Zustände vorübergehender Erweiterung beobachtet werden, während welcher die fragliche Erscheinung leicht gehört werden kann. Durch Genuss grösserer Mengen von Bier scheint namentlich leicht eine geeignete Ausdehnung und Anfüllung des Magens zustande zu kommen. Nur solche Schüttel- und Plätschergeräusche dürfen als Zeichen von Magenerweiterung betrachtet werden, die in ungewöhnlicher Ausdehnung zustande kommen oder die namentlich rechts von der Mittellinie gefühlt oder gehört werden. Ist die Magenhöhle stark von Luft ausgedehnt, so können alle in der Nähe entstehenden Geräusche, welche die geeigneten Töne enthalten, Resonanz darin hervorrufen; besonders leicht geschieht dies durch die Herztöne und durch in dem unteren Abschnitte der linken Lunge entstehende Rasselgeräusche, und zwar fehlt nicht leicht Metallklang dabei. Diese Erfahrung kann namentlich bei Feststellung und Unterscheidung von Pneumothorax oft verwertet werden. Bei der Auscultation des mit gährendem Inhalte gefüllten erweiterten Magens kann, wie neuerdings F. Penzold bezeugt, ein auf Platzen zahlreicher feiner Blasen beruhendes, andauerndes, feines Rasselgeräusch gehört werden, das vergleichsweise als Singen oder Sieden bezeichnet wurde.

Besonderes Interesse verdient ein regelmässig mit der Atmung sich wiederholendes, grobblasiges Rasselgeräusch, das sich quer über die Magengegend erstreckt. Es ist seinem Klang nach gurgelnd oder brodelnd, geht mit der Einatmung von links nach der Mittellinie oder nach rechts, bei der Ausatmung umgekehrt und kann mit der aufgelegten Hand sehr gut gefühlt werden. Auf die Entfernung manchmal durch ein halbes Zimmer hörbar, wurde es stets hervorgerufen durch ungewöhnlich starke Bewegung des Zwerchfelles bei der Ein- und der Bauchpresse bei der Ausatmung. Diese Atmungsweise war den Kranken so sehr zur Gewohnheit geworden, dass sie selbst im Schlafe durch das Geräusch gestört wurden. Das Geräusch liess sich unterbrechen durch starken Druck der Hand auf eine Stelle unter dem linken Rippenbogen, gerade wo es am stärksten gefühlt wurde, zweitens durch Anlegen einer Schnürjacke, die die erwähnte Atmungsweise unmöglich machte.

Meine Beobachtungen betrafen 5 Mädchen oder Frauen, die zuvor an Ulcus ventriculi gelitten hatten und sämtlich mehr oder weniger hysterisch waren. Ich glaube, dass es bei Sanduhrform des Magens durch Druck der Pars carnosa Diaphragmatis auf den Fundus-Teil des Magens entsteht.

Es ist wahrscheinlich, dass am Duodenum durch die zu gewissen Zeiten erfolgende regelmässige Entleerung der Gallenblase Geräusche hervorgerufen werden können. Trotz längerer Auscultation gesunder Leute, einige Stunden nach der Mahlzeit, gelang es mir noch nicht, dafür bezeichnende Geräusche aufzufinden; dagegen konnte ich öfter bei künstlicher Entleerung der Gallenblase durch Druck, die bei gelbsüchtigen Kranken vorgenommen wurde, ein Rasselgeräusch erzeugen, das feinblasiger und höher war, als die sonst am Unterleibe vorkommenden.

Die im übrigen Darmkanale entstehenden Geräusche sind abhängig von Füllung mit Flüssigkeit und Luft, und von Zusammenziehungen der Muskulatur. Man pflegt sie als Kollern oder Borborygmen zu bezeichnen. Bei Hindernissen, die der Bewegung des Inhaltes entgegenstehen, und bei Kolikanfällen werden sie besonders deutlich gehört. An etwas weiteren Abschnitten des Darmes, die mit Flüssigkeit und Luft gefüllt sind, können durch Druck mit der Hand Geräusche erzeugt werden. Man hat Wert darauf gelegt, solche bei Typhuskranken in der rechten Unterbauchgegend erzeugen zu können (Ileocöcalgeräusch). Sie finden sich jedoch auch bei anderen mit Diarrhoe behafteten Kranken vor. Bei Darmperforation kann unter Verhältnissen, die starres Offenstehen der Durchbruchsstelle bedingen, durch Ein- und Austritt von Luft blasendes, metallklingendes oder amphorisch wiederhallendes Geräusch entstehen. Zwei derartige Beobachtungen liegen vor. In der einen von Tschudnochowsky erfolgte das Geräusch mit der Atmung und zwar mit der Einatmung stärker, in der anderen von Sommerbrodt konnte es durch den Druck der Hand hervorgerufen werden.

Sind grössere Hohlräume im Unterleibe mit Luft und Flüssigkeit gefüllt, so können metallklingende plätschernde Geräusche entstehen, völlig ähnlich jenen bei Pneumothorax. Ich habe sie z. B. bei lufthältigen Eierstockscysten und bei einem verjauchenden, mannskopfgrossen Echinococcus hepatis gehört beim Schütteln des Rumpfes. Wintrich erwähnt einen solchen Fall von einem abgesackten, lufthältigen Peritonealexsudat neben dem Magen. Neuerdings sind solche Fälle von Leyden unter dem Namen Pneumothorax subphrenicus beschrieben worden. Sind jene leicht nachweisbaren Geschwülste ausgeschlossen, so bilden solche metallklingende, beim Schütteln des Rumpfes (durch Anfassen beider Hüftbeine) entstehende Plätschergeräusche ein wichtiges Unterscheidungszeichen der Pneumoperitonitis gegenüber einfachem Meteorismus intestinalis. Dieses Plätschern ist von tiefem metallischem Klange und in grosser Breitenausdehnung am Unterleibe wahrnehmbar. Die einzelnen durch das Schwappen der Flüssigkeit bewirkten Schallerscheinungen erfolgen langsam und können bereits auf 1—2 dm Entfernung gehört werden. Plätschern im Magen oder erweiterten Darmabschnitten erfolgt in beschränkterer Ausdehnung, höher und rascher. Geräusche in abgesackten pneumoperitonitischen Räumen können allerdings von letzteren schwerer unterscheidbar sein.

Endlich erübrigt noch, das früher schon teilweise besprochene **peritoneale Reibegeräusch** zu erwähnen. Erinnern wir uns, dass es zumeist chronischen oder subacuten Entzündungs- und Auflagerungsprocessen am Bauchfelle seine Entstehung verdankt; dass es besonders oft über der angeschwollenen Leber oder Milz und über anderen grösseren Geschwülsten des Unterleibes gehört wird, bald mit der Atmung regelmässig wiederkehrend, bald durch Verschiebung und Druck mit der Hand erzeugt, vielleicht auch hie und da durch Darmbewegung angeregt. Während es so gewöhnlich ein rauhes Knarren darstellt und vorzüglich adhäsiven Entzündungsformen entspricht, wird es hie und da bei acuter [1]), verbreiteter Bauchfellentzündung mit eitrig-faserstoffigem Exsudate als feines Anstreifen, ja als dem Vesiculäratmen ähnliches Schlürfen gehört. Nach künstlicher Entleerung oder freiwilliger Aufsaugung grösserer Flüssigkeitsergüsse kommt es entsprechend dem Auftreten pleuritischen Reibens bei Rückgang eines Exsudates besonders leicht zur Beobachtung. So konnte ich kürzlich nach der Punction des Ascites bei einer Herzkranken den vorher zweifelhaften Eintritt der Peritonitis allein auf ein bald sich einstellendes Reibegeräusch über der Leber mit Sicherheit annehmen. Diesem Geräusche scheint bis jetzt noch immer wenig Aufmerksamkeit zugewendet zu werden, obwohl es sicher für frische Bauchfellentzündung sowohl, als für ältere Verwachsungen wichtige Anhaltspunkte liefern kann.

Anhang.

Die **Speiseröhre** kann unmittelbar oder mittelbar auscultiert werden. **Unmittelbare Auscultation:** An der Wirbelsäule hört man von den obersten Brustwirbeln bis zum eilften herab das Geräusch des Schluckens, eine Art von Rasseln oder Plätschern, das in der Richtung von oben nach abwärts erfolgt und stets durch seinen Klang den Eindruck des feuchten Rasselns macht. In Fällen doppelseitiger Lungenentzündung der oberen Lappen wird es besonders gut fortgeleitet und als klingendes Geräusch gehört in der Gegend der oberen Brustwirbel. Ausserdem besitzt es für die mit Verenge-

---

[1]) Der erste derartige Fall, den ich beobachtete, betrifft einen Kaiserschnitt, den mein College **Schultze** 1862 veröffentlichte. Bereits vier Stunden nach der Operation war das Geräusch vorhanden. Später habe ich es auch bei Perityphlitis gehört.

rung des Oesophagus verbundenen Krankheiten insoferne Bedeutung, als eine an einer bestimmten Stelle eintretende Verlangsamung und merkliche Abschwächung des Schluckgeräusches diese Stelle als wahrscheinlichen Sitz der anderweitig nachgewiesenen Speiseröhren-Verengerung erkennen lässt. Ueber die Gestalt des verschlungenen Bissens aus dem Gehörten eine Vorstellung zu gewinnen, die z. B. die Abrundung oder Zuspitzung seiner Enden sehr genau erkennen lassen soll, ist mir nicht möglich gewesen.

Durch die Untersuchungen von Kronecker und Meltzer ist erwiesen, dass der Bissen in weniger als 0,1 Sekunde durch die Speiseröhre bis zum Mageneingange gespritzt wird. Erst später zieht sich die Muskelwand der Speiseröhre in drei Abschnitten der Reihe nach zusammen. Diese Bewegung langt nach 6—7 Sekunden am Mageneingange an. Bei einzelnen Leuten hört man ein zischendes Druckspritzgeräusch (erstes Geräusch nach Ewald) ganz kurz nach dem Beginne der Schluckbewegung in der Gegend der Cardia. Erst 6—7 Sekunden später hört man bei der Mehrzahl der Leute das Durchpressgeräusch Meltzer's (zweites Geräusch), das von dem Eintritte des Bissens in den Magen abzuhängen scheint. Es soll fehlen, wo ersteres vorhanden, und sich mehr gurgelnd oder rieselnd anhören als jenes.

Bei bronchoösophagealer Fistelbildung hört man an der entsprechenden Stelle der Wirbelsäule metallklingende Rasselgeräusche.

Mittelbare Auscultation. Man lehrt den Kranken sich ein kleinfingerdickes, ca. 1 m langes Gummirohr, wie es zur Gasleitung gebraucht wird, in den Oesophagus einführen und steckt das freie Ende in den Gehörgang. Man hört Atmungsgeräusche, Herztöne, unter Umständen Herz- und Gefäss-Geräusche. Ich vermute, dass dieses Verfahren für die Erkennung mancher Aneurysmen der Aorta thorac. descend. Bedeutung gewinnen kann.

F. Physikalisch-diagnostische Symptomengruppen.

Ausser dem völlig dumpfen und leeren Percussionsschalle, der gänzliche Luftleere nächstgelegener Teile anzeigt, gibt es kaum irgend ein anderes physikalisches Zeichen, das ohne Ausnahme nur durch einen einzigen physikalischen Zustand bedingt werden könnte. Man hat den Metallklang, den amphorischen Wiederhall, das Geräusch des gesprungenen Topfes, den Höhenwechsel des Percussionsschalles mit Unrecht eine Zeit lang für solche eindeutige Zeichen gehalten.

Für alle diese Schallerscheinungen ist die Deutung durch Ausnahmen und Beschränkungen erschwert worden. Auch die einfachsten physikalischen Zustände der Brust- und Unterleibsorgane müssen aus dem Zusammenstimmen ganzer Gruppen von Zeichen geschlossen werden. Nie genügen einzelne wertvolle Zeichen, wenn man sie auch fälschlich oft als vollkommen sicher und beweisend darstellt. Noch viel weniger können solche einzelne Zeichen ganze Krankheitsbilder kennzeichnen. Kann man eine Höhle nicht aus einem Zeichen erkennen, so wird man viel weniger noch die Bronchiektase daraus nachweisen können. Es liegt ausserhalb unserer hier gestellten Aufgabe, die Zeichen der Lungenentzündungen, der Tuberculosen, kurz die Zeichen einzelner geweblicher Störungen an den Brust- und Unterleibsorganen zu schildern, denn diese können nicht in der Percussion und Auscultation allein gelegen sein. Viele andere Untersuchungsmethoden werden dabei mitzureden haben. Wohl aber lässt sich versuchen, eine Anzahl von zweckmässig zusammengefassten Gruppen physikalischer Zeichen hervorzuheben, und als berechtigte Mittelglieder darzustellen zwischen den akustischen Zeichen und den die geweblichen und functionellen Störungen aussprechenden Krankheitsdiagnosen.

I. Fieberwirkungen.

Die früher besprochenen physikalischen Zeichen, vorzugsweise der Kreislaufsorgane, können in Fieberzuständen, welche die Körperwärme auf 39—41 ° C. erhöhen, eine Anzahl von Abänderungen erfahren, die hier übersichtlich zusammengestellt werden.

Erhöhung der Körperwärme vermehrt die Zahl der Herzschläge, bewirkt Erweiterung der Körperarterien und lässt deshalb den Puls **beschleunigt** und **voll** erscheinen. Kurze kräftige Zusammenziehung des Herzens und Erweiterung des Arterienrohrs bilden die Bedingungen für Entstehung des **doppelschlägigen (dikroten) Pulses**, der bei steigender Fieberhöhe (bei 40 in acuten Krankheiten nach O. J. B. Wolff) in den überdikroten Puls (P. capricans bei Landois) später über 41 ° C. in den monokroten Puls übergeht. Das Spannungsminimum des Arterieninhalts wird vermindert, selbst wenn das Maximum gleich bleibt, sinkt die mittlere Spannung, der Puls erscheint gross. Die Auscultation der Arterien kann an denjenigen, die bei Gesunden während ihrer Diastole einen Ton liefern, statt dessen ein Geräusch, bei jenen, die wie A. brachialis und cruralis bei Gesunden nicht tönen, einen diastolischen Ton liefern. Dies geschieht nicht in jedem Falle, wohl aber überall dort, wo bedeutende Erweiterung des Arteriensystems beträchtliche Verminderung des Minimums der Spannung des Bluts in den Arterien

Fig. 22.

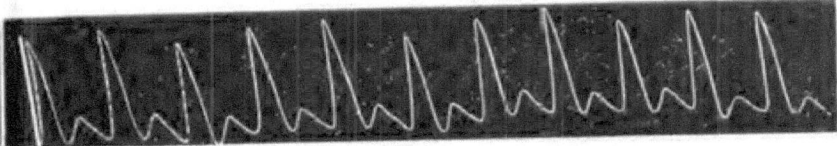

Fig. 23.

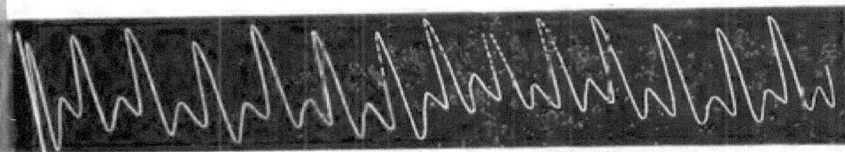

Fig. 24.

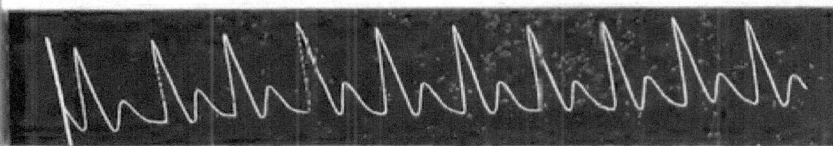

zur Folge hat. Der mittlere Blutdruck ist im Fieber herabgesetzt, das lässt erwarten die Verminderung der Absonderung der Nieren und der Haut, sowie der verdauenden Säfte des Darmcanales. Die Untersuchung des Blutdruckes in der Art radialis und temporalis von Fiebernden mittelst des Sphygmomanometers von v. B u s c h hat zwar keine sehr gleichmässigen Ergebnisse geliefert, doch sprechen z. B. die Zahlen, die R i e g e l erhielt gleichfalls für die hier angenommene Verminderung des Blutdruckes im Fieber. Entsprechend der Erweiterung des Arteriensystemes findet im Beginne des Fieberzustandes eine Zurückhaltung von Wasser im Körper statt, die die Gewichtszunahme im Beginne des Fieberzustandes bedingt und deren Wiederausgleichung die reichlichen Ausscheidungen und die Gewichtsabnahme nach der Entfieberung begründet. Am Herzen kann der Fieberzustand grössere Ausbreitung und Stärke und Abweichung des Spitzenstosses nach links bewirken, ferner Verbreiterung der Herzdämpfung, systolisches blasendes Geräusch nur am linken venösen oder auch an den übrigen Ostien. Vermehrte Kohlensäurebildung und gesteigerter

Sauerstoffverbrauch machen die Atmungszahl ansteigen. Nach den Untersuchungen von Hesse hat der Fieberzustand einen zwar geringen aber ziemlich constanten milzvergrössernden Einfluss. Als Zeichen und Folge des gesunkenen mittleren Blutdruckes tritt in vielen Fällen Eiweissgehalt des Harnes auf.

Wesentlich anders verhalten sich viele dieser Symptome, solange die Körperwärme rasch ansteigt, solange sie ihre neue für den Fieberzustand des Körpers ihr gesetzte Normalhöhe noch nicht erreicht hat. Es sind das die unbehaglichen Stunden, die bei empfindlichen Naturen den Beginn oder nach natürlicher oder künstlicher Unterbrechung des Fiebers das Wiederansteigen der Temperaturerhöhung als Frost fühlen lassen. Arterienkrampf verengt die fühlbaren Arterien und macht den beschleunigten Puls klein und hart. Die Haut wird kühl und blass, an den entfernteren Teilen kalt, durch Krampf der glatten Hautmuskeln rauh. Das Herz wird breiter, die Milz gross, an den inneren Teilen steigt der Blutdruck unter Blutanhäufung. Reichliche Absonderung blassen Harnes legt Zeugnis ab von der Steigerung des Blutdruckes in der Nierenarterie. Dieser Mechanismus bewirkt Verminderung der Wärmeabgabe an der blutarm gewordenen Haut, gesteigerte Wärmeerzeugung in den schüttelnden Muskeln, somit Körperwärmehöhung durch gesteigerte Wärmeerzeugung und verminderte Wärmeabgabe.

II. Verengerung der oberen Luftwege.

Wenn das Leitungsrohr der Atmungsluft an irgend einer Stelle erheblich verengt wird, so entsteht eine Art von Schweratmigkeit, die sich von allen andern Arten leicht unterscheiden lässt. Entzündungen und Neubildungen des Rachens, Verengerungen des Kehlkopfes und der Luftröhre, die durch eingedrungene Fremdkörper, durch Erkrankung der Wandungen oder durch Druck von aussen zustande gebracht werden (für den Kehlkopf auch noch durch Lähmung des Musc. crico-arytaenoideus posticus), bewirken eine Reihe von gemeinsamen, ausserdem auch einzelne, je nach dem betroffenen Abschnitte verschiedene Krankheitszeichen.

Die Atmung wird mit dem Eintritte eines solchen Hindernisses alsbald angestrengt, so dass für die Einatmung die Halsmuskeln und die Muskeln des Schultergürtels, für die Ausatmung die Bauchmuskeln mit in Thätigkeit treten. Alle Atemmuskeln treten zur Zeit ihrer Thätigkeit stark gespannt hervor, und verharren lange in Zusammenziehung; nur zögernd ändert sich die Form der Brust; denn nur langsam vermag die Atmungsluft ein- und auszutreten. Selbst die scheinbaren Ruhezeiten zwischen Ein- und Ausatmung fallen hinweg, und dennoch erreicht die Zahl der Atemzüge oft kaum die gewöhnliche oder steigt nur wenig höher an. Die Zahl der Herzschläge steigert sich rasch, die der Atemzüge so wenig, dass das gewöhnliche Verhältnis von 1:4 nicht erreicht, oder selbst in 1:5 oder 6 umgestaltet wird. Der Grund zu dieser **verhältnismässigen Verlangsamung der Atemfolge** mag teilweise in dem Gefühl der Kranken liegen, das sie empfinden lässt, dass nach der gewöhnlichen Dauer einer Einatmung der Zweck derselben noch nicht erfüllt, der Brustkorb noch nicht genug Luft aufgenommen habe. Für die meisten Kehlkopfsverengerungen ist durch Entzündung oder Fremdkörper verursachte Reizung der sensiblen Enden des Nervus laryngeus superior der Grund des verlangsamten Atems, denn auch ohne zu verengern, verursachen Kehlkopfentzündungen Verlangsamung des Atems, und gewisse Verhältnisse der Percussion weisen auf Erschlaffung des Zwerchfells bei der Einatmung hin. Somit tritt hier die von Rosenthal entdeckte Hemmungsthätigkeit des Nervus laryngeus superior in Wirksamkeit. Auch Breuer's Entdeckung der Selbststeuerung der Atmung: Anregung des Einatmungcentrums durch die Vorgänge der Ausatmung, Anregung des Ausatmungscentrums durch den Vorgang der Ausdehnung der Lunge bei der Einatmung — vermittelt durch die Vagusbahn lässt sich für die Erklärung dieser merkwürdigen Thatsache verwerten.

Im Anfange jeder Einatmung bildet sich durch Einziehung am unteren Teile des Brustbeins und den benachbarten Rippenknorpeln längs der Ursprünge des Zwerchfelles eine quere Furche, die gegen Ende der Einatmung sich wieder ausgleicht. Sie kann so tief werden, dass der Schwertfortsatz auf 3—5 cm sich der Wirbelsäule nähert. Gleichzeitig vertiefen sich die Zwischenrippenräume und sinken die Schlüsselbeingruben ein. Das Ueberwiegen des äusseren Luftdruckes bei der eintretenden Verdünnung der Luft in dem erweiterten Brustkorbe ist Grund dieser **ausgleichenden Einsenkung** der nachgiebigsten Stellen der Brustwand. Percutiert man während der Ein- und Ausatmung den **unteren Rand der Leberdämpfung**, der ein getreueres Abbild der Zwerchfellsbewegung liefert als der obere, so findet man denselben entweder unbeweglich, oder **in der umgekehrten Richtung** bewegt, wie bei Gesunden. Das Zwerchfell muss also bei der Einatmung steigen, bei der Ausatmung herabgedrückt werden. Man kann nicht zweifeln, dass dieser starke Muskel, wenn er sich gleich kräftig wie die übrigen Einatmungsmuskeln zusammenzöge, durch den Zug der übrigen Muskeln nicht überwunden werden würde.

Ist der Kehlkopf verengt, so wird durch die Luftdruckverhältnisse sein Auf- und Absteigen zu einem stärkeren gemacht, als die blosse Zusammenziehung der Halsmuskeln bewirken würde. Das Spirometer zeigt, dass die vitale Capacität um ein Bedeutendes selbst über die Hälfte vermindert wird. An der beengten Stelle verursacht der Luftstrom ein häufig als Stridor bezeichnetes zischendes, oft weithin hörbares Stenosengeräusch, das keineswegs klangarm, meist die Klänge der Vokale i und u enthält. Je weiter oben gelegen und je hochgradiger die Verengerung, um so lauter fällt das Geräusch aus. Das Ausatmungsgeräusch ist dabei im Gegensatze zum Verhalten bei Gesunden bedeutend höher als dasjenige der Einatmung. Sitzt die Verengerung am Kehlkopfe oder dem Halsteile der Luftröhre, so kann das Geräusch als Schwirren bei der Einatmung unter, bei der Ausatmung über der verengten Stelle aussen gefühlt und so der Sitz der Verengerung gut bestimmt werden. Auch an dem Bilde der empfindlichen Flamme lässt sich dieses Geräusch darstellen. Die Stimme ist klanglos, heiser oder nur im Umfange vermindert, der Husten von Zischen begleitet.

Sobald die Herzthätigkeit schwach und beschleunigt wird, übt die Einatmung beträchtlichen abschwächenden Einfluss auf den Radialpuls aus. Während krampfhaft tiefer Einatmung kann er vollkommen ausbleiben, während der Ausatmung wieder erscheinen. Dies ist die Pulsform, welche von Kussmaul als paradoxe bezeichnet wurde. Die Herzdämpfung wird wegen ungenügenden Lufteintrittes in die Lungen durch Atelektase der angrenzenden Lungenränder vergrössert.

Fast alle Verengerungen der oberen Luftwege zeigen auffälligen Wechsel in der Heftigkeit der Erscheinungen, fast alle zeigen anfallsweise Steigerung der Atemnot. Auch wo von Krampf oder Lähmung der Muskeln, die beide in einzelnen Kehlkopfskrankheiten ihre Rolle spielen mögen, oder von der wechselnden Lage eingedrungener Fremdkörper nicht die Rede sein kann, treten Anfälle starker Atemnot mit lauterem Tönen des Atmens und tieferen Einziehungen ein, die gewöhnlich mit Aushusten zäher Schleimmassen enden. Schleimiger Auswurf der verengten Stelle sich anlagernd oder sie erfüllend, ist die häufigste Ursache dieser Anfälle. Bei Schwellung des Kehlkopfeinganges treten Stickanfälle besonders bei Nacht im Liegen ein, wenn Speichel und Schleim der Mund- und Rachenhöhle sich dort ansammelt. Lange bestehende Verengerung der oberen Luftwege hat Verengerung des Brustkorbes zur Folge. Für die chronische Schwellung der Mandeln kennt man diesen Einfluss längst; für die Verengerung der Luftröhre hat ihn H. Demme durch Messung erwiesen.

Anhang.

Erst in neuerer Zeit haben die **Verengerungen der Luftröhre** genauere Bearbeitung erfahren. Vorzüglich hat H. Demme ihre verschiedenen Entstehungsarten erforscht und die meisten Symptome festgestellt. Die Verengerungen der Luftröhre beruhen grösseren Teils auf Druck von aussen, und zwar am häufigsten auf Druck seitens der vergrösserten Schilddrüse, doch können auch Aortenaneurysmen, Mediastinaltumoren und grössere Geschwülste des Halses die Luftröhre knicken und einbiegen. Ein geringerer Teil dieser Erkrankung rührt von Fremdkörpern in der Luftröhre oder von Geschwülsten oder Narben der Luftröhren-Wandungen her, namentlich kommen sehr selbständige Formen durch Krebs und Syphilis zustande, bisweilen auch durch Tuberculose. Die syphilitischen Verengerungen haben am häufigsten am unteren Ende des Rohres ihren Sitz, und finden sich oft als sehr vereinzelte Aeusserung dieser Krankheit vor.

Der Verlauf der Luftröhrenverengerung lässt **drei Zeiträume** erkennen. Einen ersten fast beschwerdefreien, höchstens nur durch Husten, Schmerz und bei Körperanstrengung durch mühsame Atmung bezeichneten. Einen zweiten der andauernden hochgradigen Verengerung, der sich auf sehr lange Zeit erstrecken kann und fast alle Zeichen darbietet, die der Kehlkopfsverengerung zukommen. Namentlich die Form des Atmens, das laut hörbare Atmungsgeräusch, die verhältnismässige Verlangsamung der Atmung verhalten sich fast ebenso; die Zahl der Atmungen beträgt weniger als ein Viertel der Pulsschläge, die Wirbelsäule wird bei der Einatmung gestreckt, viele Hilfsmuskeln werden in Anspruch genommen; complementäre Einziehungen der Brustwand treten auf, namentlich längs der Abgangslinie des Zwerchfelles. Die Atemzüge sind von laut hörbarem Geräusch begleitet, das übrigens manchmal doch etwas dumpfer klingt als bei Kehlkopfverengerung. Sucht man den Sitz dieses Geräusches mit dem Hörrohre vom Kehlkopfe bis zwischen die Schulterblätter zu erforschen, so zeigt sich, dass es keineswegs dort am stärksten gehört wird, wo seine Entstehungsstelle sich befindet; die Fortleitungsverhältnisse sind zu ungleichmässig, als dass ein so einfacher Schluss gerechtfertigt wäre, denn einige Geräusche, die in der Luftröhre entstehen, können am lautesten am Kehlkopfe gehört werden. Die Stimme der Kranken ist in der Regel heiser wegen gleichzeitiger Kehlkopfserkrankung oder wegen Beeinträchtigung der Kehlkopfsnerven durch dieselben Geschwülste, die die Luftröhre drücken und verengern. Immer ist die Stimme dieser Kranken schwach und von beschränktem Umfange, entsprechend der Schwäche des Luftstromes, der die Stimmbänder anspricht. Das Compensationsvermögen des Stimmorganes ist somit einseitig gestört.

Die eigentliche **Unterscheidung der Luftröhrenverengerung (Tracheostenose) von Kehlkopfsverengerung (Laryngostenose)** beruht deshalb auf andern Hilfsmitteln, auf der Anwendung der Sonde und des Kehlkopfspiegels. Nur zwei physikalische Zeichen in unserem Sinne, Zeichen aus der Besichtigung geben gleichfalls über diese hochwichtige Frage Aufschluss. Bei Verengerung der Luftröhre bewegt sich nämlich der Kehlkopf beim Atmen gar nicht oder sehr wenig auf und ab, bei Laryngostenose macht er infolge der obwaltenden Druckverhältnisse der Luftsäulen oberhalb und unterhalb der verengten Stelle sehr starke Atembewegungen. Die Haltung des Kopfes ist bei vielen Kranken mit Kehlkopfsverengerung rückwärts gebeugt. Durch Anpressen des Kehlkopfs gegen die convexere Halswirbelsäule scheint mechanische Erweiterung der Stimmritze, stumpfer Winkel der Schildknorpelplatten, dem Querovalen sich nähernde Form des Ringknorpels erstrebt zu werden. Bei Tracheostenose würde durch Spannung der Luftröhre die Verengerung gesteigert. Daher zeigen diese Kranken eine Haltung mit vorgeneigtem Kinn.

Die Anwendung der Sonde ist unangenehm und nicht immer ohne Gefahr. Sie wird mittelst eines elastischen Rohres durch den Kehlkopf auszuführen sein und Aufschluss geben über den Sitz des Hindernisses bei Messung der Länge des eingeführten Stückes, von der Stelle des erreichten Widerstandes bis zu den Schneidezähnen. Weitaus am förderlichsten für die Diagnose ist die Anwendung des Kehlkopfspiegels. Die Erkennung der Luftröhrenverengerung wird dabei gesichert, wenn der Kehlkopf als völlig durchgängig erkannt wird. Ausserdem kann aber auch der genauere Sitz und die Art des Hindernisses in der Luftröhre festgestellt werden. Freilich ist dazu öftere und ermüdende Untersuchung der Kranken nötig, doch wird diese Mühe durch das bestimmte und häufig für die Behandlung sehr brauchbare Ergebnis der Untersuchung sehr reichlich belohnt. Mit Verengerung des untersten Teiles der Luftröhre ist häufig auch Bronchostenose verbunden. Man weiss durch die sehr schönen Messungen von Demme, dass Trachealstenose Verengerung des Brustumfanges zur Folge hat. Ist ein Luftröhrenhauptast verengt, so wird bei der Messung diese Seite von kleinerem Umfange getroffen, ausserdem ist die Atembewegung und das Zellenatmen derselben schwächer, bisweilen wird nur auf der Seite der Bronchostenose, auf dieser jedoch andauernd lautes Pfeifen, Schnurren oder Rasseln gehört. Das Stimmschwirren dieser Seite ist abgeschwächt.

Das dritte Stadium der Luftröhrenverengerung pflegt sehr rasch, manchmal auf Erkältung oder sonstige geringfügige Schädlichkeiten hin, einzutreten. Beginn meist mit einem Stickanfalle; dieser geht vorüber, der Kranke erholt sich scheinbar auf einen oder mehrere Tage, behält jedoch Katarrh der Luftröhrenäste; nach kürzerer oder längerer Zeit wiederholt sich der Anfall, der Kranke geht entweder im Anfalle zu Grunde, und dann zeigt die Leichenschau die verengte Stelle der Luftröhre durch katarrhalisches Sekret verstopft, oder der Verlauf wird fieberhaft, Dämpfung des Percussionsschalles mit Knisterrasseln stellt sich ein, und der Kranke erliegt einer rasch sich ausbreitenden Adspirations-Pneumonie. Wir bezeichnen demnach dieses nur auf wenige Tage sich erstreckende Stadium als katarrhalischpneumonisches.

III. Stand des Zwerchfelles.

Wenn auch nicht eine eigentliche Gruppe krankhafter Zeichen, bildet der Stand des Zwerchfelles doch eine wichtige Vorfrage bei jeder Brustuntersuchung. Wir bezeichnen mit diesem Ausdrucke die durch die Besichtigung oder Percussion erkennbare Abgangslinie des Zwerchfelles von der Brustwand, deren gewöhnlicher, nahezu wagrechter Verlauf bereits an früherer Stelle in der Reihenfolge der senkrechten Linien von vorne nach rückwärts an die sechste, siebente, neunte und eilfte Rippe verlegt wurde. Die Harrison'sche Furche kennzeichnet bei Gesunden in sehr oberflächlicher Weise diese Abgangslinie. Unter krankhaften Verhältnissen kann er durch die Besichtigung erkannt werden, entweder bei äusserster Abmagerung der Weichteile an dem Wölbungsunterschiede der Zwischenrippenräume ober- und unterhalb oder bei Tiefstand des Zwerchfells an einer wagrechten, zwischen beiden Rippenbogen verlaufenden, auf- und absteigenden Linie. Ausserdem wird der Stand des Zwerchfells bezeichnet durch den Unterschied des hellen Schalles der Lunge und des dumpfen der Leber und Milz. Wo diese Organe sehr an Umfang abgenommen haben, kann es vorkommen, dass auf der einen oder andern Seite lufthaltige Unterleibsorgane unter der Abgangslinie des Zwerchfelles liegen. In diesem Falle wird der Unterschied zwischen dem klanglosen Schall der Lunge und dem klangreichen der genannten Organe, der mittelst leiser Percussion aufgesucht werden muss, die Grenze bezeichnen. Er bietet noch immer ein besseres Merkmal dar als die Verbreitung des vesiculären Atmens, die von manchen hiefür benutzt wurde. Die Fortleitungsverhältnisse des Atmungsgeräusches sind solche, dass von der wirklichen Grenze an nur eine ganz allmähliche Abschwächung stattfindet. Wo die Lunge selbst infolge von Verdichtung ihres Gewebes, namentlich bei Entzündung der unteren Lappen in der Nähe der Leber und Milz den gleichen dumpfen, leeren Schall gibt wie diese, versagt die Percussion jeden Aufschluss über den Stand des Zwerchfells. Den besten Ersatz für diesen Ausfall liefert die Prüfung der Stimmschwingung, die in der Ausdehnung der verdichteten Lunge stark, an deren Grenze sehr rasch unfühlbar wird. Für die Stelle des Herzens kann nur dort der Stand des Zwerchfells unmittelbar durch die Percussion bestimmt werden, wo der linke Leberlappen nicht bis zur Herzspitze hinreicht. Der Unterschied zwischen dem dumpfen Schalle des Herzens und dem klanghältigen des Magens ist in diesem Falle massgebend.

Für gewöhnlich ist der Stand des Zwerchfells binnen gewisser enger Grenzen abhängig von dem wechselnden Einflusse der Atembewegungen. — Unbeweglicher Stand ist unter allen jenen Zeichen, die man für die Erkennung von Verwachsungen beider Pleurablätter angeführt hat, das einzige sichere; kommt jedoch auch bei Krampf und Lähmung des Zwerchfelles in veränderter Höhe vor. Die Verwachsung des Lungenrandes erfolgt für gewöhnlich in mittlerer Stellung, hie und da auch mit Ausfüllung des Complementärraumes.

Hochstand des Zwerchfells wird bedingt durch Schrumpfung der Lunge, Lähmung des Zwerchfells oder durch Geschwülste, Gas- oder Flüssigkeitsausdehnung des Unterleibes, kurz durch erhöhten Druck von unten her. Langsam sich entwickelnde Geschwülste des Unterleibes können aber auch durch gleichzeitige Erweiterung des unteren Brustumfanges und flachere Spannung den Stand des Zwerchfells unverändert lassen. Das beste Beispiel hiefür liefert die Schwangerschaft. Man findet bei Hochschwangeren normalen Stand des Zwerchfelles vor, aber kurz nach der Geburt Tiefstand, und im Verhältnis zur letzten Zeit der Schwangerschaft verminderten Brustumfang. Beweis genug, dass durch Erweiterung der Rippenbogen das Zwerchfell so gespannt wurde, dass es trotz erhöhten Druckes von der Unterleibshöhle her seinen gewöhnlichen Stand beibehalten konnte. Oertlichen Hochstand des Zwerchfelles bedingen umschriebene Geschwülste der Leber, Milz, der Niere und abgesackte Peritonealexsudate an der unteren Fläche des Zwerchfelles. Beim Hochstand des Zwerchfelles finden sich nicht allein die Lungengrenzen höher gerückt, so dass sie z. B. in der Brustwarzenlinie an der fünften Rippe zu treffen sind, sondern es findet sich dabei zugleich regelmässig Hochstand des Herzstosses, etwa im dritten oder vierten Zwischenrippenraum, verbreitete Herzbewegung und Vergrösserung der Herzdämpfung durch Andrängung des Herzens an die Brustwand. Indem die nachgiebigeren mittleren Teile des Zwerchfelles verhältnismässig noch höheren Stand erlangen als die Seitenteile, wird zugleich unter seiner Kuppel mehr Raum gewonnen für die Aufnahme der Leber. Darum findet sich mit Hochstand des Zwerchfelles regelmässig verhältnismässige Verkleinerung der Leberdämpfung vor. In den äussersten Fällen geht die Leberdämpfung und die in gleicher Richtung sich bewegende Dämpfung der Milz vollständig verloren.

Tiefstand des Zwerchfelles wird durch verminderten Zug der Lunge oder durch erhöhte Belastung erzeugt. Der erstere Fall ist vorzüglich bei vesiculärem Emphysem der Lunge gegeben, dessen wesentliche Begründung im Elasticitätsverluste der Lunge gelegen ist. Man findet daher ausser dem bläulichen Aussehen der Kranken, der weiten cylindrischen Form ihres Brustkorbes, der geringen Tiefe der Zwischenrippenräume und Schlüsselbeingruben, und dem fruchtlos angestrengten Atmen den Stand des Zwerchfelles um 1—3 Zwischenrippenräume tiefer als bei Gesunden, die Herzdämpfung klein oder in hochgradigen Fällen fast fehlend, Tiefstand und Schwäche des Herzstosses, der durch eine Lungenschicht hindurch gefühlt wird (in der gleichen senkrechten Linie wie gewöhnlich), Pulsation der rechten Kammer in der Magengrube. Bei den Stickanfällen dieser Kranken sieht man gleichfalls wie bei Zuständen von Kehlkopfverengerung oder von Atelektase die Ansatzlinie des Zwerchfelles sich einziehen. Die Zwerchfellbewegung ist ausweislich der Percussion bei Emphysematikern vermindert; teilweise Erfüllung der Complementärräume und Wölbungsverlust des Zwerchfelles tragen Schuld hieran.

Ein weiterer Fall, in dem Verminderung des Zuges der Lunge und zwar plötzlich erheblichen Tiefstand des Zwerchfelles bedingt, ist bei der Entstehung von Pneumothorax gegeben. Davon später. Erhöhte Belastung des Zwerchfelles wird durch Pleuraexsudat oder durch Pyopneumothorax, gewöhnlich halbseitig, geliefert. Der Tiefstand des Zwerchfelles ist aber in diesen Fällen seinem Grade nach nur undeutlich erkennbar, weil der dumpfe

Schall der oberhalb gelagerten Flüssigkeit sich von jenem der Leber und Milz nicht unterscheidet. Somit kann in diesen Fällen irrtümlich Hochstand des Zwerchfelles angenommen werden. Am leichtesten ist diese Verwechslung bei Pyopneumothorax zu vermeiden, wo die Flüssigkeit, frei beweglich, mit jeder Körperlage ihre Grenze ändert. Pleuraexsudate ändern nur binnen längerer Zeit sehr allmählich ihre Grenze, aber sie stehen an der Rückenfläche beträchtlich höher als vorn, während das Zwerchfell nahezu wagrecht verläuft, und fallen nach vorne in wellenförmig gebogener Linie ab. Sie gehen einher mit Erweitertsein der Seite und verminderter Bewegung der Zwischenrippenräume, die bei blossem Hochstande des Zwerchfelles sich gut bewegen müssten; sie verdrängen das Herz aus der Mittellinie nach der entgegengesetzten Seite und verleihen der Leber schiefe, vorwiegend auf einer Seite tiefere Stellung. Aus diesen Zeichen wird man den scheinbaren Hochstand des Zwerchfelles bei Flüssigkeitsergüssen einer Brusthälfte erkennen und thatsächlich als Tiefstand auffassen.

Fig. 25.

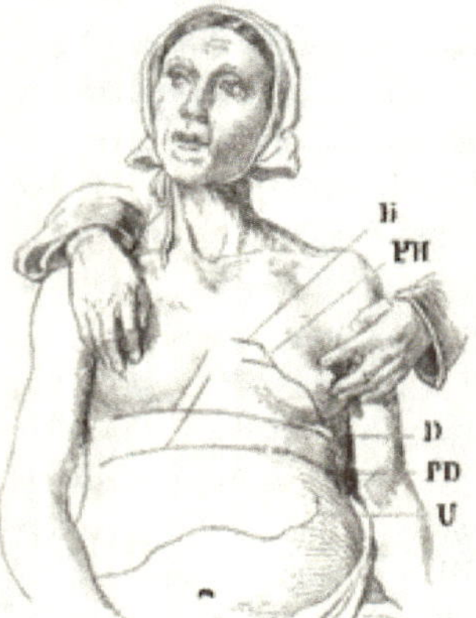

Fig. 25. Wechsel des Zwerchfellstandes und der vergrösserten Herzdämpfung bei Tricuspidalinsufficienz vor und nach Ascitesentleerung durch Bauchstich. H Herzdämpfung, D Stand des Zwerchfelles, U untere Lebergrenze, sämtlich vor der Punction. PH Herzdämpfung, PD Stand des Zwerchfelles nach der Punction.

Auch Krampf des Zwerchfelles bedingt allgemeinen Tiefstand, ebenso wie jede tiefe Einatmung. Bei asthmatischen Anfällen verdient die Bestimmung des Zwerchfellstandes die sorgfältigste Berücksichtigung, seitdem die Untersuchungen von Wintrich und Bamberger eine leicht erkennbare Ursache dieser Anfälle in der spastischen Contractur des Zwerchfelles nachzuweisen schienen.

Später wurde dieser Tiefstand des Zwerchfelles bei asthmatischen Anfällen von Biermer als Lungenblähung gedeutet, mehr als ein passiver Vorgang aufgefasst und mit einer besonderen Percussionserscheinung in Verbindung gebracht, die Biermer »als Schachtelton« bezeichnet.

Örtlicher Tiefstand wird z. B. durch Vergrösserung des Herzens bedingt und für diesen Fall aus der Lage des Herzstosses erkannt. Er kann ferner in der Herzgegend durch Flüssigkeitserguss in den Herzbeutel, an anderen Stellen durch abgesackte Ergüsse, Geschwülste, vielleicht auch durch den Zug durch Verwachsungen anhängender Unterleibsorgane bewirkt werden.

IV. Flüssigkeitserguss im Pleurasack.

Gewöhnlich erfolgen solche Ergüsse, wenn sie entzündlicher Natur sind, halbseitig, wenn sie auf wassersüchtiger Ausscheidung beruhen, doppelseitig. Im ersteren Falle sind sie gleichzeitig von örtlichen Entzündungserscheinungen und von fieberhaften Störungen des Allgemeinbefindens begleitet. Im andern Falle treffen sie häufig mit verbreiteter Neigung zu wässerigen Ausscheidungen zusammen. Wesentliche Unterschiede ihrer physikalischen Zeichen hängen davon ab, ob sie **frei** erfolgen oder in einem vorher durch Pleuraverwachsungen **abgesackten Raume**. Setzen wir den ersteren Fall, der auch der häufigere ist, und nehmen wir einen halbseitigen Flüssigkeitserguss als vorliegend an, so gestattet sich der Vorgang seiner Ablagerung in folgender Weise. Die Flüssigkeit sammelt sich ihrer Schwere folgend in den hintersten untersten Teilen des Pleurasackes zuerst an und verbreitet sich von da aus allmählich bei ihrer Zunahme nach vorne und oben; da sie einen Teil des Pleurasackes ausfüllt, gestattet sie einem entsprechenden Teile der Lunge, sich in den Zustand der einfachen Zusammenziehung zu begeben, also in den Zustand, den die ganze Lunge der Leiche bei Eröffnung des Brustkorbes annimmt.

Sobald etwa so viel Erguss sich angesammelt hat, dass er die ganze obere Fläche des Zwerchfelles bedeckt, beginnt er in merklicher Weise **Druckwirkung** auszuüben. Insofern diese nach abwärts gerichtet ist, drängt sie das Zwerchfell aus seiner Lage, vermindert seine Wölbung und verleiht dem betreffenden Teile der Leber, linkerseits auch der Milz tiefere Stellung. Nehmen wir an, dass der Erguss rechtsseitig erfolge, so wird die Leber nicht nur tiefer gestellt, sondern auch in eine schiefe Stellung gebracht, rechts tiefer als links, und ausserdem, da die Wölbung des Zwerchfelles sich mindert, mit einem grösseren Teil ihrer convexen Fläche unter der Bedeckung des Zwerchfelles hervorgedrängt. Die seitliche Druckwirkung des Ergusses erstreckt sich vorzüglich auf das Herz, das mit den einschliessenden Mittelfellblättern gegen die gesunde Seite herübergerückt wird, und zwar in der gleichen Richtung, in der es gelagert war, oder nur mit geringer Drehung seiner Längsaxe[1].

---

[1] A. Ferber sucht in seiner gründlichen Abhandlung „Die physikali-

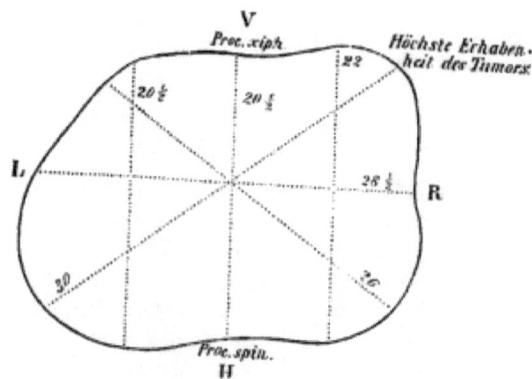

Fig. 26. Rechtsseitiger pleuritischer Erguss. Durchbrechung der Costalpleura, subcutaner Abscess in der Gegend der 7ten rechten Rippe. Cyrtometercurve.

und dadurch weniger fähig, sich an der Atmungsbewegung zu beteiligen, die Zwischenrippenmuskeln, welche unter dem Flüssigkeitsspiegel liegen, werden gelähmt und zur Bewegung unfähig. Grosser Erguss erweitert nicht allein die kranke Seite, sondern auch die gesunde, wenn auch nur in geringerem Grade. Messung des Umfanges beider Brusthälften vor und nach der Entleerung eines pleuritischen Ergusses durch Bruststich liefert den Beweis hiefür. Sobald unter dem Drucke des Ergusses das Brustbein sich weiter von der Wirbelsäule entfernt, muss die gesunde Seite mit erweitert werden. So schafft der Erguss, der die eine Lunge zusammendrückt, selbst Raum für ausgleichende, ersatzweise Erweiterung der anderen. Die Flüssigkeit übt nach oben auf die Lunge beträchtlichen Druck aus, der beim Husten und bei ähnlichen verstärkten Ausatmungsbewegungen sich steigert und die Lunge, welche anfangs auf dem Ergusse schwamm,

schen Symptome der Pleuritisexsudation", Marb. 1875, nachzuweisen, dass das Herz sich, wenn auch nicht genau wie ein Pendel, doch so weit drehe, dass die Herzspitze in oder über die rechte Brustwarzenlinie hinaus zu stehen kommen könne. Die Möglichkeit lässt sich nicht anzweifeln. Ich habe jedoch nie dergleichen bei Sectionen gesehen, wohl aber Befunde, in denen ein Teil der rechten Kammer jener pulsierenden Stelle in der rechten Brustwarzenlinie entsprach.

von unten her luftleer zu machen beginnt. Diese taucht nun teils in die Flüssigkeit unter, teils auch wird sie nach hinten und oben in die Schulterblattgegend geschoben, wo sie später, nachdem die Flüssigkeit die ganze Seite erfüllt, erweitert und auf Kosten der gesunden Seite ausgedehnt hat, am häufigsten in Form eines bandartigen dünnen Streifens angetroffen wird. Lagerung der zusammengedrückten Lunge vorne, innen oder an der Seitenwand wird möglicherweise durch frühere Verwachsungen bedingt.

Steigert sich die Spannung der Flüssigkeit noch mehr und erlangt sie zugleich Gewebe zerstörende Eigenschaften, so kann D u r c h b r u c h durch die Weichteile der Brustwand nach aussen, durch das Zwerchfell, den Herzbeutel, durch die Wand der Lunge erfolgen. Von besonderer Wichtigkeit sind jene schwappenden Geschwülste und bruchartigen Vorwölbungen, welche beim Durchbruche des Ergusses zwischen die Weichteile der Brustwand entstehen und bisweilen am Lebenden, wenn sie in der Nähe des Herzens gelagert sind, mitgeteilte Pulsation zeigen. Bei entzündlichen Ergüssen bedeckt sich während dieser Vorgänge die Pleura allenthalben mit Verdickungsschichten, welche später in S c h r u m p f u n g einzugehen geeignet sind, wenn die Wiederaufsaugung des Ergusses erfolgt ist.

Fig. 27.

Fig. 27. In Aufsaugung begriffenes linksseitiges Pleuraexsudat. Cyrtometercurve 6 cm vom jedorseitigen Brustbeinrande und von der Wirbelsäule ab genommen. Die schraffierte Linie entspricht der linken, die glatte der rechten Seite. 1/3 natürlicher Grösse.

Beginnt diese, so mindert sich die Wölbung der Brustwand, während das Herz gleichzeitig seiner normalen Lagerungsstätte sich wieder zu nähern pflegt. Zwerchfell und Leber kommen höher zu stehen, die Lunge wird nach und nach von den zuletzt leergedrückten Teilen aus wieder lufthältig. Mit dem Fortschreiten der Wiederaufsaugung beginnt zugleich die Schrumpfung der auf der Pleura aufgelagerten Verdickungsschichten. Bewirkt schon diese bei ihrem Fortschreiten Verkleinerung der zuvor ausgedehnt gewesenen Brusthälfte, so kommt diesem Vorgange noch ferner die unvollstän-

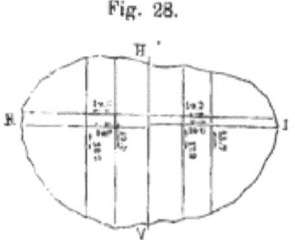

Fig. 28.

Fig. 28. Dasselbe wie Fig. 27. Cyrtometercurve wagrecht über die Brustwarzen.

dige Wiederausdehnung der Lunge zu statten. Die luftleer gewordenen Teile nehmen teils gar nicht, teils nur sehr langsam wieder Luft auf, gleichzeitig aber wird die zwischen Lunge und Brustwand gelegene Flüssigkeit aufgesaugt, der äussere Luftdruck bringt infolge davon die Brustwand zum Einsinken. So wird denn am Schlusse des Vorganges gerade das umgekehrte Verhalten aller Organe vorhanden sein wie im Beginne; eingesunkene Brustwand, hochstehendes Zwerchfell, kleine Leberdämpfung, das Herz in die kranke Seite hereingezogen.

Betrachten wir nun die Zeichen, die diesen Vorgängen entsprechen, so finden wir im Beginne die Form der Brustwand noch unverändert, das **Atmen** teils wegen des Schmerzes, teils wegen der Verminderung der atmenden Oberfläche beschleunigt, und von geringerer Ausdehnung des unteren Teiles der leidenden Seite begleitet, alle **Percussions-Verhältnisse** an der vorderen Fläche der Brustwand regelrecht, dagegen hinten neben der Wirbelsäule auf der leidenden Seite die untere Grenze des hellen Schalles der Lunge um einen oder einige Finger breit höher stehend, als auf der andern. Diese Percussionsdämpfung reicht kaum bis zur Schulterblattlinie hin; in ihrem Bereiche ist das Zellenatmen abgeschwächt und nur fortgeleitet von den benachbarten Partien der Lunge her hörbar. Auch das **Stimmzittern** ist in der gleichen Ausdehnung abgeschwächt. Diese letzteren Erscheinungen jedoch werden erst recht deutlich, wenn der Erguss etwas massenhafter geworden ist, wenn z. B. eine handbreite, von oben nach abwärts an Stärke zunehmende Percussionsdämpfung vorhanden ist, die nach vorne sich allmählich senkend etwa bis zur Axillarlinie hinreicht. Bei weiterer Zunahme des Ergusses gelingt es wohl immer, manchmal auch schon bei dieser Grösse, zwischen **Schlüsselbein** und **Brustwarze** derselben Seite eine leicht **klanghältige Beschaffenheit** des Percussionsschalles zu erkennen, die von vermindertem Luftgehalte der Lunge herrührt und von Ungeübten nicht selten dahin gedeutet wird, dass der Percussionsschall dieser Seite voller sei. Hieran kann man bisweilen, noch ehe der Kranke sich aufgesetzt hat, die leidende Seite erkennen.

Im Verlaufe findet man ferner, dass in manchen Fällen der dumpfe, durch die Anlagerung der Flüssigkeit veranlasste **Schall an der Rückseite auffallend hoch steigt, ohne vorne bemerklich zu werden**, in andern Fällen wiederum sich mit nahezu wagrechter Begrenzung rings um die leidende Seite verbreitet. Dieser Unterschied ist hauptsächlich davon abhängig, ob die Kranken während der Entstehung des Ergusses fortwährend liegen oder bei Tage in aufrechter Stellung sich herumtreiben. Man findet ferner, dass in einem Teil der Fälle die obere Grenze der Percussionsdämpfung bei tiefem Einatmen sich etwas senkt, in andern unverändert bleibt, ein Unterschied, der von der frühzeitigen Bildung

Fig. 29.

Fig. 30.

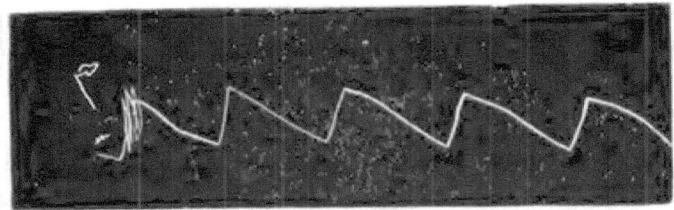

Fig. 29 u. 30. Stethographische Curven von der seitlichen Bauchwand (Höhe des Nabels) von einem Manne mit grossem Pleuraexsudate. Fig. 29 von der kranken und Fig. 30 von der gesunden Seite, erstere bei ruhigem und angestrengtem, letztere nur bei ruhigem Atmen.

von Verwachsungen in der Umgebung des Ergusses abhängig ist, und für das etwaige operative Vorgehen von Bedeutung sein kann. Die Grenzlinie der Percussionsdämpfung ist keine ganz geradlinige, sondern in der Seitengegend des Brustkorbes, wo sie steiler nach vorne abfällt, mehrfach wellenförmig gekrümmt. Grund für diese Curve der Dämpfungsgrenze scheint die infolge der Muskelansätze ungleichmässige Dicke der Brustwand. Während anfangs in der vollen Ausdehnung der Percussionsdämpfung das Atmungsgeräusch als Zellenatmen, wenn auch abgeschwächt zu hören war, verliert es sich später an den hintern untern Teilen der Dämpfung vollständig, und wird an den obern Teilen schwach bronchial. Es wird zum Röhrenatmen, weil die Luftröhrenäste von luftleerem Lungengewebe umgeben werden, schwach bronchial, weil zwischen Lungengewebe und Brustwand eine dünne, reflektierende Flüssigkeitsschicht sich einlagert.

Das Stimmschwirren wird durch mächtige Flüssigkeitsschichten völlig aufgehoben, mindestens abgeschwächt, pflegt sich aber oberhalb, wo die luftleer gedrückte Lunge gelagert ist, verstärkt zu finden. Sehr oft findet man innerhalb der Dämpfung pleuritischer Ergüsse an einzelnen Stellen oder in grösserer Ausdehnung die Stimmschwingungen nicht oder wenig abgeschwächt. Zwei Umstände kommen hier in Betracht. Gespannte pleuritische Verwachsungen leiten die Stimmschwingungen vortrefflich von der Oberfläche der luftleer gewordenen Lunge zur Brustwand weiter. Aus dem Erhaltensein des Stimmschwirrens an einzelnen kleinen Stellen der Dämpfung eines Ergusses kann man geradezu auf die Anwesenheit pleuritischer Verwachsungen schliessen. Sodann hat jüngst Baccelli in Rom einen neuen und wichtigen Gesichtspunkt in dieser Frage eröffnet. Zähe, zellenreiche Exsudate mit reichlichen Niederschlägen auf die Pleura schwächen die Stimmschwingungen viel mehr ab als klare dünnflüssige. Diesen neuen Grundsatz, der namentlich für die Wahl der Operationsmethode von Bedeutung werden kann, finde ich sowohl nach Erfahrungen am Krankenbette, wie nach Experimenten mit der Stimmgabel bewährt. Letztere Versuche bezogen sich namentlich auf die Leitung der Schwingungen einer Stimmgabel durch klare durchsichtige und zähe zellenreiche Flüssigkeiten.

Ist ein Erguss dahin gelangt, die ganze Zwerchfellsfläche zu bedecken, so finden sich auch andere Zeichen bei der Besichtigung vor. Die ganze Brusthälfte erscheint erweitert, die Zwischenrippenräume sind weniger tief, die untere Hälfte der Seite bewegt sich nicht mehr, die obere in gewöhnlicher Weise oder in erhöhtem Masse. Der Herzstoss ist nach der gesunden Seite zu von seiner Stelle gewichen, bisweilen auch tiefer stehend. In dieser Beziehung macht die Seite der Erkrankung einen wesentlichen Unterschied; linksseitige Ergüsse verdrängen das Herz weit leichter nach rechts, als rechtsseitige nach links. Die Zwischenrippenräume zeigen, so weit sie im Bereiche des Ergusses liegen, keine Atembewegung. Duchenne hat gezeigt, dass bisweilen auch das Zwerchfell seine Arbeitsfähigkeit halbseitig verliert, und dass diese Zwerchfelllähmung sich durch inspiratorische Einziehung längs der Ansatzlinie des Zwerchfelles zu erkennen gibt. A. Ferber fand an Tieren, dass bei nicht gelähmtem, nach unten convexem Zwerchfelle die obere Grenze des Ergusses bei der Einatmung sich hebt, bei gelähmtem nach unten convexem Zwerchfelle sich senkt und wenn noch dazu die Zwischenrippenmuskeln gelähmt sind, sich sehr wenig bewegt.

Bei Ergüssen dieser Grösse kommt auch häufig eine sehr auffällige, jedoch nicht bezeichnende Erscheinung vorübergehend zur Beobachtung, Aegophonie, zitternder Wiederhall der Stimme. Sie findet sich am meisten zwischen Schulterblatt- und Axillarlinie, und verschwindet rasch mit dem Steigen oder Fallen des Ergusses. Je grösser dieser wird, desto deutlicher wird auch vorn oben klanghältiger Percussionsschall wahrgenommen, bis auch diese Stelle von Flüssigkeit eingenommen wird. Bisweilen kommt es vorher noch zu einer eigentümlichen Erscheinung, nämlich bei sehr biegsamer Brustwand zur Entstehung des Geräusches des gesprungenen Topfes bei starker Percussion unterhalb des Schlüsselbeins. Noch seltener, wenn die luftleere Lunge nach vorne und oben gedrängt ist, wird daselbst klanghältiger Percussionsschall gehört, mit der Eigenschaft, beim Oeffnen und Schliessen des Mundes seine Höhe zu wechseln. Er entsteht in dieser Weise, wo grössere Luftröhrenäste, der Hauptast dieser Seite oder die Luftröhre, durch die Percussionserschütterung getroffen werden. (Trachealton von Williams). Der klanghältige Schall unter dem Schlüsselbein kann auch beim Aufsitzen höher werden, als er im Liegen war, durch den Zug des sich senkenden Pleuraergusses, an dem klangreich schallenden Lungenteile. Je grösser der Erguss, desto weiter reicht die Leberdämpfung nach abwärts, auch ohne dass der Umfang der Leber sich irgend vergrössert hat.

Die Erkennung kleiner Flüssigkeitsergüsse ist namentlich dort, wo sie entzündlicher Natur sind, von der grössten praktischen Bedeutung, denn eine eingreifende Behandlung ist in früher Zeit entschieden wirksam, aber sehr vielen dieser Ergüsse gelingt es, unter dem Schutze eines strengen Incognito's oder mittelst der Namen Catarrhfieber, Grippe, Gastricismus sich bis zu solcher Grösse emporzuarbeiten, dass ihr Bestehen auf mehrere Monate gegen die Angriffe der Behandlung gesichert erscheint. Viele Pleuraergüsse gehören zu dem Gefolge mächtiger Brustkrankheiten und sind deshalb für die Behandlung schwer zu erreichen, ausserdem aber können sie, solange sie erst 2—3 Querfinger hoch sind, ziemlich sicher in acht Tagen beseitigt werden, während, so bald sie die Mitte des Schulterblattes überschritten haben, sich nicht mehr voraussagen lässt, ob ihre Dauer nach Wochen oder Monaten zu rechnen sein wird, wie schwere Nachkrankheiten sie hinterlassen werden.

Ist der Erguss erkannt und zu einer gewissen Höhe gelangt, so ist es von ähnlicher praktischer Bedeutung, den Augenblick zu bestimmen, in dem er rückgängig zu werden beginnt. Nicht immer sind es die gleichen Erscheinungen, welche diesen Zeitpunkt kennzeichnen, zumeist wird zuerst eine Abnahme der Percussionsdämpfung an der oberen Grenze bemerkt; aber diese kann auch, wo Verwachsungen um den Exsudatraum sich gebildet haben, trotz der beginnenden Aufsaugung unverändert bleiben, dann ist es bald Abnahme der Wölbung der Brust, bald Herauftreten der Leberdämpfung, rückgängige Bewegung des Herzstosses, bald auch Verminderung des Röhrenatmens oder der Aegophonie, welche diesen Vorgang ankündigt. Alle Erscheinungen kommen in der Weise, in der sie entstanden waren, zum Rückgange; die meisten schlagen in die entgegengesetzten über. So wird die vorher gewölbte Brustwand enger, das Zwerchfell höher hinaufgezogen, die Zwischenrippenräume werden tiefer; gleichzeitig beugt sich die Wirbelsäule nach der gesunden Seite aus und tritt die Schulter herab: allseitige Verengerung der leidenden Seite.

Nach grossen Ergüssen bleibt das Herz bisweilen, durch Verwachsungen genötigt, an der Stelle liegen, nach der es verdrängt war, gewöhnlich wird es in die schrumpfende Seite hineingezogen, doch kann es auch am Schlusse des Vorganges eine regelrechte Stellung wieder einnehmen. Sowohl ungewöhnlich geringe als ungewöhnlich grosse Beweglichkeit des Herzens kann infolge solcher Ergüsse beobachtet werden.

Auch ohne dass Flüssigkeit oder mörtelähnliche Massen zurückgeblieben sind, bleibt der Percussionsschall nach Ablauf des Vorganges hinten und unten gedämpft und die Stimmschwingung oft noch Jahre lang vermindert; beides wegen der Verdickung der zusammengeschobenen Weichteile. Andererseits kann auch nach langer Dauer der Erkrankung noch reichliche Flüssigkeit im Brustkorb enthalten sein. Blieb dabei die kranke Seite erweitert, so fällt die Erkennung nicht schwer; aber es findet sich keineswegs in der Mehrzahl der Fälle bei chronischer Pleuritis dauernde Erweiterung der Seite. Häufig ist der Brustkorb verengt und doch noch eine grössere oder geringere Menge von Flüssigkeit vorhanden. Wenn auch für gewöhnlich der Druck des Ergusses selbst auf die Lymphgefässe das Haupthindernis der Aufsaugung bildet, so kann doch auch Ueberlagerung der Lymphgefässmündungen durch dichte, gefässarme Schwarten der Aufsaugung im Wege stehen. So ist es wohl zu erklären, dass grosse Ergüsse selbst bei negativem Drucke längere Zeit im

Pleurasacke liegen bleiben können. Bedeckt der Erguss das ganze Zwerchfell, so ist aus der Form der Percussionsdämpfung, dem Mangel der Stimmschwingung, des Atmungsgeräusches und der Bewegung der Zwischenrippenmuskeln der Zustand leicht zu erkennen. Ist dagegen nur eine geringe Menge von Flüssigkeit in einem cystenartigen Raum zwischen neugebildeten Faserstoff- und Bindegewebslagen abgesackt, so vermag weder die Form der Percussionsdämpfung noch irgend eines der übrigen erwähnten Kennzeichen die Diagnose sicher zu stellen. Die dritte Art des Vorkommens chronischer Pleuritis, die in Verbindung mit einer dauernden Pleurafistel, liefert sehr auffällige Kennzeichen. Die Fistel lässt entweder andauernd eine

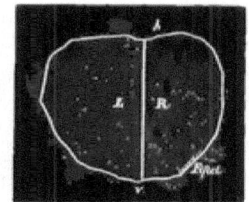

Fig. 31. Cyrtometercurve von abgelaufener Pleuritis mit Fistelbildung.

geringe Menge von Flüssigkeit sich entleeren, oder sie schliesst sich zeitweise, um zu reichlicherem Ausflusse sich wieder zu öffnen. Diesen zeitweisen Entleerungen gehen Beschleunigung der Atembewegungen, Atemnot, Ansteigen der Percussionsdämpfung und etwas stärkere Ausdehnung der leidenden Seite voraus. Erfolgt die Entleerung im Strahl, so verstärkt sich derselbe während der Ausatmung. Gegen Ende treten hie und da unter Glucksen Luftblasen während der Einatmung in die Brust ein. Nach einer ausgiebigen Entleerung ist der Brustumfang kleiner, die Percussionsdämpfung des Ergusses vermindert, dementsprechend Zellenatmen und Stimmschwirren wieder in grösserer Ausdehnung vorhanden; bisweilen schwindet danach zuvor vorhandenes Röhrenatmen oder klingendes Rasseln, und insofern nach der Entleerung der Flüssigkeit rauhe Flächen mit einander in Berührung kommen, kann pleuritisches Reiben entstehen. Glücklicherweise bekommt man infolge der vorgeschrittenen operativen Technik diese verjährten Pleurafisteln selten mehr zu sehen.

Wird ein Flüssigkeitserguss im Pleurasacke während seines Bestandes durch Verwachsungen abgesackt, so werden seine Grenzen auch von den tiefsten Atembewegungen nicht mehr auf- und abgeschoben, auch für längere Lageveränderung unbeweglich, aber sie behalten die gleichen Umrisse, wie sie sonst Ergüssen im Pleurasacke zukommen. Wird dagegen ein solcher Erguss in einen durch frühere Verwachsungen umgrenzten Raum abgesetzt, so ist er an die, wenn auch noch so unregelmässigen, Formen dieses Raumes gebunden und gelangt nur selten dazu, auf dem Wege der Durchbrechung dieser Verwachsungen sich in einen freien Erguss umzuwandeln. Wo immer an der Brustwand völlige Dämpfung des Percussionsschalles, andauernde Abschwächung der **Stimmschwingungen und des Zellenatmens**, ferner Abschwächung der Bewegung der Zwischenrippenmuskeln und, wenn der Bereich dieser Veränderungen umfangreich ist, Vorwölbung der Brustwand sich finden, da ist der Verdacht eines abgesackten **Pleuraergusses** gerechtfertigt. Schliesst sich ein solcher an die Dämpfung der Leber oder der Milz, oder des Herzens, oder bei Kindern an die Dämpfung der Thymus an, so ist seine Erkennung erschwert. Hier sei sogleich erwähnt, dass nach oben sich vorwölbende Sackniere völlig dieselben Zeichen liefern kann wie ein links hinten unten abgesackter Pleuraerguss; dass ferner dem Zwerchfell anhaftende umschriebene Peritonealexsudate (subphrenischer Abscess) nahezu die gleichen Zeichen liefern wie abgesackter Pleuraerguss. Oberhalb des Herzbeutels zwischen zweiter und vierter Rippe abgesackte Ergüsse können bei Kindern für die Thymus der Form der Dämpfung wegen gehalten oder auch durch die vergrösserte, ungewöhnlich lange bestehende Thymus nachgetäuscht werden.

Die Menge des Ergusses kann bis zu 9 l betragen, 5—6 l sind nicht selten. Hiervon kann höchstens die Hälfte Raum finden auf Kosten der Lunge, die andere muss durch Ausweitung der Seite, namentlich Verdrängung des Zwerchfelles und Mittelfelles untergebracht werden. Der Druck unter dem das Exsudat steht, kann positiv sein bis zu 30 mm Hg, negativ sein, findet sich zumeist schwankend, so dass er sonst positiv um einige mm, auf der Höhe der Einatmung negativ wird. Das spezifische Gewicht beträgt bei 'entzündlichen Ergüssen mehr, bei Wassersüchtigen weniger als 1018.

1. **Die parabolische Dämpfungsgrenze.** Schon früher von Damoiseau, Hirtz u. A. wurde eine parabolische Grenze pleuritischer Ergüsse erwähnt. Neuerdings wird von Garland ganz allgemein hingestellt, dass die Begrenzung pleuritischer Ergüsse eine S-förmige Linie bilde, die er als Ellis' Curve bezeichnet. Sie steht neben der Wirbelsäule tief, in der Achselhöhle hoch, neben dem Brustbeine tief. Experimente an Hunden, denen eine erstarrende Masse in den Brustkorb eingespritzt wurde, bilden ein Hauptbeweismittel. — Ich habe zahlreiche Pleuritiskranke auf diesen Punkt genau untersucht und komme zu folgenden Schlüssen:

a) Sehr kleine Anfänge pleuritischen Ergusses können in der

Schulterblattlinie zuerst nachweisbar werden und eine Zeit lang hier höher stehen als neben der Wirbelsäule.

b) In Aufsaugung begriffene Ergüsse zeigen nicht selten in einem gewissen Zeitraume die von Garland sogenannte Ellis' Curve als Begrenzung.

c) Pleuraergüsse, die nicht ganz klein und noch im Wachsen begriffen sind, gestalten sich nach den oben entwickelten Regeln.

Die Gestaltung und Begrenzung eines Pleuraergusses hängt offenbar von einer Menge von Umständen ab. Die wesentlichsten sind: die Schwere der Flüssigkeit, die nach der tiefsten Stelle des Pleurasackes hindrängt, die Stellung des Körpers und die Zurückziehungsfähigkeit und Zurückziehungsweise der Lunge.

Bei liegender Stellung bedingt es die Form des Brustkorbes, dass (ähnlich wie Atelektase bei Masern) die Zurückziehung der Lunge und die Flüssigkeitsansammlung etwas nach aussen von der Wirbelsäule, etwa in der Schulterblattlinie, beginnt. Der höhere Stand älterer, namentlich in Aufsaugung begriffener, Pleuraergüsse in der Axillarlinie dürfte sich ungezwungen aus der vorwiegenden Lage auf der kranken Seite erklären.

Kleinste beginnende Flüssigkeitsausscheidungen sind noch sehr beweglich. Nach längerer Seitenlage lassen sie sich in der Axillarlinie nachweisen in Form einer parabolischen, dem Zwerchfelle aufsitzenden Dämpfung. Dies zu einer Zeit, in der bei aufrechter Stellung neben der Wirbelsäule noch keine deutliche Dämpfung nachweisbar ist.

2. **Gleichgewichtsstand des Ergusses.** Bei Exsudaten, die den Schulterblattwinkel nahezu erreicht oder etwas überschritten haben, sieht man sehr oft die Begrenzungslinie schon äusserlich. Darunter verstrichene Zwischenrippenräume, gewölbte Brustwand, darüber concave Zwischenrippenräume, flache Brustwand. Nach vorne endet die Grenze, ehe sie das Brustbein erreicht hat. Percussion und Stimmschwirren zeigen, dass es genau die Grenze des Ergusses ist, die sich so ausprägt. In dieser Grösse zeigen sich Pleuraergüsse oft auffallend beständig, erst nach längerer Zeit beginnen sie zu steigen oder zu fallen. — Ich halte für wahrscheinlich, dass diese Zeit des Stehenbleibens im Verlaufe pleuritischer Flüssigkeitsausscheidung dem Ende der Zurückziehung der Lunge und dem Beginne positiven Druckes des Ergusses auf die Lunge entspreche.

3. **Das Verhalten des Stimmzitterns** ist wesentlich abhängig a) von dem Drucke des Ergusses auf die Brustwand, b) von der Verdickung der Brustwand durch wassersüchtige Anschwellung oder Schwarten, c) von der klaren oder zellenreichen Beschaffenheit

des Ergusses. Daneben kommen noch in Betracht der Zustand der Luftröhrenäste (ob offen, verstopft, plattgedrückt), Verwachsungen der Pleura zwischen Lunge und Brustwand u. s. w. — Ich habe ein einziges Mal einen serösen Erguss getroffen, der in verengter Seite stärkeres Stimmschwirren lieferte als die Lunge der gesunden Seite. Sonst bewährte sich ausnahmslos die Regel, dass der Erguss die fühlbaren Stimmschwingungen abschwächt. Aus dem Grade der Abschwächung kann man bisweilen die eitrige oder seröse oder blutige Beschaffenheit der Flüssigkeit erschliessen. Doch sprechen dabei die Verhältnisse der Brustwand wesentlich mit. — Zudem wird die Frage selten mehr aus dem Stimmschwirren beantwortet, da die Pravaz'sche Spritze so leicht Aufschluss giebt und zudem Material liefert zu mikroskopischer Untersuchung, ob der Erguss septisch oder wie sonst inficiert sei, Bacillen enthalte u. dergl.

4. **Druckwirkungen.** Am frühesten wirkt der Druck pleuralen Ergusses auf die darüberliegende Lunge ein. Sie liefert frühzeitig, besonders vorn an der Spitze klanghältigen Schall, später kann Wintrich'scher Schallwechsel und Geräusch des gesprungenen Topfes auftreten. Man sei deshalb äusserst vorsichtig mit der Annahme gleichzeitiger Spitzenerkrankung, solange Pleuraerguss besteht. Bei rechtsseitigem Ergusse kann die herabgedrängte, durch venöse Ueberfüllung geschwollene Leber als Geschwulst fühlbar werden, indes bei linksseitigem die Milz wohl auch verdrängt, jedoch wenig in ihrer Blutfülle beeinflusst wird. Die Verdrängung des Herzens geschieht mit dem gesamten vorderen Mediastinum. Man fühlt oft die Luftröhre an dem Einschnitte des Brustbeingriffes nach der gesunden Seite verdrängt. Am Herzen können durch die Drehung Geräusche an den grossen Gefässen entstehen. Von der Beeinträchtigung des Kreislaufes durch grossen Erguss geben Zeugnis: Kleinheit des Pulses, Blässe und bläuliche Färbung der Haut, Minderung der Harnmenge, wassersüchtige Anschwellungen, Schwellung der Leber, Ohnmachten. Bei Tieren erweist sich die Undurchgängigkeit einer Lunge für den Blutstrom unschädlich. Dagegen sprechen Erfahrungen am Krankenbette des Menschen zu Gunsten der Ansicht, dass Zusammengedrücktwerden einer Lunge noch nicht bis zur Undurchgängigkeit ihres Capillargebietes gediehen zu sein brauche, um merkliche Kreislaufsstörungen zu verursachen. Die harmneehrende Wirkung jeder gelungenen Aussaugung eines grösseren (fieberlosen) Pleuraergusses spricht dafür. Dazu kommt noch der Druck des Ergusses auf das Herz selbst, die Knickung der unteren Hohlvene, bisweilen auch der grossen Gefässe. Aus diesen Verhältnissen erklärt

sich der Tod durch Hirnanämie, den manche Pleuritiker erleiden. Die anderen Hauptgefahren sind Erstickung, Abzehrung durch Fieber und Säfteverluste, Nachkrankheiten der Lunge.

5. Spray-Geräusch. Wenn ein Pleuraerguss derart in die Lunge durchbricht, dass es nach Abhebung der Pleura aufgesaugt wird und keine erhebliche, nachweisbare Luftmenge in die Pleurahöhle austritt, kann beim Husten an der Durchbruchsstelle ein eigentümliches zischendes Geräusch (Spray-Geräusch) gehört werden. Jeder grosse Pleuraerguss nach Pneumonie ist eitrig. Es sind fast stets Empyeme nach Pneumonie, die diese Art des Durchbruches liefern.

V. Luft im Pleurasack.

Lufteintritt in den Pleurasack erfolgt von der Brustwand aus durchdringenden Wunden, Fisteln oder Stichöffnungen; von der Lunge aus durch Durchbruch brandiger oder verdünnter Stellen der Pleura (Schwindsucht, Vereiterung, Brand, Emphysem), oder durch innere Verletzung der sonst gesunden Pleura (Knochensplitter bei Rippenbrüchen), von der Speiseröhre, dem Magen oder Darm her durch Verwachsungen durchbohrende Geschwüre; von der Luftröhre oder einem ihrer Aeste aus durch Zerreissung oder durch doppelten Durchbruch von Bronchialdrüsen. Ausserdem kann sich aus jauchigen Flüssigkeiten im Pleurasacke Gas durch Zersetzung entwickeln.

Ist eine Oeffnung in der Brustwand, der Pleura costalis oder einem andern der erwähnten lufthältigen Organe nach dem Pleurasacke zu entstanden, so wird bei der nächsten Einatmung die Lunge der Erweiterung der Brusthälfte nicht folgen, sie wird sich im Gegenteil ihrem elastischen Zuge entsprechend von der Brustwand abheben, und der durch die Verkleinerung der Lunge frei werdende Raum wird durch Luft, die in den Pleurasack strömt, ausgefüllt werden. Ist dies während einer Einatmung geschehen, so wird bei der Ausatmung die ausgetretene Luft und mittels derselben die Lunge einen Druck erfahren, durch dessen öftere Wiederholung sie mehr und mehr verkleinert und schliesslich in luftleeren Zustand versetzt wird. Derselbe Druck wird allmählich das Zwerchfell nach abwärts, das Mittelfell nach der anderen Seite drängen, und es wird schliesslich die Luft im Pleurasacke einen Grad von Spannung erreichen, durch den sie die Brustwand ausgedehnt erhält und ihr nicht mehr gestattet, einen geringeren als den inspiratorischen Umfang anzunehmen. Dies alles — vorausgesetzt, dass nicht Verwachsungen beider Pleurablätter den entstehenden Luftraum zu einem sehr beschränkten machen. Die zu Grunde liegenden Verletzungen, die häufig mit eintretenden zersetzten Flüssigkeiten bedingen es, dass man in der Mehrzahl der Fälle gleichzeitig einen Erguss tropfbarer Flüssigkeit mit vorfindet (Pyopneumothorax, Seropneumothorax). Die Zusammenpressung der Lunge durch die Luft führt oft, aber nicht immer bei dem von der Pleura pulmonalis her entstandenen Pneumothorax, zur baldigen Wiederverschliessung des Pleurarisses. Physikalisch-diagnostisch haben wir daher zu betrachten: 1) **Freien Erguss von Luft und Flüssigkeit in den Pleurasack bei wiederverschlossener Fistel**. 2) **Freien Erguss von Luft und Flüssigkeit mit offener Fistel**. 3) **Abgesackten Pneumothorax**. 4) **Reinen Pneumothorax (nur Luft im Pleurasack)**.

Die Entstehung dieser Krankheitsformen ist, wenn sie durch Durchbruch veranlasst werden, für den Kranken gewöhnlich von erschütternden Empfindungen begleitet, von plötzlichem Schmerze in der Brust, dem Gefühle innerer Zerreissung und plötzlich entstehender Atemnot. Letztere verursacht sofort äusserst beschleunigte und angestrengte Atmungsweise; der Puls wird klein und beschleunigt, die Haut blass. Für den Anfang besteht das Bedürfnis, in aufrechter Stellung zu atmen, erst später wird die Lage auf der kranken Seite, oder nach der kranken Seite geneigt die erträgliche.

1) **Luft im Pleurasacke. Geschlossene Fistel, oder als Ventil nach der Lunge zu schliessende Fistel.**

Die Untersuchung zeigt die leidende Seite stark ausgedehnt, oft um 6—8 cm an Umfang die andere übertreffend, die Zwischenrippenräume verstrichen oder vorgewölbt, die Atembewegung dieser Seite abgeschwächt oder aufgehoben, die der andern Seite um so ausgiebiger. Die Percussion ergibt beim Liegen in den vorderen, beim Stehen in den oberen Teilen der kranken Seite tiefen, etwas **dumpfen** (wegen der Spannung der Brustwand) und zugleich **metallisch klingenden** Schall. Dieser Metallklang bei der Percussion wird häufig nur bei sehr genähertem Ohr, bisweilen nur bei Percussionsauscultation gehört. Er beruht auf dem Hervortreten hoher Obertöne neben dem tiefen Grundtone des Luftraumes und in deren langsamem Abklingen. Damit stimmt die schöne Erfahrung von O. Heubner, dass durch Erzeugung eines klirrenden Schalles beim Percutieren (z. B. Metall gegen Elfenbein) der gewöhnliche klanghältige (»tympanitische«) Schall gar nicht, dagegen um so deutlicher das

»reine Tintement métallique« gehört werde. Bei dieser »Stäbchenpercussion« werden neben dem wiederhallenden Lufträume überwiegend dessen höhere Obertöne, nicht sein Grundton hervorgerufen. Am deutlichsten tritt der Metallklang an solchen Stellen hervor, wo einzelne straffe Pleuraverwachsungen sich ansetzen und die Spannung der Brustwand mindern. Dieser Klang wechselt seine Höhe nicht beim Oeffnen und Schliessen des Mundes, wohl aber beim Aufsitzen oder Niederliegen des Kranken; der Metallklang ist nach abwärts begrenzt durch den dumpfen Schall der im Stehen auf dem Zwerchfelle, im Liegen auf der hinteren Brustwand gelagerten, völlig frei beweglichen Flüssigkeit. Indem diese, je nach ihrer Lagerung, den grössten Durchmesser des Luftraumes verkürzt oder nicht verkürzt, bedingt sie den erwähnten Unterschied der Lage des metallklingenden Percussionsgebietes beim Sitzen oder Liegen. Die Percussion der Leber erweist diese noch tiefer herabreichend, noch mehr schräg gestellt, als schon bei pleuritischen Ergüssen. Das Herz ist stets verdrängt nach der gesunden Seite hin, häufig auch etwas nach abwärts, und dem entsprechend sind sein Stoss und seine Dämpfung verschoben. Die Auscultation ergibt schon auf die Entfernung hin ein Zeichen, das gleichfalls von der freien Beweglichkeit der Flüssigkeit abhängig ist, ein beim Schütteln oder raschen Umdrehen des Kranken entstehendes plätscherndes Geräusch (Succussio Hippokratis). Beim Anlegen des Ohres kann diese, wo sie zuvor fehlte, noch erkennbar werden. Ferner werden beim Auscultieren wahrgenommen amphorischer Wiederhall des Atmens, Metallklang des Atmens und metallisch klingende Rasselgeräusche. Zeitweise können die metallischen Zeichen, ja jede Schallerscheinung über dem pneumothoracischen Raume fehlen. Nach Weil spricht dies Fehlen des auscultatorischen Metallklanges für Geschlossensein der Fistel.

Diese sogenannten metallischen Phänomene wechseln ihre Schallhöhe mit veränderter Körperstellung. Biermer hat diesen Gegenstand durch sehr eingehende Untersuchungen ins Klare gebracht und gezeigt, dass der Metallklang eines pneumothoracischen Raumes beim Stehen um mehrere Töne tiefer wird, als er beim Liegen war. Als Grund hiefür ist eine Verlängerung des Luftraumes durch den Druck der Flüssigkeit auf das Zwerchfell im Stehen anzusehen. Schwieriger zu erklären ist die gleichfalls von Biermer aufgefundene Thatsache, dass der gewöhnlich stärkere inspiratorische Metallklang höher ist, als jener, der die Ausatmung begleitet. Bei gewissen Fällen von Pneumothorax, bei welchen das Herabsinken des Zwerchfelles durch Verwachsungen verhindert ist, kann Biermer'scher Schallwechsel in umgekehrter Richtung, höher beim Sitzen, tiefer beim Liegen eintreten.

In einzelnen Fällen finden sich auch plätschernde, metallklingende Rasselgeräusche, die durch die Herzbewegung hervorgerufen werden und an deren Schlagfolge gebunden sind. Der Percussionsschall kann bei abgesacktem Pneumothorax neben dem Herzen mit der Systole und Diastole seine Höhe ändern. Je bedeutender die Spannung der Brustwand, um so schwächer das Stimmzittern. Stets ist dasselbe schwächer, als auf der gesunden Seite; häufig ganz aufgehoben. Ausnahmen liefern pleuritische Verwachsungen, die nach einzelnen Stellen der Brustwand von der Lungenoberfläche her das Stimmzittern gut fortleiten. Während sonst Pleuraexsudate ihre Grenzen durch den Bereich des abgeschwächten Stimmschwirrens zu erkennen geben, lässt sich die den Pneumothorax begleitende Flüssigkeit auf diese Weise nicht abgrenzen; nur die Percussion gibt Aufschluss über ihren Stand, aber in ungenauer Weise, weil an ihrer oberen Grenze der Metallklang noch eine Strecke weit herabreicht, ihre untere Grenze aber von der Dämpfung der Leber, der Milz oder der Niere nicht unterschieden werden kann. Solche Ergüsse sind leicht beweglich und ändern bei jedem Wechsel der Körperstellung sogleich ihre Begrenzungslinie. Pleuraerguss, der sofort in grobem Massstabe seine Oberfläche ändert, darf als ein Zeichen von Pneumothorax angesehen werden. Solch rascher Lagewechsel des Flüssigkeitsspiegels ist in gewissem Sinne gleichwertig mit Succussio Hippocratis.

Von den zahlreichen auffälligen Erscheinungen, die Pneumothorax liefert, kann keine einzige als an und für sich bezeichnend erachtet werden; namentlich aber muss gewarnt werden, aus dem irgend wie hörbaren Metallklang allein auf das Vorliegen dieses Zustandes schliessen zu wollen. Selbst Succussio Hippokratis kommt nach dem Zeugnis von Laennec, Weber und vielen Andern bei grossen Höhlen dünnflüssigen Inhaltes gleichfalls vor. Auch der Höhenwechsel des Metallklanges beim Sitzen und Liegen, auf den neuerdings so grosses Gewicht gelegt wurde, kann bei annähernd eiförmigen Höhlen beobachtet werden, sofern der längste Durchmesser ihres Luftraumes in sagittaler Richtung verläuft, besonders bei Bronchektasie und Lungenbrand. Zu voller Sicherheit gelangt die Diagnose nur dann, wenn neben diesen metallischen Erscheinungen und Succussio Hippokratis noch Erweiterung der Brusthälfte, Vorwölbung der Zwischenrippenräume, Verdrängung der benachbarten Organe und Verminderung des Stimmschwirrens beobachtet werden. Tritt daher Pneumothorax in einer ohnehin schon verengten Brusthälfte ein, so wird die Diagnose minder sicher sein, wenn nicht der Augenblick des Eintrittes in bezeichnender Weise verlief, an der noch verengten Brusthälfte eine Erweiterung im Vergleiche zu früher nachgewiesen werden kann, oder der rasche Wechsel der Auscultations- und Percussionserscheinungen den Ausschlag gab.

Vorstehende Schilderung bezieht sich vorzugsweise auf den Pneumothorax der Schwindsüchtigen. Gerade hier ist auch der geschlossene Pneumothorax häufiger als der offene. Für die Diagnose des Wiederverschlusses der Fistel sind von Bedeutung die starke, **in den ersten Tagen andauernd** oder nach einigen Tagen rasch zunehmende Erweiterung der Brusthälfte. Man kann nicht die hohe Spannung der Luft im Brustfellsacke als Hauptergebnis des Vorganges ansehen und zugleich, wie Manche wollen, die Erweiterung der Brusthälfte **am Lebenden für bedeutungslos halten**. Es ist das freilich kein eindeutiges einfaches Symptom, erst bei fleissigem Messen lernt man den Wert desselben kennen. So wie die Fistel sich wieder eröffnet, tritt rasche Abnahme des Umfanges der leidenden Seite ein.

Ferner kommen in Betracht: Fehlen oder nur spärliches, fleckweises Auftreten des Metallklanges bei der Percussion, so dass man die Auscultation oder Stäbchenpercussion zu Hilfe nehmen muss; Fehlen auscultatorischen Metallklanges, Fehlen Wintrich'schen Schallwechsels und aller Fistelgeräusche, starke Verdrängungserscheinungen. Legt man besonderen Wert auf die Diagnose des Offenstehens oder Geschlossenseins der Fistel und geben die eigentlich physikalischen Symptome keinen Aufschluss darüber, so kann man zum Brustsiche schreiten und entweder den intrapleuralen Druck manometrisch bestimmen oder nach Ewald den Kohlensäuregehalt der dem Pleurasacke entnommenen Luft analysieren (unter 5% CO^2 deutet auf offene Fistel, über 10% völlig geschlossene Fistel), oder man kann mit Salicylwasser ausspülen und die Sputa auf Salicylreaction mit Eisenchlorid prüfen.

2) **Bleibt die Durchbruchsöffnung in der Pleura costalis oder in der Brustwand bestehen**, so kommen einige Abänderungen der beschriebenen Erscheinungen und einige völlig andere Zeichen zustande. Das Offenbleiben der Fistel in der Pulmonalpleura hat bei freiem Pneumothorax in der Regel schon anfänglich bedeutende Grösse derselben zum Grunde, so nach ausgebreitetem brandigem Zerfalle dünner Höhlenwand oder Brand der Pleura. Bei den selteneren Ursachen von Pneumothorax, Zerreissung der Luftröhre oder eines ihrer Aeste oder Durchbruch des Zwerchfelles vom Magen her, darf Offenstehen der Fistel wohl als Regel betrachtet werden. **In diesem Falle wird weder die Auspressung**

der **Luft aus der Lunge vollständig, noch auch die Spannung der Luft im Rippenfellsacke sehr bedeutend werden.** — Letztere wird dem Druck der Atmosphäre völlig gleich sein. Dem entsprechend fällt auch die Erweiterung der Brusthälfte, die Vorwölbung der Zwischenrippenräume, die Verdrängung des Herzens und der Leber geringer aus. Der Percussionsschall wird in manchen Fällen bei geöffnetem Munde des Kranken deutlicher als metallischer erkannt und zugleich höher als zuvor. Wenigstens ist solcher Wechsel der Höhe des Schalles in dem Falle sicher vorhanden, wenn die Durchbruchsöffnung weit ist, nicht unter dem Flüssigkeitsspiegel sich befindet, und wenn der zuführende Luftröhrenast wegsam ist. Hier kann der Schall beim Oeffnen des Mundes um mehrere Töne höher werden, während bei sehr feiner Fistelöffnung der Unterschied fehlen oder sehr gering sein kann. Besteht als Quelle des Pneumothorax eine Brustwunde, so wird bei deren Schliessung der metallische Percussionsschall tiefer, manchmal klanglos werden. An einer solchen Wunde zeigt die bekannte Erscheinung der Hervorblähung der Lunge beim Husten, dass bei fortbestehender Verbindung der Luft im Pleurasacke mit der äusseren Luft die Lunge noch lange nicht luftleer wird. Bleibt die Höhe des Metallklanges annähernd gleich, so spricht dies eher gegen eine Fistel, nimmt dieselbe während mehrerer Tage andauernd ab, so zeigt dies noch fortbestehende Verbindung, zunächst Vergrösserung des Luftraumes an. Ausser diesen eigentlich physikalischen Zeichen können sich auch noch wichtige Anhaltspunkte für die Erkennung des Offenstehens der Fistel aus den Verhältnissen des Aushustens ergeben. Treten jedesmal bei Lage des Kranken auf der gesunden Seite, oder bei einer bestimmten Wendung des Rumpfes, die den Flüssigkeitsspiegel über die Fistel sich erheben macht, heftige Hustanfälle mit wahrer Ueberschwemmung des Luftwege des Kranken durch dünne, eitrige Flüssigkeit ein, so kann dies als beweisendes Zeichen betrachtet werden. Finden sich im Auswurfe Bestandteile, die für Pleuraerguss bezeichnend sind, z. B. Faserstoffflocken, Cholestearinkrystalle u. dgl. m. vor, so hat dies ähnliche Bedeutung. Wo eine Verbindung mit der Luftsäule des Atmungsrohres sich erst wieder herstellt, demnach die höhere Spannung der Luft sich ausgleicht, kann man wahrnehmen, wie mit der Abnahme der Spannung der Brustwand das Stimmschwirren wieder stärker wird, und der Brustumfang wieder abnimmt. In wie weit die Zahl der Atemzüge sich nach den von Breuer entwickelten Prinzipien der Selbststeuerung der Lunge für die Diagnose der offenen oder geschlossenen Pleurafistel bei den gewöhnlichen Formen des Pneumothorax verwerten lasse, muss ich noch dahingestellt sein lassen.

Weil fand bei seinen Experimenten an Hunden Verlangsamung, an Kaninchen geringere Beschleunigung der Zahl der Atemzüge durch offenen Pneumothorax.

Bestehen zwei Fisteln, eine der Pleura pulmoralis und eine der Brustwand, so ist die Diagnose der ersteren sehr leicht. Man lasse den Kranken möglichst tief ausatmen, schliesse die Fistel mit der befeuchteten flachen Hand luftdicht, lasse tief ein- und ausatmen und entferne gegen Ende der Ausatmung langsam die Hand. Man wird nun wahrnehmen, dass, während sie sich abhebt, ein starker Luftstrom der Fistel entweicht. Noch leichter lässt sich dies mittelst eines Manometers, den man luftdicht aufklebt, erweisen. Ein solcher Kranker zeigte bis zu 12 mm Einatmungs- und 24 mm Ausatmungsdruck, atmete 230 Cc. Luft durch die Fistel aus, und letztere enthielt weniger Kohlensäure als die Ausatmungsluft Gesunder, während die pneumothoracische Luft gewöhnlich der exspiratorischen ziemlich nahe steht an Kohlensäuregehalt. Man kann sich durch Einwerfen von Sonnenlicht durch die (genügend weite) Fistel in den Pneumothoraxraum überzeugen, dass die zusammengesunkene Lunge nicht ruhig liegt, sondern mitgeteilte Atmungsbewegungen erkennen lässt. In einem (durch künstliche Eröffnung des Pleurasackes nach aussen sichergestellten) Falle von Pyopneumothorax mit so weiter Bronchialpleurafistel, dass in den Pleurasack eingespritzte Salicylsäure alsbald in dem Auswurfe nachgewiesen werden konnte, hörte man bei jedem Atemzuge ein doppeltes Atmungsgeräusch an einer Stelle, die dem oberen Ende des pneumothoracischen Raumes entsprach. Bei der Einatmung folgte einem tiefen Röhrenatmen ein helleres metallisch klingendes, ungekehrt bei der Ausatmung. Dieses vierteilige Atmungsgeräusch stellt eine Art von **metamorphosierendem Atmen des Pneumothorax** dar. Das zweite Ein- und das erste Ausatmungsgeräusch schien erzeugt durch Luftströmung aus dem Bronchus in den Pleurasack.

An der offengebliebenen Lungenfistel, durch die Pneumothorax entstanden ist und Gas oder Flüssigkeit aus- und einströmt, können mehrerlei besondere Geräusche entstehen: das Wasserpfeifengeräusch von Unverricht, das Lungenfistelgeräusch von F. Riegel; Geräusche, die durch die besonderen Bedingungen, unter denen sie gehört werden, Bedeutung erlangen, selbst jedoch weniger für die Erkennung des Pneumothorax als der offen stehenden Fistel einige Beweiskraft besitzen.

3) **Abgesackter Pneumothorax** bietet, sofern er überhaupt mit der Brustwand in Berührung steht, gewöhnlich annähernde Kegelform dar, deren Grundfläche die Pleura costalis bildet, deren Spitze vielleicht mit einer trichterförmigen Verlängerung durch die

noch offene Fistel dargestellt wird. Für diese beschränkte Form des Pneumothorax kann das Offenbleiben der Fistel nahezu als Regel betrachtet werden. Die Brustwand wird also auch hier nur in mässigem Grade hervorgewölbt, die Intercostalräume werden verstrichen in der beschränkten Ausdehnung des pneumothoracischen Raumes, aber nicht convex; das Stimmschwirren wird wenig vermindert. Bei genügender Grösse des Luftraumes wird Metallklang gehört bei der Percussion, bei gleichzeitiger Ansammlung von Flüssigkeit im Bereich dieser dumpfer Schall, der mit dem Metallklange je nach der Lage des Kranken seine Grenzen wechselt. Auch das Geräusch des gesprungenen Topfes, oder blosser klanghältiger Schall können vorkommen. Fast jedesmal wird der vorhandene Metallklang oder klanghältige Schall mit dem Oeffnen und Schliessen des Mundes seine Höhe wechseln. Verdrängungserscheinungen benachbarter Organe können nicht leicht in ausgiebiger Weise zustandekommen. Succussionsgeräusch fehlt zumeist gänzlich. Wir sehen, die Zeichen des beschränkten Pneumothorax nähern sich in vollstem Masse jenen der Höhlen. Zwei Umstände tragen hierzu besonders bei. Ueber grossen, sehr oberflächlich gelagerten Höhlen kann die Brustwand vorgewölbt sein statt eingezogen. Die Natur des abgesackten Pneumothorax bringt es mit sich, dass er öfter zwischen Verwachsungen sich Bahn bricht, somit an einer ohnehin eingezogenen, starren, nicht mehr erweiterungsfähigen Brustwand gelagert ist, und diese nicht vorzuwölben vermag. In der That besteht auch schliesslich der einzige Unterschied zwischen abgesacktem Pneumothorax und einer sehr grossen oberflächlich gelagerten Höhle der Lunge darin, dass im einen Falle die Pleura pulmonalis den Luftraum noch bedeckt und im andern nicht. In jenen Fällen, in welchen die Entscheidung dieser Frage notwendig wird, sind die letzten Entscheidungsgründe auf die leichtere oder schwerere Beweglichkeit der gleichzeitig vorhandenen Flüssigkeit gestellt. Hierauf beruht namentlich der Wechsel in der Höhe des Metallklanges beim Sitzen und Liegen, der Wechsel in den Grenzen des Metallklanges und des dumpfen Schalles bei jeder Lageveränderung des Kranken. Ist also der Inhalt der Höhlen sehr dünnflüssig, wie dies bei Lungenbrand sich öfters findet, so ist die Verwechslung mit abgesacktem Pneumothorax kaum zu vermeiden. Wie die physikalischen Bedingungen beider Zustände, so können auch die physikalischen Zeichen in manchen Fällen die grösste Aehnlichkeit darbieten.

4) Reiner Pneumothorax ohne gleichzeitige Anwesenheit erheblicher Flüssigkeitsmenge im Pleurasacke entwickelt sich selten aus

inneren Krankheiten, zumeist nach Quetschungen des Brustkorbes, Rippenbrüchen, oder durchdringenden Brustwunden; nur hie und da einmal bei Berstung emphysematöser Lungenbläschen. Seine Dauer als solcher ist zudem eine beschränkte. Sind nicht zersetzbare, oder in Zersetzung begriffene Flüssigkeiten mit ausgetreten, die rasch pleuritische Flüssigkeitsabsonderung erregen, so wird die Luft bald wieder aufgesaugt, oder bald tötlicher Ausgang beobachtet. Die Erscheinungen sind genau dieselben, wie die bei jedem Pneumothorax, mit Abzug des Anteils der durch Anwesenheit tropfbaren Flüssigkeit bedingt wird. Die Brust wird erweitert, die Zwischenrippenräume wölben sich hervor, Zwerchfell und Mittelfell werden verdrängt, und mit dem einen Leber oder Milz nach abwärts, mit dem andern das Herz seitlich verschoben; das Stimmzittern wird abgeschwächt; amphorischer Wiederhall und Metallklang begleiten die Stimme und das Atmen. Schüttelgeräusch, Rasselgeräusche, Flüssigkeitsdämpfung, Schallwechsel bei veränderter Lage mangeln vollständig.

VI. Verdichtung der Lunge

kommt in der Weise zur Beobachtung, dass die Lungenzellen luftleer werden, mit ihren Wänden sich aneinander legen und wohl auch die kleinsten Luftröhrenäste, die der knorpligen Stütze entbehren, sich abplatten, oder so, dass Alveolen und feinere Bronchien anstatt mit Luft, mit halbflüssigen Massen, Flüssigkeiten oder Gerinnseln ausgegossen werden. Im ersteren Falle wird der betreffende Lungenteil kleiner, nimmt dunkle Farbe an, bleibt weich und schlaff, im zweiten behält er seinen Umfang, oder wird selbst umfangreicher und nimmt eine hauptsächlich von der erfüllenden Masse abhängige rote, gelbe, graue Farbe an; immer aber verliert der betroffene Teil die Eigenschaften auf Schnitten Luft zu entleeren, bei Druck zu knistern und auf Wasser zu schwimmen. Die einfach luftleere Lunge kann häufig durch Aufblasen wieder ihr früheres Aussehen erhalten, was bei der entzündlich verdichteten unmöglich ist.

Befallen diese Veränderungen nur einzelne Bläschen oder Läppchen, so liefern sie keine, befallen sie eine ganze Lunge, so liefern sie sehr auffällige, physikalische Zeichen; die gewöhnlichen Fälle liegen in der Mitte. Durch Versuche an der Leiche lässt sich feststellen: Lungenteile, deren Alveolen luftleer geworden sind, deren Luftröhrenäste aber lufthältig sind, geben gedämpft-tympanitischen Schall. Erst wenn auch die Luftröhrenäste in grösserer Ausdehnung mit Flüssigkeit oder festen Massen angefüllt sind, wird der Schall völlig dumpf, wie der des Schenkels. Verstopfen und Oeffnen des Hauptastes einer entzündeten Lunge ändert die Höhe des klanghältigen Schalles einer Stelle ihrer Oberfläche nicht. Wäscht man die Luftröhrenäste einer solchen Lunge erst aus, bläst Luft ein, percutiert dann und zieht den Tubus aus dem Hauptbronchus aus, so bemerkt man, dass mit dem Freierwerden der vorher verengten Mündung der Schall deutlich höher wird. Da auch am Lebenden der klanghältige Schall entzündlich verdichteten Lungengewebes häufig Wintrich'schen Schallwechsel zeigt, ist anzunehmen, dass er vorwiegend von den Luftsäulen der Luftröhrenäste abzuleiten sei. Sind luftleere von lufthaltigen Teilen überlagert, so wird ihr Schall nur leerer, liegen sie bei geringer Dicke oberflächlich, so dämpfen sie den Schall. Auf die Form der Brustwand üben entzündlich verdichtete Lungenteile keinen merklichen Einfluss aus, ebensowenig auf die Lage benachbarter Organe. Wohl aber vermindern sie bei halbseitigem und ausgebreitetem Vorkommen die sichtbaren Atmungsbewegungen, die zugleich mindestens im Verhältnisse des Umfanges solcher Verdichtungen beschleunigt werden. Auf die Stimmschwingungen üben sie verstärkenden Einfluss aus, soferne die zuführenden Luftröhrenäste nicht verstopft sind. Unter der gleichen Bedingung wird bei einiger Ausbreitung der Verdichtung anstatt des Zellenatmens Röhrenatmen, anstatt des undeutlichen Summens Bronchophonie gehört, und zufällig vorhandenes Rasselgeräusch in klingendes verwandelt. Diese sämtlichen Veränderungen der Stimmschwingungen des Atmungsgeräusches und der Stimme sind einfach abhängig von dem besseren Schallleitungsvermögen verdichteter Lungenteile. Dies die gemeinsamen Zeichen der Verdichtung der Lunge. Den hauptsächlichsten Formen derselben kommen besondere Bedingungen und Erscheinungen zu.

1) **Atelektase** wird aus dem Fötalleben mit herübergebracht (**angeborene Atelektase**) und oft noch längere Zeit mit fortgeschleppt, oder sie entsteht wieder, nachdem die ganze Lunge lufthältig geworden war, früher oder später, besonders oft im Kindesalter, im Verlaufe entkräftender Krankheiten (**erworbene Atelektase**). Sie findet sich hauptsächlich an den Lungenrändern und an den hintersten untersten Teilen der untern Lappen, gewöhnlich doppelseitig. An sich ist sie ein fieberloser Zustand, der weit eher mit Kälte, Blässe oder leichter Blaufärbung, als mit Hitze oder Rötung der Haut einhergeht. Es ist auffallend und schwer erklärlich, dass auch ziemlich ausgebreitete, den grössten Teil eines Lappens be-

treffende Atelektase kaum je die Form der Brustwand oder die Lage der benachbarten Organe beeinträchtigt. Dagegen wird die Form der Atmung und die Ausbreitung der Pulsation und Dämpfung des Herzens entschieden von der Atelektase beeinflusst. Die Atmung wird im Verhältnisse der Ausbreitung der Atelektase und etwa noch des Einflusses gleichzeitig vorhandenen Bronchialkatarrhes beschleunigt. Schmerz übt auf die Zahl der Atemzüge hier keinen Einfluss aus, sie wird in gleichen Verhältnisse angestrengter, und bietet ausserdem in ausgezeichneter Weise, namentlich bei Kindern die Form der oberflächlichen Atmung mit ausgleichenden Einziehungen dar. Während der Einatmung sinken die Zwischenrippenräume, die Schlüsselbeingruben, und vorzüglich jene mehr besprochene der Abgangslinie des Zwerchfelles entsprechende Querfurche beträchtlich ein. Es ist auch leicht zu unterscheiden, ob diese Einziehungen von Verengerung der obern Luftwege, von einem fieberhaften Zustande wie Lungenentzündung (bei der sie ungleich seltener vorkommen) oder von Atelektase abhängig sind. Häufig bietet schon dieses äusserliche, bei den Kindern als »Flankenschlagen« bekannte Zeichen Aufschlüsse darüber, auf welcher Seite die Atelektase ausgebreiteter sei, indem ein Rippenbogen stärker als der andere nach innen gezogen wird.

Die Herzdämpfung wird vorzüglich bei linksseitiger Atelektase ausgebreiteter, indem die Lungenränder sich von der vorderen Fläche des Herzens zurückziehen. Immer werden atelektatische Lungenränder der benachbarten Herzdämpfung zugerechnet werden. Die Percussion liefert in der gleichen Ausdehnung, in der oberflächliche Atelektase vorhanden ist, gedämpften, in jener Ausdehnung, in der die Atelektase tiefer geht, leereren Percussionsschall. Da dieser Zustand der Lunge am häufigsten in plattenförmiger Ausdehnung an der Oberfläche vorkommt, oder inselförmig zerstreut sich findet, so ist mässige Dämpfung des Schalles der gewöhnliche Befund. In der Umgebung atelektatischer Lungenteile befinden sich häufig die Alveolen im Zustande unvollständiger Lufterfüllung, daher der gedämpfte Schall sich leicht mit dem klanghältigen verbindet, oder von ihm umsäumt wird. Die Stimmschwingungen würden über derartig erkrankten Lungenteilen verstärkt getroffen werden, wenn nicht die häufigste Entstehungsweise so verliefe, dass zuerst ein grösserer, oder mehrere kleinere Luftröhrenäste eines Gebietes durch Schleim verstopft werden, worauf durch Aufsaugung der abgesperrten Luft die Atelektase zustandekommt. Häufig dauert die Verstopfung der zuführenden Luftröhrenäste noch fort und werden die Stimmschwingungen deshalb schwächer getroffen. Aus dem gleichen Grunde wird bei der Auscultation nicht sehr umfangreicher atelektatischer Lungenteile nur Verminderung, schwache Fortleitung oder Fehlen des Zellenatmens wahrgenommen. Unter sehr zahlreichen Atelektasen, die ich untersuchte, kamen mir nur sehr wenige ganzer Lungenlappen vor, diese aber, sowohl bei Kindern als bei schwerkranken, namentlich typhösen Erwachsenen, begleitet von lautem Röhrenatmen und klingendem Rasseln, ferner von verstärkten Stimmschwingungen, also genau von jenen physikalischen Zeichen, die wir als diejenigen des zweiten Verlaufsteiles der Lungenentzündung kennen lernen werden.

Die Unterscheidung von entzündlichen Verdichtungen stützt sich hauptsächlich auf den fieberlosen Verlauf, die mehr verschwommenen Grenzen der Percussionsdämpfung, auf die von Owen Rees und mir bezeichnend erkannten complementären Einziehungen, die Abwesenheit des Knisterrasselns und die Seltenheit der sogenannten Consonanzerscheinungen. Freilich treten zu Atelektase nicht selten, so im Verlaufe der Masern und des Keuchhustens kleinste die Luftröhrenästchen umgebende Entzündungsherde hinzu, wie dies von Bartels und von Ziemssen genauer beschrieben wurde, und in diesen Fällen ist die Unterscheidung, wie viel der vorhandenen Zeichen dem einen oder dem andern dieser Zustände angehöre, sehr schwierig.

Der Einfluss der Atelektase auf den Blutlauf ist in jeder Beziehung ein ungünstiger. Die zusammengefallenen Lungenteile sind schwerer durchgängig für den Strom der Lungen-Arterie. Die Wirkung dieses Zustandes kommt daher gleich einer Verkleinerung des Querschnittes der Lungenarterie. Infolge davon wird das rechte Herz erweitert, der zweite Pulmonal-Ton verstärkt, die Blutmenge des linken Vorhofes, der linken Kammer und der Körperarterien vermindert, jene im rechten Vorhofe und den Körpervenen vermehrt. Bläuliches Aussehen des Kranken, leichtes Erkalten der Körper-Oberfläche, Kleinheit des Pulses, Schwellung der Halsvenen sind die Zeichen dieser Zustände.

Der Einfluss der Atelektase auf die Häufigkeit des Pulses lässt sich erklären nach einem von Marey nachgewiesenen Gesetze. Die Herzschläge erfolgen langsamer mit jeder Behinderung, schneller mit jeder Erleichterung des Blutstromes in den Arterien. Für die Körperarterien hat Marey zahlreiche Beispiele beigebracht; für die Arterien des kleinen Kreislaufes gibt die angeborene Atelektase (Asphyxie) ein sehr bezeichnendes Beispiel ab. Bringt man bei asphyktischen Kindern durch eine der bewährten Methoden, durch Schwenken

Lufteinblasen, Elektrisieren, oder durch Wechsel der Lage nach Marshal Hall die Atmung in Gang, so dass sich die Lunge ausdehnt und ihre Gefässe durchgängiger werden, so nimmt die vorher verlangsamte Zahl der Pulsschläge beträchtlich zu. Bei erworbener Atelektase wirken zu viele Ursachen ein, welche, wie z. B. der Katarrh der Luftröhrenäste, den Puls beschleunigen können, als dass die erwähnte Regel dabei häufig zur Geltung kommen könnte. Wie man die atelektatische Lunge von den Luftröhrenästen aus aufblasen kann, so kan man am Lebenden die Atelektase, soferne kein zu fester Bronchialverschluss zu Grunde liegt, beseitigen durch Erregung tiefer Atemzüge. Atelektase einer Lunge lässt sich durch Lage auf der gesunden Seite um so leichter beheben', jemehr katarrhalische Verstopfung der zuführenden Bronchien als Ursache wirksam war. Die Berücksichtigung der Entstehungsweise liefert sowohl für Verhütung wie eigentliche Behandlung wichtige Anhaltspunkte, die besonders bei der Behandlung Masern- und Typhuskranker sehr zu beherzigen sind.

2) **Luftleere des Lungengewebes durch Druck.** Dieser kann ausgeübt werden durch den ausgedehnten, mit Erguss erfüllten Herzbeutel, durch das vergrösserte Herz, durch Geschwülste im Brustkorbe; aber sie erfolgt am häufigsten durch Luft oder Flüssigkeitserguss in den Pleurasack. In den meisten dieser Fälle ist der dumpfe und leere Schall des drückenden Körpers von dem des luftleergedrückten Lungengewebes schwer zu unterscheiden; doch kann man bei Pleuraerguss eine ausgebreitete, teils der Flüssigkeit, teils comprimierter Lunge angehörige Dämpfung häufig noch nach dem Verhalten der Stimmschwingungen in einen obern Teil mit starken Schwingungen und einen untern mit abgeschwächten teilen. Ersterer gehört der verdichteten Lunge, letzterer dem Ergusse an. Innerhalb atelektischen Lungengewebes sind die meisten Luftröhrenäste verstopft, daher die Stimmschwingungen häufig nur sehr abgeschwächt, oder nicht beträchtlich verstärkt zur Brustwand gelangen. In durch Druck luftleer gewordenem Gewebe dagegen pflegen die Luftröhrenäste frei, und auch bei mässigem Drucke, soweit sie mit Knorpeln gestützt sind, nicht abgeplattet zu sein. Daher die beträchtliche Verstärkung der Stimmschwingungen dort wo durch Druck verdichtetes Lungengewebe die Brustwand berührt. An diesen Hauptunterschied reihen sich noch mehrere untergeordnete an. Zusammengedrücktes Lungengewebe pflegt in weit grösserer Ausdehnung als atelektatisches von Lungenteilen, die sich im Zustande des Gleichgewichtes ihrer elastischen Elemente befinden, umgeben zu sein. Der dumpfe leere Schall der druckverdichteten Lunge pflegt daher einer-

seits begrenzt zu sein durch stärkeren fühlbaren Widerstand und schwächere Stimmschwingungen des drückenden Körpers, andrerseits durch den ausgebreiteten Raum des hell und klangvoll schallenden retrahierten Gewebes. Zum Teil ist auch diese Erscheinung klanghältigen Schalles luftleerem Lungengewebe mit lufthältigen Luftröhrenästen zuzuschreiben. Bei der Auscultation hört man sehr häufig schwaches Röhrenatmen und Aegophonie. Druckverdichtetes Gewebe wird weniger leicht wieder lufthältig als atelektatisches. Je länger der Zustand dauerte, desto zweifelhafter wird die Fähigkeit der Lungen, wieder vollständig Luft aufzunehmen. Fällt nach langem Zusammengedrücktsein die Ursache z. B. durch Aufsaugung eines Pleuraergusses hinweg, so sinkt einerseits die Brustwand ein, andererseits erweitern sich die Luftröhrenäste, die Lungenzellen aber bleiben luftleer.

3) **Lungenentzündung**. Werden die feineren Lufträume der Lunge durch Erfüllung mit gerinnenden oder dickflüssigen Körpern luftleer, so gewinnt das Organ beträchtlich an Umfang. Den häufigsten Fall der Art bietet die **Lungenentzündung** dar; von deren drei Stadien gehört genau genommen nur das zweite, den grössten Teil des Verlaufes umfassende, dasjenige der Hepatisation, hieher. In dem ersten und dritten sind die Lungenzellen gleichzeitig mit Luft und Flüssigkeit erfüllt. Nun wird aber neben dem zweiten Stadium jedesmal zugleich das erste, oft auch das dritte getroffen.

Der Beginn des etwa einwöchentlichen regelmässigen Verlaufes dieser Krankheit lässt bereits, sowie Seitenstechen begonnen hat, verminderte Atembewegung im Bereiche des befallenen Brustteiles erkennen. Dieser ist am häufigsten der rechte untere, seltener der linke untere Lappen, noch seltener ein oberer Lappen, oder beiden Lungen angehörig. **Die Atembewegung** erweist sich örtlich **vermindert** wegen des erschwerten Eintrittes der Luft in die Alveolen; die Muskelanspannung aber, namentlich die Bewegung der Zwischenrippenräume, bleibt beiderseits gleich ausgesprochen. **Die Atemzüge sind vermehrt**, teils wegen der Verkleinerung der atmenden Oberfläche der Lunge, teils wegen des Schmerzes, der sie nur oberflächlich und unergiebig zustandekommen lässt, teils auch wegen des durch Fieber erhöhten Sauerstoffbedarfes und der vermehrten Kohlensäurebildung. Trotz lebhaften Fiebers ist doch die Beschleunigung des Pulses verhältnismässig weit geringer, als die der Atemzüge, so dass das Verhältnis beider $3-2,5:1$ anstatt $4-3,5:1$ beträgt. Ich finde die Zahl der Atemzüge meist in leichten Fällen $20-30$, in schweren in einem, selten mehreren Gipfeln der Curve gegen oder über 50 steigend. Der höchste Gipfel liegt meist nahe der letzten Steigerung der Körperwärme vor der Krise. Die Percussion erweist in dieser Zeit klanghältigen Schall in der Ausdehnung, in welcher die Absetzung von Flüssigkeit in die Alveolen begonnen hat. Zugleich ist entsprechend dem geringern Luftgehalte der Percussionsschall leerer. Die Auscultation ergibt, so lange das erste Stadium, dasjenige der **blutigen Anschoppung** andauert, nur schwaches Zellenatmen mit Uebergängen zu unbestimmtem Atmen und jenes **klein- und gleichblasige Rasseln**, das in bezeichnender Weise »Knistern« genannt wird. Es entsteht durch die Auseinanderreissung der mit einander verklebten Zellenwände und findet sich regelmässig in diesem Zeitraume vor. Sollte es jemals zu fehlen scheinen, so darf man nur den Kranken husten und dann tief einatmen lassen, um es zu hören. Gewöhnlich nur bei der Einatmung vorhanden, selten aber auch bei beiden Teilen der Atmung, wird es kaum je nur bei der Ausatmung gehört. Kommt vesiculäres Rasseln auch ausserdem noch vor bei Lungenödem, bei capillärer Bronchitis und beim ersten Lufteintritte in früher atelektatische Teile, so ist es doch selten in diesen Fällen so vollständig gleichblasig und kleinblasig, so reichlich und so völlig dem Knistern ähnlich, wie bei Lungenentzündung.

Die Lungenzellen füllen sich vollständig mit Flüssigkeit, diese gerinnt, und die Verdichtung oder das **Stadium der Hepatisation** ist gegeben; das feste, ausgegossene Lungengewebe umgibt als gleichmässig gut und leicht schallleitende Masse die Luftröhrenäste, und bedingt auf diese Weise die besonderen Zeichen des **zweiten Stadiums**. Die **Atmung** ist mehr noch beschleunigt und auf der leidenden Seite vermindert, die Bewegung der Zwischenrippenräume dennoch nicht gehemmt, kein Organ verdrängt: der Halbmesser der Brust erweitert sich nicht oder wenig. Man kann noch streiten, ob die geringe, hie und da wahrnehmbare Erweiterung nicht Folge gleichzeitigen Pleuraergusses sei. Die **Stimmschwingungen** sind über den verdichteten Lungenteilen beträchtlich verstärkt; die **Percussion** zeigt in verschiedenem Masse dumpfen und leeren Schall, der dem des Oberschenkels sich nähern kann, meist jedoch einigen Klanggehaltes nicht ganz entbehrt. Ausgesprochener klanghältiger Schall findet sich nicht selten und kann selbst Wintrich'schen Höhenwechsel zeigen. Als Ursachen des Klanggehaltes können zu betrachten sein: für den linken Unterlappen Mitschwingung der Luft im Magengrunde, für die Umgebung der Verdichtung oder einzelne lufthältige Inseln innerhalb derselben die früher besprochenen Verhältnisse erschlafften Lungengewebes. Für die meisten Fälle ist jedoch die Luftsäule des Atmungsrohres als Entstehungsort des klanghältigen Schalles aufzufassen. Wintrich'scher Schallwechsel, der diese Entstehungsweise bezeichnet, ist am leichtesten und häufigsten nachzuweisen an den Oberlappen, teilweise wegen der dünneren Brustwand. Aber er findet sich hie und da auch an den Unterlappen vor, namentlich bei dünner Brustwand und freier Lichtung der Luftröhrenäste. Oft kann er noch nachgewiesen werden, wenn man die Luftröhre auscultiert, während eine klanghältig schallende Verdichtungsstelle percutiert wird. Oberhalb eines grossen entzündlich verdichteten Lungenteiles kann sich klanghältiger Schall finden, der im Sitzen höher wird als im Liegen. Dieser dürfte vorwiegend in Erschlaffungsverhältnissen des Gewebes seine Erklärung finden. Wechselt klanghältiger Percussionsschall einer Stelle mit dem Oeffnen und Schliessen des Mundes seine Höhe, so thut es in gleicher Weise das Röhrenatmen. Beide sind Eigenton derselben Luftsäule, der eine durch Anstoss, der andere durch Anblasen hervorgerufen. Sie verhalten sich wie Pizzicato und Anstreichton einer Violinsaite. Hie und da findet man auch das Geräusch des gesprungenen Topfes vor, namentlich an den erwähnten lufthältigen Inseln inmitten verdichteten Gewebes. Bei dünner Brustwand können sie leicht gegen das umgebende gesteifte Gewebe durch die Percussionswirkung so angedrückt werden, dass die entweichende Luft jenes Anblasegeräusch verursacht.

Die Auscultation entzündlich verdichteter Lungenteile lässt die Stimme deutlich und stark, als ob in das Ohr gesprochen würde, erkennen und ergibt Röhrenatmen von solcher Stärke und Höhe, wie es bei wenigen Zuständen wahrgenommen wird. Da wenige Lungenentzündungen ohne Katarrh verlaufen, und zwar ohne Katarrh derjenigen Luftröhrenäste, die von der Verdichtung umgeben sind, hört man gewöhnlich mit dem Röhrenatmen klingende Rasselgeräusche, die feucht und ungleichblasig, überwiegend jedoch grobblasig sind. Nur bei sehr zerstreuten oder die Oberfläche nicht erreichenden Erkrankungsherden kann Zellenatmen, unbestimmtes Atmen oder Zellen- und Röhrenatmen gleichzeitig gehört werden; an den Grenzen der erkrankten Lungenteile hört man oft fortgeleitetes schwaches Röhrenund Zellenatmen zugleich, und soferne der Herd noch in Ausbreitung begriffen ist, auch Knisterrasseln. Jede Pneumonie, die sich bis zur Oberfläche der Lunge erstreckt, erzeugt Pleuritis, gewöhnlich nur mit faserstoffiger Ausscheidung; dementsprechend hört und fühlt man auch oft neben allen andern Erscheinungen pleuritisches Reibegeräusch.

Auch bei Lungenentzündungen, deren sämtliche sonstige Verhältnisse bessere Fortleitung des Stimmschwirrens, Röhrenatmens und klingender Rasselgeräusche erwarten lassen, können vorübergehend Röhrenatmen, Rasselgeräusche, überhaupt jedes Atmungsgeräusch fehlen und die Stimmschwingungen abgeschwächt sein. Grund hiefür liefert Verstopfung der zuführenden Luftröhrenäste durch katarrhalische Absonderung: ein einziger Hustenstoss genügt häufig, um alle diese Erscheinungen in früherer Weise wieder herzustellen. Für die Stimmschwingungen gibt es noch einen andern Grund der Abschwächung anstatt Verstärkung bei dieser Krankheit. Gerade die massenhaftesten Verdichtungen, diejenigen, bei welchen die Leichenschau tiefe Rippenfurchen an der Oberfläche der Lunge erkennen lässt, lassen am häufigsten die Verstärkung der Stimmschwingungen nicht vorübergehend, wie in dem früheren Falle, sondern für die ganze Dauer ihres Bestehens vermissen. Starker einseitiger Druck auf die Brustwand ist hier Grund verminderter Schwingungsfähigkeit.

Die Percussionsdämpfung bei Lungenentzündung zeigt am häufigsten die Form der Lungenlappen, allerdings in vergrössertem Umrisse, entsprechend erweitertem Umfange derselben. Nur am Rücken wahrnehmbare Dämpfung ist, sofern sie nicht ausschliesslich die Fossa supraspinata zum Sitze hat, auf den untern Lappen der Lunge zu beziehen. Nur an der vorderen Brusthälfte wahrnehmbare Dämpfung gehört dem obern Lappen an, jene rechts unterhalb der Achselhöhle dem mittleren. Obwohl der untere Lappen beiderseits nur etwa bis zur Mitte des Schulterblattes reicht, nimmt er doch im Zustande entzündlicher Verdichtung fast die ganze Rückenfläche ein und der verdichtete obere Lappen breitet sich seitlich und rückwärts weiter aus. Lehrt auch die Statistik, dass die untern Lappen, davon wieder der rechte, am häufigsten erkranken, so ist es doch völlig ungerechtfertigt und häufig sehr zum Nachteil des Kranken, wenn in solchen Fällen der Arzt sich mit Untersuchung der Rückenfläche begnügt. Ich möchte in dieser Beziehung nicht allein jedesmalige Untersuchung der vorderen Brustfläche, sondern auch jene der Gegend unter der Achselhöhle auf's dringendste empfehlen, da gerade in letzterer viele Pneumonien, sowohl des obern als des untern Lappens, zuerst zur Hepatisation gelangen, und viele central beginnende Pneumonien zuerst die Oberfläche der Lunge erreichen, somit untrüglich physikalisch nachweisbar werden.

Auch die Auscultation der Stimme sollte nicht vernachlässigt werden. Bronchophonie gibt nach Leube oft zuerst Kunde von dem Sitze der Verdichtung. Namentlich wo es sich darum handelt, im Beginne Lungenentzündung und Unterleibstyphus zu unterscheiden, sind diese Dinge wichtig.

Das dritte klinische Stadium der Lungenentzündung, dasjenige der Lösung, bietet die gleichen Zeichen wie das erste dar, da das Gerinnsel, wie es in flüssigem Zustande in die Lungenzellen hereingelangt, ebenso nur auf dem Wege der Verflüssigung zur Aufsaugung oder geringern Teils zur Entleerung mit dem Auswurfe gelangen kann. Der dumpfe Schall wird heller und gewinnt wieder einige Völle, indes er zugleich klanghältig wird, der fühlbare Widerstand mindert sich, das Röhrenatmen wird erst schwächer, dann kommen bei starken Hustenstössen spärliche, knisternde Rasselgeräusche neben dem Röhrenatmen zum Vorscheine und werden reichlicher, indes die klingenden ungleichbasigen Rasselgeräusche zurücktreten. Dann erscheint unbestimmtes, endlich Zellenatmen und nach kürzerer oder längerer Zeit schwindet auch das Knisterrasseln wieder und stellen sich die gewohnten Verhältnisse der Atmungszahl, der Atembewegung, der Stimmschwingungen und des Percussionsschalles her. Solche Zeichen liefern die ächten, faserstoffigen Lungenentzündungen ganzer Lappen. Auf einzelne Bläschen und Läppchen beschränkte Entzündungen können der Erkenntnis völlig entgehen und sich auf die Zeichen des Bronchialkatarrhes beschränken. Ziemlich umfangreiche in Mitten der Lunge beginnende Entzündungen und solche, die sich an ältere Erkrankungsherde anlehnen, an Krebsknoten, Echinoccocen, Höhlen, Infarcte- oder Tuberkelknoten der Lunge können nur bei genauer Verfolgung des Zustandes von Tag zu Tage mit Sicherheit nachgewiesen werden.

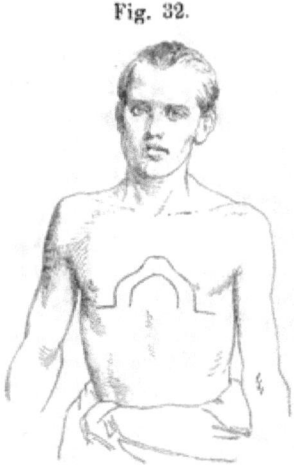

Fig. 32. Herzdämpfung während einer Hepatisation des rechten unteren Lappens und nach deren Lösung.

Folgende Punkte bedürfen noch einer besonderen Erwähnung:

a. An den von Lungenentzündung nicht betroffenen Lungenteilen gehen ohne Zweifel in jedem Falle wichtige Aenderungen der Lebensthätigkeit von statten, sie werden stärker und häufiger ausgedehnt, der Blutlauf erfolgt in veränderter Weise, wegen der vermehrten Zahl der Herzschläge und der erschwerten Durchgängigkeit der innerhalb der Verdichtung gelegenen Lungengefässe. So entwickelt sich an den Rändern und bei den Entzündungen der untern Lappen, an den Spitzen zuerst, acutes vicariirendes Emphysem, dessen Einfluss es wohl in manchen Fällen zuzuschreiben ist, dass die Herzdämpfung trotz der erschwerten Entleerung der rechten Kammer sich nicht vergrössert. In einzelnen Fällen wird diese Behinderung durch vorübergehende Verstärkung des zweiten Pulmonaltones angezeigt, in anderen kommt es zur deutlichen Vergrösserung, überwiegend Verbreiterung der Herzdämpfung. Auch an den gesunden Lungenteilen hört man verstärktes, rauhes Einatmungsgeräusch und schon bei gewöhnlichem Atmen lautes Ausatmungsgeräusch. Früher bestandener Katarrh steigert sich, oder es entwickelt sich acuter Katarrh der grossen, mittleren und feineren Luftröhrenäste. Je schwerer die ganze Erkrankung, je ungenügender die Herzkraft für die gesteigerten Anforderungen des Fiebers und der Atmungs- und Kreislaufsstörung, um so leichter entwickelt sich L u n g e n ö d e m , ein acuter serös-salziger Erguss in die Lufträume der bis dahin verschont gebliebenen Lungenteile. So hört man denn über den nicht verdichteten Lungenteilen sehr häufig einfach katarrhalische Rasselgeräusche und in den schwersten Fällen als Zeichen eines nahen schlimmen Ausganges Knisterrasseln, das jedoch nicht ganz gleichblasig erscheint, bei klanghältigem Percussionsschalle. In diesem Falle steigert sich die Atemnot auf das Aeusserste, die Herztöne werden schwach, der Puls klein, das Gesicht blass und bläulich.

b. So wertvoll auch die geschilderten physikalischen Erscheinungen für die Erkennung der Lungenentzündung sein müssen, so unentbehrlich sie zur Bestimmung des Sitzes und der Verbreitung der Lungenerkrankung sind, dennoch können sie bei einmaliger Untersuchung für sich die Diagnose dieser Krankheit nicht allein begründen. Nur mehrtägige Beobachtung des Verlaufes ermöglicht die Unterscheidung von acuter Tuberkelinfiltration, hämorrhagischem Infarcte und ähnlichen Zuständen. Stets ist es daher rätlich, alle übrigen Erscheinungen: den a n f ä n g l i c h e r F r o s t , das h o h e , mit g e r i n g e n T a g e s s c h w a n k u n g e n a n d a u e r n d e F i e b e r , ausgesprochen durch vom Beginne bis zum Eintritte der Lösung fast gleichbleibende Körperwärmesteigerung von 39,5—40,5 Graden, den A u s w u r f , der als blutiger innig gemengter, safrangelber, r o s t f a r b e n e r bis Pflaumenbrühe-ähnlicher m i t c r o u p ö s e n B r o n c h i a l a b g ü s s e n getroffen wird, endlich den gesetzmässigen Verlauf der Krankheit mit zu berücksichtigen. Vom Beginne, dem Froste bis zum Eintritte der Lösung umfasst der Verlauf im Mittel eine Woche, kürzestens einen Tag, während seine längste Dauer wegen des Ueberganges in Nachkrankheiten sich manchmal nicht mehr genau bemessen lässt, doch auch noch nach zwei und drei Wochen mit jähem Abfall der Körperwärme günstig enden kann.

c. Der häufigste Ausgang ist der in Lösung; er wird, so weit er die fieberhaften Erscheinungen der Lungenentzündung betrifft, oft in weniger als 24 Stunden vollzogen (complete Krise), d. h. die Körperwärme sinkt in kürzerer Zeit von der während etwa einer Woche bestandenen beträchtlichen Höhe auf normal oder unter normal herab. Atmungszahl, Puls und alle andern Fiebererscheinungen gehen zurück und zur Genesung erübrigt nur noch die Aufsaugung der zurückgebliebenen Faserstoffausscheidung aus den verdichteten Lungenteilen. Hiezu bedarf es längerer Zeit, stets mehrerer Tage. In einer geringen Zahl von Fällen hält auch die Abnahme der allgemeinen Krankheitszeichen gleichen Schritt mit jener der örtlichen. Aber zahlreiche Veränderungen können, gleichgültig, ob der ursprüngliche Wärmeabfall rasch und vollständig sich vollzog oder nicht, in den nächsten Tagen, Wochen oder Monaten sich entwickeln. Jener beträchtliche Verlust an Elastizität, der an der entzündlich verdichteten Lunge überaus leicht sich nachweisen lässt, kann andauern und infolge dessen Emphysem von den ursprünglich befallenen Teilen aus sich entwickeln. Umgekehrt kommt es zur cirrhotischen Schrumpfung des befallenen Lungenteiles mit Einsenkung der Seite, andauernder Dämpfung des Percussionsschalles, fortdauerndem, beschränktem Katarrhe und nachträglichen Bronchektasien, vielleicht auch Hochstand des Zwerchfelles, Verschiebung des Herzens in die leidende Seite und Emphysem der andern Seite, wenn das Infiltrat, anstatt gelöst zu werden, sich organisiert, verdichtet und schrumpft, wenn die acute Entzündung den Uebergang in chronische macht. In den nächsten Tagen kann Pleuritis, welche als trockene, faserstoffige, jede Lungenentzündung begleitet, sich selbständig weiter entwickeln, und flüssigen Erguss abzusetzen beginnen. Ebenso können die Ausgänge in Tuberculose (besonders bei doppelseitiger Entzündung der Spitzen), Eiterung oder Brand anstatt rascher, vollständiger Lösung sich einstellen und in weiterem Verlaufe die Zeichen der Höhlenbildung herbeiführen.

d. Während des Verlaufes der Lungenentzündung können durch andere, früher schon bestandene, gleichzeitige oder hinzutretende Erkrankungen alle Erscheinungen, selbst die physikalischen, wesentlich abgeändert werden. So verhält es sich namentlich bei Lungenentzündung schwindsüchtiger entkräfteter, mit acuten Infectionskrankheiten behafteter Leute. Einige Fälle mögen besondere Erwähnung finden.

Tritt die Lungenentzündung zu Verengerung des Kehlkopfes oder der Luftröhre hinzu, so kann Röhrenatmen sowohl als Bronchophonie vollständig mangeln. Auch die Rasselgeräusche fallen spärlich aus, und man wird oft nur durch Percussionsdämpfung, etwas Knistern oder unbestimmtes Rasseln sowie höhere Körperwärme auf die eingetretene Veränderung aufmerksam werden können. Man hört an den Erkrankungsstellen häufig weder Zellen- noch Röhrenatmen, sondern nur das fortgeleitete Atmungsgeräusch des Kehlkopfes, das auch aus dem Munde des Kranken auf Entfernung gehört wird. — Sehr schwierige diagnostische Verhältnisse gehen aus der **Verbindung von Pleuritis mit Lungenentzündung** hervor, die glücklicher Weise nur unter ganz besonderen Bedingungen angetroffen wird: bisweilen als wirklich gleichzeitige Entwickelung infolge starker Gewalteinwirkung oder septischer Infection, andere Male so, dass zu mässig grossem Pleuraergusse nachträglich Entzündung des angrenzenden Lungenteiles hinzutritt. Stets müssen in beiden Fällen die Zeichen der Pleuritis: Erweiterung der Seite, Lähmung der Zwischenrippenmuskeln, starke Leere des Schalles, Schwäche der Stimmschwingungen und geschwächtes Atmungsgeräusch die vorwiegenden sein. Von den Zeichen des luftleer gedrückten Lungengewebes über dem Ergusse unterscheiden sich jene der entzündlichen Verdichtung nicht. Nur starke Ausbreitung der Dämpfung mit verstärkten Stimmschwingungen, unregelmässige mehr nach oben vorragende Form der Dämpfung oder deren Lappenform, Stärke des Röhrenatmens und reichliches Knisterrasseln sind unter den akustischen Zeichen für diesen Fall massgebend. Wichtiger freilich ist die plötzliche hohe und dauernde Steigerung der Körperwärme und blutiger Auswurf mit faserstoffigen Abgüssen.

In einem Falle hauptsächlich sind die akustischen Zeichen allein von entscheidendem Werte, dort, wo bei **hochgradiger Blutarmut metastatische Lungenentzündung** auftritt. Hier ist oft der Stand der Körperwärme nieder, ihr Gang unregelmässig, der Auswurf wegen der blutarmen (schon anfänglich grauen) Hepatisation fast von dem Aussehen des einfach katarrhalischen.

e. Die Unterscheidung entzündlicher Herde von Krankheiten, die ähnliche physikalische Zeichen liefern, fällt in der Regel nicht schwer. Abgesehen von den Zeichen, die im Beginne der Krankheit der beständig fieberhafte Verlauf und der Auswurf liefert, sind es hauptsächlich die Verhältnisse der Atmung und die Ausbreitungsweise der Percussionsdämpfung, die zur Unterscheidung benutzt werden. Bei Pleuritis wird die leidende Seite erweitert, die Bewegung der angrenzenden Zwischenrippenräume vermindert, Herz und Leber verdrängt, das Stimmschwirren abgeschwächt, kein Knistern und nur schwaches Röhrenatmen gehört, häufig Aegophonie, — während bei Pneumonie keine Erweiterung, keine Verdrängung, keine Störung der Bewegung der Zwischenrippenmuskeln stattfindet, Knistern, starkes Röhrenatmen, starke Bronchophonie, und unter Umständen reichliches klingendes Rasseln gehört wird. Bei Lungenentzündung ist das Stimmschwirren (zwei bereits besprochene Bedingungen ausgenommen) verstärkt, und die Percussionsdämpfung hat völlig unregelmässige oder dem Umfange der Lungenlappen folgende Form. Schliesslich wird nach Pleuritis die leidende Seite verengt, während sie nach Lungenentzündung ihre Form völlig beibehält, ausser wenn ein unregelmässiger Ausgang stattfindet, z. B. chronische Pneumonie oder Vereiterung den langsamen Uebergang zur Heilung begleitet. Auch die Entstehungsweise der Dämpfung, rasch bei Lungenentzündung, langsam Schritt für Schritt nach oben steigend bei Pleuritis, ist von Bedeutung. — Bei **Atelektase** liegt allerdings das wesentlichste Unterscheidungsmerkmal nicht in den physikalischen Erscheinungen, sondern in den Verhältnissen der Körperwärme. Doch mangeln jene wichtigen Zeichen des ersten und dritten Stadiums der Lungenentzündung: Knisterrasseln und klanghältiger Percussionsschall. Sie erlangt selten solche Ausbreitung, dass sie ganze Lappen betrifft, liefert selten starkes Röhrenatmen und bedingt ungleich häufiger als Lungenentzündung die besprochenen compensatorischen Einziehungen. Ihr Lieblingssitz sind die Ränder der Lunge, und allerdings auch die unteren Lappen. Ausserdem wies v. Ziemssen auf die öfters stattfindende streifenförmige Verbreitung dieser Verdichtung, am Rücken von unten nach oben, hin, die er besonders bei Masernkranken beobachtete.

4) **Tuberkulose. Verdichtung der Lunge mit Schrumpfung** erfolgt bei Krebsentwicklung, chronischer Lungenentzündung, bei Heilung von Lungenvereiterung, jedoch weitaus am häufigsten bei tuberculösen Vorgängen. Unter allen Lungenkrankheiten die häufigste, hat die käsig zerfallende Verdichtung mit ganz besonderer Vorliebe, wenigstens dort, wo sie chronisch auftritt, die Lungenspitzen zum Sitze; unter diesen häufiger die rechte, an der sie öfter allein oder in vorgerückterer Entwicklung getroffen wird.

Die frühesten Zeichen dieser verbreiteten Krankheit, diejenigen ihres ersten Abschnittes, desjenigen der **Verdichtung** (Infiltration), beziehen sich nur auf Luftleerwerden und Schrumpfung der

Lungenspitze und etwa noch auf die Verkleinerung der Lunge im ganzen. Man findet bei blasser Hautfarbe, Kurzatmigkeit und beträchtlich verminderter Capacität der Lunge den geraden Durchmesser kleiner, die Gruben über und unter dem Schlüsselbeine tief, die Bewegung beider obern Brusthälften vermindert, und dabei gewöhnlich auf einer Seite, häufiger der rechten den Durchmesser von vorn nach hinten kleiner, die Gruben tiefer und die Atembewegung beschränkter. Namentlich findet sich oft das Verhältnis, dass die Bewegung der Weichteile und Schlüsselbeine nach vorne sehr gering ist im Vergleiche zu der eigentlichen Hebung oder Bewegung nach oben.

Die Percussion erweist über oder unter dem Schlüsselbeine oft nur auf einer Seite den Schall höher, leerer oder bereits klanghältig. Aber diese Percussionsdämpfung an der Lungenspitze darf nur mit grösster Vorsicht aufgenommen und verwertet werden. Sie kann bei jedem Gesunden durch Drehung des Kopfes nach der andern Seite erzeugt werden, und aus solcher Verwechslung können die schwersten Irrtümer der Beurteilung hervorgehen. Wer immer sich die Mühe nimmt, bei einer Anzahl Schwerkranker die Lungenspitzen genau zu untersuchen, wird bei einigen derselben Dämpfung des Schalles auf der einen oder andern Seite treffen, die bei der Leichenschau sich durch alte Bindegewebsknoten oder Reste schiefriger Verdichtung erklärt. Mögen diese auch oft noch lebende Krankheitskeime eingeschlossen enthalten (Bollinger), für jetzt sind sie für den Verlauf bedeutungslos, für die Untersuchung schwer unterscheidbar. Bisweilen liegen die ersten nachweisbaren Dämpfungsbezirke mehr nach rückwärts, und die Percussionsdämpfung derselben kommt zunächst an der Obergrätengrube zum Vorscheine. Auch jenes Verhältnis wird oft getroffen, wo auf einer Seite zuerst über dem Schlüsselbeine, auf der andern über der Schulterblattgräte die Dämpfung sich bemerklich macht (gekreuzte Dämpfung). Mehrmals schon fand ich bei Kranken mit Bluthusten Dämpfung an einer Lungenspitze, die im Laufe einiger Wochen wieder schwand, und sowohl nach diesem Verlaufe als nach den übrigen Zeichen der blutigen Durchtränkung des Lungengewebes zuzuschreiben war. Die Percussion lässt ferner oft schon frühzeitig Hochstand des Zwerchfelles, und bei verbreiteter Pulsation verhältnismässig grosse Herzdämpfung erkennen. Auch wird nach Seitz die obere Lungengrenze an der erkrankten Lunge tiefer stehend getroffen als die andere. Es unterliegt keinem Zweifel, dass ziemlich grosse käsige Knoten mehr im Innern der obern Lappen gelegen, der Percussion völlig entgehen können, und dass auch doppelseitig gleichmässige Verdichtung der Lungenspitzen leicht übersehen wird. Viel häufiger wird freilich von Anfängern doppelseitige Dämpfung irrtümlich angenommen.

Die A u s c u l t a t i o n zeigt im ersten Verlaufsteile der Tuberculose mancherlei Veränderungen der Atmungsgeräusche. Nur sehr ausgebreitete Verdichtung ist im stande, jene physikalischen Bedingungen herbeizuführen, vermöge deren an der Brustwand das A t m u n g s g e r ä u s c h d e r L u f t r ö h r e n ä s t e gehört wird. Bisweilen ist es nur das Ausatmungsgeräusch, das an einer oder der andern Stelle den hauchenden Klang des Röhrenatmens gewonnen hat; gewöhnlich aber hat man es in früherer Zeit mit verschiedenen Veränderungen des Zellenatmens zu thun, die weder zu allen Zeiten bei demselben Kranken, noch viel weniger bei allen Kranken, gleichartig getroffen werden. V e r s t ä r k t e s r a u h e s Z e l l e n a t m e n, von verlängertem, gleichfalls rauherem Ausatmungsgeräusch begleitet, ist eine der häufigsten Erscheinungen. Ausgebreitete Verdichtung mit Verschluss der zuführenden Luftröhrenäste kann wohl auch vorübergehend oder dauernd S c h w ä c h e d e s Z e l l e n a t m e n s herbeiführen. In andern Fällen treten jene schon dem Verlaufe des Atmens bei Gesunden nicht ganz fremden Absätze stärker hervor und bedingen das sogenannte s a c c a d i e r t e A t m e n, oder man findet während längerer Zeit das veränderte oder regelrecht beschaffene Zellenatmen von u n b e s t i m m t e n R a s s e l g e r ä u s c h e n begleitet. Dies hat insofern eine besondere Bedeutung, als an der Lungenspitze allein festsitzende, beschränkte Katarrhe nicht leicht aus andern Gründen andauernd getroffen werden, als infolge beginnender Tuberculose. Aus eben dieser Ursache entspringen auch die meisten trocknen, mit R e i b e g e r ä u s c h verbundenen, länger bestehenden Pleuraentzündungen, daher auch andauernd gehörtes Reibegeräusch an der Lungenspitze mit Wahrscheinlichkeit auf Tuberculose hinweist. Aus dem Gesagten geht hervor, dass keine der bezeichneten Auscultationserscheinungen abhängig ist von tuberculöser Erkrankung als solcher. Vielmehr sind es Verdichtungen des Gewebes, begleitender Katarrh und begleitende Pleuritis, welchen die auscultatorischen Zeichen des ersten Zeitraumes der Tuberculose ihre Entstehung verdanken. Deshalb müssen notwendig noch andere Zeichen in Rechnung gezogen werden, um nachgewiesene Verdichtung der Lungenspitze, auch wenn sie von Katarrh oder Pleuritis begleitet ist, als tuberculöse zu kennzeichnen.

a. Ererbte Anlage, Vorausgegangensein von Krankheiten, die Entwickelung von Scrophulose begünstigen (Masern, Keuchhusten, Pleuritis), oder von Zuständen mangelhafter Ernährung, öftere Katarrhe, phthisischer Habitus, verminderte vitale Capacität der Lunge, abendliches Fieber, blutig gesprenkelter, späterhin rein blutiger Auswurf, Schweisse, Durchfälle, Kehlkopfsgeschwüre sind die hauptsächen Vorläufer oder Begleiter tuberculöser Lungenerkrankung.

Nachweis von Tuberkelbacillen im Auswurfe muss als sicherstes (wirklich pathognomonisches) Zeichen tuberculöser Lungenerkrankung betrachtet werden, aber nur als positives Zeichen. Lungentuberculosen, die nur durch dieses Zeichen erkannt werden, kommen vor, namentlich oft neben Pleuraerguss. Anderseits sind mir Tuberculosen bekannt in denen, obwohl die Diagnose aus der Brustuntersuchung feststand, monatelang oder erst im sechzigsten Präparate Bacillen gefunden wurden. Vier oder sechs Präparate ohne Bacillen widerlegen nie die anderweit begründete Annahme der Lungentuberculose.

b. Der weitere Verlauf der Tuberculose liefert nur teilweise noch Zeichen von Verdichtung der Lunge. Man unterscheidet einen zweiten Zeitraum der Erweichung, und einen dritten der Höhlenbildung; der letztere wird anderwärts seine Erledigung finden. Der zweite ist bezeichnet durch ausgebreitetere Entwicklung und Erweichung des mittleren Teiles käsiger Knoten, also bereits beginnende Höhlenbildung. Die physikalischen Zeichen des zweiten sind die gleichen, wie diejenigen des ersten Zeitraumes, nur sind sie ausgesprochener und ausgebreiteter vorhanden. Häufig wird eine gleichzeitig an beiden Lungenspitzen verbreitete Percussionsdämpfung so stark, dass man von vornherein sagen kann, der ursprüngliche Schall dieses Brustkorbes an den Lungenspitzen müsste ein hellerer sein. Die Dämpfung verbreitet sich nun oft schon bis zur zweiten bis vierten Rippe nach abwärts, und am Rücken in die Gegend des Schulterblattes. Der Schall wird aus mannigfachen Gründen zugleich klanghältig getroffen, teils wegen Bildung kleiner Höhlen, teils wegen vicariierenden Emphysems, oder verbreiteter katarrhalischer Erkrankung. Die Auscultation zeigt bald noch rauhes Zellenatmen, verlängerte Atmung, saccadierendes Atmen, bald auch leises, entferntes Röhrenatmen, ausserdem reichlichere Rasselgeräusche unbestimmter Art, und was besonders für diesen Zeitraum bezeichnend ist, vereinzelte grossblasige, trockene Rasselgeräusche (Knattern).

c. Selten schon im ersten Stadium, häufiger im zweiten, findet sich die Leber vergrössert bis gegen den Nabel hin, durch das Tastgefühl erkennbar, aber weich, nachgiebig, flach und glatt (Fettleber) oder nebst der Milz vergrössert und hart (Amyloidentartung). Auch die Herzdämpfung kann vergrössert erscheinen, wie jene der Leber wegen des Hochstandes des Zwerchfelles, wegen ausgebreiteter Verdichtung des linken oberen Lappens, oder wegen wässerigeren Ergusses in den Herzbeutel. Einige andere Erscheinungen am Gefässsystem verdienen noch Erwähnung; die Pulsation des Herzens ist gewöhnlich verbreitet und verstärkt, der zweite Pulmonalton kann gefühlt werden; der erste Pulmonalton, seltener auch der erste Mitralton wird von einem blasenden Geräusche begleitet. Bei manchen Tuberculösen ist auf der vorwiegend ergriffenen Seite der erste Ton der Schlüsselbeinarterie, häufig nur während der Einatmung, andere Male nur während der Ausatmung in ein blasendes Geräusch umgewandelt, oder von einem solchen begleitet.

VII. Höhlen der Lunge.

Die Hohlräume, welche innerhalb der Brust Gesunder verlaufen, Luftröhre und grössere Luftröhrenäste geben keinerlei physikalische Zeichen ab. Nur wenn das Lungengewebe zwischen denselben und der Brustwand verdichtet wird, können sie besondere Percussions- und Auscultations-Erscheinungen liefern. Auch krankhaft entstandene Höhlen grösseren Umfanges können, wenn sie auch von einer reichlichen Schicht Lungengewebes nach allen Seiten überdeckt sind, sich ebenso verhalten. In der Regel müssen Höhlen, die bestimmt nachweisbar sein sollen, neben oberflächlicher Lagerung eine Grösse, die mindestens der einer Wallnus gleichkommt, besitzen, mit verdichteten glatten Wänden ausgestattet sein und überwiegend Luft enthalten. Am günstigsten sind darnach Bedingungen für den Nachweis von Höhlen an den Spitzen der Lunge, wo dicke Ueberlagerung mit Lungengewebe aus räumlichen Gründen nicht möglich ist und der flüssige Inhalt vermöge der Richtung der Luftröhrenäste sich leicht entleert. Die Form der Brustwand, da wo Höhlen gelagert sind, ist gewöhnlich eine eingezogene, wegen der Verlaufsweise derjenigen Verdichtungs-, Neubildungs-, Entzündungs-Prozesse, welche der Höhlenbildung vorausgehen. Freilich kann auch die Brustwand über sehr dünnwandigen Höhlen ihre ursprüngliche Wölbung beibehalten, oder selbst etwas convexer erscheinen. Die Atmungsbewegungen sind überall dort, wo die Brustwand eingezogen ist, gleichzeitig vermindert, andernfalls können sie ergiebig fortbestehen. Die aufgelegte Hand fühlt das Stimmschwirren verstärkt und nimmt bisweilen Erschütterungen wahr, die von Rasselgeräuschen innerhalb der Höhlen herrühren. Unter Umständen können solche Rasselgeräusche auch auf die Entfernung, namentlich bei geöffnetem Munde der Kranken gehört und selbst als klingende unterschieden werden.

Bei der Percussion erscheint der Schall je nach der Dicke der Höhlenwand in verschiedenem, meist jedoch geringem Grade gedämpft, und je nach dem Luftgehalte der Höhle hoch oder tief. Bei der erwähnten Grösse ist derselbe jedoch immer klanghältig, und je grösser die Höhle, um so tiefer wird auch der klanghältige Schall gehört. Nach der schönen Entdeckung von Wintrich lässt sich dieser klanghältige Schall der Höhlen von jedem nicht durch grössere Hohlräume bedingten klanghältigen Schalle dadurch unterscheiden, dass er bei geöffnetem Munde höher, bei geschlossenem tiefer, und wenn man auch dieses untersuchen will, bei geschlossener Nase noch tiefer schallt. Bei etwas grössern Höhlen von Eiform kann man auch bemerken, dass der Klang im Aufsitzen höher oder tiefer wird als beim Niederlegen. Verkürzung des längsten für die Schallhöhe massgebenden Durchmessers der Höhlen verursacht diese Erscheinung. Ist dieser z. B. von vorne nach rückwärts gerichtet, so wird der Schall im Liegen höher werden als beim Sitzen, umgekehrt, wenn der längste Durchmesser von oben nach unten verläuft. Ist die Brustwand dünn, biegsam, und kann demnach die Höhle durch starken Percussionsschlag leicht erschüttert und abgeflacht werden, so liefert sie auch das Geräusch des gesprungenen Topfes. Doch ist auf dieses kein grosses Gewicht zu legen, indem es bei Kindern und einigen Erwachsenen am gesunden Brustkorbe, häufig auch über Verdichtungen der Lunge sich findet, die noch von einer Schicht lufthaltigen Gewebes bedeckt sind. Sehr grosse Höhlen, solche von dem Umfange eines Hühnereies und darüber, geben bei glatter Beschaffenheit und regelmässiger Form ihrer Wandungen Metallklang.

Bei der Auscultation hört man Bronchophonie, Röhrenatmen und klingendes Rasseln. Das Röhrenatmen ist gewöhnlich nicht sehr hell und hoch, das klingende Rasseln grossblasig, reichlich und feucht. Bei sehr bedeutender Reichlichkeit des Rasselns kann Röhrenatmen mangeln. Eine völlig leere Höhle wird natürlich nur Röhrenatmen und keine Rasselgeräusche hören lassen. Bei entsprechender Grösse sind die Rasselgeräusche hie und da von Metallklang begleitet; dann begleitet auch Metallklang oder amphorischer Wiederhall das Atmungsgeräusch. Ein besonderes zuverlässiges Auscultationszeichen der Höhlen beschreibt Seitz unter dem Namen des metamorphosierenden Atmens. Dasselbe soll nur diesem Zustande zukommen und durch anfängliche Enge des zuführenden Luftröhrenastes bedingt sein, der während der Einatmung ausgeweitet wird. Es wird beschrieben als ein dem scharfen Zellenatmen ähnliches Zischen, ein Stenosengeräusch, das während der Einatmung, etwa nach einem Drittel derselben verschwindet, und einem andern gewöhnlichen Geräusche, z. B. dem Röhren- oder Zellenatmen Platz macht. Ziemlich selten ist in sehr grossen Höhlen die Flüssigkeit leicht beweglich, und verursacht beim Schütteln des Kranken eine Art Succussionsgeräusch, das sich jedoch dumpfer, klangärmer als jenes bei Pneumothorax auszunehmen pflegt. Noch seltener dürfte, wie in einem Falle von Cejka und in einem von mir, über Höhlen ein systolisches hohes, fast pfeifendes Geräusch gehört werden. Ich konnte einen erweiterten Pulmonalarterienast, der durch die Höhle verlief, bei der Leichenschau als wahrscheinliche Entstehungsquelle nachweisen. Dem Herzen nahegelegene grosse Höhlen lassen häufig herzsystolische Rasselgeräusche oder klingende, ja metallklingende Herztöne hören. Merkwürdig sind die wenigen beschriebenen Fälle (auch ich habe deren einen beobachtet), in welchem herzsystolische Rasselgeräusche sich so durch Resonanz verstärkten, dass sie auf die Entfernung mehrerer Schritte gehört werden konnten.

Betrachtet man prüfend und sichtend die einzelnen physikalischen Zeichen der Höhlen, so ergibt sich, dass der Nachweis ein keineswegs sehr sicherer ist. Das Geräusch des gesprungenen Topfes darf von vornherein als wertlos bezeichnet werden. Röhrenatmen findet sich bei fast allen ausgebreiteten Verdichtungen der Lunge in gleicher Weise. Rasselgeräusche kommen allerdings Höhlen mit besonderer Reichlichkeit zu, und besonders grossblasige Beschaffenheit des Rasselns weist schon für manche Orte, wo nur kleine Luftröhrenäste verlaufen, z. B. die Lungenspitze, die Annahme ihrer Entstehung in normalen Hohlräumen zurück. Allein bei dem Vergleiche des klinischen und des anatomischen Befundes von vielen Schwindsüchtigen wird man öfter an Orten, wo sehr reichliche und grossblasige Rasselgeräusche wahrgenommen werden, vergeblich Höhlen suchen. Der amphorische Wiederhall ist wenigstens für die Gegend zwischen den Schulterblättern nicht beweisend, wo er bisweilen auch bei Gesunden getroffen wird. Als sicherste Zeichen bleiben demnach Höhenwechsel klanghältigen Schalles und Metallklang übrig. Nun findet sich aber Höhenwechsel klanghältigen Schalles auch dann, wenn durch verdichtetes Lungengewebe hindurch grosse Luftröhrenäste percutiert werden können. Metallklang allerdings wird nur bei Pneumothorax oder Höhlen getroffen, aber er setzt auch schon eine beträchtliche Grösse der letzteren voraus.

Wintrich'scher Schallwechsel hat wesentlich an Bedeutung für die Cavernendiagnose verloren, seitdem man weiss, dass er durch die Luftsäule des Atmungsrohres innerhalb verdichteten Lungengewebes bedingt sein kann und thatsächlich sehr häufig bedingt wird. Es wird die Frage sein, ob man nicht aus kleinerem oder grösserem Höhenunterschiede des Schalles beim Oeffnen und Schliessen des Mundes erschliessen kann, ob ein kugelig oder cylindrisch geformter Luftraum, eine Höhle oder die Luftsäule des Atmungsrohres percutiert wird. Nach meinen seitherigen Versuchen scheint es, als ob die Höhle den geringeren, die bronchiale Luftsäule den grösseren Unterschied in der Höhe des Percussionsschalles beim Oeffnen und Schliessen des Mundes liefere. Ist der Schall bei offenem Munde viel höher als bei geschlossenem, so kann man zweifeln, ob wirklich eine Höhle vorhanden sei.

Was den Höhenwechsel im Sitzen und Liegen betrifft, so hat sich ergeben, dass wenn der untere Teil des Pleurasackes flüssigen Erguss oder verdichtetes Lungengewebe enthält, das lufthältige Gewebe der Schlüsselbeingegend im Sitzen höheren Schall liefert als im Liegen. Demnach kann nur noch der im Liegen höhere Schall als ganz zuverlässiges Percussionszeichen der Höhlenbildung betrachtet werden.

Sind Pleura und Unterlappen frei, so weist höherer Schall im Sitzen auf eine Höhle hin, deren Längsdurchmesser senkrecht gestellt ist. Höherer Schall im Liegen entspricht jener häufigen durch Spitzenzerfall entstehenden Höhlenform, deren Luftraum seinen längsten Durchmesser wagrecht stehen hat. Endlich wäre hier noch des **unterbrochenen Wintrich'schen Schallwechsels** zu gedenken. Man findet oft im Liegen Wintrich'schen Schallwechsel, der bei aufrechter Stellung sich nicht nachweisen lässt, weil die Mündungen der Luftröhrenäste am Boden der Höhle von deren zähem Inhalte verstopft werden. **Im Sitzen unterbrochner Wintrich'scher Schallwechsel** findet sich vorzugsweise bei breiten, durch Zerfall der ganzen Spitze entstandenen Höhlen. **Im Liegen unterbrochenen Wintrich'schen Schallwechsel** liefern manche der vorderen Brustwand nahe gelegene, senkrecht gestellte Höhlen der Schlüsselbeingegend.

Grössenbestimmung der Höhlen. Schon vor Jahren hat A. Geigel versucht, aus der Höhe des gehörten Metallklanges und dem percutierten Längendurchmesser einer Höhle deren Kubikinhalt zu berechnen. Er bemerkt in jener Abhandlung ausdrücklich, dass der klanghältige Percussionsschall der Höhlen und deren auscultatorischer Metallklang stets die gleiche Höhe haben. Von der Lichtung des einmündenden Luftröhrenastes nimmt er an, dass sie im Mittel 1 cm Durchmesser habe. Dass ein bestimmtes Verhältnis zwischen den in ihrer Höhe wesentlich von dem Lufträume der Höhle abhängigen Schallerscheinungen, z. B. der Höhe des Metallklanges und des klanghältigen Percussionsschalles und jenem Lufträume selbst gefunden werden könne, liegt nahe. Nach dem, was wir über die Abhängigkeit des klanghältigen Schalles und Metallklanges von regelmässiger Rundung der Höhlenwand und über den Schallwechsel beim Sitzen und Liegen und seine Abhängigkeit von der Form der Höhlen wissen, lässt sich für einzelne dieser Hohlräume sehr wahrscheinlich machen, dass sie von kugeliger Form seien. Die Grösse solcher lässt sich vergleichen mit der eines gleichschallenden, nämlich den klanghältigen Schall dieser Caverne wesentlich verstärkenden Resonators. Für die richtigste Art der Verwendung dieses Instrumentes halte ich folgende. Man steckt das eine Ende eines Gummirohres in den äusseren Gehörgang, das andere über den Schnabel eines Resonators, den man mit seiner Basalöffnung der percutierten Stelle soweit nähert, als es ohne Zusammenstoss mit dem percutierenden Hammer oder Finger geschehen kann. Verwendet man mehrere Resonatoren nacheinander in dieser Weise, so kann man einen finden, der den Schall dieser Caverne auffällig verstärkt, und von diesem kann man erwarten, dass er der Grösse der Caverne annähernd entspricht. Da die Weite der Basalöffnung immer bedeutend grösser ist, als die des zuführenden Bronchus, wird, auch wenn man beim Percutieren den Mund öffnen lässt, völlige Gleichheit der Bedingungen sich doch nicht herstellen lassen. Ich halte den Fehler nicht für sehr gross, wenn man den Resonator völlig frei in der Nähe der percutierten Stelle hält und auf die bisweilen sehr auffällige Verstärkung des klanghältigen Schalles achtet. Es dürfte kaum nötig sein, darauf hinzuweisen, dass, wenn man die Schallhöhe an einer klangvoll schallenden Stelle der Brustwand mittelst eines Resonators bestimmt, ohne sicher zu wissen, dass eine Höhle vorhanden ist, die ihrer Grösse nach einigen Einfluss auf den Percussionsschall üben kann, der Leichenbefund keiner oder einer winzigen Höhle einzig einen Fehler der Fragestellung nachweist. Dagegen möchte ich an die Erfahrung Wintrich's erinnern, dass sehr kleine in einen weiten Luftröhrenast mündende Höhlen die physikalischen Verhältnisse grösserer nachtäuschen können. Die grösste Schwierigkeit dieser Frage liegt offenbar noch in dem Masse der Beteiligung des Luftraumes des Atmungsrohres an der Entstehung des Percussionsschalles einer Höhle.

Ueber die Frage, welcher Natur die vorgefundenen Höhlen seien, welchem Krankheitsprozesse sie ihre Entstehung verdanken, gibt die physikalische Untersuchung nur wenige Anhaltspunkte, die sich hauptsächlich auf die gleichzeitigen besonderen Verhältnisse der Lunge, auf den Sitz der Höhlen und auf die Andauer der Erscheinungen, welche sie liefern, beziehen. Finden sich nur Höhlen an beiden Lungenspitzen, konnte vielleicht deren Ausbildung aus vorausgegangener Verdichtung der Lunge verfolgt werden, so ist deren Entstehung durch käsigen Zerfall kaum zu bezweifeln, ebenso wird einseitige Höhlenbildung bei Verengerung der obern Brusthälfte und sonstigem phthisischem Habitus, und bei gleichzeitiger Verdichtung der andern Lungenspitze aller Wahrscheinlichkeit nach auf Tuberculose zu beziehen sein, der überhaupt die grosse Mehrzahl aller Höhlen ihre Entstehung verdankt. Da die aus Lungenbrand oder einfacher Vereiterung sich entwickelnden Höhlen bei Berücksichtigung der Vorgeschichte, des Verlaufes und der Beschaffenheit des Auswurfes, sehr leicht erkannt werden können, so haben wir es hauptsächlich mit der am Krankenbette so hochwichtigen Unterscheidung der Höhlenbildung durch Erweiterung der Luftröhrenäste und durch tuberculöse Vereiterung des Lungengewebes zu thun. In den untern Lappen allein gelegene Höhlen können in der Regel eher als bronchiektatische betrachtet werden, ebenso solche Höhlen, die nur in einer geschrumpften Lunge zerstreut gefunden werden, während die andere Lunge völlig gesundhafte Verhältnisse oder emphysematösen Zustand erkennen lässt. Höhlen, die rasch ihren Füllungszustand ändern, einmal Röhrenatmen, klingendes Rasseln, klarghältigen Schall, verstärkte Stimmschwingungen, ein andermal leeren Schall, abgeschwächte Stimmschwingungen, kein Atmungsgeräusch oder nur feuchte Rasselgeräusche ergeben, werden selten andere als bronchiektatische sein. Auch die Höhlen, die man erst während des Bestehens einer Lungenentzündung zu entdecken im stande ist, ebenso solche, welche man Jahre lang ohne Zeichen fortschreitender Erkrankung beobachtet, gehören unter die gutartigen, durch Erweiterung der Luftröhrenäste entstandenen.

In Bezug auf den Auswurf sei erwähnt, dass missfarbiger, äusserst übelriechender Auswurf hauptsächlich durch darin schwimmende Bindegewebsfetzen Bedeutung erlangt als Zeichen des Lungenbrandes, aber wenig oder keine elastischen Fasern führt, die hinwieder in dem münzenförmigen, fast geruchlosen Auswurfe Tuberculöser reichlich getroffen werden, dass der missfarbige übelriechende, in einzelnen reichlichen Entleerungen herausbeförderte Auswurf der Bronchektatiker weder Bindegewebe noch elastische Fasern, häufig aber einige Blutkörperchen führt. Endlich der reineitrige, dünn-

Gerhardt, Auscultation und Percussion. 5. Aufl. 19

flüssige, reichlich hervorquellende Auswurf bei Lungenvereiterung erhält oft durch Hämatoidinkrystalle semmelgelbe Färbung und führt elastisches Gewebe. Von den Erweiterungen der Luftröhrenäste ist noch besonders hervorzuheben, dass man sich durch die Beschaffenheit des Auswurfes weder allein noch überwiegend zu deren Annahme bestimmen lassen darf; dieselbe Form des Auswurfes kann durch einfachen Katarrh geliefert werden, und wir kennen Bronchektasien mit äusserst ausgebreiteten Höhlen, die einfach katarrhalischen Auswurf liefern, und solche, die Monate lang fast gar keinen Auswurf lieferten. Man wird in der Regel die stinkende, brotsuppenähnliche Beschaffenheit des Auswurfes bei jenen bronchektatischen Höhlen vermissen, die gutgenährten Leuten angehören und bei der Untersuchung eine weite Verbindung mit der Luftröhre aus bedeutendem Höhenwechsel des klanghältigen Schalles erschliessen lassen. In jüngster Zeit hat der Nachweis Koch'scher Tuberkel-Bacillen in dem Auswurfe phthisischer Kranker besondere Bedeutung erlangt. Namentlich Hinzutreten von Tuberculose zu Bronchiektasie kann fast nur auf diesem Wege erkannt werden.

VIII. Emphysem.

Das substantive Emphysem findet seine wesentliche Begründung in dem Elasticitätsverluste der Lunge, doch bleibt es nicht durch diesen allein bezeichnet, da weitere Veränderungen hinzutreten. Alle Zeichen des Emphysems lassen sich unmittelbar aus den anatomischen und functionellen Störungen ableiten.

Elasticitätsverlust der Lunge hat zur Folge, dass der atmosphärische Druck auf der Innenseite der Brustwand geringere Verminderung durch Zug der Lunge erleidet, als er sollte. Daher erweitert sich der Brustkorb, nimmt mehr Einatmungs-Stellung an, daher werden die Zwischenrippenräume flacher, die Schlüsselbeingruben verstrichen. Noch mehr macht sich dies an dem Zwerchfelle geltend, dessen Wölbung sich vermindert, dessen Complementärräume sich öffnen. So sinkt die untere Grenze der Lunge, also die obere Grenze der Leber- und Milzdämpfung tiefer herab. Das auf dem sehnigen Mittelstücke des Zwerchfelles aufruhende Herz nimmt dabei eine mehr nach rückwärts geneigte Lage ein, kommt im ganzen tiefer zu stehen, berührt mit einem kleineren Teile seiner Vorderfläche die Brustwand und wird dafür von Lunge überlagert, ja in hochgradigen Fällen vollständig verdeckt.

Diesen Veränderungen entsprechend findet sich der Herzstoss

tieferstehend, sehr schwach (weil er durch eine Schicht von Lunge wahrgenommen wird), die rechte Kammer zum Teil zwischen den Rippenbogen der Bauchwand angelagert, so dass stärker als der Herzstoss deren Anschlag in der Magengrube gefühlt wird. Die **Herzdämpfung** ist tiefstehend und klein, übrigens aber nach innen vom linken Brustbeinrande begrenzt, nach unten in jene des linken Leberlappens übergehend. Die Herzdämpfung erreicht nicht entfernt die Stelle des Spitzenstosses; nicht selten ist die linke Grenze derselben mehr als 3½ cm von der Stelle des Herzstosses entfernt. In einigen Fällen kommt es zum völligen Verschwinden der Herzdämpfung, wobei allerdings nicht allein die Grösse des Emphysems, sondern noch besondere, die Abflachung der Kuppel des Zwerchfelles begünstigende Umstände von Bedeutung sind. Ist die Basis des Herzens von der Brustwand entfernt, die Spitze von Lunge überlagert, so müssen natürlich die **Herztöne** an allen diesen Stellen abgeschwächt zur Wahrnehmung kommen.

Da der Brustkorb fortwährend in einer Stellung verharrt, die einer gewöhnlichen Einatmung gleichkommt oder eine solche noch an Erweiterung überbietet, bedarf es häufiger und starker Anstrengung der **Atmungsmuskeln** mit Zuziehung der Hilfsmuskeln, um den Brustkorb noch zu erweitern, sowie um ihn wieder zu verengen, kurz um genügenden Luftwechsel zustandezubringen. Man sieht daher die Ränder der Halsmuskeln dieser Kranken stark hervorspringen, ihre Atembewegung beschleunigt, die Einatmung durch die Schultermuskeln, die **überwiegend erschwerte und verlangsamte Ausatmung** durch die Bauchpresse unterstützt, und dennoch fällt der Erfolg dieser Muskelanstrengung, die wirkliche Formveränderung des Brustkorbes sehr gering aus. Diese Atemnot steigert sich in Anfällen, und namentlich während solcher Anfälle von Kurzatmigkeit findet einatmungsweise Einziehung der Brustwand längs des Zwerchfellansatzes ganz in derselben Weise statt, wie wir sie für Verengerungen des Kehlkopfes und der Luftröhre, ferner für Atelektase als wichtiges Zeichen kennen gelernt haben. Auch hier ist es eine compensatorische Einziehung, wie sie dort bei der Verengerung der Luftröhre oder des Kehlkopfes wegen ungenügenden Lufteintrittes in den sich erweiternden Brustkorb stattfindet; so entsteht sie bei Emphysemkranken dann, wenn Schleimverstopfung zahlreicher Luftröhrenäste den Lufteintritt unmöglich macht. Dass man hier kein Einsinken der obern Zwischenrippenräume und Schlüsselbeingruben beobachtet, findet in der Thatsache Erklärung, dass hauptsächlich die untern **Lappen** Sitz **katarrhalischer Verstopfung der Luftröhrenäste** werden.

Anatomische Untersuchung zeigt die Alveolen der emphysematösen Lunge nicht allein vergrössert im Verhältnisse zu der **Erweiterung der ganzen Lunge**, sondern durch Schwinden ihrer Scheidewände zu grossen, oft den Umfang einer Haselnuss erreichenden **Lufträumen** zusammengeflossen. Mit den Alveolenwänden gehen auch **zahlreiche Gefässe** unter. Der daraus hervorgehenden Verminderung **des Querschnittes** der Capillarbahn der Lunge entspricht beträchtliche **Blutstauung in der Lungenarterie**, dem rechten Herzen und den Körpervenen. Daher verstärkter zweiter Pulmonalton, **Erweiterung und Hypertrophie der** rechten Kammer, die freilich gerade wegen des **Emphysems der** Lunge gewöhnlich durch Percussion nicht nachgewiesen werden kann, jedoch durch verstärkte Pulsation in der **Magengrube** sich kundgibt, blaurotes Aussehen der Kranken, nach längerem Bestande der **Krankheit** wassersüchtige Anschwellungen, **Vergrösserung der tiefstehenden** Leber, **Härte des** fühlbaren Leberrandes, leicht **Gelbsüchtige neben bläulicher Hautfarbe der** Kranken. Während in den rückwärts von den **Lungencapillaren gelegenen Teilen, der Arterie, dem Conus arteriosus, dem rechten Herzen und Vorhofe und den Körpervenen das** Blut sich anhäuft, findet um so schwächere **Füllung der Lungenvenen, des linken Vorhofes und Ventrikels und der Körperarterien** statt. Hievon geben Kunde das ähnlich wie bei manchen Lungenembolien entstehende **systolische Mitralgeräusch** (ein Zeichen geringer Blutfülle), **Schwäche und Kleinheit des Arterienpulses, trockene, kühle Haut und verminderte Harnabsonderung**.

Entsprechend dem geringen **Luftwechsel** in der Lunge, der geringen Ausdehnung des **Lungengewebes** bei der Einatmung findet sich schwaches Zellenatmen, ausserdem, da die meisten Emphyseme von chronischen Katarrhen herrühren oder von solchen begleitet sind, **Rasselgeräusche**, namentlich trockene, **grossblasige Rasselgeräusche, Pfeifen und Schnurren**, und zwar regelmässig diese Erscheinungen **an den untern Lappen allein oder doch am reichlichsten** vorfindlich. An letzteren beobachtet man auch, dass ähnlich wie bei der Percussion der **volle Schall**, bei der Auscultation das **Zellenatmen** in grösserer Ausdehnung gehört wird.

Ueberblick dieser Zeichen in der Reihenfolge, in der sie bei der Untersuchung wahrgenommen werden: bläuliches Aussehen, geschwollene, namentlich bei den Hustbewegungen sich stark erweiternde Halsvenen, weiter fassförmiger Brustkorb mit bedeutendem Sternovertebraldurchmesser, angestrengte häufige, aber wenig erfolgreiche Atembewegung, besonders die Ausatmung verlängert und durch Muskelhilfe vollzogen, der Herzstoss schwach im sechsten oder siebenten Zwischenrippenraume, dafür die rechte Kammer stark in der Magengrube anschlagend, wo sie häufig durch eine auf- und absteigende Querfurche (Zwerchfell) von der stärker vorgewölbten Leber abgegrenzt erscheint. Die Percussion zeigt überall hellen vollen, zuweilen auffallend vollen, klanglosen Percussionsschall der bis zur siebenten oder achten Rippe in der Brustwarzenlinie herabreicht. Die Herzdämpfung ist klein und beginnt erst an der fünften oder sechsten Rippe, und reicht nicht bis zur Stelle des Herzstosses nach aussen. Die Leberdämpfung tiefstehend, aber gross. Man hört schwaches Zellenatmen, an den unteren Lappen viele Rasselgeräusche, am Herzen manchmal Verstärkung des zweiten Pulmonaltones und den ersten Mitralton von blasendem Geräusche begleitet. Die Töne der grossen Arterien sind schwach, weil diese Gefässe von der Brustwand abgerückt liegen. v. Dusch hat darauf hingewiesen, dass man unter diesen Verhältnissen die Töne der Mitralklappe oft deutlicher über dem linken Leberlappen als an der Stelle der Herzspitze höre.

a) Erkennung und Unterscheidung des Emphysems bieten geringe Schwierigkeiten. Verwechslungen mit Pneumothorax, mit Tuberculose gehören fast zu den Unmöglichkeiten. Pneumothorax unterscheidet der Metallklang, das Schüttelgeräusch, das amphorische Atmen, welche diesen Zustand auszeichnen, Tuberculose die Erweiterung des Brustkorbes beim Emphysem, während dort Schrumpfung in jeder Richtung beobachtet wird.

Nur jene acute Blähung der Lunge, wie sie im asthmatischen Anfalle auftritt kann zu Verwechselungen Veranlassung geben. Auch hier findet sich die Herzdämpfung klein, das Zwerchfell tiefstehend, das Zellenatmen schwach, von Rasselgeräuschen verdeckt. Mit Aufhören des Anfalles rückt das Zwerchfell um mehrere cm hinauf.

b) Teilweises Emphysem von einiger Ausdehnung wird in mehrfacher Weise beobachtet. Während manche Formen des Emphysems z. B. beim Keuchhusten an den Lungenspitzen beginnen, unterliegt es keinem Zweifel, dass in vielen Fällen die ganze Lunge von der Spitze bis zur Basis beiderseits Sitz der Erkrankung sei. Ja es kommt auch Emphysem der untern Teile allein vor, namentlich in den Fällen, in welchen chronische, zum Stillstand gekommene Verdichtungsprocesse die Spitzen oder den grösseren Teil der oberen Lappen zur Verödung und Schrumpfung brachten, so bei chronischer Entzündung und Schwindsucht, die Stillstand machte oder zur Heilung gelangte. Hier kann die Betrachtung des Brustkorbes eingesunkene Schlüsselbeingruben, geringen Sternovertrebraldurchmesser, eingezogene Zwischenrippenräume an der oberen Brusthälfte ergeben, während die untere Brusthälfte erweitert ist, geringe Tiefe der Zwischenrippenräume zeigt und aus den Percussionsergebnissen Tiefstand der unteren Lungengrenze und Ueberlagerung des Herzens von Lunge erkennen lässt. Teilweises halbseitiges Emphysem entsteht hauptsächlich in ausgleichender Weise nach Schrumpfung einer Lunge, sei es, dass diese von geheiltem Pneumothorax, Emphysem oder von chronischer Entzündung ausgegangen sei. In solchen Fällen erweist die Messung und Betrachtung des Brustkorbes wesentliche Unterschiede, in dem Umfange sowohl als in der Bewegungsfähigkeit seiner Hälften. Häufig gewinnt es bei dem ersten Anblicke den Anschein, als ob die Brust im Ganzen sich bei jeder Einatmung nach der gesunden Seite hin verschiebe. Das Herz findet sich bedeutend in die kranke Seite herein verschoben, worüber sowohl Beobachtung des Herzstosses als auch Percussion der Herzdämpfung Aufschluss geben. Das Zwerchfell ist auf der Seite des entwickelten Emphysems nicht allein tiefer stehend als auf der geschrumpften Seite, sondern überhaupt im Vergleiche mit seinem mittleren Stande tiefstehend. In solchen Fällen ist die vitale Capacität der Lunge vermindert, sowohl wegen Schrumpfung der einen Seite als auch wegen Emphysems der anderen, also doppelt vermindert, die Folge der Atemzüge dem entsprechend sehr beschleunigt. Bei der Auscultation hört man neben dem schwachen Zellenatmen der emphysematösen Lunge wegen des gewöhnlich begleitenden Bronchialkatarrhes viele trockene Rasselgeräusche.

c) Die Erkennung mancher andern krankhaften Zustände der Lunge kann durch die Anwesenheit des Emphysems wesentlich erschwert werden. Die meisten Erkrankungen an Emphysem sind mit Bronchektasien verknüpft; wie die Lungenzellen, so werden auch die Luftröhrenäste erweitert. So weit nun diese Bronchektasien cylindrische sind, ist ihre Erkennung überhaupt schwierig oder unmöglich. Aber auch sackförmige Bronchektasien, die ziemlich grosse Höhlen bilden, sind der Erkennung weit schwerer zugängig, wenn sie von emphysematösem Lungengewebe überlagert werden. Ich erinnere mich mehrerer Fälle, in welchen dieselben einzig und allein durch die immer an derselben Stelle wahrnehmbaren grossblasigen, jedoch nicht klingenden Rasselgeräusche angezeigt wurden. Aehnlich wie mit Höhlen verhält es sich auch mit Verdichtungen der Lunge. Entwickelt sich z. B. rings um eine Tuberkelablagerung in einer Lungenspitze hochgradiges raumausgleichendes Emphysem, so kann die Brustwand auf dieser Seite sogar gewölbter erscheinen als auf der andern, der Percussionsschall voller sein als gewöhnlich; die **Atembewegungen** der Brustwand freilich werden dennoch vermindert erscheinen. Während das Emphysem sehr häufig mit ausgedehnter Verwachsung des Rippenfelles verbunden ist, sind doch Zeichen von Pleuritis nur selten dabei wahrnehmbar. Jene Verwachsungen der Lunge geben sich zu erkennen durch verminderte Bewegung der Lungenränder bei sorgfältig die Ein- und Ausatmungsgrenzen darstellender Percussion.

d) Die Entstehung des Emphysems ist fast ausschliesslich auf verstärkte Atembewegungen zurückzuführen. Häufige, übermässig starke Ausdehnung der Lunge beraubt sie ihrer Elasticität und führt so zur Entstehung des Emphysems. Man hat in letzter Zeit besonders die Hindernisse der Ausatmung hervorgehoben, sowohl die ausserhalb des Körpers liegenden, wie sie bei dem Blasen mancher Instrumente hervortreten, als die innerhalb desselben gelegenen, wie sie durch mässige Verengerung der Luftröhre durch Kropfknoten u. dergl. bedingt werden. In letzterer Weise wirken sehr heftige häufige Hustbewegungen, wie anfallsweise beim Keuchhusten, über längere Zeit verstreut bei gewöhnlichen Katarrhen beobachtet werden. Man hat mit Recht darauf hingewiesen, dass durch Husten hauptsächlich die nicht von Ausatmungsmuskeln bedrückten Teile der Lunge in der Ausdehnung der vier ersten Rippen emphysematös werden, weil sie, während die übrige Lunge bei geschlossener Stimmritze unmittelbar gedrückt wird, widerstandslos stärkerer Ausdehnung anheimfallen. Gerade daraus muss man, den wichtigen Einfluss verstärkten Ausatmungsdruckes vollständig zugestanden, folgern, dass die Einatmung nicht minder, wo sie dauernd verstärkt ist, Emphysem bewirkt — gestützt auf die zahlreichen Fälle, in welchen auch die untern Teile der Lunge, die durch Eingreifen der Ausatmungs-Hilfsmuskeln ebenfalls erheblichen Druck erfahren, in hohem Grade emphysematös getroffen werden. Die Lunge verhält sich hierin wie jedes andere elastische Gewebe, sie büsst durch jeden häufigen übermässigen Zug an Elasticität ein. Zu dieser Hauptursache treten die wichtigen Einflüsse der Erblichkeit, die hier in hohem Grade sich nachweisen lässt, vorausgegangener Lungenentzündungen, die einen bedeutenden, zum Teil vorübergehenden, zum Teil andauernden Elasticitätsverlust des Lungengewebes bewirken, der an manchen Orten bestehenden endemischen Verbreitung des Kropfes u. A. mehr hinzu und machen Emphysem mässigen Grades zu einer der häufigsten Krankheiten.

c) Das systolische Mitralgeräusch, das bei vielen Emphysematikern gehört wird, hält man ziemlich allgemein für ein accidentelles. Auch ich bin dieser Ansicht, und zwar rechne ich dasselbe unter die durch Blutarmut bedingten Geräusche. Es hat auf den ersten Blick etwas Befremdendes, bei diesen über und über blausüchtigen Kranken von Blutarmut zu sprechen, dennoch ist diese Annahme völlig begründet. Die Blutstauung bei Emphysemkranken beginnt erst bei den Lungencapillaren und verbreitet sich von da auf die Lungenarterie, die rechte Kammer, den Vorhof und auf die Körpervenen rückwärts. Der linke Vorhof und die Lungenvenen sind frei davon, sie erhalten sogar wegen der Verödung vieler Lungencapillaren zu wenig Blut. Ganz dasselbe Geräusch sieht man plötzlich entstehen bei grober Embolie der Lungenarterie. Es sind Störungen der Ernährung und Zusammenziehung des Herzmuskels infolge mangelhafter Speisung mit arteriellem Blute, die diesem systolischen Geräusche zu Grunde liegen. Geringe Füllung des linken Vorhofes erklärt es mit, dass bei Emphysem das Herz so stark rückwärts zu sinken, d. h. sich von der Brustwand zu entfernen im stande ist. Entwickelt sich bei einem Emphysemkranken ein starker Mitralklappenfehler, so vergrössert sich die Herzdämpfung auffällig, weil jetzt der linke Vorhof stärker ausgedehnt wird und das Herz mit seiner vorderen Fläche sich wieder mehr an die Brustwand anlehnt. —

IX. Flüssigkeit im Herzbeutel.

Man unterscheidet wässerige, wässerigfaserstoffige, eitrige, jauchige Flüssigkeit und Bluterguss in dem Herzbeutel. Die physikalischen Zeichen aller sind der Hauptursache nach die gleichen. Wird der Herzbeutel ausgedehnt von Flüssigkeits-Erguss, so nimmt das Herz die tiefste Stelle ein, die Flüssigkeit sammelt sich hauptsächlich in den obern Teilen der Höhle des Herzbeutels an und verdrängt die Lunge in der Umgebung der grossen Gefässe von der Brustwand. Dadurch entsteht eine Vergrösserung der Herzdämpfung nach oben, die obere Grenze wird nach dem dritten, zweiten, selbst ersten linken Zwischenrippenraume verschoben. Anfangs bleibt die innere Grenze an den linken Brustbeinrand angelehnt, später verschiebt sie sich mit ihrem unteren Teile nach rechts und kann sich hier schräg nach abwärts bis über die rechte Brustwarzenlinie hinaus erstrecken; die linke Grenze wird wenig nach aussen gerückt und nach unten verlängert.

Ist die Flüssigkeitsansammlung so reichlich geworden, dass diese abgestumpft dreieckige Herzdämpfung sich über den rechten Brustbeinrand hinaus verbreitet, so verfehlt sie auch nicht, auf das Verhalten des Herzstosses Einfluss zu üben. Er wird tiefer gestellt, weiter nach aussen gerückt und abgeschwächt; da die Flüssigkeit von den Herzschlägen in Bewegung gesetzt wird, so findet sich häufig anstatt umschriebenen Herzstosses an bestimmter Stelle nur verbreitete schwache Wellenbewegung in mehreren Zwischenrippenräumen vor. Bei sehr massenhafter Ansammlung von Flüssigkeit geht der Herzstoss ganz verloren oder er wird wenigstens während der Rückenlage unfühlbar. Ist der Herzstoss wahrnehmbar, so liegt ein wichtiges Zeichen darin, dass die Herzdämpfung weiter nach links und aussen reicht als die fühlbare Bewegung des Herzens. Während beim Emphysem der Herzstoss an einer Stelle gefühlt wird, die noch den Schall der Lunge liefert, reicht hier der dumpfe Schall des Herzbeutelinhaltes weiter nach aussen als der Herzstoss.

Die Herztöne werden schwach, beschleunigt und undeutlich gehört. Die Regel, dass die Herzdämpfung im Stehen und Liegen annähernd gleich bleibe, erfährt bei Perikardialergüssen eine wichtige Ausnahme[1]). Die im Liegen schon vergrösserte Herzdämpfung gewinnt beim Stehen oder Aufsitzen um $1/3 - 1/2$ an Umfang. Ist die Brustwand nachgiebig, so erleidet sie durch den Druck der sich ansammelnden Flüssigkeit eine Vorwölbung. Der gleiche Druck bedingt Tiefstand des Herzstosses und Tiefstand des linken Leberlappens. Durch die Wirkung des Druckes nach rückwärts wird der linke untere Lungenlappen teilweise in Verdichtung versetzt, wodurch gedämpfter Schall ähnlich dem eines Pleuraergusses, jedoch mit verstärkten Stimmschwingungen im Bereiche des linken Unterlappens entsteht.

Fig. 33.

Fig. 33. Herzdämpfung bei Perikarditis im Stehen und Liegen.

Dieser Druck kann auch auf das Herz selbst sich geltend machen und neben Kurzatmigkeit

---

1) Von Stoffella wurde in letzter Zeit das entgegengesetzte Verhalten bei Perikarditis beobachtet und beschrieben: Grössere Herzdämpfung im Liegen, kleinere im Sitzen. Das einzige Annähernde was mir vorkam war, dass bei Einigen erst bei vornübergeneigtem Sitzen die Herzdämpfung grösser war als im Liegen.

und verschiedenen andern Beschwerden hochgradige Anfüllung der Venen bedingen; er kann ferner die Lungenränder luftleer drücken und so die Ausdehnung der Herzdämpfung noch grösser erscheinen lassen, als sie der Wirklichkeit nach ist. Das zuverlässigste unter diesen Zeichen des Ergusses in den Herzbeutel ist die dreieckförmige Vergrösserung der Herzdämpfung. Sie fehlt nur in zwei Fällen: nämlich bei Verwachsung und dadurch bedingter Unbeweglichkeit der das Herz umgebenden Lungenränder und bei hochgradigem Emphysem.

a) Welcher Art eine Flüssigkeitsansammlung im Herzbeutel sei, ist grossenteils nach der Krankengeschichte und den Allgemeinerscheinungen zu beurteilen, doch kann das schon früher erwähnte Perikardialgeräusch als wesentliches Beweismittel in dieser Richtung dienen. Wo es dem Ergusse vorausging, nachfolgt oder während desselben noch bei einer oder der andern Körperstellung gehört werden kann, wird es für entzündliche Entstehung und faserstoffige oder serösfaserstoffige Beschaffenheit der entzündlichen Ausschwitzung sprechen. Seinem Fehlen dagegen ist keinerlei besondere Beweiskraft beizumessen.

b) Die beschriebene Form der Herzdämpfung ist unter allen Zeichen dieses Zustandes das wichtigste. Während sie nur bei Verwachsung oder emphysematösem Zustand der Lungenränder fehlt, erleidet sie nur durch teilweise Verwachsungen des Herzbeutels oder der Lungenränder Formveränderungen, die sie zu einer unregelmässigen, zackig ausgebuchteten machen. Ist in irgend einem Falle Flüssigkeitsansammlung im Herzbeutel wahrscheinlich geworden, die Herzdämpfung jedoch nicht nach oben vergrössert, so kann man durch Prüfung der Verschiebungsfähigkeit der Herzdämpfung d. h. der Lungenränder erfahren, ob die Herzdämpfung überhaupt sich vergrössern konnte oder daran verhindert war. Nächst der Herzdämpfung ist das Verhalten des Herzstosses an und für sich, und namentlich im Zusammenhalte mit dem Befunde der Herzdämpfung am meisten beweisend. Man kann ziemlich unbedenklich in jedem Falle, in welchem die Herzdämpfung weiter nach aussen reicht, als der Herzstoss, dieser aber schwach bei starkem Radialpuls getroffen wird, das Vorhandensein eines Perikardialergusses annehmen. Schwäche der Herztöne hat geringere Bedeutung und ist ebenso, wie die Vorwölbung der Brustwand, ein vieldeutiges Zeichen. Bisweilen tritt zu den vorerwähnten Erscheinungen noch eine weitere hinzu, nämlich undeutlich begrenzte Dämpfung des Schalles links hinten unten bei erhaltenen oder verstärkten Stimmschwingungen, bedingt durch Druck des ausgedehnten Herzbeutels.

c) Solche Druckwirkungen können wohl auch noch andere benachbarte Brustorgane betreffen. Doch geben sowohl die Erscheinungen am Lebenden, als auch die Ergebnisse der Leichenuntersuchung wenig bestimmte Aufschlüsse hierüber. Nur bläuliche Hautfärbung, Leberschwellung, Anschwellung und Wellenbewegung der Jugularvenen, die zu mässigen Flüssigkeitsabsetzungen im Herzbeutel hinzutreten, können in reinen Fällen mit Sicherheit auf Druck auf den rechten Vorhof und die Hohlvenen innerhalb des Herzbeutels bezogen werden. Wenn der Puls während eines solchen Zustandes äusserst klein, beschleunigt und unregelmässig wird, und schwächern Herzschlägen nach dem Ergebnisse der Vergleichung zwischen Auscultation am Herzen und Betastung der Radialarterie keine Pulswelle mehr entspricht, so darf mit einigem Rechte an Druckwirkung auf die Aorta adscendens gedacht werden. Auch für den linken Luftröhrenast, Speiseröhre, Nervus recurrens etc. ist Druckwirkung anatomisch nachgewiesen worden, nachdem am Lebenden Zeichen von Bronchostenose, Schluckstörung, ein- oder doppelseitiger Stimmbandlähmung beobachtet worden waren.

d) Vergrösserung des Herzens selbst liefert niemals die gleiche Form der Herzdämpfung. Auf ganz einzelne Teile der Lungenränder beschränkte Verdichtung, die die Form der perikarditischen Herzdämpfung nachtäuschen könnte, würde sich durch die ihr zukommenden Auscultations-Erscheinungen und durch die Verstärkung des Stimmschwirrens zu erkennen geben. Mittelfellgeschwülste oberhalb des Herzens und Erweiterungen des Ursprunges der Aorta oder Lungenarterie üben stärkere und viel umschriebenere Druckwirkung auf die Brustwand sowohl als auf die benachbarten Brustorgane aus. Aneurysmen verursachen zudem klopfende und häufig auch schwirrende Vorwölbungen der Brustwand.

Anhang.

Verwachsung des Herzbeutels.

Verwachsung beider Blätter des Herzbeutels mit einander pflegt durch entzündliche Ausschwitzungen bedingt zu sein, hie und da kommt sie auch durch Neubildungen zu stande. Sie kann vollständige oder teilweise sein, mit Vergrösserung, Verkleinerung des Herzens oder Entartung seiner Muskulatur einhergehen, durch dicke, festweiche Faserstoffschichten, straffes Bindegewebe verursacht oder mit Neubildungen vermischt sein (Tuberkeln) oder selbst Cysten abgesackten wässerigen oder mörtelähnlichen Ergusses einschliessen. Alle diese Verhältnisse können, ebenso wie Veränderungen der benachbarten Pleura und Lunge das Ergebnis der physikalischen Untersuchung wesentlich beeinflussen. Es geht daraus hervor, dass die Herzdämpfung vergrössert oder verkleinert oder von mittlerem Umfange sein kann, dass die Herzgegend verstärkte Wölbung nur in wenigen Fällen darbietet.

Die wichtigsten Zeichen werden der **systolischen Bewegung der Brustwand** entnommen. An der Stelle der Herzspitze findet sich systolisches Einsinken anstatt Vorwölbung vor. Dieses Einsinken der Stelle des Spitzenstosses ist nicht zu verwechseln mit dem Einsinken benachbarter, mehr nach rechts oder oben gelegener pulsierender Stellen der Herzgegend. Während eine Beobachtung von Traube zeigt, dass schon mässig ausgebreitete Verwachsungen zwischen beiden Blättern des Herzbeutels in der Aortengegend dieses systolische Einsinken zur Folge haben können, zeigen auch einige andere Fälle, dass dasselbe ohne jede Spur von Verwachsung des Herzbeutels zustandekommen kann. Es ist demnach keineswegs unbedingt beweisendes Zeichen, wohl aber ist es beweisend, wenn die Brustwand in grösserer Ausdehnung mit der Systole eingezogen wird, mit dem Eintritte der Diastole rasch wieder ihre frühere Form annimmt. Das Zustandekommen dieses Zeichens ist abhängig von der Möglichkeit kräftiger Herzzusammenziehungen und wird begünstigt durch Verwachsung des Herzbeutels gegen die Wirbelsäule zu (Skoda), aber es kommt auch ohne diese weitere Befestigung des Herzens vor (Friedreich). Bei verhinderter Bewegung des Herzens nach links und abwärts bewirkt die systolische Verkürzung seines Längendurchmessers die Einziehung der Brustwand. Friedreich hat gezeigt, dass das diastolische Zurückschnellen der Brustwand einen dem zweiten Herzton folgenden Ton und rasche Entleerung der vorher gefüllten Halsvenen bewirken könne.

Die Percussion kann die **Herzdämpfung** vergrössert, verkleinert oder mittelgross zeigen. Ist gleichzeitig mit der Verwachsung des Herzbeutels feste Verwachsung der benachbarten Lungenränder vorhanden, so ändert die Herzdämpfung ihre Grösse weder bei tiefem Atmen noch bei Seitenlage. Doch kann diese Unbeweglichkeit natürlich auch bei blosser Verwachsung der Lungenränder vorhanden sein, und die Herzdämpfung kann sehr frei beweglich sein trotz allseitiger Verklebung beider Blätter des Herzbeutels. Die Herztöne sind, sofern keine Klappenfehler gleichzeitig vorhanden sind, rein und unverändert. Aus den geschilderten Zeichen kann keineswegs in jedem Falle die Annahme der Herzbeutelverwachsung begründet werden. Es gibt Fälle, in denen alle Zeichen mangeln, und alle Zeichen sind wiederum unsicher mit Ausnahme starker Einziehung eines grösseren Teiles der Brustwand. Für die bisherigen Behelfe völlig unzugänglig sind jene Fälle, in welchen der Herzbeutel ganz oder fast vollständig von der emphysematösen Lunge überlagert wird.

X. Luft im Herzbeutel.

Pneumoperikardie entsteht durch Durchbruch aus lufthaltigen Organen in den Herzbeutel, so von Lunge, Speiseröhre oder Magen aus, z. B. von der Speiseröhre her in einem Falle von Walshe nach dem Verschlucken eines Messers, vom Magen aus in einem Falle von Mac Dowel, durch Durchbruch eines Leberabscesses nach beiden Organen hin, durch Durchbruch einer tuberkulösen Höhle in den Herzbeutel in einem Falle v. Niemeyer's. Sie entsteht zweitens infolge durchdringender Wunden der Brustwand (Feine) und drittens durch freiwillige Gasentwicklung aus jauchigen Perikardialergüssen (Stokes, Friedreich).

Wenige Zustände liefern so sinnenfällige, ja für den Beobachter geradezu überraschende Zeichen wie dieser. Das Verhalten des Herzstosses ist verschieden, er kann fehlen oder durch eine auf mehrere Zwischenrippenräume ausgebreitete Pulsation ersetzt sein; daneben fühlt die aufgelegte Hand das Knattern zahlreicher grossblasiger Rasselgeräusche, die in gleicher Zeitfolge wie die Herzbewegung auftreten. Die Brustwand zeigt, wenn sie nachgiebig ist, beträchtliche Vorwölbung in der Herzgegend. Die Percussion liefert an Stelle der Herzdämpfung oder eines Teiles der Herzdämpfung deutlichen und zwar entsprechend der Kleinheit des Raumes hohen Metallklang. Ich konnte mich in einem Falle überzeugen, dass dieser bei raschem andauerndem Percutieren einer Stelle fortwährend entsprechend der Schlagfolge der Herzbewegung höher und tiefer wurde, was sich aus der beständigen Formveränderung des im Herzbeutel vorhandenen Luftraumes leicht erklärt. Da in allen Fällen neben der Luft Flüssigkeit im Herzbeutel enthalten ist, findet sich der Metallklang des Luftraumes begrenzt durch den dumpfen Schall der Flüssigkeit. Diese Grenze wechselt auffällig mit jeder Lageveränderung des Kranken. Bei völlig wagrechter Lage des Kranken, die jedoch der Atemnot halber nicht leicht stattfinden kann, würde die Luft allein zunächst der Brustwand liegen und percutiert werden, bei Knieellenbogenlage die Flüssigkeit allein; beim Stehen und Sitzen nimmt der Luftraum den obern, die Flüssigkeit den untern Teil der Höhle des Herzbeutels ein. Bei der Auscultation hört man neben den Herztönen fortwährendes **metallklingendes Plätschern** oder Rasseln, das mit der Herzbewegung stärker und schwächer wird, oder derartiges Rasseln, das während der Herzruhezeiten gleichfalls aussetzt. Das Geräusch ist häufig so laut, dass es auf einige Entfernung gehört werden kann und dem Kranken selbst wahrnehmbar wird. Von einem Kranken wird erzählt, dass ihn dies Geräusch, das er dem Plätschern eines Mühlrades verglich, am Schlafen verhinderte. Ausser demselben können noch sägende, schabende, perikarditische Reibegeräusche wahrgenommen werden.

Bei der Diagnose dieser Krankheit hat man Folgendes zu berücksichtigen: In manchen Fällen starker Gasauftreibung des Magens erregt die Herzbewegung durch eine Art von innerer Percussion systolischen Metallklang oder selbst metallklingende Rasselgeräusche in diesem Organe. Bei sehr ungeschickter Percussion könnte der percutorische Klang des ausgedehnten Magens, der sich über einen grossen Teil der linken Seite heraufstreckt, mit den erwähnten Rasselgeräuschen zusammen zur fälschlichen Annahme der Pneumoperikardie verleiten. Aber in diesem Falle sind die Zeichen der Gasauftreibung des Magens unverkennbar durch Percussion und Palpation nachzuweisen. Die Verhältnisse des Herzstosses sind nicht geändert oder er steht etwas höher, bei leiser Percussion können die gewöhnlichen Umrisse der Herzdämpfung aufgefunden werden, die Herztöne sind deutlich, das metallklingende Rasseln erscheint selten. Aehnliche Erscheinungen können auch durch Höhlen in der Nähe der Herzspitze erzeugt werden. Man muss eben dann die regelrechte oder verschobene Herzdämpfung von dem Metallklange der Höhle zu trennen wissen, und aus dem mit dem Atmen gleichzeitigen Rasselgeräusche der Höhle ihre Zusammengehörigkeit mit den Atmungswegen entnehmen; zudem wird hier der Höhenwechsel des Metallklanges über fortdauernden Zusammenhang mit den Luftröhrenästen Aufschluss geben, der bei Pneumoperikardie sich nicht leicht findet. Die grösste Aehnlichkeit bietet neben dem Herzen liegender abgesackter Pneumothorax. Doch bleibt hier immer die Herzbewegung und Dämpfung, wenn auch in veränderter Lage, deutlich nachweisbar.

XI. Herzhypertrophie.

Vergrösserung des Herzens ist gewöhnlich durch Verdickung der Muskulatur seiner Wände und Erweiterung seiner Höhlen gleichzeitig bedingt. Wir sehen deshalb hier ab von den selteneren reinen Erweiterungen des Herzens und den sogar bestrittenen, doch sicher bei Zusammenwirken mehrerer bestimmter Klappenfehler, z. B. Verengerung des linken arteriellen und venösen Ostiums vorkommenden concentrischen Hypertrophien. (Mit Verengerung der Höhlen einhergehende Verdickung der Wände). Bei Vergrösserung des Herzens wird in dem Masse der Herzstoss verstärkt, in dem Hypertrophie, und in dem Masse nach aussen und unten verschoben, in dem Erweiterung vorhanden ist. Die Brustwand wird häufig in der Herzgegend vorgewölbt, vorzüglich bei dünner nachgiebiger Beschaffenheit, bei hohem Grade und langer Dauer der Hypertrophie. Die Pulsation des Herzens findet sich in mehreren Zwischenrippenräumen mit grösserer Stärke und in grösserer Breitenausdehnung.

Die Percussion zeigt bei richtig stehenden oder wenig (höchstens den Raum einer Rippe und eines Zwischenrippenraumes) nach oben gerückter oberer Grenze der Herzdämpfung, deren seitliche Ausdehnung nach rechts und nach links hin, unter Umständen nach beiden Richtungen gleichmässig oder nach einer mehr erweitert. Die untere Grenze der Herzdämpfung steht nun nicht mehr in gleicher Höhe mit dem rechten unteren Lungenrande, sondern tiefer, wie aus der Vergleichung des Herzstosses entnommen wird und bisweilen unmittelbar nachgewiesen werden kann, wenn die Herzdämpfung nach aussen zu den linken Leberlappen überragt.

Das Verhalten der Herztöne wechselt sehr, sie können sehr stark, der erste an der Herzspitze von einem klirrenden Geräusche begleitet getroffen werden, durch Klappengeräusche völlig verdeckt sein, oder bei gesunkener Kraft der Bewegung des Herzens auch dumpf und schwach gehört werden.

a) Das Vorhandensein von Herzhypertrophie lässt sich leicht erweisen, wenn die verbreiterte Herzdämpfung nach oben nicht oder wenigstens nicht in Dreieckform vergrössert ist, nach links so weit reicht als der hinausgeschobene Herzstoss. Schon durch diesen Befund sind alle Verwechslungen ausgeschlossen, namentlich wenn eine gewisse regelmässige Form der Herzdämpfung noch dabei vorhanden ist. Aber das Herz kann sich um ein Beträchtliches vergrössern, ohne dass die Herzdämpfung umfangreicher würde; jede Section eines

Emphysemkranken gibt hiefür den Beleg ab; auch Verwachsung der Lungenränder mit der Pleura parietalis und dem Herzbeutel können verhindern, dass das hypertrophierende Herz auch eine entsprechend grössere unbedeckte Fläche biete. In diesen Fällen kann man Aufschluss erhalten durch genaue Beobachtung der Lage des Herzstosses, der ausserhalb der Grenzen der Herzdämpfung getroffen wird, ferner durch möglichst genaue Abgrenzung des leereren die Herzdämpfung umgebenden Schalles, auch durch den Versuch, die wahre Grösse des Herzens zu percutieren. Wenn auch das Ergebnis dieses Versuches kein genaues ist, ja bei Emphysem der Lunge noch ungenauer als sonst ausfallen muss, so hat es doch mindestens den Wert, unter besagten Umständen vor grober Unterschätzung der wirklichen Grösse des Organes zu schützen.

b) Die Frage, welcher Teil des Herzens überwiegend vergrössert sei, bezieht sich zunächst auf rechts oder links und zwar links nur auf die Kammer, rechts auf Kammer und Vorhof, aus dem einfachen Grunde, weil der linke Vorhof so entfernt von der vorderen Brustwand abliegt, dass von einer Grössenbestimmung desselben gar nicht die Rede sein.

Die linke Kammer vergrössert sich bei manchen Ernährungsstörungen und unechten Massenzunahmen, die das ganze Herz betreffen, bei Hindernissen im Stromgebiete der Körperarterien, so bei Verengerung des linken arteriellen Ostiums, bei Verengerung der Aorta an ihrem Bogen, bei allgemeiner Enge des Aortensystems, Aortenaneurysmen, bei Atherom der Körperarterien, endlich bei Nierenkrankheiten, die zur Schrumpfung der Niere und zum Verluste eines grossen Teiles der Capillarbahn der Niere führen (Traube), aber auch bei parenchymatöser Nierenentzündung, noch ehe diese zur Schrumpfung führte (Bamberger, Förster), selbst bei acuter Scarlatina-Nephritis (Friedländer).

Bedeutende Hypertrophie der linken Kammer bedingt in der Regel hebenden Herzstoss, wenigstens wenn das Aortenostium vollständig wegsam ist. Mindestens ist der Herzstoss beträchtlich verstärkt, ferner weit nach aussen und unten verschoben, nicht ganz selten bis zur Axillarlinie und zum achten Zwischenrippenraume. Er ist auf einen kleinen Raum beschränkt und unterscheidet sich jedenfalls deutlich von andern schwächeren daneben vorhandenen Pulsationen des Herzens. Dieser eigentliche Spitzenstoss lässt sich von dem Pulsieren benachbarter Zwischenrippenräume unterscheiden durch die Stärke der Vorwölbung, die er verursacht. Starken Herzzusammenziehungen entsprechend findet sich auch grosser und voller Arterienpuls, ausser, wenn Gefässverengerungen die Blutströmung und den Lauf der Pulswelle hemmen. So ist bei Verengerung des Aorteneinganges der Puls überall klein, bei Verengerung der Aorta an der Einmündung des Ductus arteriosus der Puls an den obern Gliedmassen gross, an den untern klein. Die Herzdämpfung zeigt sich nicht oder wenig nach oben vergrössert. Das Herz hat, soweit es nicht durch die Abwärtsdrängung des Zwerchfelles Raum gewann, sich mehr wagrecht gelagert. In die Quere reicht die Herzdämpfung vom linken Brustbeinrande oder höchstens vor der rechten Parasternallinie bis zur Stelle des Herzstosses. Die Herzdämpfung erweist sich überwiegend nach der linken Seite zu vergrössert. Wenn man gewöhnlich als Eigentümlichkeit der linksseitigen Herzhypertrophie überwiegende Vergrösserung der Herzdämpfung im Längsdurchmesser aufführt, so entspricht dies dem Umstande, dass das Herz selbst bei dieser Art der Hypertrophie bedeutend verlängert, aber keineswegs kugelförmig gestaltet erscheint. Der Längsdurchmesser erscheint aber in diesen Fällen fast quer gelagert, indem als solcher die Linie vom obern Rande der Herzdämpfung in der Brustbeingegend bis zur Herzspitze bezeichnet wird. Man würde also die Sachlage richtiger bezeichnen, wenn man sagte, dass die Herzdämpfung weniger nach oben und rechts, aber bedeutend nach links und abwärts vergrössert sei. Gewöhnlich zeigen die Körpervenen keine ungewöhnlichen Füllungsverhältnisse, doch liegt es im Verlaufe der Klappenfehler, die linksseitige Herzhypertrophie bewirken, auch der Aortenstenose und Insufficienz, dass sie in späterer Zeit auch venöse Stauung hervorrufen.

c) **Vergrösserung der rechten Kammer** bewirkt, wenn auch weniger als die der linken, gleichfalls Verschiebung des Herzstosses nach unten und aussen. Der Herzstoss wird verstärkt, aber nicht leicht von der rechten Kammer allein aus hebend. Die Verstärkung ist eine geringere als im vorigen Falle. Der Spitzenstoss ist schwer von der Pulsation benachbarter Zwischenrippenräume zu unterscheiden, er geht unmittelbar in dieselbe über. Diese Pulsation ist gewöhnlich sowohl nach oben als nach dem Brustbein zu sehr verbreitet. Nehmen Conus arteriosus und Lungenarterie an der Vergrösserung Anteil, so kann der zweite Pulmonalton an der entsprechenden Stelle der Brustwand gefühlt werden. Die Herzdämpfung ist weniger nach links zu, weit mehr nach rechts hin vergrössert, nach oben gar nicht oder wenig. Ihr Querdurchmesser, der senkrecht auf den Längsdurchmesser gestellt gedacht wird, ist überwiegend vergrössert. Der Arterienpuls zeigt gewöhnliche oder verminderte Völle und Spannung. Die Körpervenen sind stark **gefüllt**. In manchen Fällen ist ausgesprochen bläuliche Färbung **des** Gesichtes, der Körperoberfläche vorhanden.

Solche Hypertrophie des rechten Ventrikels erfolgt bei Verengerung und Schlussunfähigkeit der Mitralklappe, bei Verengerung der Lungenarterie oder des Conus arteriosus, bei Schlussunfähigkeit der Lungenarterienklappen, bei abnormer Communication beider Kammern, Vorhöfe, grossen Arterien, z. B. Fortbestand des Ductus Bo**talli**, des eirunden Loches, bei Schrumpfung der Lunge in der Weise, dass zahlreiche Lungenarterienäste verengt oder verschlossen werden, bei allen Krankheiten, die **dauernd den** Querschnitt der Lungenarterie oder ihres Capillargebietes verengen, **so** bei Lungenemphysem, Atelektase, manchen Phthisen, nach Pleuritis. Ausserdem findet sie sich bei allgemeinen echten **oder** mit Entartung verbundenen Hypertrophien des Herzens.

d) V e r g r ö s s e r u n g d e s r e c h t e n V o r h o f e s allein hat **man** sehr selten Gelegenheit zu beobachten, sie **würde** z. B. bei ausschliesslicher Verengerung **des** rechten venösen Ostiums notwendig zustandekommen **müssen**. Wohl aber kann man häufig einen grössern oder geringern Anteil einer nach rechts ausgebreiteten Herzdämpfung als dem rechten **Vorhofe** angehörig bezeichnen. Die Gründe, welche hiezu berechtigen, **liegen in** der Grösse und Höhenausdehnung der rechtsseitigen Herzdämpfung an sich, **dann in** den **Verhältnissen der** rechts vom Brustbeine wahrnehmbaren Pulsation. **Pulsiert nämlich** von einer ausgebreiteten rechtsseitigen Herzdämpfung nur ein **kleiner** unterer und innerer Abschnitt in deutlich fühlbarer Weise, so darf dieser als Anteil der rechten Kammer, der darüber und nach aussen gelegene Teil der rechtsseitigen Herzdämpfung als dem Vorhofe angehörig betrachtet werden. Bisweilen wird diese Anschauungsweise unterstützt durch das Vorhandensein einer kleinen Einkerbung **am** äussern Rande der rechtsseitigen Herzdämpfung, die der Grenze **zwischen** Vorhof und Kammer entspricht, aber allerdings nur bei sehr genauer Percussion wahrgenommen werden kann. Bei sonst mässiger Grösse der Herzdämpfung darf eine in der Rückenlage bei Erwachsenen oberhalb der siebenten Rippe vorfindliche rechtsseitige Herzdämpfung mit Sicherheit als Zeichen einer Vergrösserung der rechtsseitigen Herzhälfte bezeichnet werden. — In der rechten Seitenlage entsteht eine solche jedoch **bei** vielen, ja bei den meisten sonst gesunden Leuten.

e) Während die meisten Formen von Herzhypertrophie durch unmittelbare Ernährungsstörung des Herzens oder durch Blutlaufshindernisse entstehen, wird auch eine »r e i n e H e r z h y p e r t r op h i e« angenommen, eine Art von Herzhypertrophie **ohne Ursache** oder, wie Andere wollen, Herzhypertrophie infolge starker Muskelanstrengung, sehr reichlicher Ernährung des Körpers oder infolge von Berufsweisen, die diese beiden ursächlichen Momente mit sich bringen. Das Wenige, was ich hierüber sagen kann, beschränkt sich auf folgende Punkte. Functionelle Herzhypertrophie, vorwiegend den linken Ventrikel betreffend, kann sich infolge andauernder häufiger Herzpalpitationen entwickeln, so bei Basedow'scher Krankheit, oder infolge öfterer Einwirkung von Widerständen, die im Gebiete der Körperarterien gelegen ebenfalls nur functioneller Art sind. Dahin gehört die auf Arterienverengerung beruhende Herzhypertrophie der Bleikranken. Auch starke Muskelanstrengungen können in dieser Weise Herzhypertrophie zur Folge haben. Ich habe dies wiederholt bei Leuten, die seit langen Jahren an Epilepsie litten, nachweisen können. Dass anstrengender Felddienst Herzhypertrophie erzeugen kann, haben einzelne Erfahrungen der letzten Kriege ergeben. Schwerere Muskelarbeit bei Leuten, die täglich Lasten tragen, schwerbeladen Berge oder Treppen steigen führt zur Hypertrophie des Herzens, besonders der linken Kammer. Reichlicher Genuss geistiger Getränke bei der Arbeit steigert das Uebel. In vielen Fällen macht Erweiterung der Kammern den Anfang und gesellt sich erst später Hypertrophie hinzu. Die Folgen gleichen jenen nicht mehr ausgeglichener Klappenfehler. Häufig sind zugleich mehr oder weniger unabhängige Erkrankungen der grossen Gefässe, der Lunge, der Niere vorhanden. Immerhin sollte man sich hüten, Fälle, in denen Arterienatherom, Klappenfehler und Schrumpfniere mitspielen, als Beispiele jener Herzhypertrophie hinzustellen, die man als reine oder idiopathische bezeichnet.

Unter die Herzhypertrophien Gesunder würde auch die Herzhypertrophie der Schwangern gehören, welche zuerst von Larcher angenommen wurde. Aus verschiedenen allgemeinpathologischen Gründen, weil das Herz dem Kreislaufe zweier Körper zu dienen habe, weil bei Schwangern übermässiger Blutreichtum bestehe, Entzündungen und Katarrhe einen hartnäckigen Verlauf nehmen, hauptsächlich aber, auf das Ergebnis zahlreicher anatomischer Untersuchungen hin, die an achtzig Herzen von Wöchnerinnen vorgenommen wurden und von Ducrest nach Messungen an hundert Herzen bestätigt wurden, wurde die Lehre von einer Herzhypertrophie der Schwangern begründet, die nach vielen rasch gefolgten Schwangerschaften zur bleibenden werden könne. Sonderbarer Weise fand dagegen W. Bauer unter seinen achtzehn Fällen von »reiner« Herzhypertrophie nur sechs bei Weibern und sogar nur zwei bei Weibern über zwanzig Jahre. Sowohl die Vergleichung der Massangaben Larcher's und Ducrest's mit den Normalmassen der linken Kammer, die von Bizot, Ranking, Peacock ermittelt worden sind, als auch die Untersuchung einiger Herzen von Wöchnerinnen, die ich vornahm, zeigten mir, dass alle diese Masse noch innerhalb der Grenzwerte Gesunder, die die letztgenannten Forscher ermittelten, gelegen sind. Die Untersuchung an Lebenden aber ergibt im Durchschnitt von fünfzig Messungen eine geringe Vergrösserung der Herzdämpfung, wie sie aus der Heraufdrängung des Zwerchfelles oder wenigstens seines Centrum tendineum sich ungezwungen erklärt. Die untere Grenze derselben misst $7^{3}/_{4}$, die innere $6^{1}/_{2}$ cm im Mittel. Wo wirkliche Vergrösserung des Herzens bei Schwangern getroffen wird, ist sie nicht auf die vorübergehende Erweiterung der Uterinarterien, die mit Aneurysmen gar nichts gemein hat, sondern auf Nierenerkrankung oder Zustände von Blutarmut zu beziehen. Erstere bedingt Hypertrophie der linken Kammer, letztere schlaffe Erweiterung.

Verhältnismässige Grösse der Herzdämpfung und wirkliche Grösse des Herzens ist schon mehrfach als bei Kindern vorkommend hervorgehoben worden. So sagt z. B. Hope, dass bei diesen das Herz meist relativ grösser als bei Erwachsenen sei, so dass erst zur Zeit der Geschlechtsreife sich das richtige Verhältnis herstelle. Anatomische Messungen haben mir nun gezeigt, dass dieses Missverhältnis einer bedeutenden Dicke des linken Ventrikels nur eben in dem Masse besteht, in dem die Aorta an der Einmündungsstelle des Ductus arteriosus Botalli eine verengte Stelle zeigt. Dementsprechend fand ich bei zwölf gesunden Kindern zwischen drittem und achtem Lebensjahre den Herzstoss im fünften Zwischenrippenraume elfmal nach aussen die Brustwarzenlinie überragend und nur einmal in dieser gelegen. Als weiteren Beweis stelle ich hier einige Angaben über die Grenzen der Herzdämpfung zusammen:

1) Bei gesunden jungen Männern im Mittel ein Drittel der Länge des Brustbeins nämlich $5^{1}/_{4}$ Centimeter ist gleich $1''\ 11'''$ par. Länge sowohl der inneren als der unteren Grenze.

2) Bei Frauen zwischen 20 und 40 Jahren innere Grenze $5^{1}/_{2}$, untere 6 cm im Mittel.

3) Bei Kindern zwischen 3 und 8 Jahren mittlere Länge des inneren Randes $4^{1}/_{3}$, des unteren Randes 5 cm bei $8^{1}/_{2}$ cm mittlerer Länge des Brustbeines. Demnach die Länge der Herzdämpfung etwa die halbe Länge des Brustbeines betragend. In der That stand auch der obere Rand der Herzdämpfung in der Hälfte der Fälle an der dritten Rippe und noch in einem Viertel derselben am obern Rande

der vierten Rippe. Ich glaube nicht, dass dies als eine normale Hypertrophie bei Kindern, sondern einfach als eine bedeutendere Grösse des Herzens, zumal der linken Kammer zu betrachten ist. Vorzüglich geht aus diesen Untersuchungen hervor, dass der gewöhnliche Stand des Herzstosses bei Kindern des erwähnten Alters ausserhalb, nicht innerhalb der Brustwarzenlinie zu suchen sei.

f) **Vorübergehende Vergrösserung des Herzens in Krankheiten** ist mehrfach beobachtet worden. Zunächst sind Heilungen von Klappenfehlern, wenn auch keineswegs ein Ding der Unmöglichkeit, so doch selten genug sicher nachzuweisen. Jaksch, später Drasche hat einige solche Heilungsfälle veröffentlicht und gezeigt, dass sie in stärkerer Ausdehnung der noch functionsfähig gebliebenen Klappenteile ihre Begründung finden. Auch mir sind einige Fälle vorgekommen, in welchen sicher ohne Entwicklung von Lungenemphysem bei jugendlichen, kräftigen, schwere Arbeit verrichtenden Leuten alle Zeichen von Schlussunfähigkeit der linken Vorhofs- und der Aortenklappe verschwanden, die unter meinen Augen entstanden waren, somit auch die Zeichen der durch jene Klappenfehler bedingt gewesenen Hypertrophie. Ferner kann erkannte Herzvergrösserung, welche einen einfachen Klappenfehler begleitet, dadurch, dass Störungen an anderen Klappen sich entwickeln, vermindert werden, so beim Hinzutreten von Mitralstenose zur schon bestandenen Aorteninsufficienz. Wenn bei ungenügend compensierten Klappenfehlern mit hochgradiger Unregelmässigkeit und Kleinheit des Pulses Digitalis, Scilla und verwandte Mittel mit vollem Erfolge gegeben werden, verkleinert sich die Herzdämpfung nachweislich.

Häufiger hat man Gelegenheit, während anderer Krankheiten vorübergehende Vergrösserung des Herzens zu beobachten, die hauptsächlich auf Schlaffwerden seiner Musculatur beruht. Solche sind von Stokes für das Fleckfieber, aber auch von Friedreich in sehr überzeugender Weise für einzelne Fälle von Darmtyphus und Lungenentzündung nachgewiesen worden. Während des Wechselfieberanfalles hat man gleichfalls Verbreiterung der Herzdämpfung beobachtet. Hochgradige Fieberzustände bewirken ganz allgemein Verbreiterung des Herzens. Endlich sind in meiner Klinik von Th. Stark durch genaue Messung der Herzdämpfung bei Bleichsüchtigen sehr bedeutende Verbreiterungen namentlich nach rechts hin nachgewiesen worden, die mit der Heilung der Krankheit spurlos wieder verschwanden. Nach reichlichen Blutungen aus Unterleibsorganen findet man die Herzdämpfung vergrössert, die Milzdämpfung verkleinert. Mit dem Wiederersatze der Blutmasse erlangen beide die ursprünglichen Grenzen wieder.

Hohes Fieber und schwere Blutverluste führen zu einer Ernährungsstörung des Herzmuskels, welche in ihren Anfängen klinisch durch percutierbare Herzerweiterung, ferner Beschleunigung und Kleinheit des Pulses nachweisbar ist, in ihren Ausgängen anatomisch als Fettentartung des Herzmuskels sich darstellt. —

Auch Embolie der Pulmonalarterie hat vorübergehende Vergrösserung der Herzdämpfung zur Folge.

g) Von den Vergrösserungen des Herzens durch unächte Verdickung seiner Wandungen ist noch am besten die fettige Durchwachsung und Entartung bekannt. Ihre physikalischen Zeichen jedoch beschränken sich auf nach aussen gerückten schwachen unregelmässigen, beschleunigten, seltener verlangsamten Herzstoss', bedeutende Verbreiterung der Herzdämpfung, Schwäche der Herztöne und im Verhältnis zum Herzstoss noch schwächeren Radialpuls. Alle anderen Zeichen dieses Zustandes sind teils der Anamnese entnommene, teils subjective, so namentlich die Schwindelanfälle und die Anfälle von Atemnot, unter welchen diese Kranken leiden. Die genaue Verfolgung der Percussionsverhältnisse des Herzens während **acuter** fettigen Entartung, wie sie bei Phosphorvergiftung und bei **acuter** gelber Leberatrophie beobachtet wird, hat bis jetzt keine Umfangsveränderung **gezeigt**.

Fettentartung des Herzens kommt vorzugsweise in acuten Krankheiten und **bei langdauernden Zuständen von Blutarmut, bei** Verengerung der Kranzarterien etc. in Frage. Fettumhüllung und Durchwachsung findet sich bei sehr fettreichen Menschen, Vielessern, **Trinkern**. Nur auf das Zusammentreffen physikalischer und anamnestischer Zeichen hin sollte die Diagnose Fettherz gestellt werden. Wenn Jemand nicht gerade sehr **mager ist und** Brustbeschwerden hat, ist es noch lange nicht begründet **von Fettherz zu reden.** Die Diagnose Fettherz ist neuerdings unheimlich **beliebt geworden.**

XII. Klappenfehler.

Von den mannigfachen krankhaften Erscheinungen, welche durch Klappenfehler bedingt werden, können hier nur diejenigen kurze übersichtliche Betrachtung finden, die durch physikalische Untersuchung wahrgenommen werden.

1) **Unvollständiger Schluss der linken Vorhofs-**

klappe (Insufficienz der Mitralklappe): leichte Blaufärbung des Gesichtes, der Schleimhäute, etwas stärkere Füllung und sichtbare Blutbewegung der Halsvenen, verstärkter nach aussen von der Brustwarzenlinie, jedoch in der Regel noch weit vor der Axillarlinie gelagerter Herzstoss, unter Umständen systolisches Schwirren an der Herzspitze und tastbarer diastolischer Stoss der Pulmonalklappen, Verbreiterung der Herzdämpfung vorzüglich nach rechts, systolisches blasendes Geräusch an der Herzspitze mit oder nach dem ersten Tone oder anstatt desselben, häufig der erste Lungenarterienton von einem ebenso lauten Geräusch begleitet, ziemlich constant der zweite Pulmonalton verstärkt und laut, der Radialpuls von mittlerer Völle. Bei hochgradiger Störung und unvollständigem Ausgleiche ihrer Folgen durch vermehrte Leistung und Hypertrophie des rechten Herzens, stärkere Blausucht, Anschwellung der Leber, Katarrh der Luftwege, wassersüchtige Anschwellung der untern Körperhälfte, Verminderung der Harnmenge, unter Umständen auch Bauchwassersucht, Brustwassersucht, Lungenödem und hämorrhagischer Infarct.

Dieser Klappenfehler findet sich unter allen am häufigsten, wird besonders als Folge von Endokarditis, und bei weiblichen und jugendlichen Kranken mehr angetroffen, als bei bejahrten Männern, er ist selten ganz rein, häufig mit mässiger Verengerung der Vorhofsmündung verbunden. Nächst entzündlichen Veränderungen liefert das Atherom die stärkste Zahl der Erkrankten. Seltener sind es bei starken Körperanstrengungen entstandene Zerreissungen der Sehnenfäden, myokarditische Loswühlungen ihrer Ansätze, Fettentartung der Papillarmuskeln, die die Schlussunfähigkeit der Klappe bedingen. Bei Erschlaffung des Herzmuskels in schweren Krankheiten kann ungenügende Zusammenziehung der Papillarmuskeln vorübergehende Schlussunfähigkeit bewirken. Ebenso ist wenigstens in vielen Fällen von Blutarmut das systolische Geräusch an der Herzspitze zu deuten. Das systolische Mitralgeräusch kann fehlen oder verschwinden, am begreiflichsten dann, wenn der Blutdruck der linken Kammer sehr vermindert wird oder wenn der Klappenfehler sehr hochgradig wird.

Die Mechanik dieses Klappenfehlers ist eine sehr einfache. Sie führt zu fortschreitender Erweiterung aller rückwärts von der Klappe gelegenen Blutgefässabschnitte (Retrodilatation). Bei jeder Zusammenziehung fliesst Blut aus der linken Kammer in den linken Vorhof zurück und erzeugt das systolische Geräusch, indem der rückläufige Blutstrom durch den engen Spalt der unvollständig schliessenden Klappe sich hindurchdrängt. Bei bedeutender Insufficienz gelangt die Klappe deshalb nicht zum Tönen, weil sie bei der leichten Entleerung des Blutes aus dem linken Ventrikel nicht genügende Spannung erlangt. Der Vorhof erhält während seiner Ausdehnung Blut aus den Lungenvenen und aus dem linken Ventrikel und wird dadurch erweitert. Diese Erweiterung gibt sich jedoch wegen der Lagerungsverhältnisse des Vorhofes durch keinerlei Zeichen zu erkennen. Die Entleerung des Blutes aus den Lungenvenen in den überfüllten Vorhof wird erschwert und so pflanzt sich diese Stauung und mit ihr die Gefässerweiterung auf den gesamten kleinen Kreislauf, auf den Stamm der Lungenarterie fort und bewirkt hier die Verstärkung des zweiten Tones, ferner auf den Conus arteriosus, die rechte Kammer, daher die Ausbreitung der Herzdämpfung und ausgedehnte Pulsation, endlich auf den Vorhof und die Körpervenen, daher die Schwellung der Halsvenen, die bläuliche Hautfärbung, die Vergrösserung der Leber und die verminderte Absonderung der Nieren, die anderseits noch begründet wird durch verminderten arteriellen Druck. Der rückläufige Blutstrahl erzeugt in der Blutmasse des linken Vorhofes das systolische Geräusch; durch das linke Herzrohr wird dieses nach der Aussenseite der Lungenarterie fortgeleitet und im 2ten und 3ten linken Zwischenrippenraume um so besser gehört, je weiter das linke Herzrohr an die Brustwand hinreicht. (N a u n y n.)

2) **Verengerung der linken Vorhofsmündung** (kurzweg Mitralstenose) bewirkt gleichfalls schwachen, mitunter sehr schwachen aber verbreiteten Herzstoss, häufig systolisches, diastolisches, oder systolisches und diastolisches Schwirren an der Herzspitze, sowie tastbaren Klappenschluss der Lungenarterie. Die Percussion erweist die Herzdämpfung vergrössert, besonders im Querdurchmesser, in Form einer umfangreichen, teils der Kammer, teils dem Vorhofe angehörigen rechtsseitigen Herzdämpfung. Die Auscultation zeigt in manchen Fällen ein lautes schabendes, blasendes oder sägendes, nur diastolisches Geräusch, in andern systolisches und diastolisches, am häufigsten systolisches Geräusch, das schon vor dem ersten Tone (somit durch ein diastolisches Geräusch) eingeleitet wird, also ein Geräusch, das am Schlusse der Diastole beginnt, sich dauernd über den ersten Ton und durch einen Teil der Systole hinzieht. Manchmal ist auch einzig und allein systolisches Geräusch vorhanden oder es findet sich in der Ruhe ein systolisches und nach Körperbewegung auch ein diastolisches Geräusch. Diese Verhältnisse begreifen sich leicht, wenn man berücksichtigt, dass eine Verengerung ohne gleichzeitige Schlussunfähigkeit an der Mitralklappe nur unter ganz besonderen Umständen zustandekommen

kann, ferner dass der Blutstrom aus dem Vorhofe in die Kammer der das diastolische Geräusch erzeugt, ein weit schwächerer sein muss, als der systolische rückläufige Blutstrom aus der Kammer in den Vorhof, dem dasjenige Geräusch seine Entstehung verdankt, das der Schlussunfähigkeit entspricht. Zudem setzt die beginnende Schlussunfähigkeit einen engen Spalt, der in einen weiten Raum (den Vor-

Fig. 34a.

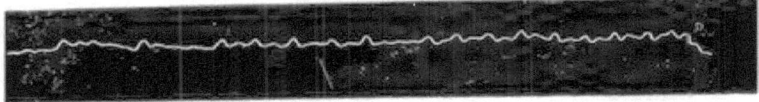

Fig. 34b.

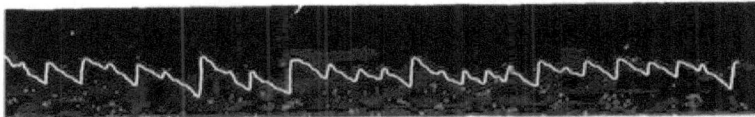

Pulscurven von Kranken mit Mitralstenose.

hof) führt, die beginnende Verengerung eine geringe Einschnürung des immerhin noch weiten Kanales. Es ist als ob im einen Falle durch das Schlüsselloch in ein Zimmer, im andern durch die halb geöffnete Thüre des Zimmers herausgeblasen würde. Der Umstand, dass das Geräusch am häufigsten unmittelbar der Zusammenziehung der Kammer vorausgeht, findet seine Erklärung darin, dass in diesem Zeitpunkte die Blutströmung aus dem Vorhofe in die Kammer durch die Zusammenziehung des Vorhofes einen erheblichen Zuwachs an Geschwindigkeit erfährt.

Die Stauung in den Körpervenen ist stärker, alle Zeichen derselben, bläuliche Hautfarbe, Schwellung der Halsvenen, Schwellung der Leber u. s. w. sind stärker ausgesprochen, der Radialpuls ist auffallend klein, dabei häufig sehr unregelmässig. Das diastolische Schwirren an der Herzspitze, ein sehr sicheres Zeichen der Mitralstenose, kann manchmal, wo es bei der Rückenlage fehlt, in der linken Seitenlage wahrgenommen werden, da bei dieser die kleiner gewordene linke Kammer wieder mit der Brustwand in Berührung kommt. Die Stärke des Herzstosses und dementsprechend des Radialpulses ist einigem Wechsel unterworfen, indem diejenige concentrische Atrophie der linken Kammer, die man allen Bedingungen nach erwarten muss, keineswegs jedesmal thatsächlich vorhanden ist. Für einzelne Fälle mag die von Friedreich gegebene Erklärung zureichend sein, dass die Bedrückung zahlreicher Capillaren und kleiner Arterien der Haut, welche bei starker wassersüchtiger Anschwellung stattfindet, ein Kreislaufshindernis setzt, das die Arbeit der linken Kammer erhöht und so deren Atrophie wieder ausgleicht. Aber zu häufig fand in Fällen ohne jede wassersüchtige Anschwellung bei den Leichenöffnungen die nach den gültigen Lehrsätzen verlangte Atrophie der linken Kammer sich nicht vor, als dass man jene Erklärung als einzige, überall ausreichende annehmen könnte. Durch die Verlaufsweise der Muskelbündel am Herzen wird es wahrscheinlich, dass nicht dieselben Primitivbündel an der rechten Kammer hypertrophieren, an der linken atrophieren können, ohne dass der Unterschied der Arbeitsleistung beider Kammern ein sehr bedeutender sei. Daher mag es sich erklären, dass nur bei sehr hochgradigen und sehr reinen Mitralstenosen die besprochene Umfangsabnahme der linken Kammer sich findet.

Die Unterscheidung dieses Zustandes stützt sich hauptsächlich auf das diastolische Mitralgeräusch, nächstdem auf die Kleinheit des Herzstosses und Pulses. Sie hat die Verstärkung des zweiten Lungenarterientones, die Vergrösserung des rechten Herzens, häufig auch das systolische Mitralgeräusch mit der Mitralinsufficienz gemein.

Die Krankheitszeichen kommen so zu stande, dass das Blut des linken Vorhofes durch das verengte, oft knopfloch- oder muttermundähnliche Ostium nur unvollständig in die linke Kammer entleert werden kann; dass somit die gleichen Vorgänge der rückwärts sich fortpflanzenden Erweiterung von dem Vorhofe an bis zu den Körpervenen hin platzgreifen. Die linke Kammer aber empfängt wenig Blut und hat wenig Arbeit zu leisten, sie wird eng und ihre Wand dünn, die Arterien werden wenig gefüllt und empfangen eine schwache Pulswelle. Daher die Schwäche des Herzstosses, die zudem dadurch noch erhöht wird, dass der Spitzenstoss ausschliesslich von der rechten Kammer ausgeht, daher die Kleinheit des Arterienpulses. Wie gering oft die Blutbewegung im linken Vorhofe ausfällt, zeigen an deutlichsten die bei Mitralstenose in den abgelegensten Teilen desselben nicht selten entstehenden freiwilligen Blutgerinnungen', deren sogar einmal eine aus dem linken Herzohr sich loslösend, plötzlich den übrig gebliebenen Rest von Ostium verstopfte und die Blutbewegungen im Herzen und mit ihr das Leben des Kranken augenblicklich aufhob. Auch auf die ganze Lichtung des Vorhofes bis auf schmale Bahnen zwischen Lungenvenen und dem Spalte zwischen den verwachsenen Klappenzipfeln kann sich diese Gerinnselbildung ausdehnen.

Gelegentlich sei hier ein Zeichen erwähnt, das weder Mitralstenosen allein noch auch jeder Mitralstenose zukommt, das aber das Mass arterieller Blutleere des Körpers anzeigt. Es ist dies die gegen Ende der Einatmung eintretende Pupillenerweiterung, der im Laufe der Ausatmung die Wiederverengerung folgt. Sie entsteht dadurch, dass die Einatmung den ohnehin schwachen Aortenstrom noch mehr abschwächt, so dass am Schlusse der Einatmung die Hirnanämie bis zum Grade der Pupillenerweiterung ansteigt.

3) **Schlussunfähigkeit der Aortenklappen (Aorteninsufficienz)**: entsteht durch endokarditische Zerstörung oder verkürzende Auflagerung, durch atheromatöse Erkrankung, selten durch Zerreissung, Fensterung der Aortenklappen oder myokarditische Loswühlung derselben. Schlussunfähigkeit der Aortenklappen gestattet während der Diastole dem zuvor aus der linken Kammer in die Aorta gelangten Blute den Rückfluss in die linke Kammer.

Die Herzgegend findet sich vorgewölbt, der Herzstoss hebend, weit nach unten und aussen gerückt, gewöhnlich nicht von Schwirren begleitet. Ausser einer verschieden starken Pulsation der nächsten Zwischenrippenräume beobachtet man häufig auch Pulsation am Brustbeinende des zweiten oder dritten rechten Zwischenrippenraumes, und in diesen Fällen wird hier gewöhnlich diastolisches, sehr deutlich in der Richtung nach abwärts sich verbreitendes Schwirren gefühlt, oder es findet sich an dieser Stelle systolisches und diastolisches Schwirren.

Die Herzdämpfung ist sehr beträchtlich vergrössert und zwar hauptsächlich in ihrem Längendurchmesser. Die obere Grenze ist wenig nach oben gerückt, die untere und linke bedeutend nach aussen. Die rechte Grenze kann normal stehen oder es findet sich bei recht bedeutender Vergrösserung des Herzens auch eine mässige rechtsseitige Herzdämpfung. An der pulsierenden Stelle der Aorta ist der Schall gewöhnlich leerer, aber nicht völlig dumpf.

Die **Auscultation** zeigt an der Aorta, an der Herzspitze, an den grossen Arterien des Halses, manchmal auch an den beiden rechtsseitigen Mündungen ein gedehntes, eigentümlich rauschendes **diastolisches Geräusch** und, falls die Klappe vollständig untergegangen ist, Fehlen des zweiten Aorten- und Arterientones. Dieses diastolische Geräusch wird an der Aorta am stärksten gehört; nur dann, wenn z. B. infolge von Emphysem eine Lungenschicht von beträchtlicher Dicke die Aorta von der Brustwand trennt, kann dies Rauschen an der Herzspitze, wohin es der Richtung des erzeugenden Blutstromes halber sich gut fortleitet, stärker als in der Aortengegend

erscheinen. Einige Male konnte ich auch trotz allseitig festgestellter
Aorteninsufficienz mir nicht verhehlen, dass das Geräusch am linken
Brustbeinrande lauter als am rechten war. Verschiebung der grossen
Ursprünge nach links musste wohl die Schuld daran tragen. Der
erste Aortenton kann gleichfalls fehlen und ist gewöhnlich von einem
Geräusche begleitet, das auch an der Carotis und Subclavia gehört
und als Schwirren gefühlt werden kann. Dasselbe verdankt seine
Entstehung häufig an den entarteten Aortenklappen vorragenden
Höckern oder Rauhigkeiten. Für die reinen, glattwandigen Aorten-
insufficienzen muss man sich erinnern, dass das Ostium arteriosum
sinistrum schon unter gesundhaften Verhältnissen eine engere Durch-
trittsstelle, freilich eine geräuschlose, darstellt zwischen linker Kammer
und Aorta. Ein Zuwachs an Strömungsgeschwindigkeit, wie ihn die
Aorteninsufficienz liefert, kann genügen, um jenseits dieser natürlichen, glatten Stenose ein Geräusch entstehen zu lassen. Demnach
ist dieses Geräusch keineswegs als zuverlässiges Zeichen gleichzeitiger
krankhafter Verengerung zu betrachten. Aehnlich wie mit diesem
Geräusche verhält es sich mit jenem systolischen Geräusche, das fast
in allen Fällen von Aorteninsufficienz an der Mitralklappe wahrgenommen wird. Mit den Aortenklappen erkrankt mitunter auch der
Aortenzipfel der Mitralklappe, somit kann dies Geräusch von gleichzeitiger Schlussunfähigkeit der linken Vorhofsklappe herrühren,
thatsächlich aber ist dies selten der Fall. Vielmehr kommt mit
grosser Häufigkeit den Aortenklappenfehlern ein systolisches accidentelles Geräusch an der Mitralklappe zu, das von krankhaft veränderten Spannungsverhältnissen dieser Klappe abgeleitet zu werden pflegt. An dem Ursprunge der Lungenarterie wird das systolische und diastolische Aortengeräusch fortgeleitet gehört neben
deren Tönen. Der zweite Pulmonalton ist nicht verstärkt, wenn
die Mitralklappe schlussfähig ist und die Stauung in der linken
Kammer noch durch fortschreitende Hypertrophie und Dilatation derselben ausgeglichen werden kann. Wird die rechte Kammer durch
das sich hinüberwölbende Septum verengt und die linke unvermö-
gend durch weitere Hypertrophie die ihr obliegende Arbeitslast zu
bewältigen, so wird auch der zweite Pulmonalton verstärkt, die
Kranken werden blaurot, während sie vorher gewöhnliche Hautfärbung boten, und alle Beschwerden der Herzkrankheit brechen nun
über sie herein.

Das diastolische Aortengeräusch fehlt selten: bei beginnender Schlussunfähigkeit der Klappe, bei mehrfachen Klappenfehlern, nach einigen Angaben auch bei sehr hochgradiger Zerstörung der Klappen. Musikalisches,

singendes, hohes, lautes Geräusch weist darauf hin, dass ein Teil des Gewebes der erkrankten Klappe noch gut schwingungsfähig ist.

Eine besondere Bedeutung besitzt bei Aorteninsufficienz der **Arterienpuls**. Er ist gross, schnell, hüpfend. Die Körperarterien sind erweitert, verlängert und zeigen daher oft oberflächlichen geschlängelten Verlauf, der besonders an der Brachialarterie und Radialis sehr deutlich bemerkt wird. Kleine, sonst unfühlbare Arterien, die Coronaria labii, die Fingerarterien, Arteria dorsalis pedis und ähnliche pulsieren auch in der Ruhe fühlbar. Ueber den mittleren Arterien wird bei der Auscultation ein dumpfer, einem Geräusch sich nähernder Ton beobachtet (abnormes Tönen der Arterien). Kommt recht ausgebildete reine Aorteninsufficienz bei kräftigen jugendlichen Personen zur Beobachtung, so findet man noch einige weitere Erscheinungen an der Schenkelarterie (Traube), seltener an der Axillararterie (Friedreich). Der erste Ton ist oft gespalten. Dies kommt auch bei Bleikolik etc. vor. Man hört einen zweiten Ton laut und deutlich, oft selbst stärker als den ersten. Dieses diastolische Tönen vom Herzen entfernter Arterien rührt von rascher Abspannung ihrer Wand her. Durch Druck mit dem Stethoskop kann systolisches und rückläufiges diastolisches Geräusch an der Schenkelarterie erzeugt werden (Duroziez). Der Radialpuls ist auffallend gross, aber schnell. Gewöhnlich gelingt es leicht, an einem durch Fingerdruck erzeugten geröteten Hautstreifen die Ränder capillar pulsieren zu sehen. Selbst ophthalmoskopisch soll abnorme Arterienpulsation als Zeichen der Aorteninsufficienz nachweisbar sein.

Bei fiebernden Kranken mit Milzschwellung fühlt man die Milz pulsieren. Bisweilen pulsiert die Leber (Rosenbach), einmal konnte ich auch Pulsation der Niere fühlen. Pulsatorische Bewegung der Gaumenbogen wurde von Fr. Müller beschrieben. Bekommt ein solcher Kranker Erysipel, so zeigt der Rand der Hautentzündung Capillarpuls. Doppelton der Cruralarterie kommt ausser bei Aorteninsufficienz auch bei Fieber, Bleikolik und Schwangerschaft vor.

Aorteninsufficienz verursacht namentlich, wenn sie mit einem mässigen Grade von Verengerung gepaart ist, lange Zeit unter allen Klappenfehlern des Herzens die geringsten Beschwerden. Sie ist in ihren höhern Graden sehr ausgezeichnet durch die bedeutende Hypertrophie des Herzens, durch den hebenden Herztoss der oft schon durch die Kleidungsstücke hindurch wahrgenommen werden kann, durch das diastolische Schwirren in der Aortengegend, das eigentümliche Geräusch und die erwähnten Verhältnisse des Pulses. Die

Entstehungsweise der Erscheinungen ist äusserst einfach: während jeder Diastole Füllung der linken Kammer nicht allein vom Vorhofe, sondern gleichzeitig durch den rückläufigen Blutstrom aus der Aorta, dadurch Erweiterung und Hypertrophie der linken Kammer, dadurch vermehrtes Einströmen des Blutes in die Körperarterien unter stärkerem Drucke, grössere Pulswelle, Erweiterung der Körperarterien. Die überwiegende Dehnung der linken Kammer in die Länge, welche man an der Leiche findet und welche der starken Verschiebung des Herzstosses nach abwärts zu Grunde liegt, sowie unter den Zeichen am Lebenden die auffällige Stärke des Spitzenstosses wird am besten erklärt durch den dehnenden Rückstrom des Blutes gegen die Herzspitze zu und durch die Zunahme der Muskelstärke der linken Kammer. Von der erhöhten Druckkraft des Blutes in den Körperarterien zeugen ausser der gleichmässigen Erweiterung häufig sackförmige Aneurysmen, die an kleinern Arterien entstehen, in andern Fällen Arterienzerreissungen, die Blutungen herbeiführen.

Fig. 35a.

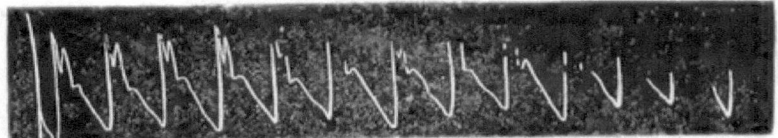

Fig. 35a. Pulscurve der Aorteninsufficienz nach Wolff.

Auffällig erscheint es, dass die linke Vorhofsklappe die Kreislaufsstörung vollständig abschliesst, dass diese sich demnach weder auf den linken Vorhof noch auf das klappenlose Gebiet des kleinen Kreislaufes nach rückwärts verbreitet, sondern gesetzmässig wenigstens für einen langdauernden ersten Zeitraum der Krankheit auf die linke Kammer und die Körperarterien beschränkt bleibt. Bei den Krankheiten der linken Vorhofsklappe bietet die rechte nicht in ähnlicher Weise für den rechten Vorhof und die Körpervenen Schutz gegen Rückstauung.

Das Blut strömt bei diesem Klappenfehler, während der Systole in grösserer Menge und unter höherem Drucke in die Arterien ein. Während der Diastole sinkt der Blutdruck rasch und tief ab. Das Ergebnis dieser Vorgänge der mittlere Blutdruck in den Arterien wird nur durch fortschreitende Hypertrophie des linken Ventrikels auf zulänglicher Höhe erhalten.

Die Aufzeichnung des Arterienpulses, die sich von Anfang an

mit lebhaftem Interesse der Aorteninsufficienz zuwandte, zeigt bei dieser Krankheit besondere Eigentümlichkeiten des Bildes. Die Curve ist hoch und steil, letzteres sowohl in ihrer an- als absteigenden Linie. Der

Fig. 35b.

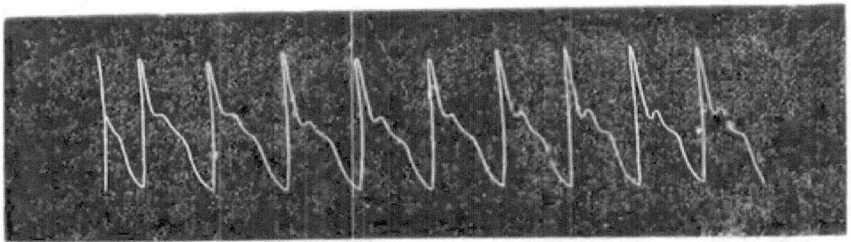

Gipfel ist spitz entsprechend dem Pulsus altus et celer. Die erste Secundärascension (Rückstosselevation) ist nieder und schwach ausgeprägt, das ist das eigentliche Zeichen der Schlussunfähigkeit der Aortenklappen, denn durch Reflexion an diesen wird die Welle erzeugt, der die Rückstosselevation ihre Entstehung verdankt. In manchen Fällen ist der Gipfel der Grossascension gespalten, sattelförmig, durch absatzweise Zusammenziehung der Kammern bedingt. — Die Pulswelle ist verlangsamt.

Jene Form der Aorteninsufficienz, welche durch Arterienatherom entsteht, zeichnet sich aus durch fortschreitenden Charakter der Krankheit durch Beteiligung des rechten Herzens an der Hypertrophie (Botkin), durch Beschleunigung statt Verlangsamung der Pulswelle, durch breiteren Gipfel der Pulswelle. Sie wurde namentlich von Hampeln schärfer von der endokarditischen Form gesondert.

4) **Verengerung der Aorta** in der Klappengegend oder der linken arteriellen Kammermündung findet sich in untergeordnetem Grade neben den meisten Aorten-Insufficienzen vor. Sie kann in diesem Falle nur aus der geringeren Höhe und Schnelligkeit des Pulses und auffälligen Stärke des systolischen Aortengeräusches erschlossen werden. Reine oder überwiegende Verengerung gehört zu den selteneren Formen der Klappenfehler. Sie findet sich bisweilen angeboren, meist durch Atherom entstanden bei älteren Leuten, häufiger bei Männern. Sie bedingt ähnliche Zeichen der Hypertrophie des linken Ventrikels, nur in etwas geringerem Masse, also starken, bedeutend nach aussen und unten dislocierten Herzstoss und im Längendurchmesser vergrösserte Herzdämpfung. Der Herzstoss erlangt nicht die gleiche Stärke wie bei der Aorten-Insufficienz, obwohl der linke Ventrikel stark hypertrophisch ist,

weil die mehr rundliche weniger keilförmige Gestalt des Herzens zu der Formveränderung die starken Herzstoss bewirkt, weniger geeignet ist. Pulsation der Aorta im zweiten oder dritten rechten Zwischenrippenraume wird seltener wahrgenommen, wohl aber häufig systolisches Schwirren an dieser Stelle. Ebenso an den Halsarterien.

Die **Auscultation** zeigt in den ausgesprochenen Fällen dieser Krankheit ein einziges langgezogenes blasendes, sausendes oder hauchendes **Geräusch**, das mit der Systole beginnt und sich diese überdauernd bis weit in die Diastole hineinzieht, um wieder kurz vor der Systole zu enden. Man hört es am lautesten am Aortenursprunge und gut fortgeleitet an den Halsarterien. Es ist nicht selten, dass alle Herztöne durch dieses Geräusch **vollkommen verdeckt** sind, oder in einer späten Periode der Krankheit, wenn Störung des kleinen Kreislaufes und Ueberfüllung der Körpervenen bereits hereingebrochen sind, hört man von allen Tönen nur den einzigen verstärkten zweiten Pulmonalton. Manchmal ist nicht leicht zu entscheiden ob das Geräusch an dem rechten oder linken Rande des Brustbeins stärker gehört werde.

Der Radialpuls ist klein, oft verschwindend klein, langgezogen und sehr häufig unregelmässig. Härte neben Kleinheit des Pulses spricht eher für Aortenstenose als für Mitralstenose. Sie ist von der Hypertrophie des linken Ventrikels abzuleiten. Häufig kommt der Puls verspätet, was sich bei gleichzeitigem Befühlen des Radialpulses und des Herzstosses ergibt. Auch beträchtliche Verlangsamung des Herzschlages und Pulses bis auf 50, selbst 40 Schläge, wird gewöhnlich beobachtet. Die Blutarmut der Körperarterien kann sich am Gehirn, das am frühesten unter solchen Zuständen leidet, durch Zufälle von Bewusstlosigkeit und Krämpfen bemerklich machen. Die Anhäufung des Blutes, das nicht in die Körperarterien gelangt, findet zunächst in dem kleinen Kreislaufe statt, daher die Häufigkeit des Blutspeiens bei dieser Krankheit. Das Geräusch, das am Herzen bei Aortenstenose entsteht, gehört zu den stärksten und lautesten, die man kennt. Es kann manchmal an dem Kopfe des Kranken, ja an der Lehne seines Stuhles gehört werden.

5) **Schlussunfähigkeit der rechten Vorhofsklappe (Insufficienz der Tricuspidalklappe)**, ein Klappenfehler, der rein ohne Complicationen so gut wie unbekannt ist, daher sich alle wesentlichen Zeichen auf seine Erkennung neben anderen Klappenfehlern, namentlich neben Mitralstenose beziehen. Solcher Zeichen sind drei zu besprechen: a) der Venenpuls, b) das systolische Geräusch an der Stelle der Tricuspidalklappe, c) die Schwäche des zweiten Pulmonaltones.

a. Der Venenpuls ist genau genommen ein Zeichen der Blutstauung in den Venen und der Schlussunfähigkeit der Jugularvenenklappen. Diese beiden Bedingungen werden am häufigsten bei Tricuspidalinsufficienz erfüllt. Für diesen Herzfehler ist jedoch der Venenpuls nicht durchaus bezeichnend; er kommt, wiewohl sehr selten, auch bei gesunder Tricuspidalklappe vor. Abgesehen von letzteren Fällen entsteht er durch das systolische Zurückströmen des

Fig. 36.

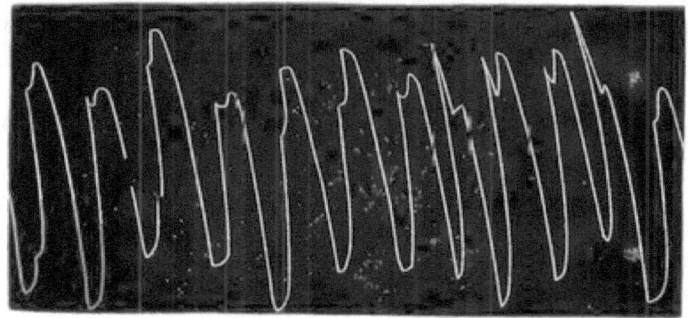

Fig. 37.

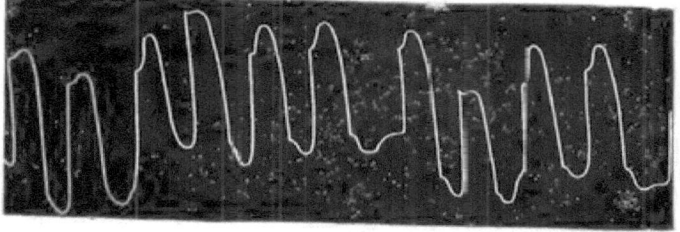

Fig. 36 u. 37. Venenpulscurven nach Bamberger.

Blutes aus der rechten Kammer durch die unvollständig schliessende Klappe, durch die Hohlvene, Anonyma, die gleichfalls undicht gewordenen Klappen der Vena jugularis communis in der Weise, dass diese dauernd erweitert und zugleich mit jeder Systole von unten her geschwellt und von einer rückläufigen Blutwelle durchlaufen wird. Sie geräth dabei häufig in systolisches Tönen oder Schwirren, und sie gibt, wie Bamberger nachwies, eine anadikrote Pulscurve mit einer ersten präsystolischen und einer zweiten systolischen höheren Ascension. Gewöhnlich zuerst rechts auftretend, wird er später doppelseitig, kann sich sowohl auf die Vena jugularis externa, als auch auf die kleineren Venen des Halses, des Oberarmes, ja der obern Brusthälfte ausbreiten. Der Puls der Vena cava inferior und der Lebervenen zeigt sich rechts von der Mittellinie, kann die ganze Leber in eine Art pulsierender Geschwulst verwandeln, wird jedoch weit seltener und noch am ersten nach Punctionen des Unterleibes wegen Ascites beobachtet. An der Vena jugularis interna kann der unterste Abschnitt bei abnorm hoher oder in die Höhe gedrängter Lage der Klappen pulsieren, ohne dass die Klappen durchbrochen worden sind (Pulsation des Bulbus). Wie der Venenpuls von der blossen Undulation und von mitgeteilter Pulsation unterschieden werde, wurde schon früher ausführlich besprochen (pag. 60 u. f.).

b. Systolische Geräusche an der Tricuspidalklappe werden häufig beobachtet. Aber es ist denselben nur in einer Minderzahl von Fällen die Bedeutung eigentlichen Klappengeräusches beizumessen. Nicht einmal auf blosse Rauhigkeit der Klappe können dieselben mit einiger Häufigkeit bezogen werden, sondern sie sind teils accidentell, teils fortgeleitet.

Da die accidentellen nicht mit gleicher Leichtigkeit an diesem Orte zustandekommen wie an der Mitralis und Pulmonalis, so trifft man sie nur bei hochgradigen anämischen oder Fieberzuständen, deren Unterscheidung von den mit recht hochgradiger Cyanose verbundenen Tricuspidalinsufficienzen jederzeit leicht fällt. Auch dann werden sie nicht allein an dieser Stelle sondern neben stärkeren Geräuschen an Herzspitze und Lungenarterie getroffen. Schwieriger ist die Unterscheidung der fortgeleiteten Geräusche, wie sie sich ziemlich gewöhnlich bei Mitral- oder Aortenkrankheiten vorfinden. Die Art und Dauer der Geräusche muss eine sehr verschiedene sein, um das Tricuspidalgeräusch von dem jener andern Klappen zu unterscheiden. Diese Möglichkeit findet sich häufig für die Aorta vor, weniger für die Mitralis; der gleichartigere Bau letzterer Klappen mag daran Schuld sein. Aber sehr oft gelingt es, kleine, jedoch deutliche Unterschiede in der Zeitdauer der gleichzeitig vorhandenen Mitral- und Tricuspidalgeräusche aufzufinden, und diese können von entscheidender Bedeutung sein. So beobachtet man z. B. an der Mitralis, wo die Insufficienzen höhern Grades sehr gewöhnlich von Stenose begleitet sind, viel häufiger als bei den meist reinen Tricuspidalinsufficienzen, dass das systolische Geräusch bereits vor dem ersten Tone beginnt; endlich ist das Verhalten der Tricuspidaltöne zu Rate zu ziehen, die man oft noch weiter nach rechts und aussen rein und frei von den fortgeleiteten Geräuschen wahrnehmen kann. Sollte das systolische Geräusch an der Tricuspidalis von Schwirren begleitet sein, jenes an der Herzspitze aber nicht, so würde dies natürlich auch für das Vorhandensein der Tricuspidal-Insufficienz den sichern Beweis liefern. Das Schwirren müsste rechts vom Brustbeine auf dem fünften und sechsten Rippenknorpel getroffen werden.

c. Die von Mühlhäuser zuerst als diagnostisches Zeichen zur Geltung gebrachte **Schwäche des zweiten Pulmonaltones** beruht darauf, dass dem bei Mitralkranken im kleinen Kreislaufe, namentlich in der rechten Kammer angehäuften und unter stärkere Spannung versetzten Blute durch hinzutretende Schlussunfähigkeit der rechten Vorhofsklappe ein Abzugsweg nach dem rechten Vorhofe und den Körpervenen hin eröffnet wird. Deshalb werden nach dem Eintritte der Tricuspidalinsufficienz die Lungenarterienklappen in jeder Diastole mit geringerer Kraft zur Spannung und zum Tönen gebracht, als zuvor. Freilich ist nicht selten die Spannung immerhin noch so bedeutend, dass der zweite Pulmonalton auch noch als verstärkt erklärt werden muss. Aus dieser Betrachtung ergibt sich auch, dass nur, wo der zweite Pulmonalton vorher verstärkt und später schwach gehört wird, der Schluss auf Tricuspidalinsufficienz gerechtfertigt werden könne, nicht aber daraus allein, dass er schwach getroffen wird.

d. Die übrigen Verhältnisse der Kranken mit Tricuspidalinsufficienz ergeben sich leicht aus der Betrachtung der Mechanik dieses Zustandes. Der rechte Vorhof wird stark ausgedehnt und im Verhältnisse dazu und zu der Verschiebbarkeit des rechten Lungenrandes an die Brustwand angedrängt, so dass eine **beträchtliche rechtsseitige Herzdämpfung** beobachtet wird. Die rechte Kammer würde bei reiner Tricuspidalinsufficienz eher kleiner erscheinen wegen der erleichterten Entleerung ihres Inhaltes nach der Lungenarterienbahn und dem rechten Vorhofe zugleich, allein sowohl stärkere Anfüllung vom Vorhofe her, als auch die gleichzeitigen linksseitigen Klappenfehler bedingen, dass sie gewöhnlich nicht wenig zu dem Umfange der rechtsseitigen Herzdämpfung beiträgt und eine rechts von dem Brustbeine vorhandene Pulsation des fünften, sechsten, vielleicht auch siebten und vierten Zwischenrippenraumes bewirkt. Infolge dieser Rückströmung findet hochgradige **Anhäufung des Blutes in den Venen** statt, bläuliche Färbung und wässerige Schwellung der Haut; Vergrösserung der Leber und häufig auch Ergüsse in die serösen Säcke, namentlich **Ascites** entstehen daher. Der Radialpuls pflegt wegen der Anhäufung des Blutes in den Venen klein und weich und gewöhnlich auch sehr unregelmässig zu sein. Alle von den Venen aus bedingten Folgen der Klappenfehler entwickeln sich hier rasch und erreichen bedeutende Höhe.

Das Gemeinsame der Störungen, die durch Klappenfehler bewirkt werden, liegt in der Verminderung des Unterschiedes des Blutdruckes der Arterien und Venen. Hiernach lässt sich leicht ermessen, wie das Hinzutreten von Schlussunfähigkeit der rechten Vorhofsklappe das rasche Hereinbrechen dieser Störungen veranlasst. Je mehr in einem zusammengesetzten Klappenfehler Tricuspidalinsufficienz die Hauptrolle spielt, um so stärker wird unter den wassersüchtigen Anschwellungen diejenige im Bauchfellsacke vorwiegen. —

6) Auch die Verengerung der rechten Vorhofsmündung (Tricuspidalstenose) kommt, wo sie erworben ist, meistens mit andern Klappenfehlern zusammen vor. Von ihr sind ausser diastolischem, über der Tricuspidalis hörbarem und wie sich aus der Gesamtheit der Verhältnisse ergeben muss, sicher an ihr entstandenem Geräusche keine zuverlässigen Zeichen bekannt. Ein derartiger Fall, den ich beobachtete, zeichnete sich durch sehr auffällige und gleichmässige Blausucht aus bei mässig starker Füllung der Halsvenen und überhaupt der grösseren Venenstämme. Obwohl nun in zwei anderen, gleichfalls sehr hochgradigen Fällen dieses Zeichen fehlte, so dürfte es vielleicht doch, wenn Verengerung des Lungenarterienursprunges ausgeschlossen werden kann, für die Annahme der Tricuspidalstenose von einiger Bedeutung sein. Uebrigens muss dieser Klappenfehler noch mehr als der zuvor besprochene abschwächend auf die Stärke des zweiten Lungenarterientones wirken, die Hypertrophie der rechten Kammer vermindern, dagegen die Blutstauung in den Körpervenen steigern. Mehr als allen andern Klappenfehlern kommt diesem die Wirkung zu, Blutgerinnungen im lebenden Herzen zu begünstigen.

Diese Stenose wirkt der durch andere Klappenfehler angebahnten Neigung zur Herzhypertrophie unter Umständen sehr kräftig entgegen, was um so wichtiger ist, als sie fast stets nur neben mehrfachen anderweiten Klappenleiden auftritt. Der öfter ausgesprochene Satz: bei Verengerung dreier Ostien hypertrophiere das Herz nicht, dürfte sich grösstenteils darauf beziehen, dass Verengerung der rechten Vorhofsmündung drei Höhlen des Herzens blutarm und deshalb zur Erweiterung und Hypertrophie ungeeignet macht.

In den reineren, angeborenen Formen, deren Schipmann eine

Anzahl zusammengestellt und durchgearbeitet hat, ist neben starker Blausucht das Fehlen rechtsseitiger Herzdämpfung und ein diastolisches Geräusch über dem 4ten und 5ten linken Rippenknorpel bezeichnend.

7) **Verengerung des Ursprunges der Lungenarterie (Pulmonalstenose)** findet sich weit häufiger angeboren als erworben. Es ist ein hervorstechender Zug, dass fötale Endokarditis häufiger rechts als links, und wiederum häufiger an der arteriellen als an der venösen Klappe ansetzt. Verengerung des Conus arteriosus (Dittrich's wahre Herzstenose) liefert die gleichen Zeichen wie Verengerung des Klappenringes der Lungenarterie. Diese bestehen in beträchtlicher Vergrösserung der rechten Kammer, daher bedingter Verstärkung und Ausbreitung der Pulsation des Herzens bei undeutlichem, eher schwachem Herzstosse, Vergrösserung der Herzdämpfung besonders nach rechts hinüber und einem **systolischen, mit Pulsation und Schwirren verbundenen Geräusche im zweiten, dritten linken Zwischenrippenraume**. Dabei Kleinheit des Arterienpulses, dunkelblaue Färbung der Haut, Kurzatmigkeit und Schwäche der Ernährung. Die gewöhnlich mit vorhandenen anatomischen Störungen: verschobene Ursprungsstelle der Aorta, Offenstehen der Kammer- und Vorhofs-Scheidewand, seltener auch des Ductus arteriosus, sowie Erweiterung der Bronchialarterien tragen, so viel bekannt, zu den am Lebenden beobachteten Zeichen nicht bei. Lange Lebensdauer ist häufiger bei geschlossenen als bei offenen Fötalwegen beobachtet worden. Im Extrauterinleben infolge von Endokarditis sich entwickelnde Pulmonalstenose liefert die gleichen Zeichen wie die angeborene, nur pflegt die Blausucht wenig entwickelt zu sein. Unter allen angeborenen krankhaften Zuständen am Herzen ist die Verengerung des Lungenarterienursprunges am besten gekannt. Als eine häufige Beigabe sind tuberculöse Herde der Lunge aufzuführen, die wie auch bei Diabetes mellitus und insipidus (Leyden) durch mangelhafte Zufuhr an Ernährungsmaterial und Flüssigkeit in ihrer Entstehung begünstigt werden.

In zwei Fällen konnte ich bei erwachsenen Blausüchtigen den Klappenton der Pulmonalarterie sehr deutlich und stark fühlen. Bei dem zweiten, der zur Section kam, fand sich die Verengerung an den Klappen selbst gelegen. Sie waren zu einem Trichter verwachsen, aber noch dünn und schwingungsfähig. Die Fötalwege waren geschlossen, die rechte Kammer glich durch starke Hypertrophie die Folgen der Verengerung aus. Ich möchte in dem fühlbaren Stosse der Klappen ein Zeichen nicht zu schwerer Veränderungen an der Klappe und guter Ausgleichung sehen.

8) **Schlussunfähigkeit der Lungenarterienklappen (Insufficienz der Pulmonalarterienklappen)** zeigt hochgradige Hypertrophie und Erweiterung der rechten Kammer, systolische Pulsation und diastolisches Schwirren im zweiten oder dritten linken Zwischenrippenraume, starken Spitzenstoss und epigastrischen Stoss, umfangreiche rechtsseitige Dämpfung, diastolisches und systolisches Geräusch an der Lungenarterie am lautesten, das sich nach den benachbarten Ostien fortpflanzt, hochgradige Stauung im kleinen Kreislaufe und Stauung in den Körpervenen. In einem Falle der Art beobachtete Bamberger, dass an der zwischen Schwertfortsatz, und linkem Rippenbogen tastbaren rechten Kammer systolisches Schwirren entstand, wenn mit dem Finger darauf gedrückt wurde.

9) **Zusammengesetzte Klappenfehler**, gleichzeitige Erkrankungen mehrerer Herzklappen, liefern im allgemeinen das Bild schwererer Herzkrankheit, bedeutender Stauung in den Körpervenen und im kleinen Kreislaufe, die physikalischen Zeichen einer sehr beträchtlichen Hypertrophie entweder der rechten allein oder beider Kammern. Häufig finden sich die Herztöne vollständig durch Geräusche ersetzt, oder so unregelmässig und beschleunigt, dass eine genaue Feststellung der Eintrittszeit der vorhandenen Geräusche erst nach wiederholter Beobachtung oder nach künstlicher Verlangsamung der Herzthätigkeit durch Arzneimittel möglich wird. Obwohl für den einzelnen Fall keine ganz bestimmten Regeln sich aufstellen lassen, darf man doch fast immer die bezeichnenden Merkmale der einzelnen vorhandenen Klappenfehler und nur geringe Abänderungen in ihren Folgen für den Kreislauf zu finden erwarten. Bezüglich der Geräusche wird man gut thun, stets die **diastolischen** zum Ausgangspunkte der Erwägung zu nehmen, da die systolischen oft nur auf functionellen Störungen beruhen. Stärke, Zeitdauer, Schalltimbre und Zusammenhang der Geräusche an verschiedenen Orten muss deren Entstehungsart kennen und unterscheiden lehren.

Bei der gewöhnlichsten Form: dem Zusammentreffen einer **Mitral- und Tricuspidalkrankheit** liefert erstere ihre gewöhnlichen und notwendigen Zeichen, nur das Verhalten des zweiten Lungenarterientones kann durch die Miterkrankung der rechtsseitigen Klappe in entgegengesetzter Weise wie bei dem Mitralfehler beeinflusst werden. Das Hinzutreten des Venenpulses oder eines eigenen systolischen Geräusches kennzeichnet die Tricuspidalerkrankung. Unter den Folgeerscheinungen pflegt Bauchwassersucht besonders hervorzutreten.

Bei Zusammentreffen von Fehlern der Mitralis und Aorta ist je nach dem Ueberwiegen des einen oder andern Hypertrophie und Erweiterung der rechten oder linken Kammer mehr ausgesprochen, der zweite Lungenarterienton verstärkt, aber neben dem Geräusche an der Mitralis noch ein anderes in die Halsarterien sich gut fortleitendes an der Aorta vorhanden. Handelt es sich dabei um Schlussunfähigkeit der Aortenklappen, so ist der Puls gross, schnell und schleudernd. Die Folgen für den kleinen Kreislauf pflegen stürmisch und ungünstig auszufallen. Bei Erkrankung dreier Klappen liefern häufig nur zwei derselben bezeichnende Merkmale. Namentlich fehlt in diesem Fall öfter das Geräusch der Aorteninsufficienz. Uebrigens macht bei allen zusammengesetzten Klappenfehlern eingehendes Studium des Einzelfalles alle allgemeinen Regeln darüber wertlos.

Die allerergiebigste Entstehungsquelle der Klappenfehler ist Endokarditis. Diese betrifft fast immer die Klappen, höchst selten die grössere übrige, der Herzwand anliegende Ausbreitung des Endokards. Schon dieser Umstand weist entschieden auf die hohe Bedeutung der **mechanischen Reizung**, Reibung u. dergl. für die Entstehungsstelle der Erkrankung hin. An den Klappen sind es die Ränder, oder richtiger die Schliessungsspuren, die am meisten von Endokarditis betroffen werden. Unter den Klappen wird im extrauterinen Leben die V. mitralis am meisten befallen, deren Schliessung unter dem stärksten Drucke erfolgt. Eine Anzahl von Krankheiten, an deren Spitze vielfache acute Gelenkentzündungen (nicht allein acute Gelenkrheumatismen) stehen, erzeugt besondere Neigung zu Endokarditis. Fasst man den Gelenkrheumatismus als eine durch kleinste pflanzliche Organismen erzeugte Infectionskrankheit auf stellt man ihn in eine Linie mit Scarlatina, Variola, Pneumonie, die gleichfalls an Endokarditis so ergiebig sind, so lässt sich zunächst der Zusammenhang mit jenen rheumatismusartigen, vielfältigen Gelenkentzündungen leicht gewinnen, die bei und nach Scharlach, Tripper, Ruhr, Diphtherie und ähnlichen Infectionskrankheiten vorkommen. Auch die M. Schüller'sche Lehre der Entstehung von Gelenkentzündungen durch allgemeine Infection und locale Irritation lässt sich schön verwerten. Sodann aber erscheint die Endokarditis bei allen diesen Krankheiten als Folge der Anhäufung von Bacteriencolonien an den durch Reibung meistgeschädigten Stellen der Herzklappen, wie dies die anatomischen Untersuchungen von Eberth und die experimentelle Erzeugung von Endokarditis von O. Rosenbach erschliessen lassen. Dabei erklärt sich auch leicht das Vorkommen von Endokarditis bei manchen rasch zerfallenden käsigen Lungenerkrankungen und bei jauchenden Krebsen, namentlich des Magens und des Uterus. Ausser meinen eigenen Aufzeichnungen finde ich eine Bestätigung hiefür z. B. in Wagner's Angaben über die Häufigkeit der Endokarditis beim Carcinoma uteri. Wo solche infectiöse Ursachen Endokarditis erzeugen, nimmt dieselbe fast stets ihren **Ausgangspunkt an der Klappe**, die unter dem stärksten Drucke steht, also im Extrauterinleben an der Mitralis. Erzeugen Mitralklappenfehler beträchtliche Hypertrophie der rechten Kammer, so ändert sich, falls aufs Neue Endokarditis sich einstellt, das Verhältnis. Die Mitralis selbst wird durch ihren Klappenfehler vor starkem Drucke behütet, denn der linke Ventrikel wird atrophisch, oder er drückt machtlos auf die durchlöcherte Klappe. Dagegen ist nun die andere Vorhofsklappe dem Drucke der hypertrophischen rechten Kammer ausgesetzt, also in dem zum Erkranken günstigeren Verhältnisse. So erzeugt die **spätere Endokarditis nicht eine** Steigerung **des Mitralklappenfehlers,** sondern **als häufigste Beigabe** desselben **die Schlussunfähigkeit der** rechten **Vorhofsklappe.** Wenn bei Jemanden durch Fortpflanzung des atheromatösen Processes oder ausnahmsweise Ortswahl der Endokarditis die Aortenklappen erkrankt sind und derselbe darnach von Endokarditis betroffen wird, sind es in der Regel weder die Aortenklappen noch die Zipfel der Tricuspidalis, die nun erkranken, sondern die Mitralklappe wird ergriffen, da sie die stärkste Spannung und Reibung erleidet. Hierin findet das anerkannt häufige Hinzutreten von Mitralklappenfehlern zu jenen der Aorta seine Erklärung. Nicht allein Klappenfehler, auch sonstige Kreislaufsstörungen wirken so; in Fällen von Offenstehen des Ductus arteriosus Botalli fand man die Klappen der Lungenarterie mit endokarditischen Auswüchsen besetzt. Durch das hier entwickelte **Gesetz der Klappenerkrankungen** finden auch jene Fälle ihre Erklärung, die vor Jahren von Neumann als „cyanotische Endokarditis" geschildert wurden, d. h. als Endokarditis entstanden durch Blutstauung.

Die Folgen eines Klappenfehlers werden in gewissem Masse ausgeglichen, die durch denselben entstandenen Kreislaufshindernisse überwunden durch die erfolgende Hypertrophie einer Kammer. Durch die Hypertrophie der linken Kammer bei Aortenfehlern, durch die der rechten bei Mitralfehlern wird eine Ausgleichung der entstandenen Unzulänglichkeit (Compensation) geleistet. Man unterscheidet deshalb noch nicht compensirte, compensirte und nicht mehr compensirte Klappenfehler. In dieser Anschauung liegen wesentliche prognostische und therapeutische Anhaltspunkte. Sollen Klappeninsufficienzen in der Weise, wie es von Jacksch geschildert wurde, heilen, so geschieht dies im Zeitraume des vollen Ausgleiches. Dieser wird begünstigt durch öftere vorübergehende Steigerung der Arbeitsleistung des Herzens, z. B. durch körperliche Anstrengung. In der That fanden sich die wenigen Heilungsfälle von Klappenfehlern (zwei der Mitralis, einer der Aorta), die ich durch Jahre lange Beobachtung feststellen konnte, gerade bei solchen Leuten, die bald nach der Erkrankung wieder anstrengender Körperarbeit oblagen. Womit nicht gesagt sein soll, dass nicht Herzkranke durch Ueberanstrengung und verkehrte Curen geschädigt werden könnten.

XIII. Lageveränderung des Herzens.

Die angeborene Rechtslagerung des Herzens (Dexiokardie) bildet einen Teil der Lageverwechslung aller Organe (Heterotaxie nach B. S. Schultze), oder nur der Brustorgane. Ausserdem findet sich noch eine Form, die wir hier gleich miterwähnen wollen: regelrechte Lagerung der Brustorgane, also auch des Herzens, bei verkehrter der Bauchorgane. An dem in der rechten Brusthälfte mit der Spitze nach rechts hin gelagerten Herzen entspringt aus der rechten durch eine Valvula mitralis sich abschliessenden Kammer die Aorta, aus der linken mit Tricuspidalklappe die Lungenarterie, bildet der linke Vorhof den Hohlvenensack u. s. w. Der Truncus anonymus entspringt links, um den Arcus aortae schlingt sich der rechte N. recurrens; der linke Luftröhrenast ist weiter, die linke Lunge hat drei, die rechte zwei Lappen u. s. w.

Diesen Verhältnissen entsprechend findet man in den betreffenden Fällen den Spitzenstoss des Herzens in der rechten Parasternal- bis Brustwarzenlinie, die Herzdämpfung zwischen rechter 4ter und 6ter Rippe, bei Stauung im kleinen Kreislaufe den 2ten Ton am Ende des 2ten rechten Zwischenrippenraumes verstärkt, bei Arterienatherom am Ende des 2ten linken Zwischenrippenraumes, die Stimmschwingungen linkerseits stärker als rechts, auch die geringen Verschiedenheiten, welche das Zellenatmen beider vorderen Brusthälften bietet, umgetauscht (Seitz). Ob die Heterotaxie auch das gewöhnliche Verhältnis des grösseren Umfanges der rechten Seite umkehre, scheint mir unentschieden, da der Fall von Seitz dafür, jener von B. S. Schultze, ebenso ein früher mir vorliegender, dagegen spricht.

Bei Heterotaxie der Unterleibsorgane findet sich die Leber, der Pförtner, der Blinddarm an der entsprechenden linksseitigen Körperstelle gelagert, Milz, Blindsack des Magens, absteigender Dickdarm rechts. In welcher Weise die Zeichen der Percussion und Betastung dadurch abgeändert werden, liegt nahe. Die Aorta pulsiert rechts von der Wirbelsäule, die Niere reicht linkerseits weiter herab. Die Erkenntnis dieser Zustände ist nicht unwichtig. Als Student sah ich die linksgelagerte Leber als typhöse Milzanschwellung eines Pneumoniekranken percutieren.

Die erworbenen seitlichen Lageveränderungen des Herzens werden, soweit sie bleibend sind, vorzüglich durch Lungenschrumpfung nach Lungen- oder Rippenfellertzündung, manchmal auch ohne vorausgegangene acute Erkrankung herbeigeführt. Die Verschiebung nach links macht sich in entscheidender Weise bemerklich dadurch, dass der innere (rechte) Rand der Herzdämpfung anstatt an den linken Brustbeinrand sich anzulehnen, durch einen manchmal gegen 7 cm breiten Streif hellen, vollen Schalles von dem Brustbeine getrennt ist. Im Uebrigen kann die nach links verrückte Herzdämpfung von gewöhnlicher oder veränderter Form sein. Ersteres war bei dem beistehend abgebildeten Kranken der Fall. Der Herzstoss findet sich am linken unteren Ende der Herzdämpfung, die Tricuspidaltöne sind neben dem linken Brustbeinrande aufzusuchen. Das Zwerchfell steht links höher als rechts. Die erworbene Dexiokardie zeigt den grössten Teil oder die ganze Herzdämpfung nach rechts vom Brustbeine herübergerückt, dabei zumeist, da die Herzspitze hinter dem Brustbeine oder dem engsten Teile der Zwischenrippenräume liegt, zwar eine in der Ausdehnung der Herzdämpfung verbreitete schwache Pulsation, aber keinen entschiedenen Spitzenstoss des Herzens.

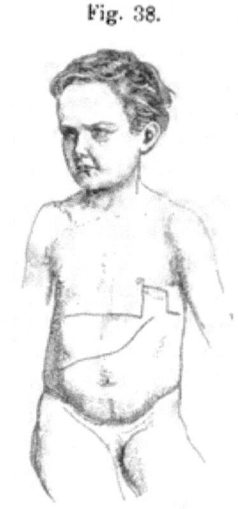

Fig. 38. Schrumpfung der linken Lunge mit Verschiebung des Herzens und Hochstand des Zwerchfelles.

XIV. Krankheiten der grossen Gefässe.

1) **Erweiterung der Aorta (Aneurysma aortae).** Sowohl nach Verletzungen, wie auf anderem Wege entstandene Erweiterungen, welche überhaupt Zeichen verursachen, pflegen schon eine beträchtliche Grösse erlangt zu haben und gehören gewöhnlich unter die sackförmigen und unter die unächten Aneurysmen. Sie liefern, indem der Blutstrom beim Eindringen in die erweiterte Stelle des Gefässes unregelmässig wird, systolisches Geräusch an der Stelle der Brustwand (oder Bauchwand), der sie am nächsten gelagert sind. Je umfangreicher der Sack im Vergleich zum zuführenden Rohre, je glatter die Wand, um so leichter kann das Geräusch fehlen. Aneurysmen der Aorta adscendens finden sich häufig ohne Geräusch vor und liefern nur zwei Töne, während andere Aortenaneurysmen ausser dem systolischen sehr oft noch diastolisches Geräusch erkennen lassen,

das infolge einer rückläufig in den Sack einströmenden Blutwelle entsteht. Der erste Ton aneurysmatischer Säcke entsteht, wenn überhaupt ein solcher gehört wird, infolge der Anspannung ihrer Häute, der zweite gewöhnlich durch Fortleitung des zweiten Tones der Aortenklappen; doch reicht diese Erklärung nicht für alle Fälle, namentlich nicht für die Erweiterungen des untern Teiles der Aorta thoracica descendens aus. Hier dürfte der hie und da vorkommende zweite Ton nach Art des zweiten Cruralartertones bei Aorteninsufficienz zu erklären sein. Drängen sich Aneurysmen an die Brustwand, so bilden sie pulsierende, nach allen Seiten sich ausdehnende Geschwülste, an welchen ein doppelter Schlag, entsprechend ihrem Doppelton gefühlt wird, häufig auch Schwirren, sowohl systolisch als auch diastolisch. Der Percussionsschall einer solchen Stelle ist dumpf und die Form dieser Dämpfung ragt hervor aus der Herzdämpfung in der Gegend der zweiten und dritten rechten Rippe, oder sie ist völlig von ihr getrennt. Der Blutstrom wird innerhalb des Sackes abgeschwächt, ebenso die Pulswelle, die zugleich verlangsamt wird. Der Puls aller jenseits entspringenden Arterien erscheint deshalb später; er ist bei Aneurysmen des Aortenbogens gewöhnlich ungleich für beide Körperhälften bezüglich seiner Grösse und der Zeit seines Anlangens, weil die aus dem Aneurysma abgehenden Arterien verengt und spaltförmig verzogen sind [1]). Die Abschwächung der Pulswelle macht sich häufig deshalb nicht bemerklich, weil ausgleichende Hypertrophie des linken Ventrikels eintritt. Druckwirkungen der Aneurysmen auf die Speiseröhre, die Luftröhre, die Lungenvenen und Hohlvenen, die Nervi vagi, phrenici und intercostales, ihre Perforationserscheinungen und die Embolie aus denselben können in unvollständig ausgesprochenen Fällen der Beweiskraft der physikalischen Zeichen zu Hilfe kommen.

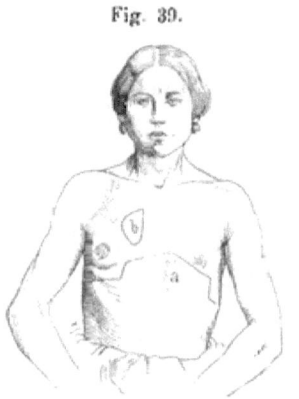

Fig. 39.

Fig. 39. Herzhypertrophie und Aneurysma aortae adscendentis. a. Herzdämpfung, b. Dämpfung der erweiterten Aorta.

2) Verengerung der Aorta in der Nähe der Einmündungs-

---

[1]) Curven auf S. 332.

Fig. 40.

Fig. 41.

Fig. 42.

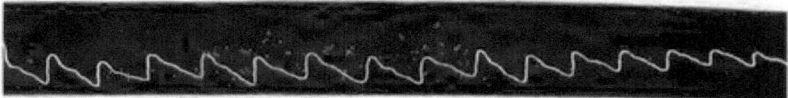

Fig. 40. Anadikrote Pulscurve einer Aneurysmageschwulst der vorderen Brustwand, mittelst des Riegel'schen Stethographen gezeichnet. Fig. 41. Sphygmographencurve der linken, Fig. 42. der rechten Art. radialis desselben Kranken. Ungleiche Grösse und Anadikrotismus beider Curven.

Vergleiche zu jenen der obern, und durch zahlreiche, erweiterte, schwirrende, sichtbare und tastbare gewundene Arterien an der Brustwand, in denen systolisches Geräusch entsteht. Sie ist stets in früher Kindheit entstanden, wird aber hie und da noch im spätern Mannesalter beobachtet. Durch die erwähnten, von Oppolzer zuerst aufgefundenen Zeichen ist ihre Diagnose leicht und sicher geworden.

3) Aneurysma varicosum, Verbindungsgang zwischen erweiterter Aorta und Vena cava superior bedingt rasch eintretende Blausucht der obern Körperhälfte, häufig auch wassersüchtige Schwellung und Blutungen derselben, Pulsation der Halsvenen und ein an der Stelle der Aorta hörbares, andauerndes, mit jeder Systole sich verstärkendes Geräusch. Es bedarf kaum der Erwähnung, dass dieser Zustand nur höchst selten getroffen wird, und dass die gleichfalls

zu den seltensten Befunden gehörende Verschliessung der Vena cava superior in ähnlicher Weise Blausucht und Wassersucht der obern Körperhälfte bewirkt, ausserdem collaterale Erweiterung oberflächlich gelegenen Venen am Brustkorb und Bauch, die ihr Blut dem Stromgebiet der unteren Hohlvene zuführen, nicht aber jenes systolisch sich verstärkende Geräusch an der Aortengegend und ebensowenig den Venenpuls.

Aortenaneurysmen, die sich nach links hin vor die Lungenarterie oder um den hintern Umfang derselben bis nach aussen von ihr zur Brustwand ausdehnen, können die gleichen Zeichen liefern wie die wenigen seither beobachteten Fälle von Aneurysmen der Pulmonalarterie, nämlich Vorwölbung, Pulsation, systolisches Schwirren und umschriebene Percussionsdämpfung am Brustbeinende des zweiten und dritten linken Zwischenrippenraumes und im entsprechenden Teile der Brustbeingegend, ferner langgezogenes systolisches Geräusch an dieser Stelle. Aber die Geräusche der Aortenaneurysmen leiten in die Halsarterien sich gut fort, jene der Lungenarterie nicht; letzteren fehlt jeder Einfluss auf das Verhalten des Pulses der Körperarterien, der für die Aortenaneurysmen so bezeichnend ist.

Etwas häufiger noch als Aneurysma der Pulmonalarterie ist das Offenstehen des Ductus arteriosus Botalli beobachtet worden. Diese Krankheit bewirkt erst im Laufe der Jahre geringe, nach und nach sich steigernde Blausucht, zuletzt alle Beschwerden der Herzkrankheiten. Sie bewirkt Hypertrophie der rechten Kammer, dem entsprechendes Verhalten des Herzstosses und der Dämpfung, jedoch mit der Besonderheit, dass die Herzdämpfung zwischen vierter und zweiter linker Rippe neben dem Brustbeinrande in Form eines schmalen Vierecks nach aufwärts verlängert ist. An der gleichen Stelle ist bei geringer Vorwölbung Pulsation und systolisches Schwirren zu fühlen. Man hört an der Lungenarterie in manchen Fällen andauerndes, mit der Systole sich verstärkendes, in andern rein systolisches Geräusch, das in die linke Carotis und die Aorta descendens sich gut fortleitet. Die übrigen Herztöne sind rein.

XV. Luft im Bauchfellsacke.

Freier Meteorismus, Tympanites Peritonaei entsteht nach Durchbruch des Magens oder Darmkanals oder durch Durchbruch des Zwerchfelles von der Lunge oder von dem lufthältigen Pleurasacke her. Während durchdringende Wunden der Brustwand fast notwendig Pneumothorax zur Folge haben, werden Wunden der Bauchwand nur höchst ausnahmsweise Lufteintritt zur Folge haben, nämlich da, wo Magen und Darm so zusammengesunken sind, dass negativer Druck in der Bauchhöhle mit eingezogener Form der Bauchwand (wie bei manchen Hirnkranken) obwaltet. Der Lufterguss kann in seiner ursprünglichen unvermengten Form mehrere Tage bestehen, auch wo er aus einer kleinen, bald wieder sich verklebenden Oeffnung hervorging, spurlos zur Aufsaugung gelangen. Nach kurzer Zeit seines Bestehens oder von Anfang an treten entzündliche Erscheinungen hinzu. Der Bauchfellraum enthält nun Luft und Flüssigkeit zugleich (Pneumoperitonitis). So auch in jenen Fällen, in welchen Luft aus jauchigem Peritonealexsudate sich infolge der Zersetzungsvorgänge entwickelt.

Die vordere Bauchwand wird in hohem Grade vorgewölbt und gespannt. Sie bietet ein gleichförmiges, kugeliches Aussehen dar, und es fehlt jene Abzeichnung einzelner Wülste und fortschreitender Bewegung, die bei Gasansammlung im Magen oder Darme sich findet. Die Atembewegung ist auf die obern Brusthälften beschränkt, häufig und oberflächlich, die Bauchdecken bleiben regungslos. Veränderte Körperlage hat keinen erheblichen Einfluss auf die Form des Unterleibes. Die Percussion ergibt Hochstand des Zwerchfelles und der Herzdämpfung, dementsprechend wird der Herzstoss im dritten oder vierten Zwischenrippenraume getroffen. Die Percussion zeigt ferner überall an dem ausgedehnten Unterleibe verbreiteten, gleich tiefen, gleichmässig hellen und sehr vollen Schall von klanghältiger Beschaffenheit, oder von Metallklang begleitet. Die Dämpfung der Leber und Milz ist verschwunden, sofern diese Organe nicht durch Verwachsungen in ihrer Lage erhalten werden oder sofern nicht der Lufterguss in den Bauchfellsack von zu geringem Umfange und in dem untern Teile der Bauchhöhle abgegrenzt ist. Es fällt häufig sehr schwer, den hellen vollen, klanglosen Schall der Lunge von dem klanghältigen Schalle des Unterleibs überhaupt noch abzugrenzen, also namentlich in der Lebergegend die untere Lungengrenze zu bestimmen. In frischen, reinen Fällen von Lufterguss in den Bauchfellsack erweist sich die Luftblase, welche sich bildet, ungemein leicht beweglich. In der Rückenlage findet sich ihr heller klanghältiger Schall in der Gegend des Schwertfortsatzes, in der Bauchlage ersetzt er den hinteren medialen Teil der Leberdämpfung, in der linken Seitenlage den lateralen Teil derselben, in der rechten Seitenlage ein Stück Milzdämpfung.

So viel mir bekannt, ist bei diesem Zustande durch die Auscultation noch kein peritonäales Reibegeräusch beobachtet worden, obwohl häufig die Bedingungen dazu gegeben sein mögen. Dagegen finden sich zwei andere wichtige Auscultationserscheinungen vor: metallklingender Aortenton, der übrigens auch bei starker Gasausdehnung des Magens vorkommen kann, und Succussionsgeräusch. Das letztere, ein lautes metallklingendes Plätschern, entsteht beim Schütteln des Rumpfes des Kranken. Es ist regelmässiger hervorzurufen, lauter und tiefer von Klang als das entfernt ähnliche, bisweilen im Magen entstehende Geräusch, und kann auch mit jenem nicht leicht verwechselt werden, das in lufthältigen Eierstocksgeschwülsten oder Echinococcussäcken entsteht. Neuerdings sind auch Fistelgeräusche, Rasselgeräusche beschrieben worden, die durch das Aus- und Eindringen von Luft aus dem Darm in den Bauchfellsack beim Atmen entstanden. So von Tschudnochowski aus der Botkin'schen Klinik und Anderen.

Ist tropfbare Flüssigkeit reichlich vorhanden, so kann sie an den tiefstgelegenen Stellen des Bauchfellsackes Dämpfung durch den wagrechten Flüssigkeitsspiegel begrenzt, liefern, deren Begrenzung bei verschiedener Körperlage des Kranken rasch und leicht ihre Form wechselt. Die Zeichen dieses Zustandes können unvollständig vorhanden sein, wenn peritoniale Verwachsungen oder Verklebungen die Ausbreitung des Luftergusses beschränken, die Form des Unterleibes unregelmässig und die Abdrängung der Leber und Milz unmöglich machen. Verwechslungen können namentlich vorkommen mit der alsbald zu besprechenden Luftauftreibung der Gedärme, starker Auftreibung des Magens, mit von Anfang lufthältigen oder erst später lufthältig gewordenen Geschwülsten, endlich sind solche auch möglich bei sehr rasch verlaufenden Formen der acuten gelben Leberatrophie, die gleichfalls zum Verschwinden der Leberdämpfung führen.

Fehlen des mittleren Teiles der Leberdämpfung ist kein sicheres Zeichen dieses Zustandes. Bleibt klanghältiger Schall an Stelle des mittleren Teiles der Leberdämpfung auch bei rechter und linker Seitenlage fortbestehen, so hat man es mit Einlagerung des Dickdarmes zwischen Leber und Bauchwand und nicht mit Lufterguss in den Bauchfellsack zu thun.

Schliesslich mag hier noch der Hinweis darauf gestattet sein, dass die Luftergüsse in die serösen Säcke, wenigstens diejenigen in die Pleurahöhle, das Perikard und den Bauchfellsack Zeichen liefern, welche unter sich in vielen Punkten übereinstimmen. Die Vorwölbung der äusseren Wand fällt am stärksten aus am Unterleibe wegen der grösseren Nachgiebigkeit der Bauchwand, am geringsten am Herzen wegen der starren Wand und der Kleinheit des Raumes. Die Percussion zeigt für alle Fälle Metallklang, der an die Stelle des normalen Schalles der betreffenden Organe, im einen Falle der Lunge, im andern des Herzens, im dritten der Leber und Milz tritt. Die Auscultation zeigt gleichfalls Metallklang, im einen Falle hervorgerufen durch die Atmungsgeräusche und das Schütteln, im zweiten durch die Herzbewegung, im dritten durch Schütteln oder den Ton der Bauchaorta. Die functionelle Störung sowohl als der Schmerz fallen für das Perikard am geringsten aus.

XVI. Flüssigkeit im Bauchfellsacke

findet sich sowohl infolge von Kreislaufs- und einfachen Ernährungsstörungen als Transsudat, wie auch bei den serös-faserstoffigen, eitrigen und jauchigen Formen von Bauchfellentzündung als entzündliche Ausschwitzung vor. Sie bedingt entsprechende Vermehrung des Unterleibsumfanges. Sie nimmt stets die tiefstgelegenen Stellen des Bauchfellsackes ein, demnach bei der Rückenlage die hintere, bei der Knieellenbogenlage die vordere Bauchwand, bei aufrechtem Stehen hauptsächlich die Beckenhöhle. Die Form des Unterleibes ist nicht in gleichem Masse kuglich bei dieser Krankheit, wie bei freiem Luftergusse. Bei der Rückenlage namentlich übt die Flüssigkeit stärkern seitlichen Druck aus, so dass der Unterleib zwischen Rippenbogen und Darmbeinen mehr vorgewölbt, an der vorderen Fläche, namentlich in der Umgebung des Nabels, mehr abgeplattet erscheint. Die Form des Unterleibes wechselt entsprechend der freien Beweglichkeit der Flüssigkeit, welche die nachgiebige Bauchwand und die lufthaltigen Unterleibsorgane gestatten; bei jeder Seitenlage findet stärkere Wölbung auf der gleichnamigen, Abflachung auf der entgegengesetzten Seite statt; während des Wechsels der Lage geraten häufig die Bauchdecken in von der Flüssigkeit mitgeteilte Wellenbewegung. Noch deutlicher kann diese Wellenbewegung gefühlt, oft auch gesehen werden bei kurzem Anschlage des Fingers an den untern, mit der Flüssigkeit in Berührung stehenden Teil der Bauchwand. Dieses Fluctationsgefühl wird bei rechter Seitenlage in der rechten, bei linker in der linken Unterbauchgegend deutlicher erscheinen.

Die Percussion ergibt, je massenhafter die Flüssigkeitsansammlung, desto deutlicher Hochstand des Zwerchfelles bei entsprechendem Hochstande des Herzstosses und der Herzdämpfung. Oft war mir in solchen Fällen unerwartet, dass, den theoretischen Voraussetzungen entgegen, die Herzdämpfung keine erhebliche Vergrösserung wahrnehmen liess. Dies ist wohl bei länger dauernder Bauchwassersucht durch die dabei stattfindende Erweiterung des unteren Brustumfanges erklärlich. Im Uebrigen werden bei massigem Ergusse die Leber- und Milzdämpfung hochstehend und klein getroffen, entsprechend der Verdrängung dieser Organe unter die Wölbung des Zwerchfelles. Der Teil der Bauchwand zwischen Nabel und Schwertfortsatz, oder wenigstens in der Nähe des letzteren, liefert stets in der Rückenlage oder im Stehen den hellen klanghältigen Schall der lufthaltigen Unterleibsorgane, die auf dem Ergusse schwimmen: bald schon in der Nabelgegend, bald in verschiedener Entfernung zwischen dieser und Schamfuge trifft man bei senkrechter Percussion nach abwärts auf die Dämpfung der Flüssigkeit. Die Form dieser Dämpfung ist bezeichnend für den Zustand; sie bietet bei der Rückenlage mit Erhöhung des Oberkörpers, wie sie diese Kranken gewöhnlich einhalten, eine halbmondförmige, nach oben concave Begrenzungslinie, entsprechend einem völlig wagrecht durch die vordere Bauchwand geführten Schnitte. Diese Grenze wechselt nach der Lage des Kranken. Beim Uebergange zur Seitenlage, genügt kurze Zeit, um die Flüssigkeit völlig nach dieser Seite herübersinken zu lassen und die lufthaltigen auf der Flüssigkeit schwimmenden Gedärme nach der hochliegenden Seite zu verschieben: bei völliger wagrechter Seitenlage würde die Grenze der Flüssigkeit über oder unter der Linea alba genau parallel mit dieser verlaufen und so durch die Percussion getroffen werden müssen. Die Auscultation ergibt für gewöhnlich keinerlei erwähnenswerte Merkmale. Die der Hauptsache nach in der Rückenlage halbmondförmige Begrenzungslinie zeigt übrigens bei genauer Anzeichnung einen etwas unebenen, gezackten Verlauf, der von dem Hereinragen der Flüssigkeit zwischen die Darmschlingen herrührt (Breslau).

a) Findet sich gewöhnlich die Leber- und Milzdämpfung verkleinert, so ist doch dabei ein häufiger Befund, dass die Milzdämpfung wegen des völlig dumpfen Schalles der sie allseitig umgebenden Flüssigkeit gar nicht nachgewiesen werden kann. Von der Leber wird öfter das Umgekehrte bemerkt, nämlich völliges Verschwinden ihrer Dämpfung, wenigstens des mittleren Teiles, wenn der rechte Rippenbogen und der betreffende Teil der vorderen Bauchwand so sehr gehoben wurde, dass lufthaltige Darmschlingen zwischen sie und die Leber hineingedrängt werden konnten, oder wenn das ohnehin kleine Organ, z. B. bei Lebercirrhose, vollständig unter die Wölbung des Zwerchfelles verdrängt werden konnte. In diesen Fällen bezeichnet allein der Uebergang des klanglosen Schalles der Lunge in den klanghältigen des Darmes den Stand des Zwerchfelles. Um sich von diesem scheinbaren Verschwinden der Milz- und Leberdämpfung zu überzeugen, gibt es kaum irgend ein geeigneteres Mittel als die öftere

Untersuchung vor und nach der Entleerung eines Flüssigkeitsergusses durch den Bauchstich.

b) Nach **Punctionen** kann man häufig nachweisen, dass die Leberdämpfung und der Herzstoss um zwei bis drei Fingerbreiten herabsteigt, der Umfang der unteren Brustöffnung sich vermindert, die Leberdämpfung tiefer zu stehen kommt, grösser und der Untersuchung durch Betastung leichter zugängig wird. Es ist dringend zu raten, nachdem vor dem Bauchstiche die Dämpfungsgrenzen angezeichnet worden waren, sofort nach beendeter Entleerung genaue Betastung und Percussion folgen zu lassen, indem häufig schon bis zum andern Tage die Flüssigkeit sich so weit wieder angesammelt hat, dass die Untersuchung unmöglich oder wenigstens in ihren Ergebnissen weit unsicherer wird. Besonders zwei Zeichen treten oft nach Abzapfungen unerwartet hervor. Bei Schlussunfähigkeit der rechten Vorhofsklappe der Puls der unteren Hohlvene und bei rauher Beschaffenheit des Bauchfelles das peritonäale Reibegeräusch, das namentlich über der Leber oder Milz als rhythmisches durch die Atmung angeregtes hörbar und fühlbar auftreten kann.

c) Die Zeichen eines solchen Flüssigkeitsergusses können vollständig zweideutig werden, wenn gleichzeitig eine abgesackte, Flüssigkeit haltende Geschwulst vorhanden ist, oder wenn einzelne peritonäale Verwachsungen die Form des Unterleibes und die Grenzen der Percussionsdämpfung unregelmässig machen und an ihrer freien, für die Kennzeichnung durch Grenzbestimmung so bedeutungsvollen Bewegung hindern. Die Erkennung kann aber auch schwer sein, einfach wegen zu massenhafter Ansammlung der Flüssigkeit zur Zeit der ersten Untersuchung. Fast die ganze Bauchwand gibt dann den dumpfen leeren Schall der Flüssigkeit, auch die zusammengedrückten und mit Kot gefüllten Gedärme liefern denselben, der Bauch wird mehr kuglich vorgewölbt, verliert seine in der Mitte abgeplattete Form; von freier Bewegung der Flüssigkeit sind keine Zeichen mehr wahrzunehmen. Hier kann manchmal noch der gegen die Lendengegend hin wahrnehmbare helle Schall des Dickdarmes die Erkennung der einfachen und dünnwandigen Eierstockscysten sichern. Jedenfalls aber können nach der Entleerung der Flüssigkeit durch Bauchstich die Verhältnisse richtig beurteilt werden.

d) **Dünnwandige** schlaffe, aber umfangreiche **Eierstockscysten** nehmen sich am meisten ähnlich mit dem in Rede stehenden Zustande aus. Auch sie sind einer Lageveränderung, eines Hinübersinkens fähig, platten sich an der Oberfläche ab und geben sogar, wenn sie in einer bestimmten Art teilweise von Darmschlingen überlagert sind, nicht die ihnen gewöhnlich zukommende, nach oben convexe, sondern eine anscheinend nach oben concave Form der Percussionsdämpfung, die jedoch immerhin eine schärfere, nicht durch Ausbuchtungen unterbrochene Grenzlinie, verglichen mit den freien Flüssigkeitsergüssen zeigt. Hier entscheidet genaue Berücksichtigung der Entstehungsweise der Unterleibsanschwellung, Untersuchung per vaginam und Berücksichtigung der durch Percussion ermittelten Lage des Dickdarmes. Auf die chemische Beschaffenheit der Flüssigkeit darf man wenig Wert legen, da Paralbumin, dem man eine entscheidende Bedeutung zuweisen wollte, sowohl in Cysten- wie in Ascites-Flüssigkeit sich findet. Eher können gewisse mikroskopische Befunde für Eierstocksgeschwulst beweisend sein z. B. Flimmerepithel.

e) Viele entzündliche Flüssigkeitsergüsse weichen vermöge ihrer abgesackten Lage und zäheren Beschaffenheit in ihren Erscheinungen wesentlich von den wässerigen ab, so dass sie nicht allein aus dem fieberhaften Verlaufe, der Schmerzhaftigkeit, den heftigeren Funktionsstörungen des Magens und Darmes erkannt werden, sondern überwiegend nach ihren physikalischen Zeichen, denen zufolge sie weit mehr unregelmässig begrenzte, in ihrem Wachstum stark schwankungsfähige Geschwülste darstellen als Flüssigkeitsergüsse. Die Stelle, an der sie der Bauchwand anliegen, zeigt meistens ganz umschriebene Vorwölbung, ungleich dumpferen Schall als die Umgebung, starke Resistenz, auf- und absteigendes oder dem Vesiculäratmen ähnliches Reibegeräusch, mitunter undeutliche Fluctuation.

f) Abgesackter Flüssigkeitserguss oberhalb und unterhalb des Zwerchfelles kann aus den physikalischen Zeichen schwer unterschieden werden. Dagegen zeigt der Probestich, **dass für alle Ergüsse des Brustraumes durch die Ausatmung, für alle Ergüsse des Bauchraumes durch die Einatmung** der Druck der ausfliessenden Flüssigkeit gesteigert wird. Diese von der Thätigkeit des Zwerchfelles abhängige Erscheinung würde auch nur durch Aufhebung oder Behinderung der Wirkung dieses Muskels Ausnahmen erfahren können.

XVII. Gasauftreibung des Darmes (Meteorismus intestinorum).

Gasanhäufung im Darmkanale entsteht sowohl, wenn Hindernisse der Fortbewegung des Inhaltes entgegenstehen, als auch bei gelähmtem Zustande der Bauchdecken und der Darmmuscularis selbst. Sie wird begünstigt, manchmal auch hervorgerufen durch den Genuss zur Gasentwickelung besonders geeigneter Speisen. Bei Hemiplegischen hat man zuweilen Gelegenheit, halbseitige stärkere Auftreibung zu beobachten, entsprechend der halbseitigen Lähmung der Bauchmuskeln. Lässt man in solchen Fällen pressen, so verzieht sich der Nabel nach der gesunden Seite. Der Unterleib wird im Ganzen kugelig vorgewölbt, das Zwerchfell ebenso wie bei den beiden vorher besprochenen Zuständen nach oben verdrängt, der Herzdämpfung nach aufwärts verschoben, bei längerer Dauer und hohem Grade selbst die untere Brustöffnung erweitert. Aber die Bauchwand ist nicht glatt, sondern die Darmwülste sind an ihr ausgeprägt und bei Darmverengerung zugleich in lebhafter peristaltischer Bewegung begriffen.

Der Percussionsschall ist nicht überall gleichmässig voll, sondern entsprechend der verschiedenen Weite der Darmschlingen an einzelnen Stellen höher oder tiefer. Unter Umständen kann man auch eine Abweichung der sonst regelmässigen Kugelform des Unterleibes wahrnehmen. So wird bei Verengerung des aufsteigenden Dickdarmes oder der Flexura hepatica der Unterleib rechts unten etwas stärker als links ausgedehnt erscheinen. Je höher oben am Dünndarme die Verengerung liegt, um so geringer die Auftreibung, die in diesem Falle mehr die mittleren, oberen Teile des Unterleibes zu befallen pflegt. (Ist gleichzeitig Flüssigkeit ergossen, so sieht man mit jeder Einatmung die Furchen zwischen den Darmwülsten etwas tiefer werden.) Die obigen Angaben über die verschiedene Völle des klanghältigen Schalles können bei Darmverengerung eine wesentliche Aenderung dadurch erfahren, dass allenthalben die der Bauchwand anliegenden Darmschlingen mit lufthaltigem flüssigem Kote gleichmässig erfüllt sind und deshalb gleichmässig hohen klanghältigen Schall liefern. Es findet hier eine innige Vermengung der Luft mit dem flüssigen Kote statt und die neuerdings mehr in Aufnahme gekommene Eröffnung des Darmes zeigt oft in überraschender Weise, dass keineswegs allein Luft, sondern ein dichter Schaum von Kot die Därme erfüllte. Unter diesen Verhältnissen begreift sich leicht der allenthalben gleichmässig hohe klanghältige Schall. Die Auscultation zeigt nur häufige und zahlreiche Rasselgeräusche, die sehr grossblasig und klingend sind, das sogenannte Gurren oder Poltern im Unterleibe. Am Herzen zeigt die Auscultation bisweilen ein systolisches Geräusch in der Gegend der Herzspitze, das sich am besten aus dem Drucke des Zwerchfelles auf die rechte Kammer erklärt. Diese Erscheinungen können rein für sich oder gemengt mit jenen von Flüssigkeitserguss oder Geschwulst in der Bauchhöhle vorhanden sein.

XVIII. Unterleibsgeschwülste.

Die einzelnen Formen von Geschwulstbildung in dem Unterleibsraume ausführlich zu besprechen kann hier nicht Aufgabe sein. Wir können uns nur mit der Beschaffenheit grosser, mittlerer und kleiner Anschwellung des Unterleibes ihren allgemeinsten Erscheinungen nach bekannt machen. Jede grosse Unterleibsanschwellung, die längere Zeit besteht, bringt nicht nur verstärkte Wölbung der vorderen Bauchwand, sondern auch glattes glänzendes Aussehen der Bauchhaut mit stärkerer Entwickelung von Venennetzen zu stande. Diese letzteren sind von jener bestimmten Form pyramidaler mit ihrer Basis nach dem Nabel hin gerichteter Venen wohl zu unterscheiden, welche man als Caput Medusae bezeichnet, und von der Verbindung des Pfortadergebietes mit den Bauchdeckenvenen entweder durch die wieder wegsam gewordene und erweiterte Vena umbilicalis (Rokitansky) oder durch accessorische neugebildete Pfortaderäste (Sappey) ableitet. Jene Venennetze führen Blut aus dem Gebiete der durch Druck verengten unteren Hohlader in das der oberen. Durch abwechselndes Streichen auf- und abwärts kann man sich oft an einfacheren Venenstämmen von dieser Richtung der Strömung überzeugen.

Bei jeder grösseren Geschwulstbildung innerhalb des Unterleibsraumes geben die Umrisse der Unterleibsformen bestimmte Anhaltspunkte. So findet sich in einer Anzahl von Fällen der Raum zwischen Nabel und Schamfuge besonders stark ausgedehnt, der Nabel nach oben gerückt, die untere Brustöffnung verhältnismässig wenig erweitert. Wiederum in andern Fällen ist der Nabel von dem Schwertfortsatze weiter entfernt und die untere Brustöffnung stark erweitert. Man hat unter den erst angegebenen Verhältnissen aus dem Becken aufsteigende Geschwülste vor sich, namentlich Gebärmutter-, Eierstocksgeschwülste oder dem Uterus anliegende Geschwülste. In der zweiten Reihe von Fällen sind es die oberen Bauchorgane, Leber, Magen, Milz, vielleicht auch Retroperitonäaldrüsen oder Nieren, welche die Anschwellung bedingen. Ferner sind seitliche Verschiebungen der Mittellinie und namentlich des Nabels, umschriebene seitliche Ausdehnungen des Bauchraumes besonders zu berücksichtigen, wie sie einerseits durch die Leber und Geschwülste der Blinddarmgegend, anderseits durch jene der Milz bedingt werden, ferner durch einseitige Anschwellungen der Niere, des Eierstockes und anderer paarig vorhandener Organe.

Hat man durch das Befühlen des Unterleibes, durch sichtbare Vorwölbung oder durch umschriebene Percussionsdämpfung die Anwesenheit von Unterleibsgeschwülsten erkannt, so ist deren Lage, Beweglichkeit, Grösse und Härte zu berücksichtigen. Geschwülste, die stark und deutlich mit der Atmung herab- und heraufsteigen, stehen mit dem Zwerchfelle in unmittelbarer Verbindung und gehören daher gewöhnlich der Leber oder Milz an, doch können auch mit dem Zwerchfelle verwachsene Geschwülste des Magens, des Netzes, der Mesenterialdrüsen oder gemischte Geschwülste die oben geschilderte eigentümliche Bewegung zeigen. Für Geschwülste, die von der Gebärmutter ausgehen oder mit ihr zusammenhängen, ist bezeichnend, dass ihre Bewegung der Vaginalportion sich mitteilt und somit durch die combinierte (innere und äussere) Untersuchung wahrgenommen werden kann, ebenso mittelst der in die Gebärmutterhöhle eingeführten Sonde. Sehr wenig beweglich sind allseitig verlötete Geschwülste, in der Regel die Geschwülste der Niere, der Bauchspeicheldrüse und der Retroperitonäaldrüsen. Sehr grosse Beweglichkeit zeigen dagegen im Gekröse, im Netze gelagerte, von den Gekrösdrüsen oder Eierstöcken ausgegangene Geschwülste. Eigene Bewegung, Auftreten und Wiederverschwinden, wird öfter wahrgenommen, vor allem an den nach und nach vorrückenden Kotgeschwülsten, dann an den Eierstocksgeschwülsten, die sich häufig, nachdem sie eine gewisse Grösse erlangt haben, in den vorderen oder hinteren Douglas'schen Raum herabsenken, dann an den Geschwülsten des Magens, namentlich des Pförtners und des Darmes, die mit der verschiedenen Füllung dieser Organe ihre Lage verändern. Für Pylorusgeschwülste zumal ist zeitweises Herabsinken sowohl als Rotation nach vorn und nach hinten beobachtet. Besondere Beachtung verdient bei kleinern oberflächlichen Geschwülsten die Frage, ob sie von den Bewegungen der Bauchmuskeln unabhängig sind oder an diesen teilnehmend als Bauchdeckengeschwülste erkannt werden. Aus all' dem Gesagten erhellt, dass, wo immer Unterleibsgeschwülste wahrgenommen werden, die Betastung wiederholt und namentlich auch nach zuvor bewirkter Entleerung des Unterleibs durch reichliche Stühle vorgenommen werden muss.

Die Grösse kann nur bei ziemlich oberflächlicher Lagerung einigermassen richtig erkannt werden. Auch da wird dieselbe leicht um die Dicke der Bauchdecken, die man mittastet, überschätzt. Sie lässt sich nur unvollständig überblicken bei den hinter den Rippenbogen oder von den Organen nächst der hinteren Bauchwand entspringenden Geschwülsten, während jene des kleinen Beckens meist noch durch combinierte äussere und innere Untersuchung, letztere vom

Mastdarme oder der Scheide aus, grösstentheils umgriffen oder wenigstens bezüglich ihrer längsten Durchmesser, ihrer Befestigung u. dergl. erforscht werden können.

Auch über die Härte der Geschwülste ergibt die Betastung häufig irrige Vorstellungen, die hauptsächlich in der Spannung der Hüllen der Geschwulst begründet zu sein pflegen. So wird ein zerfliessend weicher Markschwamm, der unter dem gespannten Bauchfelle z. B. der Leber seinen Sitz hat, nicht selten als hart und derb gefühlt. Auch die Spannung der Bauchdecken selbst kann mit dazu beitragen, dass die Härte der Geschwülste darunter überschätzt wird. Anderseits werden halbfeste Massen in einer Hülse von geringer Spannung, namentlich Markschwämme, öfter als fluctuierend mit Unrecht betrachtet, ja selbst von dieser Voraussetzung aus probeweise angestochen. Uebung des Tastsinnes und sorgfältige Untersuchung des Einzelfalles sichern allein in dieser Richtung. —

Die Percussion der Unterleibsgeschwülste liefert wohl in der überwiegenden Mehrzahl der Fälle den dumpfen leeren Schall fester oder flüssiger Gebilde, doch kommen mehrfache Ausnahmen von dieser Regel vor. Sie betreffen Luftaustritt in zuvor gebildete abgesackte Entzündungsherde, wie dies namentlich bei Perityphlitis perforativa in der rechten Unterbauchgegend beobachtet wird; ferner durch Durchbruch aus oder nach dem Magen oder Darmcanal oder durch freiwillige Zersetzung jauchigen Inhaltes lufthaltig gewordene perinephritische Abscesse, Leber-Echinococcen, Eierstocksgeschwülste u. d. m. In allen diesen Fällen findet sich klanghältiger Schall oder Metallklang über der Geschwulst. Die Percussion an sich entscheidet nur darüber, ob eine solche Geschwulst lufthaltig sei oder nicht; ob sie fest oder flüssig sei, lehrt bei der Betastung wahrgenommene Härte und Wellenbewegung. Die Percussion liefert ferner im Vereine mit der Betastung den genauen Umriss der Form einer solchen Geschwulst und lässt dadurch deren Ursprung von dem einen oder anderen Organe errathen, sofern sie dessen bekannte Form in vergrössertem Massstabe wieder gibt. So gehören birnförmige Geschwülste über der Schamfuge gewöhnlich der Blase, keilförmige eher dem Uterus an, sackförmige nach oben convexe Geschwülste, seitlich vom Becken aufsteigend, sind mehr auf die Ovarien zu beziehen, birnförmige, dem Leberrand sich anschliessend, auf die Gallenblase, strangförmige, quer über den Nabel gelagerte dem geschrumpften Netz, walzenförmige, vom linken Rippenbogen ausgegangene mit einer Kerbe an dem vorderen Rande gehören eher der Milz u. s. w. an.

Die Auscultation der Unterleibsgeschwülste ergibt nicht

gerade häufig Anhaltspunkte über ihre Natur. Rauhigkeit der Oberflächen bedingt auch bei ruhenden Organen ein Reibegeräusch, das durch Verschiebung hervorgerufen wird, an der Leber oder Milz oder sonstigen dem Zwerchfelle anliegenden Teilen rhythmisches Reibegeräusch. Abwechselnder Druck auf die mit Gallensteinen gefüllte Gallenblase kann das Klirren der Gallensteine erkennen lassen. Aehnlicher Druck auf den Magen oder die Blinddarmgegend liefert bisweilen gurrende Rasselgeräusche. Von der allergrössten Bedeutung für die Beurteilung von Geschwülsten, die bei weiblichen Kranken aus der Beckenhöhle emporgestiegen sind, ist die An- oder Abwesenheit kindlicher Herztöne, die freilich sehr genau und gründlich festgestellt sein will, wenn der Arzt sich vor Täuschungen der schlimmsten Art behüten will. Dieselben müssen auf der betreffenden Geschwulst mit aller Deutlichkeit gehört werden und bestimmt an Zahl die mütterlichen Herztöne übertreffen. Die hohe Bedeutung dieses Zeichens erhellt am einfachsten aus dem Hinweise auf dessen bereits gemachte Anwendung zur Erkennung des Absterbens des Kindes, der Zwillingsschwangerschaft und auf den versuchten Nachweis des Geschlechtes des Kindes und fötaler Herzfehler. Von weit geringerer Beweiskraft ist das in der Umgebung der schwangeren Gebärmutter, aber auch von Eierstocksgeschwülsten und Fibroiden des Uterus wahrnehmbare systolische Blasen, das in erweiterten Arterien dieses Organes entsteht. Aehnliche blasende Geräusche entstehen nicht allein in Aortenaneurysmen und sonstigen Aneurysmen der Bancharterien, sondern auch in Geschwülsten, die auf die Aorta einen Druck ausüben oder auch nur ihr fest aufgelagert sind. Bei Magen- und Retroperitonäalkrebsen hat man häufig Gelegenheit, sich von diesem Verhältnisse sowie von der mitgeteilten Pulsation solcher Geschwülste zu überzeugen.

Schliesslich sei hier noch der wichtige Fortschritt erwähnt, der für die Beurteilung der Unterleibsgeschwülste durch die kühnen Simon'schen Untersuchungsmethoden gewonnen worden ist. Das Einführen und Hochhinaufdrängen der ganzen Hand in den Mastdarm gestattet namentlich die ausführliche Betastung der an der hinteren Bauchwand gelagerten Organe. Die tiefe Chloroformnarkose, die dazu nötig ist, und die Gewaltsamkeit des Eingriffes werden es wünschenswert machen, dieses Verfahren nur in schwierigen, einer bestimmten Entscheidung bedürftigen Fällen anzuwenden. Auch die Anfüllung des Darmes mit Wasser vom Mastdarme her, die Einführung des Fingers in die Blase des Weibes durch die erweiterte Harnröhre, die Sondierung des Harnleiters können wertvolle Aufschlüsse liefern. — Auch das ist überholt. Die Eröffnung der Bauchhöhle zur Feststellung der Natur einer Geschwulst erscheint jetzt ungefährlich und wird täglich gemacht. Sie gewährt unmittelbare Besichtigung, Betastung, Entnahme von Probestücken. Sache des Diagnostikers wird es sein, sie so oft wie möglich unnötig zu machen.

XIX. Magenerweiterung.

Die Ursachen der Magenerweiterung liegen teils in Verengerung des Pförtner's, in gewohnheitsmässiger Ueberausdehnung des Magens durch Speisen, Erschütterung des Magens oder lähmungsartigen Zuständen seiner Häute. Am häufigsten sind es Verengerungen des Pförtner's oder doch Verengerungen im obern Dünndarme, die durch Anstauung des Inhaltes zu Magenerweiterung führen. Hat diese einen erheblichen Grad erreicht, so übt sie auf die Form des gesamten Unterleibes und besonders auf die Gegend zwischen den Rippenbogen ihren Einfluss aus. Letztere zeigt anstatt der seichten Vertiefung zwischen Nabel, Schwertfortsatz und Rippenbogen eine ausgebreitete, hauptsächlich in die Quere sich ausdehnende Vorwölbung, die grösstenteils links gelegen auch in die rechte Seite herüberreicht und ihre untere Grenze bald noch oberhalb, bald verschieden weit unterhalb des Nabels durch eine seichte Querfurche findet. Häufig lässt der ungerade nach rechts etwas aufsteigende Verlauf dieser Furche als Abdruck der grossen Curvatur erkennen. Gerade in den Fällen, in denen Pförtnerverengerung der Magenweite zugrunde liegt, fällt die Rundung der aufgeblähten Magengegend sehr auf im Vergleiche zu dem eingesunkenen übrigen Unterleibe. Bei der Betastung erweist sich die vorgewölbte Gegend zwar gespannt, doch immer nachgiebig, von luftkissenartiger Beschaffenheit. Bei bedeutender Erweiterung kann der Knopf der eingeführten Sonde unterhalb des Nabels, selbst in der Gegend der Schamfuge von den Bauchdecken aus gefühlt werden (Leube).

Die Percussion zeigt je nach dem Inhalte des Magens in verschiedener Ausdehnung klanghältigen Schall, Metallklang oder dumpfen leeren Schall. Ist in der ausgedehnten Magenhöhle überwiegend Luft angesammelt, so wird klanghältiger Schall oder Metallklang angetroffen, der des grossen Luftraumes halber sehr tief und der dünnen Bauchdecken halber sehr hell und laut gehört wird. Die Ausdehnung dieses Schallbezirkes übertrifft bedeutend jene des gesunden Magens, erstreckt sich nach unten oft weiter als der Nabel, nach rechts bis zu den letzten Rippen. Die Unterscheidung dieses Metallklanges oder unter Umständen klanghältigen Schalles von dem Schalle der unterhalb des Magens gelegenen Gedärme, namentlich dem Quergrimmdarme stützt sich hauptsächlich auf seine Tiefe, die eine bedeutende und in grosser Ausdehnung die gleiche ist. Wo an den untersten Teilen des Magenraumes (besonders im Stehen) der Flüssigkeitsspiegel seines Inhaltes als Percussionsgrenze nachgewiesen werden kann, ändert der dumpfe Schall rasch mit jeder Körperbewegung seine Lage. Man kann sich gelegentlich von dem Einflusse der Nahrungsaufnahme einerseits, andererseits des Erbrechens auf die Höhe und Begrenzung des Percussionsschalles der Magengegend überzeugen. Die Betastung und Percussion der Umrisse des Magens kann sehr erleichtert werden durch die von Frerichs ersonnene Aufblähung des Magens durch Kohlensäure (Brausepulver, Sodawasser). Der Schall wird tiefer, oft nicht tympanitisch, jedenfalls von dem hohen tympanitischen Schall der Darmschlingen leichter abzugrenzen. Auch Entleerung und Füllung des Magens durch die Schlundsonde gibt Aufschlüsse, die namentlich zur Unterscheidung von Aufblähung des Colons und Magenerweiterung wertvoll sind. Man hat auch vorgeschlagen, durch die Schlundsonde Luft einzublasen, Rasselgeräusche zu erzeugen u. s. w. Auch die Atmung ändert etwas die Raumverhältnisse der Magenhöhle durch den Druck des Zwerchfelles und gewinnt dadurch einigen Einfluss auf die Höhe seines Schalles. Bei starker Percussion erhält man bisweilen, wenn eine dünne Luftschicht zunächt unter den Bauchdecken gelagert ist, Geräusch des gesprungenen Topfes, häufiger noch klingende Rasselgeräusche, die sehr grossblasig neben dem Percussionsschalle zu hören sind.

Klingende Rasselgeräusche oder ein eigentliches Fluctuationsgeräusch können die Kranken mit Magendilatation häufig in laut hörbarer Weise durch Schütteln ihres Rumpfes erzeugen, oder der Arzt kann dasselbe durch abwechselnden Druck auf zwei verschiedene Gegenden des Magens mit den Händen ausgeübt hervorrufen. Für ein beweisendes Zeichen der Magenerweiterung darf dasselbe jedoch nicht gelten, da es auch bei gesunden Personen bei stark mit Luft und Flüssigkeit gefülltem Magen gehört werden kann. Nur wo in ungewöhnlicher Ausdehnung, bis zum Nabel herab oder noch rechts von der Mittellinie durch den Druck der Hände solches Geräusch erzeugt werden kann, darf es als Zeichen der Magenerweiterung betrachtet werden. Bei gährender Beschaffenheit des Mageninhaltes kann ein feinblasiges Rasselgeräusch durch Auscultation wahrgenommen werden. Die Diagnose der Magenerweiterung kann dadurch unterstützt werden, dass solche Mengen von Flüssigkeit erbrochen werden, wie sie in dem gesunden Magenraume unmöglich Platz finden konnten. Ferner kann sie erschlossen werden aus der Tiefe, bis zu welcher die Schlundsonde eingeführt werden kann.

Da mit der Magenerweiterung gewöhnlich auch Hypertrophie der Wandungen verbunden ist, so findet sich infolge davon ein weiteres Zeichen vor, nämlich das auf den verstärkten Muskelzusammenziehungen der an die vordere Bauchwand gedrängten vorderen Magenwand beruhende Sichtbarwerden wurmförmig fortschreitender, gewöhnlich sich in die Quere verbreitender Zusammenziehungen. Dies Zeichen kann künstlich hervorgerufen werden durch die Anwendung elektrischen Reizes oder leichter mechanischer Reizung der Magengegend, z. B. rasches Darüberfahren mit dem Finger. Der Formveränderung durch diese Zusammenziehungen kann Höhenänderung des metallischen Percussionsschalles entsprechen (Leichtenstern).

Magenerweiterung kann vermindert oder vollständig rückgängig werden, wenn ihre Ursachen gehoben werden, namentlich wenn der zuvor verengte Pförtner durch Zerfall einer Neubildung oder Ausdehnung neben einer Narbe wieder genügende Weite erlangt, ausserdem wenn eine ergiebige Fistel nach dem Dickdarme zu sich bildet.

XX. Verkleinerung der Leber

erfolgt langsam durch Cirrhose oder einfache rote Atrophie, rasch durch acute gelbe Atrophie. Verkleinerung der zuvor vergrösserten Leber erfolgt mit dem Heilen mancher Leberkrankheiten. Scheinbare Verkleinerung der Leber ist meistens Folge beträchtlicher Flüssigkeits-, Gasansammlung oder Geschwulstbildung im Unterleibe; die Leber wird unter das Zwerchfell, das sich stärker wölbt, geschoben und so ihre Dämpfung verkleinert. Verkleinerung der Leber hat auf die Form der Rippenbogen keinen erheblichen Einfluss. Wohl aber würde stärkere Einsenkung der zunächst an die Rippenbogen sich anschliessenden Weichteile gesehen werden können, wenn nicht in den meisten Fällen Flüssigkeit im Bauchfellsacke oder Gasansammlung im Darme in entgegengesetzter Richtung wirkten.

Die Percussion zeigt die Leberdämpfung an der gewöhnlichen oberen Grenze oder je nach Umständen tiefer oder höher beginnend und von beträchtlich verminderter Höhe. Gewöhnlich beginnt die Verkleinerung am linken Lappen, daher dieser geringere Höhe und Breite seiner Dämpfung erkennen lässt, und zugleich einen in solchem Masse klanghältigen Schall liefert, dass daraus auch auf Verdünnung dieses Teiles der Leber geschlossen werden kann. Dann wird auch der Schall des rechten Lappens klanghältig neben seiner dumpfen Beschaffenheit und zugleich auf einen schmalen Streif beschränkt. Nur bei sehr unregelmässiger Verkleinerung fehlt die Leberdämpfung an einzelnen Stellen, z. B. in der Axillargegend in einiger Breite. Sind die Bauchdecken schlaff und dünn, so kann man oft noch den Leberrand erreichen und z. B. bei Cirrhose als harten, zugeschärften oder höckerigen erkennen. Von besonderem Werte ist es für die Erkennung der Verkleinerung der Leber, wenn zu verschiedenen Zeiten, unter gleichen Spannungsverhältnissen der Bauchdecken, bei gleich hohem Stande des Zwerchfelles ihre Höhe als abnehmende, ihr unterer Rand dem obern näher stehend getroffen wird. Als Regel darf nämlich betrachtet werden, dass fortschreitende Verkleinerung der Leber sich durch Hinaufrücken des untern Randes zu erkennen gibt, während die Anlehnung an das Zwerchfell als dauernde bestehen bleibt. Nur bei sehr rasch eintretender Verkleinerung oder bei gleichzeitiger Entwicklung von Emphysem rückt auch der obere Rand herab.

Die schnellste und bedeutendste Verkleinerung dieses Organes findet bei acuter gelber Atrophie statt, einer Wirkung von Gallenanhäufung im Blute oder schwerster septischer Blutvergiftung mit fettiger Entartung der Leber, des Herzens und der Nieren. Hier kann oft im Laufe eines oder weniger Tage vollständiges Verschwinden der Leberdämpfung nachgewiesen werden, indem das Organ zugleich schlaff wird, gegen die Wirbelsäule zurücksinkt und von Darmschlingen überlagert wird.

Zwei Vorgänge können zu einer bedeutenden Unterschätzung der Grösse der Leber führen, nämlich bedeutende Erweiterung der untern Brustöffnung, so dass die convexe Fläche der Leber von der vorderen Bauchwand entfernt wird, wie dies namentlich bei manchen Formen von Bauchwassersucht stattfindet, bei welchen bewegliche Darmteile sich vor die Leber lagern; ferner unbewegliche Einlagerung des Dickdarmes oder auch noch einzelner Dünndarmschlingen in Furchen der convexen Leberfläche. Letzteren Vorgang lernt man immer häufiger bei den verschiedensten Leberkrankheiten kennen.

ab bewegt, bis zu dieser Furche hin in ungewöhnlicher Ausdehnung der Schall leer und dumpf getroffen wird, und an der Stelle derselben der glatte oder höckerige oder gerundete Rand der Leber mit seinem Gallenblaseneinschnitte gefühlt werden, vielleicht auch ein Teil der unteren Lebergegend betastet werden kann und die Atmungs-Bewegung des Organes für den zufühlenden Finger deutlich wird, dann sind die unzweifelhaften Zeichen der Vergrösserung der Leber gegeben.

Was die Ursachen der Leberanschwellung betrifft, so kann man manche Formen als Anschwellung des Organes, andere als Geschwülste, die der Leber angehören oder mit ihr verbunden sind, unterscheiden. Häufig ist freilich die Leber angeschwollen und zugleich mit Geschwülsten besetzt. Die gleichmässigen Vergrösserungen, die Anschwellungen der Leber sind hauptsächlich durch Blutüberfüllung, Gallenstauung, Bindegewebswucherung, fettige, amyloide Entartung oder durch zahlreiche eingelagerte Neubildungen hervorgerufen. Sie vermehren den Durchmesser in jeder Richtung, erhöhen die Festigkeit des Gefüges und bedingen daher ausgebreitetere Dämpfung und fühlbare Härte der Leber. Weil die Leber für gewöhnlich eine Belastung, nicht aber eine Stütze des Zwerchfelles darstellt, findet auch die Ausbreitung der Percussionsdämpfung bei Vergrösserung der Leber hauptsächlich in der Richtung nach abwärts statt, weniger in jener nach oben. Nur dann, wenn der Bauchfellüberzug der Leber und der Nachbarorgane innig mit einander verwachsen sind, wenn das Organ eine solche Breite erlangt hat, dass es auf beide Rippenbogen einen Druck ausübt und dort eine feste Stütze gewinnt, oder wenn der Inhalt der Unterleibshöhle ohnehin vermehrt ist, drängt die vergrösserte Leber das Zwerchfell nach oben und findet demnach auch Vergrösserung der Leberdämpfung nach aufwärts statt. Die untere Grenze wird also für gewöhnlich allein verschoben, sie erreicht den Nabel, überschreitet denselben und kann selbst bis gegen die Schamfuge hin sich ausdehnen. Ausserdem breitet sich der linke Leberlappen entsprechend gegen die Milz hin aus, so dass er sie berührt oder selbst nach oben verschiebt und unmittelbar an den linken Rippenbogen sich anstemmt. Der rechte Leberlappen kann sich natürlich nicht weiter gegen die Rippenwand hin ausdehnen, wohl aber diese vorwölben oder selbst umstülpen. Bei solchen grossen Lebergeschwülsten finden sich Leberdämpfungen, die den grössten Teil der vorderen Bauchwand einnehmen, den Magen vollständig überlagern und namentlich bei Hinzukommen von wässerigem Ergusse oder Milzanschwellung allent-

halben dumpfen Schall an der vorderen Bauchwand bedingen. In
diesen Fällen kann auch das Zwerchfell beträchtlich, selbst bis zur
dritten oder vierten Rippe, nach aufwärts verschoben werden. Bei
der Betastung fühlt man die glatte ebene oder mit einigen Höckern
oder Geschwülsten besetzte Leberoberfläche, sofern es gelingt, die
Bauchwand genügend zur Erschlaffung zu bringen. Besonders wichtig
ist die Unterscheidung des bald zugeschärften sehnig schneidenden,
bald abgerundeten oder höckerigen Leberrandes, der durch den Gallen-
blaseneinschnitt, vorzüglich durch seine auf- und absteigende Bewegung bei der Atmung gekennzeichnet wird. Gelingt es, die untere
Fläche zu erreichen, so sind an dieser die
beiden Längseinschnitte wahrzunehmen.

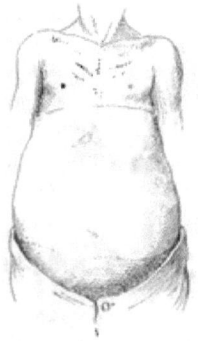

Fig. 48. Leberdämpfung
bei Echinococcus hepatis.
Innerhalb der punktierten
Linien war die Leber von
Darmschlingen überlagert,
demnach nur zu fühlen,
nicht zu percutieren.

Geschwülste der Leber werden hauptsächlich durch Krebs, Eiteranhäufung und Echinococcen dargestellt. Sie können wenn mehr
im Inneren gelegen sich allein durch Vergrösserung des gesamten Organes kund geben
in der Art, dass dessen regelmässige Form
ziemlich bewahrt bleibt, häufiger ragen sie
an einer der beiden Flächen oder am Rande
der Leber vor. Ihre tastbare Form sowohl
als ihre Percussionsdämpfung schliesst sich
unmittelbar an jene der Leber an, zwischen
beiden Organen ist kein Eindringen der
Finger möglich, kein Rand zu fühlen, sie
teilen, sofern sie nicht derb mit benachbarten Organen verwachsen sind, vollständig die
Bewegung der Leber, über denselben werden
häufig peritonitische Reibegeräusche gehört.

Zwei Formen dieser Geschwülste verdienen besondere Besprechung.
Diejenigen, welche am obern Teil der convexen Fläche
oder am obern Rande ihren Ursprung nehmen, sind nur für die Percussion, nicht für die Palpation zugängig. Sie bedingen wellen-
förmige oder halbkreisförmige, nach oben convexe Ausbeugungen der
sonst wagrechten Zwerchfellgrenze, Ausbeugungen, welche freilich
durch umschriebene Lungenerkrankungen am untern Rande, durch
abgesackte Flüssigkeitsansammlungen im untersten Teile des Pleurasackes oder zwischen Leber und Bauchfell in sehr ähnlicher Weise
bewirkt werden können. Umschriebene Lungenerkrankungen bewirken keinerlei Vorwölbung, beeinträchtigen die Bewegung der
Zwischenrippenräume nicht und verstärken die Stimmschwingungen,

abgesackte Pleura- oder Peritonäalexsudate vermindern die Concavität der Zwischenrippenräume, lähmen die Zwischenrippenmuskeln und vermindern die Stimmschwingungen. Aufwärts vorragende Lebergeschwülste zeigen in der Regel ein gleichmässig zunehmendes Wachstum, können örtliche Vorwölbung der Rippen und Zwischenrippenräume bewirken, schwächen die Stimmschwingungen, lassen nur vermindertes Atemgeräusch und keinerlei Reibegeräusch erkennen.

Geschwülste der Gallenblase sind durch den Ort, an dem sie entstehen (circa zwei Finger breit rechts von der Mittellinie) durch ihren unmittelbaren Anschluss an den untern Leberrand, ihre Bewegung mit diesem und ihre annähernde Birnform erkennbar. Sie entstehen vorübergehend bei Verstopfung des Ductus cysticus durch Fremdkörper oder entzündliche Ausschwitzungen, dauernd bei narbigem oder krebsigem Verschluss desselben, ferner bei Entartung der Gallenblasenwände selbst oder bei starker Anfüllung der Gallenblase mit Gallensteinen. Liegt die Ursache ihres Entstehens am Ductus choledochus, so sind sie mit Gelbsucht verbunden, beruhen sie auf Gallensteinbildung, so kann man bisweilen das Klirren der Gallensteine fühlen, sind sie völlig gleichbleibend, von mässiger Grösse, elastisch und fluctuierend bei sonst ungetrübter Gesundheit vorhanden, so dürfen sie als Hydrops vesicae felleae angesprochen werden, sind sie hart, höckerig und sehr gross, so kann krebsige Entartung der Gallenblasenwände zu Grunde liegen. Manche andere Entstehungsweisen ergeben sich nur aus den besonderen Erscheinungen des einzelnen Falles.

Bei Gallensteinkolik kann die Gallenblase schon 2 Stunden vor Beginn des Anfalles als Geschwulst fühlbar werden, sie kann während des Anfalles zu einer umfangreichen Geschwulst anwachsen und am Schlusse rasch unter Rasseln zusammensinken. Doch scheint die tastbare oder percutierbare Geschwulst im Anfalle häufiger zu fehlen als vorhanden zu sein. Nach dem Anfalle wird oft ein Reibegeräusch in der Gallenblasengegend gehört werden.

Mit der Leber verwachsene, unter ihr entstandene und nach unten sich ausbreitende Geschwülste des Netzes, Magens, der Bauchspeicheldrüse und der retroperitonäalen Lymphdrüsen bedingen gleichfalls Vorwölbung des gesamten Unterleibes, besonders seines oberen Teiles, Erweiterung der unteren Brustöffnung, unter Umständen selbst stärkere Wölbung des rechten Rippenbogens. Ihre Dämpfung schliesst sich so unmittelbar an die Leberdämpfung an, dass sie durch die blosse Percussion nicht von ihr unterschieden werden kann, ja es reicht manchmal die sorgfältigste Betastung nicht aus, um den auf die Geschwulst aufgeklebten, unbeweglich gewordenen oder unmerklich mit der Atmung auf und ab gleitenden Rand der Leber von ihr zu unterscheiden. In der Mehrzahl der Fälle freilich gelingt es, wenn die Geschwulst nicht verwachsen ist, die bewegliche Grenzlinie des unteren Leberrandes an den Bauchdecken zu sehen, andernfalls deren Umrisse durch die Betastung zu unterscheiden.

XXII. Geschwülste der Milz.

Dieselbe Percussionsweise, durch welche die gewöhnlichen Grenzen der Milzdämpfung ausfindig gemacht werden, dient auch zur Erkennung des vergrösserten Organes. Zuerst wird in der Axillargegend von der Lunge aus die obere Grenze der Milz (linksseitiger Stand des Zwerchfelles) aufgesucht, sodann durch senkrechte Percussion nach abwärts die untere Grenze; nachdem dies in mehreren Linien geschehen ist, wird die hintere Grenze in der Nähe des elften Brustwirbels und die vordere in der Gegend der freien Spitze der elften Rippe bestimmt. Dieses etwas umständlichen Verfahrens wird man häufig überhoben, wo zwischen Schamfuge und linkem Rippenbogen ein guter Teil der Milz der Bauchwand anliegt und somit der tastenden Hand zugänglich ist. In diesen Fällen grosser Milzgeschwülste findet sich der linke Rippenbogen vorgetrieben, die linke Hälfte des Unterleibes stärker gewölbt, die Atmungsbewegung des untern Teiles der linken Brusthälfte vermindert. Man fühlt einen unter dem linken Rippenbogen hervorkommenden, gegen die Schamfuge gerichteten, gerundeten, etwas gebogenen Rand eines festen, glatten Körpers, dessen stumpfspitziges Ende umfasst werden kann und je nach Umständen vor der Spitze der elften Rippe, in der Gegend des Nabels, am häufigsten nach links und abwärts von diesem getroffen wird. Die Geschwulst kann etwas zurückgedrängt werden, erlaubt seitliche Verschiebung, rückt mit der Atmung etwas nach auf- und abwärts und ändert auch bei rechter und linker Seitenlage ihre Lage etwas. Um zur vollen Ueberzeugung zu gelangen, dass gerade die Milz der vorliegende harte feste Körper sei, muss man noch an dem vordern Rande, nahe der Spitze, die allerdings bisweilen fehlende, bisweilen mehrfache Einkerbung aufsuchen, den hinteren Rand soweit möglich gegen Darmbein oder Rippenbogen hin verfolgen, endlich durch Percussion die Umrisse des dumpf schallenden Organes vollständig zu umgrenzen suchen. Dabei zeigt sich, dass das Zwerchfell nahe der Wirbelsäule etwas nach oben verschoben ist, manchmal bei sehr grossen Geschwülsten eine geringe Verschiebung des Herzens nach innen und oben. Ueber solchen sehr grossen Milzanschwellungen habe ich bei Cirrhose und bei Wechselfieber Reibegeräusche wahrgenommen, die rhythmisch mit der Atmung erfolgen; auch bei Leukämie wurden solche von Roth und andern gefunden. Die jedesmalige Vergrösserung solcher Milzgeschwülste während des Wechselfieberanfalles lässt sich genau nachweisen, ebenso ihre Verkleinerung bei Darmblutung, Ruhr oder Magenblutung.

Kleinere Milzgeschwülste überragen mit ihrer Spitze den Rippenbogen gar nicht oder nur wenig, bewirken weder verstärkte Wölbung der Milzgegend noch Verdrängung des Zwerchfelles und Herzens, oder diese Verdrängung ist doch wenig bedeutend. Demnach werden sie nur durch die Percussion erkannt, falls nicht sehr günstige Verhältnisse der Bauchdecken und beträchtliche Härte der geschwollenen Milz deren Spitze auch hinter oder gerade unter dem Rippenbogen dem Tastgefühl zugängig machen. Vorzüglich die Verbreiterung der Milzdämpfung lässt die Vergrösserung des Organes erschliessen. Grundsätzlich ist die Untersuchung öfter zu wiederholen und zwar bei derselben Körperlage, indem die Grössenverhältnisse der Milzdämpfung mit dem Wechsel der Körperlage nicht unbeträchtlich sich ändern. Die Beweglichkeit solcher kleiner Milzgeschwülste ist jedoch eine verhältnismässig geringere. Die von manchen über denselben gehörten circulatorischen, wahrscheinlich Venengeräusche sind mir nie zur Beobachtung gekommen, obwohl ich Wechselfieberkranke, bei welchen sie sich finden sollen, öfters darauf untersuchte.

Wo es sich um geringere Anschwellung der Milz handelt, ist namentlich deshalb wiederholte Percussion nötig, um sich vor Verwechslungen der Dämpfung des stark mit Speisen angefüllten Magengrundes mit der Milzdämpfung sicher zu stellen. Ausserdem können noch mehrere Irrtümer vorkommen. Die Dämpfung der vergrösserten linken Niere kann als vergrösserte Milzdämpfung aufgefasst oder wenigstens mit ihr zusammengerechnet werden. Hievor schützt die Berücksichtigung des hellen Schalles des Dickdarmes, der in Form eines Längstreifes über die Niere hinwegläuft, und des einspringenden Winkels, der zwischen Milz- und Nierendämpfung sich findet. Sehr leicht werden der Milzdämpfung benachbarte pleuritische und peritonitische Ergüsse zugerechnet. Anderseits sah ich die im Wechsel-

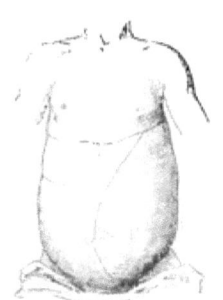

Fig. 48. Milztumor eines Leukämiekranken. Neben dem Nabel die fühlbare Incisur.

fieberanfalle vergrösserte und hinten sich hinaufschiebende Milzdämpfung einmal mit einer beginnenden Entzündung des linken untern Lappens, ein anderes Mal mit einem Pleuraexsudate verwechseln.

Während gewöhnlich die regelmässige Form die Erkennung der Milzdämpfung leicht macht, kommt es auch vor, dass höckerige Krebs- oder Echinococcengeschwülste derselben mit ähnlichen Anschwellungen des Netzes, des Magens oder der Retroperitonäaldrüsen verwechselt werden. In dieser Beziehung ist zu berücksichtigen, dass Geschwülste des Magens nicht leicht einen so völlig dumpfen Schall liefern als jene der Milz, dass die des Netzes einen grössern, die der Retroperitonäaldrüsen einen geringern Grad von Beweglichkeit darbieten als die Milzanschwellung. Während die genannten beiden überaus selten, namentlich selten ursprünglich in der Milz sich findenden Einlagerungen sehr umfängliche, unregelmässig geformte Geschwülste abgeben, ist das Verhältnis ein anderes bei der häufigsten Form der Milzgeschwülste, bei dem Syphilom der Milz. Dasselbe findet sich meist zugleich mit der gleichartigen Geschwulstform der Leber, jedoch zu Dutzenden das dunkelviolette Gewebe der Milz durchsetzend, von jeder Grösse bis zu dem Umfange eines Taubeneies vor, von weissgelber Farbe. Die Milz ist dabei um das Zwei- bis Vierfache vergrössert. Sie ragt meist über den Rippenbogen hervor. Man findet an diesem vorderen Abschnitte des ausweislich der Percussion bedeutend vergrösserten Organes, bei der Betastung eine Reihe knolliger harter Vorragungen. Diese unterscheiden die fragliche Form der Milzschwellung der Syphilitischen von einfachen Hyperplasien und von Speckentartung des Organes. Durch entsprechende Behandlung wird in sehr zuverlässiger Weise das Syphilom der Milz zur Heilung gebracht, so dass die Höcker und Härten verschwinden und das ganze Organ sich auf oder unter seinen gewöhnlichen Umfang zurückzieht.

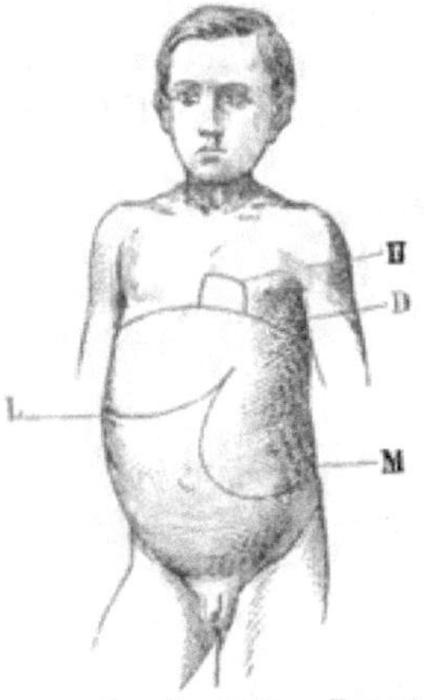

Fig. 49. Ein 15jähr. Branntweintrinker mit Cirrhosis hepatis. H. Herzdämpfung. D. Diaphragma. L. Untere Grenze der Leber. M. Milz.

XXIII. Ausdehnung der Harnblase.

Die völlig entleerte Harnblase hat keinerlei Einfluss auf den Percussionsschall des Unterleibes. Ein wie grosser Harngehalt derselben bereits hinreicht, um merkliche Dämpfung des Schalles oberhalb der Schamfuge zu veranlassen, hängt mit von der Wölbung und Dicke der Bauchdecken ab. Bei sehr eingesunkenen Bauchdecken wird schon die mässig gefüllte Harnblase oberhalb der Schamfuge als birnförmige Geschwulst sichtbar, die bei der Seitenlage ihrer Schwere folgend, sich etwas nach rechts und links senkt. Weit leichter wird die Anfüllung der Harnblase durch die von mehreren Seiten her radiär nach der Schamfuge gerichtete Percussion erkannt, welche bei mässiger Füllung der Blase eine Dämpfung von der Grösse und Form etwa der vorderen Hälfte der Hand, bei sehr starker Ausdehnung eine Höhe der Dämpfung bis über den Nabel und eine Form derselben, ähnlich der einer Melone nachweist. Drückt man auf die Gegend dieses dumpfen Schalles, so entsteht gewöhnlich Bedürfnis zum Entleeren des Harnes, nach dessen Vornahme die Dämpfung kleiner wird. Führt man den Katheter ein, so kann er innerhalb der Harnblasengeschwulst von den Bauchdecken aus gefühlt werden. Die Geschwulst der Harnblase kann bei straffer Spannung ihrer Wand gefühlt werden als gespannte Blase, ferner wird sie und zwar dauernd gefühlt bei gutartiger Hypertrophie oder krebsiger Entartung ihrer Wand, welche so bedeutend ist, dass das Organ in einen soliden, starren Behälter umgewandelt wird. Besonders bei Verengerung der Harnröhre, bei Gelähmten, bei Bewusstlosen, z. B. Meningitis basilaris, Urämie, kommt die Geschwulst der Harnblase zur Beobachtung.

Das Einführen des Katheters kann zweierlei Auscultationserscheinungen zur Folge haben: das klirrende Geräusch, das beim Zusammenstosse des Metalles mit Harnblasensteinen entsteht, und zweitens ein glucksendes Geräusch des Lufteintrittes dann, wenn bei umfänglich mit den benachbarten Peritonäalflächen verwachsenem Harnblasenscheitel, das Organ durch Druck entleert worden war, mit dem Nachlasse dieses Druckes.

XXIV. Nierengeschwülste

können entstehen 1) durch ächte oder unächte Massenzunahme des Drüsengewebes, oder 2) durch Flüssigkeitsansammlung im Nierenbecken. Auch die Vereiterung des Bindegewebslagers der Niere (Paranephritis) kann Geschwulstbildung darstellen. In die erste Gruppe gehören Hypertrophie, Amyloidentartung, Krebs- und Echinococcengeschwulst. Die Form der Niere wird bei letzteren öfter in eine knollige, walzenartige oder sonst unregelmässige umgewandelt.

Zur zweiten Gruppe gehören Pyelitis, Hydronephrose, Haemonephrose. Bei diesen bleibt die Form der Niere gut gewahrt, wenn sie auch unter Untergang der Drüsensubstanz in bedeutend vergrösserten Massstab übergeführt werden kann.

Kleinere Nierengeschwülste können nur aus der Percussion erkannt werden, soferne sie nicht etwa an einer wandernden Niere sich gebildet haben. Der Vergleich der Normalmasse der beiden Nierendämpfungen und der Grenzen bei Gesunden von ähnlichem Körperbaue führt dahin, auch geringe Anschwellungen ausfindig zu machen. Beim Heranwachsen werden Leber, Milz und Zwerchfell sehr bald neben der Wirbelsäule in die Höhe geschoben. Die daraus entstehende Verschiebung der Percussionsgrenze ist nicht immer leicht zu deuten. Erst weit später gelingt es von der vorderen Bauchwand aus bei entgegengesetzter Seitenlage die Geschwulst in der Nabelhöhle etwa mit der eingedrängten Hand zu erreichen, während die andere Hand einen leichten Druck auf die Nierengegend ausübt. Diese Gegend zwischen Wirbelsäule, letzten Rippen und Darmbein wird in verschiedenem Grade vorgewölbt. Von hier aus verbreitet sich die Vorwölbung nach der seitlichen und vorderen Bauchwand und richtet sich bei manchen Formen (z. B. angeborener Cystenniere) so nach oben, dass sie zugleich den Rippenbogen erweitert, während sie bei anderen sich so senkt, dass sie z. B. die Gegend zwischen 11ter Rippe und Schamfuge einnimmt. Für diese grossen Geschwülste ist der längs darüber verlaufende Dickdarm mit seinem hellen Schalle ein gutes Erkennungszeichen.

Wo grosse Nierengeschwülste mit einiger Ausführlichkeit getastet werden können, ist noch von Bedeutung die Einbiegung des Hilus und die hier eintretende verhältnismässig grosse Arterie, deren Pulsation bisweilen gefühlt werden kann. Ferner zeigen die durch Absperrung entstandenen Sackgeschwülste häufig an ihrer sonst glatten Oberfläche eine Andeutung grobfächeriger Lappung, entsprechend den Abteilungen der Nierenkelche. Diese glatthöckerige Beschaffenheit der Nierenoberfläche findet sich auch bei festen Geschwülsten vor als Andeutung der fötalen gelappten Form. Von besonderer Bedeutung ist das zeitweise Wachsen und Schwinden gewisser durch Urin-Zurückhaltung entstandener Geschwülste, je nachdem der Harn in gewöhnlicher Beschaffenheit oder gemischt mit gewissen krankhaften Bestandteilen, namentlich Eiter, entleert wird. Auch bei Nierensteineinklemmung lässt sich das An- und Abschwellen der Niere mit der Einkeilung und dem Durchgange des Steines häufig durch die Percussion nachweisen.

Register.

A.

Aberle 98.
Abscessus subphrenicus 256.
Achsendrehung des Herzens 46.
Addison 13, 99.
Adspection 7.
Aegophonie 177.
Agenesie 102.
Akidopeirastik 4.
Alison 104.
Aneurysma aortae 59, 330.
Aneurysma trunci anonymi 65.
Aneurysma varicosum 332.
Aneurysmen-Geräusch 227.
Angulus Ludovici 18.
Anschoppung, blutige 273.
Aorta abdominalis 68, 224, 227.
— Pulsation der 57, 82.
Aortenbogen, Verengerung 92.
Aorteninsufficienz 87, 314.
Aortenstenose 331.
Arcus aortae, Stenose 59.
Ascites 67, 323, 336.
Armvenenpuls 64.
Argyrose 10.
Arteria brachialis 222, 226.
— cruralis 222.
— dorsalis pedis 86.
— epigastrica 59.
— subclavica 226.
Arteriengeräusch 225.
Arteriosklerose 91, 319.
Arterienpuls 85.
Arterientöne 222.
Atelektase 268, 280.
Atmen, metamorphosierendes 264, 285.
— saccadiertes 187.
Atembewegung 12.
Atemnot 33.
Atempause 31.
Atmung 29.
Atmungsgeräusch 173.
Atmungsgrösse 38.
Atmungsluft 39.
Atmungsweisen, krankhafte 40.
Atrophie der Leber 347.
Atropin 86.
Asthma 293.
Auenbrugger, L. 2, 109.
Aufblähung des Magens 346.
Ausatmung 31.
Auscultation 163.
Auswurf 289.

B.

Baas 113, 124.
Baccelli 110.
Baillie 98.
Bamberger, v., 41, 63, 228.
Bandmass 100.
Bartels 228.
Basch, v. 37, 237.
Basedow'sche Krankheit 307.
Bauchdeckengeschwülste 75.
Bauchspeicheldrüse 99.
Bauchstich 338.
Bauer, W. 307.
Bayer, O. 164, 204.
Beathy 96.
Bennet, H., 132.
Bernard 38.
Besichtigung 7.
Bewegungen der Bauchwand 72.
Bezold, v. 50.
Biermer 41, 196, 197.
Bilifulvin 13.
Billroth 4.
Blässe 8.
Blausucht 11.
Bleichsucht 84.
Bleikolik 74, 87.
Bleikranke 15.
Blutleiter der Hirnhaut 64.
Bollinger 281.
Borelli, D. 125, 135, 166.
Botkin 235, 319.
Bouillaud 203.
Brenner 5

Breslau 337.
Breuer 239, 264.
Briançon 93. 133.
Broncehaut 13.
Bronchialatmen 178.
Bronchialdrüsen 65.
Bronchiectasie 289.
Bronchophonie 175, 275.
Bronchostenosis 242.
Brustbein 17.
— Percussion 139.
Brustformen 15.
Brustumfang 101.
Brustwarze 18.
Bulbus venae jugularis 62.

C.

Cantani 70.
Capacität, vitale 39, 107.
Capillarpuls 64, 317.
Caput medusae 341.
Cardiogramm 47.
Carotis 226.
— Töne 222.
Cavernen 284.
Cejka 286.
Chauveau 212.
Chelius 108.
Cheyne-Stockes'sches Atmen 44.
Christiani 30.
Clark, Sir Andrew 163.
Colon transversum 73.
— Verlagerung des 335.
Complementärluft 39.
— Raum 138.
Conradi 144.
Costaldurchmesser 16.
Copierstift 135.
Corrigan 213.
Corvisart, J. N. 2, 5, 109.
Corson 19.
Corsy 231.
Crayon dermographique 135.
Creta polycolor 135.
Cruralvene 228.
Cubitalarterie, Windungen 91.
Curvatur, grosse 345.
Curve von Ellis 257.
Cyanose 9.
Cyrtometer 103.
Cystenniere 71.
Czermak 89.

D.

Da Costa 127.
Dämpfungsgrenze, parabolische 247, 256.
Damoiseau 256.
Darmgeschwülste 69.
Darm-Percussion 126.
Darmschlingen, sichtbare 73.
Darmverengerung 67, 74, 340.
Dehio 183.
Demme, H. 102, 241.
Dermatophon 165.
Desprèz 96.
Dexiokardie 45, 329.
Diastase der Musculi recti 68.
Dickdarm 152.
Diesterweg 211.
Digitalis 86.
Diphthonie 171.
Dittrich 325.
Dogiel 204.
Donders 39, 108.
Drasche 212, 309.
Drescher, K. 147.
Druckpressgeräusch 235.
Druckspritzgeräusch 235.
Druckwirkung pleuritischen Exsudates 258.
Duchenne 31.
Ducrest 307.
Ductus art. Botalli 333.
Dnodenum 232.
Durchleuchtung 4.
Durchmesser des Brustkorbes 16.
Duroziez 227. 317.
Dusch, Th. v., 293.
Dyspnoe 33.
— inspiratorische 40.

E.

Eberth, J. 327.
Ebstein 17, 146.
Echinococcen 93.
Ehrlich, P. 5.
Eierstocksgeschwülste 341, 342.
Einatmung 30.
Eiselt 227.
Electrodiagnostik 5.
Ellis 256, 257.
Embolie 92.
Emminghaus 97.
Emphysem der Lunge 28, 245, 290.
Empyema necessitatis 249.
Endokarditis 327.
Endoskopie 4.
Engel 18.
Erweichung der Tuberkelherde 283.
Ewald 235, 263.
Exspiration 31.
Exspirationsfurchen 41.
Exsudat, pleuritisches 247, 256.

F.

Färbung, blaue, der Haut 10.

Feine 301.
Feletti, R. 114.
Ferber, A., 247. 252.
Fettherz 310.
Fieberpuls 88.
Fieberwirkung 236.
Fischer in Boston 224.
Fistelstimme 171.
Flamme, empfindliche 78.
Flourens 29.
Fluctuaction 92.
Formen des Brustkorbes 15.
— des Unterleibes 66.
Förster, A., 304.
Fremitus pectoralis 75.
Frerichs 161, 346.
Freund, W. A., 26.
Friedreich 84, 97, 127, 222, 300, 313.
Frottement 81, 200.
Funke 205.

G.

Gallenblase 95, 150.
— Geschwülste 351.
Gallenfarbstoff 12.
Gallensteine 95, 344.
Gallensteinkolik 351.
Galvagni, C., 175.
Garland 256, 257.
Gasauftreibung des Darmes 339.
— des Unterleibes 66.
Geigel 3, 63, 119, 287.
Gelbfärbung der Haut 12.
Gendrin 199.
Geräusche 114.
— accidentelle 215.
Geräusche am Herzen 212.
Geräusch des gesprungenen Topfes 130, 132, 285.
Gmelin 12.
Grashey 85.
Grenzen der Schallgebiete 134.
Griesinger 91.
Grundton 115.
Grünmach 91.
Gutbrod 48.

H.

Habitus, phthisischer 25.
Hamernik 46, 229.
Hammerpercussion 110.
Hampeln 319.
Harnblase 68, 354.
Harrison 35.
Harrison'sche Furche 19, 243.
Hautfärbung 8.
Helmholtz, v., 115, 168, 205.
Henle 31.
Hennig, C. 224.

Hepatisation 273.
Herz, Grenzbestimmung 142.
— Lageveränderung 329.
Herzbeutel, Flüssigkeit im 296.
— Luft im 301.
— Reibegeräusch am 81.
— Verwachsung 299.
Herzbewegung, sichtbare 53.
— fühlbare 82.
Herzdämpfung 143, 298.
Herzhypertrophie 303.
— reine 306.
— bei Kindern 308.
— bei Schwangern 307.
Herzklappen 207.
Herzleerheit 145.
Herzpause 208.
Herzstenose, wahre 325.
Herzstoss 45.
Herztöne 202.
— gespaltene 210.
Heteromorphieen 16.
Heterotopie 45, 329.
Heubner, O, 113, 130, 260.
Heyer 137.
Heynsius 164.
Hirngeräusch 226.
Hirnhautblutleiter 54.
Hirtz, M., 24, 102.
Höhe des Schalles 125.
Höhlen der Lunge 121, 284.
Hohlvenenpuls 339.
Hörrohr 164.
Hoppe 3.
Husten 172.
Hutchinson 107.
Hüter, C. 164.
Hydatidenschwirren 93.
Hydrobilirubin 13.
Hypertrophie des Herzens 303.
Hyrtl 36.

I.

Icterus 12.
Ileocöcalgeräusch 233.
Immermann 227.
Inspection 7.
Inspiration 30.
Intercostalmuskeln 30.

J.

Jacksch, v. 212, 309, 328.
Jastschenko 129.
Jobert 93.
Jugularvene, Geräusch 84.
Jugularvenenpuls 60.
Jurasz 224.
Jürgensen 201.

K.

Kehlkopf, Percussion 162.
Kellenberger 151.
Kiwisch von Rotterau 47, 164. 213.
Klang 114.
Klappen des Herzens 207.
Klappenfehler, zusammengesetzte 326.
Klappengeräusch 215.
Klug 116.
Knattern 283.
Knistern 273.
Knisterrasseln 192.
Kobelt 145.
Koch, R., 5, 26.
Kolisko 197.
König's Stethoskop 166.
Kotgeschwülste 69, 99. 342.
Krise 278.
Kronecker 235.
Krönig, H., 137.
Kupfer 14.
Kussmaul 240.

L.

Landois 85, 236.
Laennec 2, 163, 177.
Laryngealfremitus 75.
Laryngoskopie 4.
Laryngostenosis 242.
Lascher 307.
Leber 138.
— Betastung 94.
— wandernde 70.
— dämpfung 336.
— grenzen 148.
— geschwülste 70, 350.
— cirrhose 347.
— leerheit 151.
— venen 322.
Lebert 65.
Leere des Schalles 116.
Leichtenstern 130, 138, 155, 196, 347.
Leube 275, 345.
Leyden, E., 233, 325.
Lewin 14.
Liebermeister 4.
Livor 15.
Longon, de 12.
Lösung der Lungenentzündung 278.
Ludwig, C. 47, 204.
Luft im Bauchfellsacke 333.
— im Herzbeutel 301.
— im Pleurasacke 259.
Luftröhre, Verengerung der 241.
Lunge, Schall der 118.
Lungenarterie 82.
— arterie, Geräusch 227.
— blähung 243.
— brand 289.

Lungenentzündung 272.
— grenzen 21, 136.
— hernie 21.
— insufficienz relative 65.
— leberwinkel 160.
— ödem 277.
— spitze, Percussion 137.
— fistelgeräusch 265.
Luschka 31, 138, 206.

M.

Mac Dowel 301.
Magen, Auscultation 231.
— Percussion 126, 159.
— bewegung, sichtbare 73.
— erweiterung 69, 345.
Marey 85, 270.
Marshall Hall 271.
Martius, F. 47, 91.
Matterstock, G., 137, 144, 146, 150, 222.
Magonn 114.
Mediastinitis 91.
Meissner 70.
Meltzer 235.
Merbach 130.
Mesenterialdrüsen 99.
Messung 100.
Metallklang 129, 195, 260.
Meteorismus 67, 333, 339.
Middeldorpf 4.
Mikrophon 169.
Milz, Betastung 94. 95.
— Geschwülste 352.
— Percussion 153.
— Pulsation 317.
— dämpfung 334.
— schwellung 71.
Mitralgeräusch, systolisches 296.
Mitralinsufficienz 311.
Mitralstenose 312.
Morgagni 5.
Mosler 97.
Morro 60.
Mühlbäuser 323.
Müller, F. 317.
Mundhöhle 15.
Muskelschnitt 4.
Muskelton des Herzens 204.

N.

Nabelbruch 68.
Nagelglieder, kolbig verdickte 26.
Nasenstimme 170.
Naumann 85.
Naunyn 219, 312.
Nebennieren 99.
Nervus laryngeus superior 38.
Neukirch 122.
Neukomm 13.

Neumann 328.
Niemeyer, F. v. 35, 301.
— P. 182, 213.
Niere 97.
— bewegliche 98.
— Percussion 157.
— geschwülste 71, 355.
Noend vital 29.
Nolet 164.
Nonnengeräusch 84.
Nothnagel 12.

O.

Obertöne 115, 130, 196.
Ohrensausen 229.
Ophthalmoskopie 5.
Oppolzer 332.
Owen, Rees 270.

P.

Pancreas, Geschwülste 99.
Panum, P. 108.
Pansch, Ad 159.
Paralbumin 339.
Pectoralfremitus 75.
Penzoldt, F., 183, 232.
Percussion 109.
— Topographische 134.
— Auscultation 131.
Percussionsschall 113.
Peristaltik, sichtbare 73.
Perityphlitis 70, 343.
Peritonealexsudat 349.
Peter 135.
Pettenkofer 13.
Pfeifer 194.
Pflüger 38.
Pfortaderäste, accessorische 341.
Phonometrie 113.
Piatelli 70.
Pikrin-icterus 13.
Piorry 2, 19, 109, 114.
Pirsch 111, 140.
Pleischl 220.
Plessigraph 135.
Plessimeter 110.
Pleura, Reibegeräusch der 80.
Pleurafistel 255.
Pleuritis 26, 247, 279.
— chronische 254.
Pneumatometrie 108.
Pneumonie 272.
Pneumoperikardie 301.
Pneumoperitonitis 152.
Pneumothorax 245, 259.
— subphrenicus 233.
Polygraph 107.
Potain 210.
Pravaz'sche Spritze 5.

Pressstrahl 213.
Pulmonalarterie, Aneurysma der 333.
Pulmonalinsufficienz 326.
Pulmonalstenose 325.
Pulmonalton zweiter 323.
Pulsatio epigastrica 56.
Pulsationen 44.
Pulscurve 85.
Pulsfrequenz 86.
Pulsus dikrotus 236.
— bigeminus 90.
— paradoxus 91, 240.
Pulswelle, Geschwindigkeit der 91.
Punction bei Ascites 338.
Pueriles-Atmen 187.
Pylorus 69.
Pylorusgeschwulst 342.
Pylorusstenose 345.

Q.

Quetelet 30.
Quincke 64.

R.

Rachen 15.
Rasseln 200.
Rasselgeräusch 81, 174, 189.
Raum, halbmondförmiger 160.
Reibegeräusch 78.
— am Herzen 219.
— peritoneales 96, 234, 338, 344.
— pleuritisches 199.
Reinhold, A., 159.
Remak 5.
Reserveluft 39.
Resonanz 180.
Resonatoren 168, 288.
Retraction der Lunge 123.
Retroperitonealdrüsen 99.
Riegel, F., 33, 60, 85, 105, 237.
Rinecker, F. v., 213.
Rohrig, A., 12.
Röhrenstimme 175.
Röhrenatmen 178.
Rokitansky 341.
Ronanet 203.
Rosenbach, O. 127, 317, 327.
Rosenthal, J., 29, 38, 239.
Röte der Haut 9.
Rovida 62.
Rühle 226.
Rumpf 45.

S.

Sackniere 71, 356.
Sahli, H., 19, 111.
Sapney 341.

Savart, F., 213.
Schall, dumpfer 127.
— klanghaltiger 116.
— voller 128.
Schalltimbre der Geräusche 215.
Schallwechsel, Biermer'scher 197, 261.
— Wintrich'scher 258, 268, 273, 286.
Schenkelvene 84, 278.
Schilddrüse 102.
Schipmann 324.
Schlüsselbein 18.
Schnepf 107.
Schnitzler 171.
Schnürleber 94.
Schnurren 194, 200.
Schott 111, 146.
Schreiber 42.
Schüller, M., 327.
Schulterblatt 19.
Schultze, B. G., 96.
Schüttelgeräusch, klangloses 199.
Schwangerschaft 71, 244. 307.
Schwirren, fühlbares 83.
Schweigger 3. 119.
Scrophulose 282.
Seidel, M., 97.
Seitz 3, 309.
Senator 4, 165.
Simon 344.
Skoda 3, 48, 114.
Sibson 105.
Sinusthrombose 65.
Sommerbrodt 233.
Spaltung der Töne 260.
Speiseröhre, Auscultation 234.
Sphygmograph 85.
Sphygmomanometer 87.
Spirometer 107.
Spray-Geräusch 259.
Spitzenstoss des Herzens 44.
S. romanum 70.
Stäbchenpercussion 112, 130.
Stand des Zwerchfelles 243.
Sternovertebral-Durchmesser 16.
Stethograph 104.
Stethoskop 164.
Stickunfälle 240.
Stimme 170.
— Auscultation 175.
Stimmform, pathologische 171.
Stimmschwingungen 75.
Stimmschwirren 250, 252.
Stimmzittern 257.
Stoffella, v. 297.
Stark, Th., 309.
Strempel 21, 137.
Subclavia, Töne 222.
Succussio Hippocratis 198, 261.
Successionsgeräusch peritoneales 335.

T.

Tachypnoe 44.
Talma 87, 206, 208.
Tasterzirkel 103.
Thamm 212.
Thermometrie 3.
Thomas, L. 179, 184, 204.
Thoracometer 105.
Thoraxform, paralytische 25.
Thrombose 92.
Thymus 256.
Ton 114.
Töne der Arterien 222.
Topographie der Brust 19.
Trachealton 119.
— von Williams 253.
Trachealstenosis 241.
Traube 3, 12, 29, 33, 48, 90, 116, 223, 227, 300.
Trichterbrust 17.
Tricuspidalinsufficienz 58, 320.
Tricuspidalgeräusch, systolisches 322.
Tricuspidalstenose 324.
Tropfen, fallender 196.
Trommelschlägelfinger 26.
Tschudnochowski 233, 335.
Tuberkelbacillen 283, 290.
Tuberkulose 24.
— der Lunge 280.
Türck 171.
Tympanites peritonaei 333.

U.

Unterleibsformen 66.
— geschwülste 341.
Unverricht 265.
Urobilin 13.
Uteringeräusch 344, 225.
— geschwülste 342.

V.

Vagusreizung 86, 89.
Vena cava inferior 322.
— cava superior, Verschliessung der 333.
— contracta sonosa 213.
Venen (Betastung) 83.
Venenpuls 61.
Venen, Töne der 228.
Venengeräusch 84, 228.
Venenpuls 321.
Verdichtung der Lunge 267.
Verengerung der oberen Luftwege 238.
Vergrösserung der Leber 348.
Verkleinerung der Leber 347.
Vertiefungen der Brust 21.

Vesiculäratmen 182.
— systolisches 188.
Virchow 71.
Vierordt 30, 85.
Vogel, A., 141.
Völle des Schalles 116.
Vorwölbung der Brust 21.
— der Herzgegend 22.
Voussure 22.

W.

Wachsmuth 3.
Wagner, E., 327.
Waldenburg 87, 108.
Walshe 23, 26.
Wanderherz 45.
Wanderleber 70. 94.
Wanderniere 98.
Wasserpfeifengeräusch 265.
Weber 4.

Weber, Th., 164.
Wechselfieber 353.
Weikart 4.
Weil 222, 265.
Wiederhall, amphorischer 197.
Williams 179, 253.
Wintrich 2, 3, 16, 41, 91, 109, 117, 122.
Wirbelsäule 17.
Woillez 16, 133.
Wolff, O. J. R. 88.

Z.

Zahnfleisch 15.
Zellenatmen 182.
Ziemssen, v. 48, 112.
Zischen 194.
Zwerchfell 30, 34, 138, 243.
Zwischenrippenmuskeln 30.
— räume 34

Verlag der H. Laupp'schen Buchhandlung in Tübingen.

Schemata

zum Einschreiben von Befunden bei

A. **Untersuchungen am menschlichen Körper**: Abbildungen ohne Skelett. Schema I, Vorderansicht. — Schema II, Rückenansicht.

B. **Untersuchungen am menschlichen Körper**: Abbildungen mit Skelett. Schema I, Vorderansicht. — Schema II, Rückenansicht.

C. **Untersuchungen der Brust- u. Bauchorgane.** Schemata mit Einzeichnung des Brustkorbs: Schema I, Vorderansicht. — Schema II, Rückenansicht. — Schema III, Rechte Seitenansicht. — Schema IV, Linke Seitenansicht.

D. Ophthalmiatrische Untersuchungen: Schema I, Aeusseres Auge rechts u. links. — Schema II, Querschnitte des rechten und linken Auges. — Schema III, Augenhintergrund des r. u. l. Auges. — Schema IV, zu Untersuchgn. d. Gesichtsfeldes.

E. Laryngo-rhinoskopische Untersuchungen: Schema I, Kehlkopf mit geschlossenen, halb und ganz geöffneten Stimmbändern. — Schema II, Durchschnitt durch Nase, Schlund und Kehlkopf rechtsseitig und der Nasenhöhle von hinten. — Schema III, Dasselbe linksseitig.

F. Gynäkologische Untersuchungen: Schema I, Muttermund. — Schema II, Vorderansicht von Ober- und Unterleib. — Schema III, Vorderansicht von Ober- und Unterleib mit Einzeichnung der Gebärmutter. — Schema IV, Rechts- und linksseitige Ansicht der weibl. Unterleibsorgane im Durchschnitt.

G. Gerichtsärztliche Untersuchungen. a) am Schädel: Schema I, Schädel von vorn und von oben. — Schema II, Rechts- und linksseitige Schädelansicht. — Schema III, Aufriss des Schädelgrundes. — Schema IV, Kindsschädel von vorn und von oben. — Schema V, Rechts- u. linksseitige Kindsschädelansicht. — Schema VI, Aufriss des Kindsschädelgrundes. b) am Gehirn: Schema I Oberansicht. — Schema II, Unteransicht. — Schema III, Rechts- u. linksseitige Ansicht. — Schema IV, Rechts- u. linksseitige Durchschnittsansicht des Gehirns.

H. Schema zu Temperatur-, Puls- und Respirations-Kurven.

I. Temperaturtabellen zum Aufschreiben der Messungen.

Sämtliche Schemata und Tabellen werden in Partien von 50 Stück — auch bei gemischter Auswahl — zum Preis von 60 Pf. abgegeben.

Die vorstehend verzeichnete Sammlung von Schemata hat allseitig günstigste Aufnahme gefunden und ist somit unsere Hoffnung, mit derselben ein nützliches Hilfsmittel für die bildliche Fixierung der Untersuchungs-Resultate geschaffen zu haben, in Erfüllung gegangen. Wir hatten auch die Freude, dass unserer Bitte um Kundgebung etwaiger Wünsche und Vorschläge bezüglich der Verbesserung und Erweiterung der »Sammlung« aus den Kreisen der Praxis Berücksichtigung zu teil wurde und werden wir auch fernerhin solche Wünsche dankbarst entgegenehmen. Mit dem farbigen Druck der Abbildungen soll eine Unterlage für die mit dem Blei- oder Farbstift oder der Feder auszuführenden Einzeichnungen gegeben werden, damit diese klar und bestimm. hervortreten

Da der Verbrauch der einzelnen Schemata meistens ein sehr ungleichmässiger ist, so haben wir statt des Heftverkaufes den Verkauf der einzelnen Schemata nach freier Auswahl jedoch zu Partien von je 50 Stück zusammen im Preis von 60 Pf. eingeführt. ═ Die Temperaturtabellen und die Schemata zu Temperatur-, Puls- und Respirations-Kurven, welche an zahlreichen Kliniken und Krankenhäusern besonders starke Einführung gefunden haben, geben wir bei grösseren Aufträgen entsprechend billiger ab! ═

Probeblätter stehen auf Wunsch gratis zu Diensten.

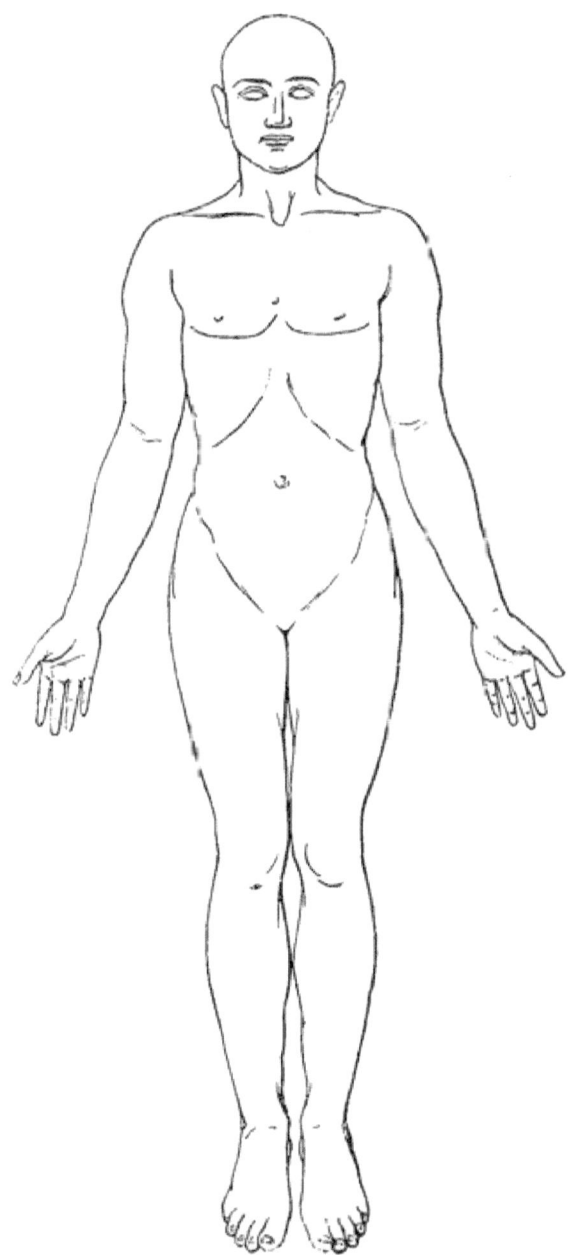

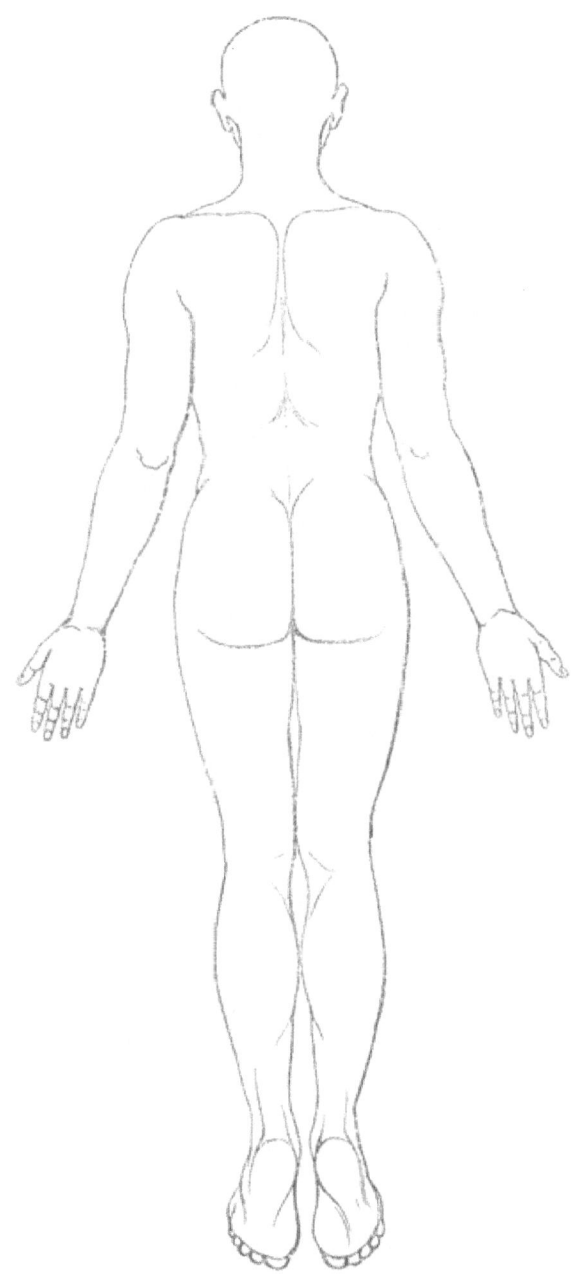

Datum:

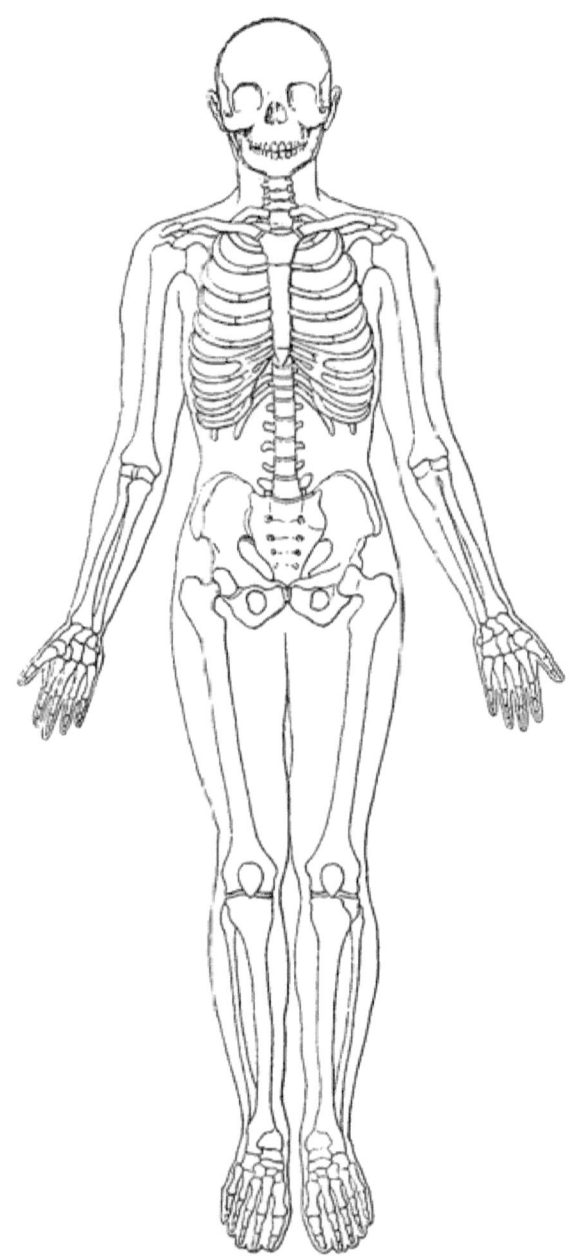

VERLAG DER H. LAUPPSCHEN BUCHHANDLUNG IN TÜBINGEN.

Datura:

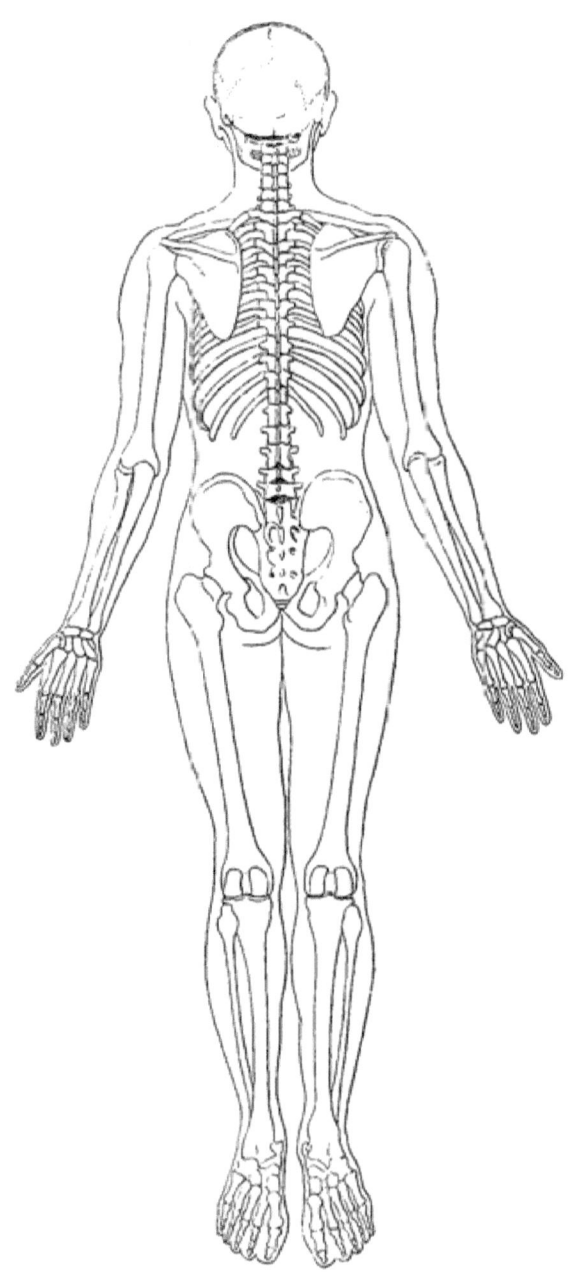

VERLAG DER H. LAUPP'SCHEN BUCHHANDLUNG IN TÜBINGEN

Datum:

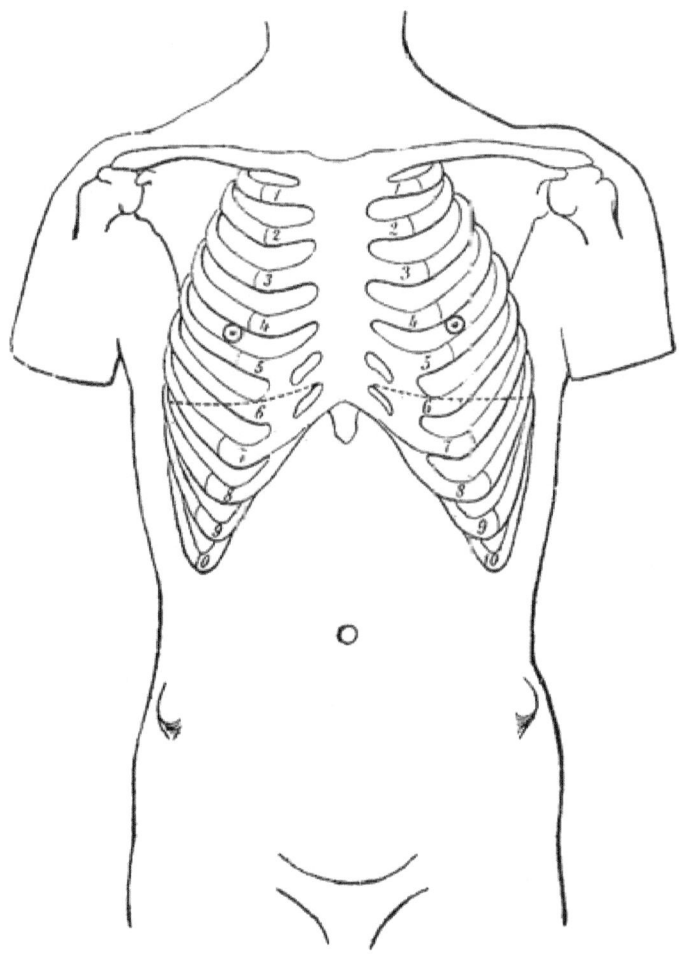

Datum:

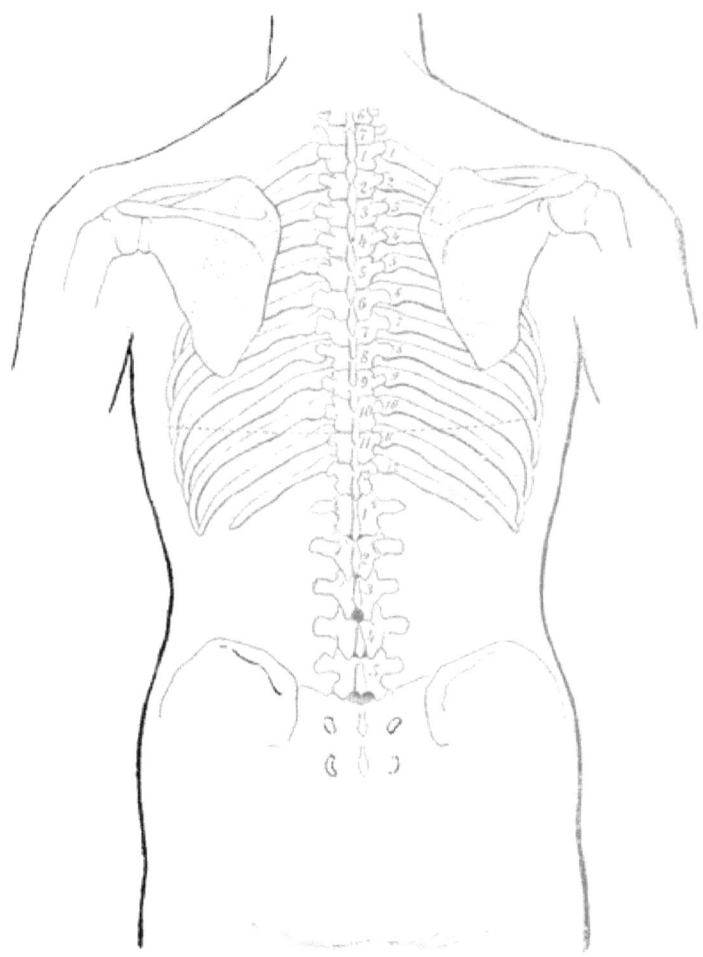

Datum:

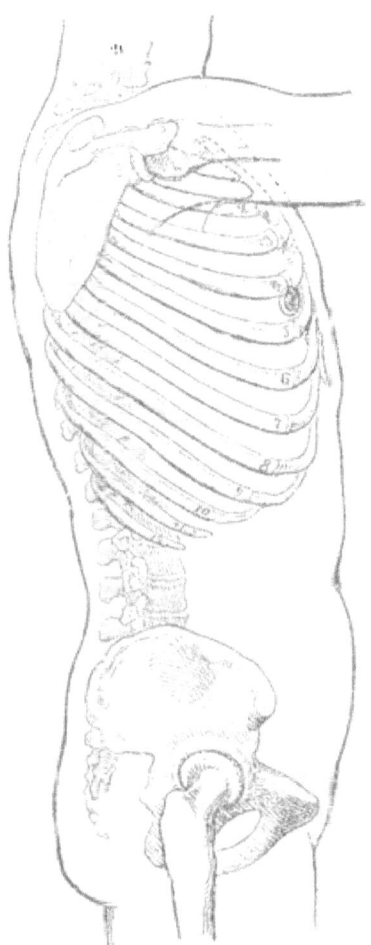

VERLAG DER H. LAUPP'SCHEN BUCHHANDLUNG IN TÜBINGEN.

Datum:

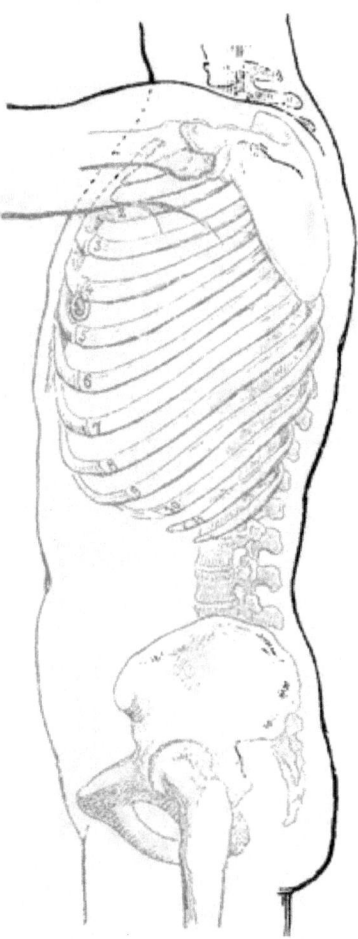

VERLAG DER H. LAUPP'SCHEN BUCHHANDLUNG IN TÜBINGEN

Datum:

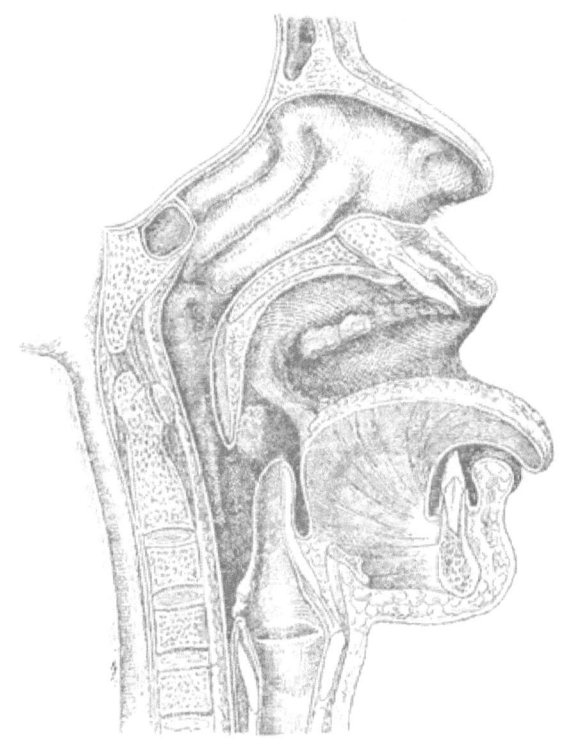

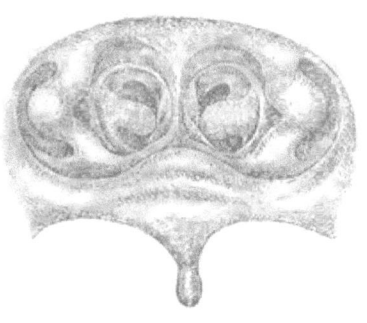

VERLAG DER H. LAUPP'SCHEN BUCHHANDLUNG IN TÜBINGEN.

Datum:

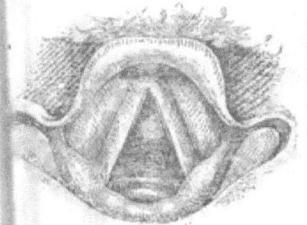
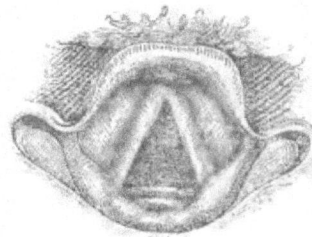

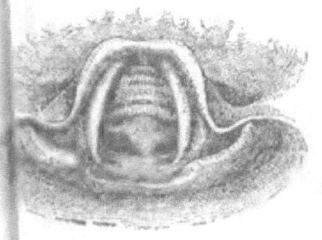
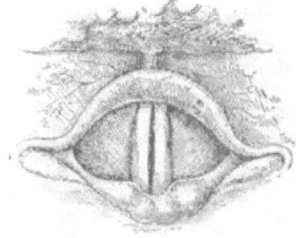

www.ingramcontent.com/pod-product-compliance
Lightning Source LLC
Chambersburg PA
CBHW032028220426
43664CB00006B/400